LE POËME
DE LA
CROISADE CONTRE LES ALBIGEOIS
OU
L'ÉPOPÉE NATIONALE DE LA FRANCE DU SUD
AU XIIIe SIÈCLE.

ÉTUDE HISTORIQUE ET LITTÉRAIRE.

THÈSE
POUR LE
DOCTORAT ÈS LETTRES
PRÉSENTÉE A LA FACULTÉ DE PARIS
PAR
G. GUIBAL
ANCIEN ÉLÈVE DE L'ÉCOLE NORMALE SUPÉRIEURE,
AGRÉGÉ D'HISTOIRE.

TOULOUSE
IMPRIMERIE DE A. CHAUVIN
RUE MIREPOIX, 3.
1863

A Monsieur Chéruel,

INSPECTEUR GÉNÉRAL DE L'UNIVERSITÉ,

Témoignage de respect et de reconnaissance.

Son ancien élève,

G. GUIBAL.

INTRODUCTION.

Plan général.

En 1837, M. Fauriel publiait la chanson de la croisade contre les Albigeois. Une remarquable préface accompagnait l'édition de ce poëme, qui ajoutait un précieux document aux documents réunis alors depuis peu dans le dix-neuvième volume des *Historiens de France*. On retrouve dans cette étude féconde et lumineuse, avec la critique hardie, large, pénétrante de M. Fauriel, cette connaissance étendue du moyen âge et de sa littérature, dont son histoire de la poésie provençale nous a donné tant de preuves, cette connaissance plus approfondie encore de la société méridionale, qui se laisse pressentir ici plutôt qu'elle ne se déploie. Mais la tâche que M. Fauriel s'était proposée, le forçait à se contenter sur plus d'un point d'une indication rapide. Editeur d'un poëme dont la trace était depuis longtemps perdue, M. Fauriel devait recueillir les seuls indices qui en avaient de loin en loin attesté l'existence. Il fallait d'abord essayer l'histoire non-seulement du poëme, mais du manuscrit unique qui est parvenu jusqu'à nous ; il fallait indiquer les caractères et la nature de ce document nouveau, marquer la place de ce poëme à côté des grandes productions épiques du moyen âge, montrer les modèles sur lesquels il s'était formé. Une grande partie de la préface est consacrée à ces études préliminaires : elles étaient indispensables. M. Fauriel peut ensuite limiter le champ de sa dissertation, se renfermer dans les limites du poëme, et descendre plus avant dans le fond de cette épopée. Ce n'est pas néanmoins une analyse détaillée et approfondie qui commence ici. Recommander ce poëme à l'attention de l'historien et de l'homme de goût, faire ressortir l'intérêt qu'il peut offrir à l'un et à l'autre, tel est le but que M. Fauriel s'est proposé d'atteindre, et il l'a atteint avec un rare bonheur. Il a soulevé les questions les plus graves que provoque la lecture de ce poëme ; il en a résolu quelques-unes ; et si ces solutions peuvent ne pas sembler toujours définitives, la méthode, la précision, la justesse de la discussion sont de précieux modèles pour ceux même qui croient devoir admettre et défendre les solutions contraires. M. Fauriel nous fait suivre le courant d'idées, de sentiments, de passions qui traverse ce poëme ; il en a signalé en traits rapides les mérites historiques et littéraires ; les caractères les plus saillants de ce récit, qui prend quelquefois des proportions épiques, sont plutôt indiqués que longuement expliqués. — M. Fauriel nous renvoie au texte ; il a hâte d'arriver à un nouvel ordre de considérations qui est le complément naturel de sa préface et qui le ramène à ce qu'on peut appeler l'étude extérieure du poëme ; il faut assigner à cette composition son rang dans le développement hâtif et brusquement interrompu de la pensée méridionale ; il faut que nous voyions dans cette chronique versifiée et souvent poétique la transition de l'épopée à l'histoire : l'auteur est à certains égards l'Hérodote provençal ; c'est en effet du côté historique de ce curieux monument que M. Fauriel se montre surtout préoccupé ; il met en lumière l'équitable impartialité du récit ; il retrouve la vérité dans ce qui semble n'appartenir qu'à la fiction et n'être que le fruit de l'imagination du poëte ; il nous fait entrevoir les perspectives qui s'ouvrent dans ce poëme sur les côtés les moins connus de la société méridionale ; il nous avertit des richesses que renferme cette chanson de gestes ; mais il révèle la mine plus encore qu'il ne l'exploite lui-même, remettant à une autre époque un travail qui a, dit-on, été commencé et dont la mort a seule interrompu l'exécution.

Reprendre ce poëme, en faire, pour ainsi dire, une étude intérieure, recueillir tous les indices qui peuvent nous faire pénétrer dans les secrets de la composition de ce précieux document, apprécier le degré et la nature de la vérité historique qu'il faut attribuer à ces récits, étudier la société du midi sous ses aspects les plus nouveaux dans l'image que nous en trace le poëte, chercher les causes qui ont pu faire tomber ce monument de littérature et d'histoire dans un oubli d'où il n'a été retiré que de nos jours, indiquer celles qui semblent le plus particulières à la nature et au caractère de ce poëme, aux idées et aux passions qu'il exprime, ce n'est pas refaire, dans des conditions bien marquées d'infériorité, l'œuvre excellente de M. Fauriel, c'est bien plutôt la continuer ; c'est plutôt obéir à la pensée et aux encouragements de ce maître illustre. Si nous sommes obligé de passer dans le sillon qu'il a déjà tracé, nous nous efforcerons de le creuser, de l'approfondir, heureux de féconder le sol qu'il a débarrassé de ses ronces incultes, et dont il a découvert la merveilleuse richesse. C'est sous les auspices et sur les traces de ce guide aussi sûr que hardi que nous voulons étudier, dans une de ses plus vivantes expressions, la société méridionale des premières années du treizième siècle. Sa vie est si complexe, si originale ; son histoire est pleine d'une émouvante poésie ; cette poésie, c'est celle des grands drames de l'histoire des révolutions profondes, des infortunes inouïes, des dévouements héroïques !

PREMIÈRE PARTIE.

Etude critique et littéraire du poëme.

CHAPITRE PREMIER.

Composition du poëme : la première et la seconde partie. — Doivent-elles être attribuées à un seul et même poëte? — Opinion de M. Fauriel. — Conversion politique du troubadour.

Une question capitale domine l'étude analytique et littéraire à laquelle nous nous proposons de soumettre ce poëme. Cette question se présente à la première lecture de cette chanson de gestes. — Pour la poser, empruntons les termes dans lesquels M. Fauriel l'annonce : « Le poëme de la croi- » sade est double, dit-il dans son introduction : il est com- » posé de deux moitiés, dans chacune desquelles domine un » sentiment contraire à celui qui règne dans l'autre moitié ; » il a l'air d'appartenir à deux hommes non-seulement dif- » férents, mais contraires, mais ennemis, mais ayant des » buts opposés ? » (1). Sont-elles l'œuvre de deux troubadours ou bien celle d'un seul et même poëte ?

(1) Int., p. XLV-VI.

Le texte de la geste observé avec attention renferme à la fois les données et la solution de ce problème, dont on ne peut saisir l'étendue et la portée qu'après une vue d'ensemble du poëme dont nous voulons étudier la composition.

Deux parties bien différentes par la longueur, l'étendue et le mérite composent cette histoire de la croisade : la première raconte les événements qui se sont accomplis depuis le meurtre de Pierre de Castelnau jusqu'à l'intervention du roi d'Aragon en faveur du comte de Toulouse ; la seconde célèbre ceux dont le midi a été le théâtre depuis la bataille de Muret jusqu'à la seconde apparition du fils de Philippe-Auguste dans le midi. Nous assistons au désastre qui termine le premier acte du drame de la guerre des Albigeois : le concile de Latran, la glorieuse défense du midi, qui accourt tout entier sous la bannière des comtes de Toulouse, l'héroïque résistance de cette puissante cité, la mort de Simon de Montfort, tels sont les grands spectacles qui viennent dans la seconde partie frapper notre imagination, émouvoir notre cœur.

Ces deux moitiés inégales du poëme sont animées d'un esprit bien différent.

Dans la première partie de son œuvre, le poëte est partisan de la croisade ; il est Français ; les compagnons de Montfort sont pour lui nos barons (1) (*nostri baros frances, la nostra gens de Fransa*). — Son héros, c'est le comte de

---

(1) Fauriel, p. 156 ; Mss., f° 29, p. 57.
   Nostri baros frances tuit Montfort escrierent :
   Santa Maria ajuda !.....

Montfort ; il lui prête avec plus d'admiration que de discernement les qualités qui composaient l'idéal du chevalier : à ses yeux, Montfort réunit la douceur dont il a donné peu de preuves au courage qu'on ne saurait lui contester. L'abbé de Cîteaux est un saint. Folquet de Marseille n'a point son pareil en mérite. — En recueillant, au contraire, dans la seconde moitié les traits sous lesquels le troubadour dépeint ces mêmes partis et ces mêmes hommes, il est aisé d'établir entre les jugements et les appréciations des deux parties de la geste, une perpétuelle opposition, une constante antithèse. La croisade est une œuvre de cupidité, de violence, d'iniquité ; les Français sont de *mauvais terriers* qui perdent par leur orgueil et leurs excès les conquêtes accomplies par leur vaillance. Toulouse est la cité glorieuse qui relève *parage*, combat pour *droiture* et fait briller *courtoisie* d'un nouvel éclat. — De toutes les vertus qui lui avaient été si largement prodiguées, Montfort n'a conservé qu'un héroïsme indomptable ; et cet héroïsme uni à une implacable obstination, à un orgueil farouche, que la défaite irrite jusqu'à la fureur, est bien plutôt un vice qu'une vertu. L'épitaphe ironique que le poëte grave sur la tombe du spoliateur des comtes de Toulouse, est l'amère contre-partie des fades éloges décernés au héros de la croisade. « L'épitaphe dit à celui qui sait bien la lire,
» qu'il est saint et martyr, et qu'il doit ressusciter, hé-
» riter du ciel, porter la couronne et monter sur le trône.
» Et moi j'ai entendu dire qu'ainsi doit advenir, si occire les
» hommes, répandre le sang, perdre les âmes, consentir des

» meurtres, croire les mauvais conseils, allumer les flam-
» mes, détruire les barons, honnir *parage*, enlever les ter-
» res, encourager l'orgueil, attiser le mal, éteindre le bien,
» égorger les femmes et massacrer les enfants, sont des
» voies pour gagner Jésus-Christ dans ce siècle » (1). — Folquet est un prélat hautain et despotique, après avoir été un
troubadour corrompu ; il souffle le fanatisme dans les cœurs
qu'il a énervés par ses lâches poésies ; il met un faux zèle de
pasteur et une onction hypocrite au service de sa haine et
des passions de Montfort (2).

Ainsi un courant tout contraire d'idées et de passions
traverse cette seconde partie du poëme. Ce sont des hommes
tout nouveaux qui apparaissent, des figures toutes transfor-
mées qui s'offrent à nos regards. — Un tel changement a
frappé M. Fauriel : il en a cherché la cause dans l'impression produite sur l'âme naturellement honnête du troubadour par les crimes de la guerre, par les oppressions de la

---

(1) Fauriel, p. 586; Mss., f° 109, p. 217.
> E ditz el epictafi cel qui sab ben legir
> Quel es sans e martiris e que deu resperir,
> E dins el gaug mirable heretar e florir,
> E portar la corona e el regne sezir,
> Ez ieu ai auzit dire caisis deu avenir
> Si per homes aucire ni per sanc espandir
> Ni per esperitz perdre ni per mortz cosentir
> E per malo cosselhs creire e per focs alrandir
> E per baros destruire e per paratge aunir
> E per las terras tolre e per orgolh suffrir
> Pot hom en aquest segle Jeshu-Crist courquerir.

(2) Fauriel, p. 368; Mss., f° 67, p. 133.

conquête. Les yeux du poëte se seraient dessillés : les véritables projets des conquérants laïques et ecclésiastiques se seraient découverts à ses regards ; et il se serait détourné de ces Français, dont il avait d'abord chanté les terribles exploits !

Discuter cette solution, et tout en reconnaissant qu'elle satisfait l'esprit et console la conscience, mettre en présence des arguments plus ou moins spécieux sur lesquels elle s'appuie, les objections qui se tirent du fond même du poëme, tel est l'objet de la première partie de ce travail !

CHAPITRE II.

Les tendances et les idées religieuses du poëte modifiées comme ses tendances et ses idées politiques. — Foi large et tolérante dans la deuxième partie. — Brutale condamnation des hérétiques dans la première.

Un assez long espace de temps, rempli par de grands événements, s'est écoulé entre la rédaction de la première partie et la composition de la seconde. Lorsque le poëte reprend son récit, nous ne pouvons pas le reconnaître. — Nous l'avons laissé au milieu des croisés ; nous le retrouvons au milieu des hommes du midi. Il chantait Montfort ; il célèbre les exploits des comtes de Toulouse et des chevaliers faidits. Cette évolution n'est pas la seule qui se soit accomplie dans son esprit. M. Fauriel réduit, il est vrai, la conversion du troubadour à un simple changement de vues, de sentiments, de sympathies politiques. « Du reste, dit-il, je me hâte de
» le reconnaître. En cessant d'être le chantre de la croisade,
» notre poëte ne devient ni hérétique ni partisan de l'hé-
» résie. — On chercherait vainement dans ce qu'il dit de
» plus amer contre les croisés, un mot que l'on puisse in-
» terpréter en faveur des Albigeois ou des Vaudois ; toutes
» les répugnances qu'il a d'abord manifestées contre eux
» tous, il les a fidèlement gardées en lui, mais il n'a plus

» de motifs de les produire au dehors » (1). Ces répugnances ne se trahissent en effet nulle part dans la seconde partie du poëme ; le poëte les a-t-il conservées dans le fond de son âme ? — Il est difficile de le penser lorsqu'on voit ce troubadour rendre aux parfaits Albigeois une justice à laquelle ne nous a pas habitués la manière amère et dédaigneuse dont il les juge dans la première partie. Cette sympathie respectueuse pour les hérétiques ne s'étale pas hautement ; elle existe pourtant, mais il faut aller la chercher dans un coin obscur du récit du poëte. C'est au lendemain de l'émeute, qui a failli briser dans Toulouse la tyrannie de Montfort ; c'est au lendemain des supplices, qui ont châtié cet accès de patriotisme et de désespoir. Enrichi de l'or qu'il a arraché aux habitants de cette malheureuse ville, Montfort revient sur les bords du Rhône ; il veut punir la Provence qui s'est soulevée contre lui, Beaucaire qui lui a résisté avec tant de bonheur et d'héroïsme ; il va, marquant son passage par une longue traînée de ruines.

« Et puis il détruit Bernis à tort et à péché, Bernis où il
» occit maints bons hommes remplis de charité, qui faisaient
» aumône et semaient le blé, et maints bons chevaliers qui
» n'avaient pas encore été condamnés » (2).

Est-il difficile de reconnaître ici l'un de ces châteaux où

---

(1) Introd., p. XLVIII.
(2) Fauriel, p. 392 ; Mss., f° 72, p. 143.
  E pois destruis Bernis a tort e a pecat
  On aucis mant bonhome, complit de caritat,
  Que fazian almoinas e semenavan blat,
  Et mot bon cavaer, que no eran dampnat.

les prédicateurs et parfaits Albigeois trouvaient asile, refuge, protection au milieu des chevaliers, la plupart croyants ou fauteurs de la secte? Le mot de *bonshommes* pourrait bien à la rigueur ne pas désigner les hérétiques et n'être qu'une légère variante de la dénomination de *probi homines* (prud'hommes), qui s'appliquait aux habitants des bourgs ou des villes les plus notables par leur richesse, leur position, leur mérite parmi ceux qui n'étaient pas nobles. On voit assez souvent dans les écrits et les chartes du midi les noms des prud'hommes mis à côté de ceux des chevaliers. Serait-ce ce dernier sens qu'il faudrait adopter en traduisant ces vers? C'est sans doute celui auquel s'est arrêté M. Fauriel, puisque ce passage, qui ne peut être autrement entendu sans détruire une de ses assertions les plus formelles, n'a pas fixé son attention. Le doute serait permis si le mot de bonshommes n'était accompagné d'aucune épithète qui en précisât la signification, mais les traits rapides, sous lesquels le poëte nous les dépeint, conviennent bien mieux aux apôtres de l'hérésie qu'à de simples notables d'un village. Cette charité, ces aumônes nous laissent reconnaître sans peine dans ces laboureurs ces hommes qui durent à la pureté évangélique de leur vie la plupart des succès obtenus par leurs prédications.

C'était à l'abri des forteresses féodales que les hérétiques revêtus prêchaient leur doctrine; pendant que la guerre sévissait, la société méridionale se réfugiait et se resserrait dans ces enceintes fortifiées. — En 1243, le chevalier Pierre de Corneillan déposait devant l'inquisition qu'il avait vu plus de trois cents hérétiques dans le château de Rochefort, du diocèse de Toulouse ; ils s'y étaient réfugiés, ajoutait le témoin ; « à cause de la guerre du comte de Montfort » (*propter guerrans comitis Fortis*) (1). — En 1213, nous apprennent encore les archives de l'inquisition, le château de Vilamur renfermait plus de cent hérétiques, hommes ou femmes (2). — Souvent les prédicateurs albigeois n'étaient que de simples laboureurs, des hommes exerçant des professions manuelles ; néanmoins ils voyaient leurs seigneurs s'incliner devant eux. Les archives de l'inquisition, recueillies dans la collection Doat, nous font, mieux qu'aucun document, connaître les mœurs et les relations nouvelles que l'hérésie introduisait dans la société méridionale. On y voit s'effacer les distances, qui n'avaient jamais été très-grandes entre les différentes classes sociales. — On y voit des bons hommes semant le blé, faisant la charité, bénissant, protégeant leurs seigneurs (3). — Le chevalier Guillaume d'Albiac de Francarville donna aux hérétiques Pierre Galibert et Pierre Rosaux, son compagnon, des terres à travailler dans un bois auprès de Francarville, et ils lui payaient tous les ans une rente sur les fruits qu'ils récoltaient. Ils bâtirent là une petite cabane, et la dame d'Albiac alla, à plusieurs reprises, les visiter dans leur retraite, écouter leur prédication et les adorer, en disant par trois fois à genoux devant eux : « Bénissez-moi. » Elle les reçut plusieurs fois dans sa

---

(1) Collection Doat, tome XXIV, f° 20.
(2) Collection Doat, tome XXII, f° 2.
(3) Collection Doat, tome XXIII, f° 247.

demeure ; elle leur donna à manger et mangea elle-même du pain qu'ils avaient béni. Francarville fut pris et détruit par les Français ; alors Arnaud-Guillaume d'Albiac et sa femme Philippa d'Albiac, fuyant devant leurs vainqueurs, vinrent chercher un refuge dans l'asile des deux hérétiques et y restèrent trois semaines. — Il serait facile de multiplier ici les citations, d'emprunter à ces mêmes archives de l'inquisition des traits qui nous permettraient de dépeindre plus nettement encore la vie que les hommes du midi menaient dans les châteaux échappés aux coups de l'invasion ; et nous verrions que ces quelques vers du poëte sont une image fidèle des conditions d'existence de cette société proscrite. Ces bons hommes, dont nous plaignons avec le poëte la mort imméritée, ne sont autres que des prédicateurs albigeois, distribuant le pain du corps et celui de l'âme. La sympathie, le respect du poëte ne se trahissent-ils pas dans chacune de ses paroles? Montfort commet un crime et un péché en détruisant Bernis, en égorgeant des bons hommes dont la charité et les aumônes pouvaient faire oublier les doctrines hérétiques.

Si ces vers n'annonçaient pas les dispositions du poëte, sinon à l'égard de l'hérésie, du moins à l'égard des hérétiques, on pourrait les deviner en voyant la sympathie et l'admiration qu'il éprouve pour les chevaliers et les défenseurs de Toulouse. Si les seuls noms dignes d'être célébrés dans cette épopée nationale avaient été ceux des barons, dont l'orthodoxie était irréprochable, la liste aurait été bien moins longue.

Parmi les guerriers que le poëte fait passer devant nous, un grand nombre a vu, connu, protégé les hérétiques ; plusieurs ont eu beaucoup de peine à soustraire la fin de leur vie aux soupçons et aux rigueurs de l'inquisition (1).
— C'est don Pelfort, le seigneur de Rabastens, que le poëte nous signale comme un des plus grands ennemis de Montfort et dont la famille était en grande partie dévouée à l'hérésie (2). C'est Bertrand de Saint-Martin qui avait pris sa part au siège de Toulouse et qui, avec Balaguier et Guillaume de l'Isle, chevaliers de Laurac, était cité devant Guillaume Arnaud des Frères prêcheurs et Etienne des Frères mineurs. Le bruit public les avait dénoncés : leurs énergiques dénégations ne purent les sauver. Bertrand de Saint-Martin fut, avec les chevaliers accusés comme lui, déclaré hérétique et l'anathème prononcé contre ceux qui les assisteraient de leurs conseils, leur prêteraient leur appui, ou leur accorderaient leur protection. Un des conseillers du comte de Toulouse, qui contribua le plus par son initiative au retour de Raymond VI dans la ville de ses pères, Guillaume Unaud, ne doit pas avoir été moins irréprochable dans ses croyances religieuses. L'hérésie semble avoir été généralement héréditaire dans les familles méridionales, et la sentence posthume qui en 1237 frappait le fils de Guillaume Unaud, le chevalier Raymond Unaud, pouvait probablement sans injustice remonter jusqu'au père (3).

(1) Collection Doat, tome XXII, f° 30.
(2) Collection Doat, tome XXI, f° 158.
(3) Doat, tome XXI, f° 184.

Si nous avions des renseignements plus détaillés sur cette époque mémorable du siége de Toulouse et sur les hommes qui y ont joué un rôle, nous verrions sans doute que la plupart de ceux que le poëte salue avec enthousiasme sous la bannière du comte de Toulouse étaient aussi des adeptes, des fauteurs de l'hérésie, quelquefois même des hérétiques parfaits ou *revétus*, comme le chevalier Giraud de Gordon. Mais peu importe! ils sont tous les bienvenus! Le poëte chantera leur vaillance; il ne s'inquiète pas de leur foi religieuse; il ne condamnera pas des chevaliers qui ont eu le tort d'écouter les sermons des hérétiques, lorsqu'il a su rendre aux humbles prédicateurs de Bernis l'hommage qui leur était dû.

Si le troubadour ne peut refuser à ces victimes de Montfort la pitié à laquelle elles ont droit, s'il condamne avec une juste sévérité la cruauté de leur bourreau, s'il admire, malgré les soupçons dont leur foi pourrait être l'objet, les adversaires de la croisade et les champions des Raymonds, il n'est pas néanmoins hérétique; il n'a pas de brutales répugnances pour les hommes qui composent la secte, mais il reste fidèlement attaché au christianisme de la tradition, il prête les mêmes sentiments à ses héros, aux défenseurs de Toulouse. Pâques a rendu au siége de la grande cité une nouvelle activité. Les batailles longues, sanglantes, livrées par les deux partis avec un même héroïsme mais avec un bonheur inégal, ont recommencé. Les Toulousains rentrent vainqueurs. Montfort se plaint et murmure. — A ces plaintes, le poëte oppose un bel élan de piété chrétienne de la

part des hommes du midi. C'est une confession de foi catholique, au sens le plus large du mot, c'est l'affirmation des grandes vérités et des dogmes fondamentaux du christianisme. « Jésus-Christ nous gouverne, et nous devons lui
» être reconnaissants du bien et du mal qu'il nous donne,
» doucement accepter l'un et l'autre ; et pour tel mérite il
» peut bien être assuré qu'en sa croyance nous voulons vivre
» et mourir ; — nous croyons au Dieu qui nous garde de
» faillir, qui a créé le ciel et la terre, qui produit la graine
» et la fleur et a fait le soleil et la lune resplendir à travers
» le monde, qui créa l'homme, la femme et l'âme ; il des-
» cendit dans le sein de la Vierge pour accomplir la loi ; et
» il subit en chair le martyre pour guérir les pécheurs ; il
» donna son sang précieux pour éclaircir les ténèbres » (1).

Ces vers sont remarquables ; examinés de près, ils offrent un double sens : un sens affirmatif et un sens négatif. Chacune de ces affirmations est en même temps une négation de la doctrine albigeoise, une réponse aux accusations d'hérésie intentées aux Toulousains. Le poëte insiste à dessein

---

(1) Fauriel, p. 498 ; Mss., f° 92, p. 183.
   Jhesu Crist nos governa e devem li grazir
   Lo mal el be quens dona e dousamen sufrir
   Car per aital dreitura nos pot ben mantenir,
   Qu'en la sua crezensa volem vivre e morir.
   Car nos crezem lo Dieu quens garda de fallir
   E que fetz cel e terra e granar e florir,
   E solelh e la luna per lo mon resplandir
   E fe ome e femma els esperitz noirir
   E intrec en la Verge per la leg acomplir
   E pres in carn martiri per peccadors garir
   E dec sanc preciosa per lescur esclarzir.

sur les points du dogme contestés par les Cathares. Les Toulousains croient au Dieu qui a fait le ciel et la terre, la graine et la fleur, le corps et l'âme. C'est la création biblique et chrétienne hautement proclamée ; c'est la négation de la création dualiste et manichéenne : Dieu incarné dans le sein de la vierge, Dieu subissant dans un corps réel le supplice de la croix, c'est le principe chrétien opposé au principe hérétique. L'idée d'un Dieu parfait descendant dans un corps imparfait, créé par le Dieu mauvais, est contraire à tout l'esprit du système albigeois. Le Christ n'a pas même pu revêtir le corps matériel ; il a un corps céleste ; son corps terrestre n'était qu'une apparence, un fantôme, pour tromper le Dieu mauvais et accomplir son œuvre en liberté. Lorsque les Juifs le mirent en croix, le corps céleste n'éprouva aucune douleur. Le poëte n'avait-il pas présents à l'esprit ces enseignements de l'hérésie, lorsqu'il affirmait, avec cette concision si précise, les articles fondamentaux de la foi orthodoxe ?

Mais cette orthodoxie n'a rien d'étroit, d'exclusif, d'intolérant. Les idées du poëte sont larges comme devaient l'être celles d'une société qui réunissait dans son sein tant d'hommes, tant d'idées, tant d'intérêts, tant de passions. — Les hérétiques combattaient à côté des catholiques ; les chevaliers faidits rivalisaient d'héroïsme avec les bourgeois les plus orthodoxes ; les opinions apprenaient à s'estimer, à se respecter. Le troubadour comprenait que la vie religieuse, vraie, sincère et profonde, peut s'allier avec les dogmes les moins acceptables. Le poëte vénérait la charité des bons.

hommes ; il ne cherchait pas, dans ses appréciations, à dénaturer cette charité en la mêlant avec une basse hypocrisie ; il ne mettait pas aux témoignages, rendus à la vie et aux mœurs de ces parfaits, ces restrictions que l'on trouve dans les lettres d'Innocent III et qui nous les représentent comme de perfides séducteurs des âmes. Il y a loin des simples et touchantes marques de sympathie données aux martyrs de Bernis, aux appréciations dures et injustes, aux calomnies passionnées que renferme la lettre du pontife à l'archevêque d'Aix et à ses suffragants : « Pour répandre » plus secrètement leur venin dans un plus grand nombre » d'âmes, écrit Innocent III, ils affectent les dehors de la » justice ; et s'attachant à des œuvres d'une feinte charité, » ils circonviennent avec le plus d'intrigues ceux qu'ils voient » aspirer à la religion avec le plus d'ardeur » (1).

Ces paroles du pontife étaient néanmoins un bel hommage rendu à la vie et aux mœurs des apôtres de l'hérésie. Lothaire de Conti se défendait avec peine d'une sorte d'estime et d'admiration pour ces hommes qu'Innocent III frappait de ses anathèmes, et le chrétien aurait reconnu volontiers l'inspiration des vertus évangéliques là où le chef de l'Eglise ne voyait et ne pouvait voir que les intrigues d'une perfide séduction. Ces conflits d'idées et de sentiments, qui révèlent

---

(1) Lettre d'Innocent III à l'archevêque d'Aix et à ses suffragants. *Historiens de France*, tome XIX, p. 350.

« Ipsi etenim, ut occultius virus suæ iniquitatis transfundant in plures, justitiæ vultum prætendunt, et studentes simulatis operibus caritatis, eos amplius circumveniunt, quos ad religionis propositum vident ardentius aspirare. »

à la fois une grande intelligence et un grand cœur, ne se mêlent pas aux appréciations du poëte dans la première partie de la chanson de la croisade. Ses jugements sont froids, secs, dédaigneux. — Les hérétiques ont mérité le châtiment qu'ils subissent ; le troubadour voit avec le plus imperturbable sang-froid ces terribles expiations fondre sur leur tête. Les hérétiques et les habitants des pays de Toulouse et d'Agen ont eu le tort de prêter peu d'attention aux prédications de Folquet et de l'abbé de Cîteaux ; cette légèreté irrespectueuse appelle une punition qui ne saurait être injuste même dans ses excès. « Aussi, par ma foi, je ne
» m'étonne pas si on les confond bien, si on les dépouille,
» si on les pille, si violemment on les châtie » (1). Les dames de Minerve sont-elles jetées dans les flammes ; se débattent-elles au milieu des convulsions d'une horrible agonie ? Le poëte assiste sans émotion à cet épouvantable spectacle ; il parle des souffrances de ces victimes avec une froideur qui va jusqu'à la brutalité, presque jusqu'au cynisme : « Ils brû-
» lent maint hérétique félon, fils de pute chienne, et mainte
» folle hérétique qui se bagle dans le feu : on ne leur laisse
» point la valeur d'une châtaigne ; puis on jeta les corps, on
» les ensevelit dans la boue, afin que ces méchants objets
» ne fissent point d'infection à notre gent étrangère » (2).

(1) Fauriel, p. 74 ; Mss., f° 14, p. 27.
   Perqieu, si m'ajud fes, no mén fas meravelha,
   Si om be los confon, ni los rauba, nils pelha,
    Ni per forsals castia.
(2) Fauriel, p. 78 ; Mss., f° 14, p. 28.
   E i arson mant eretge felo, de puta canha,

Les corps de ces suppliciés que l'on jette, que l'on enfouit dans la boue, comme des objets fétides et malsains, cette profanation du cadavre qui blesse si vivement le sentiment de notre dignité humaine, nous rappellent les violences de l'inquisition frappant les morts, violant le caractère sacré qui protége la tombe, et s'acharnant après des ossements depuis longtemps ensevelis. — Le calme impitoyable du poëte nous fait songer au fanatisme plein de sérénité de ces inquisiteurs dont on admirerait quelquefois l'héroïsme si l'on ne détestait pas tant leurs excès.

E mota fola eretga, que ins lo foc reganha ;
Anc no lor laicha 'hom que valha una castanha,
Pois gitet hom los cors, els mes emei la fanha,
Que no fesson pudor a nostra gent estranha
  Aicelas malas res.

CHAPITRE III.

Sentiment de fanatisme peu développé dans le poëte de la première partie de la *Geste*. — Esprit d'autorité poussé jusqu'à la superstition. — Sagesse étroite. — Prudence égoïste.

Il ne faudrait pas abuser des mots de passion et de fanatisme, en parlant du poëte qui a écrit la première partie de ce poëme ; ce serait se faire une idée faussé du ton qui règne, des sentiments qui sont exprimés et de la manière dont ils sont rendus dans cette moitié de la geste. Le fanatisme n'est point le trait dominant de cette figure de poëte, qui s'efface avec tant de soin, et dont, après plus de six siècles, nous avons tant de peine à saisir l'expression indécise. Il y a un fanatisme qui appartient aux époques plus qu'aux individus ; c'est un courant général, formé des idées partout acceptées, des sentiments partout répandus ; il traverse tous les cœurs, il passe à travers toutes les consciences, il agit sur tous les esprits ; toutes les âmes qui sont sous son influence ne sont pas néanmoins des âmes fanatiques. — Labruyère et Mme de Sévigné, bien d'autres avec eux, ont applaudi à la révocation de l'édit de Nantes et aux rigueurs des dragonnades ; et cependant ni Labruyère ni Mme de Sévigné n'étaient fanatiques ; cette appréciation d'un acte désastreux de la politique de Louis XIV condamne les idées de leur temps ; elle n'accuse point dans leur âme un manque de douceur, de modération, de charité, j'allais presque dire de tolérance. De même, au treizième siècle, la doctrine albigeoise dut rencontrer dans les cœurs attachés au catholicisme une répulsion générale ; et pourtant tous ceux qui en suivaient avec peine les rapides progrès, tous ceux qui en condamnaient avec sévérité, avec injustice même, les doctrines et les apôtres, n'étaient pas autant de fanatiques ; tous n'étaient pas des Folquet, des Montfort, des Arnaud de Citeaux, bien que l'on retrouve quelquefois dans leur bouche des paroles qui semblent ne convenir qu'au zèle passionné de ces farouches destructeurs de l'hérésie. Si les appréciations et les jugements de notre poëte sont empreints d'une excessive sévérité que nous ne pouvons accepter, d'une dureté qui nous choque, n'en concluons pas néanmoins que son nom doive figurer à côté de celui de Pierre de Vaux-Cernay ; le même esprit n'anime point leurs ouvrages.

Le fanatisme de Pierre de Vaux-Cernay est une passion sans cesse tenue en haleine, sans cesse renouvelée par des excitations furieuses ; c'est le fanatisme de Folquet et d'Arnaud de Citeaux passant du domaine de l'action dans celui de l'histoire, lui imprimant ses emportements, la pliant au gré de ses convictions, la mettant au service de ses haines et de ses adorations. Le fanatisme du poëte n'est pas plus exalté que ne devait l'être celui des catholiques sages et modérés ; peut-être l'est-il moins encore ? Peut-être son catholicisme laisse-t-il apparaître de loin en loin quelques traces de froideur et d'indifférence?

A la seule pensée des hérétiques, la fureur du moine de Vaux-Cernay s'allume ; cette passion, qui peut par moments porter jusqu'à l'éloquence les déclamations de l'écrivain, aveugle singulièrement le jugement de l'historien. Il n'est pas une calomnie qu'il ne recueille, pas un bruit répandu, sinon inventé par la haine, dont il ne se fasse l'écho; tous les crimes, toutes les violences, tous les scandales, toutes les obscénités, que le fanatisme prêtait aux hérétiques ou à leurs fauteurs, sont racontés dans sa chronique avec la complaisance d'une passion qui s'assouvit. Le poëte est plus sobre, plus réservé; on peut lui supposer plus d'indifférence ou plus de critique. Ce qui blesse notre humanité dans ces cruautés de langage que M. Fauriel lui a reprochées avec tant de raison, c'est une froideur brutale : ce n'est pas l'emportement du fanatisme. — Un des effets les plus ordinaires de cette passion, c'est de répandre dans l'âme qu'elle domine la foi que l'on agit avec Dieu et pour Dieu, et que Dieu à son tour combat avec vous et pour vous. — Cette foi est pleine et entière dans Pierre de Vaux-Cernay; la croisade contre les Albigeois, racontée par ce moine, pourrait, plus que tous les autres récits rassemblés sous ce nom, justifier le titre de *Gesta Dei per Francos*. — Dieu intervient sans cesse; les miracles se renouvellent et se multiplient. C'est le Dieu des armées qui va réunir ses coups aux attaques des croisés contre Béziers. Les habitants de cette ville en réparaient les fortifications: l'armée des pèlerins approchait. Soudain ap-

parut un vieillard d'un âge vénérable qui leur dit : « Oui,
» vous fortifiez la ville contre les pèlerins ; mais qui pourra
» la protéger contre les attaques d'en haut ? Par là il apparut
» clairement que Dieu allait combattre contre eux du haut
» du ciel. A ces paroles, ils furent violemment émus et
» irrités ; ils voulaient faire un mauvais parti au vieillard ;
» celui-ci disparut subitement, et on ne put le retrou-
» ver » (1). Il est inutile de rappeler ici la longue suite de
miracles acceptés et racontés par Pierre de Vaux-Cernay
avec la même foi enthousiaste ; il faudrait transcrire la plus
grande partie de sa chronique. Ecrite sous l'impression du
fanatisme, cette histoire contemporaine de la croisade en est
déjà la légende.

Avec le récit du poëte, au contraire, nous sommes dans
l'histoire ; nous ne sortons guère des limites où la renferme
le caractère rationnel et philosophique de ses appréciations ;
le poëte voit et juge les événements à un point de vue
humain ; l'intervention directe et miraculeuse de Dieu ne se
fait sentir que rarement ; certes, les miracles qui frappaient
si fortement l'imagination du moine de Vaux-Cernay ne
devaient pas être inconnus au poëte : plusieurs étaient
attestés hautement par Monseigneur Folquet, évêque de
Toulouse, et ne pouvaient pas être ignorés du moine Izarn
et de maître Nicholas, qui, liés avec le troubadour, lui ont
souvent fourni les matériaux de son histoire. L'ami des
prêtres et des clercs trouvait devant lui, dans le sein du

---

(1) Pierre de Vaux-Cernay, *Historiens de France*, tome 19, p. 19.

clergé, cette légende en formation ; mais l'historien savait déjà la soumettre à l'examen d'une critique assez avancée ; il la dépouillait de son caractère merveilleux et ramenait à la vérité historique le récit de ces grands événements. Le même fait, le même incident, dans le récit de Pierre de Vaux-Cernay et dans celui du troubadour, se présentent sous un aspect tout différent ; au siége de Carcassonne, l'armée des croisés jouit de la plus grande abondance; le pain était à profusion dans le camp français. Pierre de Vaux-Cernay reconnaît là une dispensation merveilleuse de la grâce divine : c'est presque le miracle de la multiplication des pains qui se renouvelle : « Il se produisit pendant ce siége
» un fait qu'il ne faut pas passer sous silence, mais consi-
» dérer comme un très-grand miracle. On disait que dans
» l'armée il y avait jusqu'à cinquante mille hommes : nos
» ennemis avaient détruit tous les moulins dans le pourtour
» de la ville ; et les nôtres ne pouvaient avoir du pain que
» d'un petit nombre de châteaux situés dans les environs ;
» et pourtant le pain était au camp en telle abondance, qu'il
» se vendait à un prix très-modique. — Aussi les hérétiques
» disaient-ils que l'abbé de Cîteaux était un magicien et
» qu'il avait amené avec lui des démons ; parce qu'il leur
» semblait que les nôtres ne mangeaient pas ». (1). Voilà le miracle, voilà la légende ; voici la simple et vulgaire réalité, voici l'histoire. Le pays est riche, les croisés s'y refont de leurs fatigues, au milieu de cette profusion de

(1) Pierre de Vaux-Cernay, *Historiens de France*, tome 19, p. 21.

vivres ; ils s'indemnisent de leurs dépenses avec les salines du littoral méditerranéen. « De vivres, dit le poëte, il y en » eut en abondance ; on donnait trente pains pour un denier » de monnaie ; les croisés prennent le sel des salines et le » chargent sur leurs voitures » (1). Et le poëte continue en donnant des détails qui éloignent de notre esprit toute pensée de miracle. En revanche il affecte une précision toute historique ; il fixe d'une manière exacte le nombre de pains que l'on pouvait avoir pour un denier ; il est et veut être historien ; il a le sens de ce qui est vrai et réel ; il ne se laisse pas dominer par l'imagination ou émouvoir par la passion ; avec un instinct qui, dans une autre époque et dans un milieu différents, serait devenu une méthode vraiment scientifique, il cherche à atteindre les causes naturelles des faits. — Il parle quelquefois de miracles, mais la foi qu'il prête à ces faits merveilleux est suspecte, et quand je l'entends dire : « Ecoutez quel miracle fit le Seigneur » Dieu », je ne vois guère dans ses paroles qu'une forme de langage, une concession aux croyances de ceux auxquels il s'adresse, aux habitudes de l'époque dans laquelle il a vécu.

Raconte-t-il un événement qui paraît étrange ? Il le donne d'abord pour l'effet d'une cause surnaturelle ; c'est Dieu, c'est Christ, c'est la Vierge qui sont intervenus ; mais aus-

---

(1) Fauriel, p. 42 ; Mss., f° 8, p. 15. —
E pcichas de vitalha i ac si a plentatz :
Donec om XXX pas per un dener menedetz ;
Lo sal del sali prendo e aqui l'on cargat.

sitôt il met en présence de cette merveilleuse intervention une cause naturelle qui explique aussi bien l'événement raconté, et il insiste sur cette cause avec une persistance qui nous montre de quel côté est pour lui la vérité. Un croisé Bouchard a été fait prisonnier par Roger de Cabaret. — Un jour Simon de Montfort voit revenir ce baron à son camp ; il est libre, il est seigneur de Cabaret et celui qui le détenait prisonnier est aujourd'hui son vassal. Certes, voilà un étrange et brusque changement ; Pierre de Vaux-Cernay aurait crié au miracle et le poëte ne nous surprend pas lorsqu'il nous dit : « E auiatz de Jeshu quinhas vertuz i fai (1). » C'est une phrase toute faite qui revient avec des variantes insignifiantes toutes les fois qu'il s'agit d'annoncer un fait merveilleux : expression commode dont le poëte se sert pour cacher le peu de confiance que les miracles inspirent à son esprit curieux et scrutateur. Ici encore il ne s'arrête pas à cette explication surnaturelle ; sans doute c'est le Christ qui a délivré Bouchart ; mais en même temps nous voyons arriver les nombreux renforts que chaque printemps amène à la croisade ; — cette guerre féodale contre les châteaux des montagnes qui entourent Carcassonne, va reprendre avec une nouvelle énergie. Cabaret tombera comme Thermes est tombé. Les gens de Cabaret ont été saisis d'une grande frayeur, et voilà le secret de cette merveilleuse délivrance. Le poëte annonce un miracle et en même temps il montre

---

(1) Fauriel, p. 104 ; Mss., f° 19, p. 37.

que ce miracle est inutile : « Le comte d'Auxerre, Robert de
» Courtenay et le chantre de Paris, comme le livre le raconte,
» vinrent de devers Paris dans ces parages avec un très-
» grand host ; ils entrèrent dans ce pays, à Carcassonne : et
» écoutez quel miracle y fit Jésus-Christ : ceux de Cabaret
» eurent un grand émoi » (1).

Presque tous les rares miracles qui sont disséminés dans cette première partie du poëme de la croisade se rapportent à des faits ordinaires dont l'expérience la plus vulgaire suffit à rendre compte. — C'est pendant le siège de Thermes un hiver aussi beau que le plus bel été (2). — Ce phénomène est fréquent dans le midi, surtout sur le versant oriental de la chaîne de partage des eaux.

C'est ensuite la dyssenterie qui attaque les défenseurs du château de Thermes, après une abondante pluie succédant à une longue sécheresse.

Un seul miracle semble raconté par le poëte avec plus de sérieux ; pendant la défense de Carcassonne, les arbalétriers qui étaient montés aux tours, s'efforçaient en vain de tirer sur l'host : leurs traits n'atteignaient pas à la moitié de la distance : ce n'est là qu'un demi-miracle, il ne saurait modifier l'impression générale que nous laisse la lecture de

---

(1) Fauriel, p. 104 ; Mss., f° 19, p. 37.
    Lo coms P. d'Ausserra, Robertz de Courtenai,
    El chantres de Paris, si col libres retrai,
    Vengron ab mot gran host devas Paris en sai,
    E auiatz de Jeshu quinhas vertus i fai.
    Aicels de Cabaretz s'en devon gran esglai.
(2) Fauriel, p. 94 ; Mss., f° 17, p. 34.

cette première partie de la chanson de la croisade : elle porte l'empreinte de l'esprit méridional libre, critique, rationaliste, sceptique, souvent superstitieux, mais plutôt païen et romain que chrétien dans ses superstitions.

Si le poëte n'éprouve pas pour la croisade cet enthousiasme qui, dans toutes les violences et dans tous les excès des pélerins, reconnaît une inspiration divine, pourquoi est-il passé dans le camp des Français? Pourquoi s'est-il fait adopter par ces étrangers? Pourquoi les appelle-t-il notre gent? Pourquoi chante-t-il Montfort? Pourquoi loue-t-il Folquet? Pourquoi est-il l'ami de ces clercs qui appellent le Saint-Esprit sur les armes des Français? Pourquoi se vante-t-il de ses relations avec le moine Izarn et maître Nicholas? Cette contradiction apparente ne se résout que lorsque nous avons saisi le trait dominant de la nature du poëte. Il ne semble pas avoir de fanatisme ; n'aurait-il pas de superstition? N'aurait-il pas la superstition des grandes puissances sociales établies et consacrées par le temps? — Ne serait-il pas un de ces esprits timides dont toute la sagesse consiste dans une étroite obéissance à ces imposantes autorités morales, politiques ou religieuses? Ils condamnent sans appel toute innovation qui pourrait menacer l'une d'elles ; elle est une rébellion, une folie, un acte de haute trahison, et ceux qui la soutiennent sont des mécréants, des traîtres, des félons.

L'hérésie n'est pas pour le poëte cette satanique abomination sur laquelle s'épuisent les anathèmes de Pierre de Vaux-Cernay, elle est avant tout une folie, folie parce qu'elle est une téméraire attaque contre l'Eglise, folie parce qu'elle

est une nouveauté et une révolte, folie parce qu'elle inspire à une gent aveuglée une résistance incompréhensible contre les prédications des clercs et les injonctions des croisés. — Prenez l'un après l'autre tous les passages où le poëte parle de l'hérésie ; ce qui le préoccupe, ce ne sont pas les idées au nom desquelles les hérésiarques troublent et soulèvent le midi : il n'y a pas, dans les deux mille cinq cents vers et plus, dont se compose la première partie du poëme, un seul détail sur les doctrines de l'hérésie, une seule allusion aux erreurs qu'elle répandait : le troubadour ne s'inquiète que du côté extérieur de la révolution religieuse ; il ne voit, ne condamne, ne maudit que les instincts de résistance développés dans les âmes par les prédications albigeoises ou vaudoises ; il est plus dévoué à l'Eglise qu'à la religion catholique ; plus préoccupé de la grandeur de l'une qu'alarmé pour les intérêts de l'autre. Ce qui le révolte, c'est l'impertinence de ces hérétiques qui opposent une invincible obstination aux sermons de l'abbé de Cîteaux : « Ils ne prisent
» point la prédication une pomme pourrie. Cinq ans ou je
» ne sais, nos prédicateurs continuèrent ainsi. Mais cette
» gent aveuglée ne se veut point convertir ; aussi maint
» homme en est mort ; mainte gent a péri et périra encore
» jusqu'à ce que la guerre soit finie ; car il n'en saurait être
» autrement » (1). Il ne peut pas concevoir que ces croyants

---

(1) Fauriel, p. 6; Mss., f° 111, p. 21.
No prezan lo prezic una poma porria.
V ans o no sai cant tengon daital guia ;
Nos volon convertir cela gent esbaya,

de l'hérésie ne se soumettent pas aux chefs de la croisade, dont lui-même subit si facilement l'empire et chante si volontiers les exploits. « Seigneurs, bien devraient-ils s'en
» être corrigés; car je le vois et l'entends dire : ils ont trop
» mauvaise étoile ; ils ne font point ce que leur mandent
» les clercs et les croisés ; et, à la fin, ils le feront, quand
» ils seront dépouillés ; mais ni Dieu ni ce monde ne leur
» en sauront aucun gré » (1). Lorsque à Toulouse, partagée entre la confrérie des blancs et celle des noirs, la faction hérétique et nationale vient de l'emporter sur la faction catholique et française, le poëte s'afflige des résolutions courageuses et patriotiques que la folle présomption des hérétiques a inspirées à leur comte et à leurs concitoyens. « Voilà ce que fait entendre au comte et à sa compagnie la
» folle gent mauvaise qui a cru l'hérésie ; encore verront-ils
» bien si Dieu me bénit, quel conseil leur ont donné ces
» hommes que Dieu doit maudire » (2).

   Quen son mant hom mort e manta gent peria,
   E o seran encara, tro la guerra er fenia :
    Car als estre non pot.
(1) Fauriel, p. 112; Mss., f° 20, p. 40.
   Senhor, le sen devrian ilh estre castiat,
   Que, so vi e auzi, e son trop malaurat
   Car no fan so quels mando li Clerc e li Crozad ;
   E a la fi o faran, can siran desraubat;
   Aisi co aisels feiro e jo non auran grad
    De Dieu, ni d'aquest mon.
(2) Fauriel, p. 76; Mss., f° 14, p. 27.
   Al comte fan entendre e a sa companhia
   La fola gent malvaza, can crezut la eretgia,
   Encar veiran elh be, si Dieus me benaia,
   Cal cosselh lor an dat aicels cui Dieus maldia !

Ce n'est pas d'ailleurs seulement sur ce point que se manifestent, dans l'auteur de la première partie du poëme, des sentiments qui sont comme le fond même de sa nature. Il est étroitement partisan de l'Eglise contre l'individu, des puissants contre les faibles, des grands contre les petits, des hautes classes de la société contre celles qui sont placées plus bas dans la hiérarchie féodale. La gent chétive n'obtient pas grâce auprès de lui ; les hommes des communes sont de sa part l'objet d'un mépris hautain : la terrible catastrophe dont les habitants de Béziers vont être victimes, ne le rend pas plus indulgent pour la présomption de ces bourgeois dont l'histoire ensanglantée par le crime, mais illustrée par l'héroïsme, pouvait inspirer le respect à un esprit moins prévenu. « Ecoutez, nous dit-il, ce que faisait cette gent vi-
» laine, plus folle et plus ignorante que ne l'est la baleine.
» Avec leurs panonceaux blancs, faits de vile toile, ils vont
» courant par l'host, criant à perdre haleine ; ils croient
» épouvanter les croisés comme on épouvante les oiseaux
» dans l'avoine, quand l'oiseleur crie après eux et agite ses
» drapeaux, le matin ; à la clarté de l'aube » (1).

Le troubadour est sans pitié pour la foule hérétique ; il

---

(1) Fauriel, p. 32 ; Mss., f° 6, p. 12.
    Ar aujatz que fazian aquesta gens vilana,
    Que son plus fol e nesci que no es la balena,
    Ab lors penoncels blancs que agro de vil tela,
    Van corren per la ost, cridan en auta alena,
    Cujols espaventar, com fai auzels d'avena,
    Can les crida els uca, e sos drapels demena
        Maiti, can fai jorn clar.

approuve et justifie tous les châtiments dont on frappe ces vulgaires victimes; mais est-il en présence d'un noble ou d'un baron, il adoucit aussitôt la rigueur de ses jugements devant ces hautes destinées ; il a de l'indulgence, de la sympathie, de la compassion, de l'admiration même pour les seigneurs et les chevaliers qui protégeaient l'hérésie et en professaient presque les doctrines. — Ne parlons pas du vicomte de Béziers ; le sort de ce héros, la mort de cette généreuse victime de la croisade devaient émouvoir le cœur le plus froid. Qui aurait pu passer devant cette grande infortune sans s'incliner avec une douloureuse émotion? Le poëte l'a ressentie ; bien que comprimée, elle se trahit dans quelques vers, qui sont assurément les plus beaux de toute cette première partie de la geste. Mais il est d'autres chefs féodaux qui semblent avoir moins de droit aux hommages d'un troubadour marchant à la suite de leurs ennemis. Lorsque Aimeri de Montréal est pendu dans Lavaur, enlevé d'assaut, le poëte jette un regard plein de regret et de tristesse sur ce gibet, où est attaché le corps d'un chevalier. « Il n'y avait point
» dans le Toulousain et dans tout le comté plus riche dépen-
» sier et meilleur baron. Mal lui prit d'avoir connu les héré-
» tiques et les ensabattés ; car jamais plus grand baron dans
» la chrétienté ne fut pendu avec plus de chevaliers » (1).

---

(1) Fauriel, p. 110 ; Mss., f° 20, p. 39.
    Not plus ric cavaler en Tolza ni el comtat
    Ni plus larc despesaire ni de maior barnat.
    Mala vic los eretges e los ensabatatz ;
    Cane mais tan gran baro en la crestiandat
    No cug que fos pendutz ab tant cavaer de latz.

— 35 —

Un esprit âprement féodal inspire toute cette première moitié de la chanson de la croisade. Lorsque Lavaur eut succombé avec ses défenseurs, le comte de Foix se chargea de leur vengeance ; il courut se poster à Montjoyre, fondit sur une troupe de pèlerins allemands qui allaient rejoindre l'armée des croisés, les défit, les mutila, les égorgea. Les paysans prêtèrent main forte au comte de Foix : le poëte n'a pas un mot de blâme pour le noble baron ; mais il voue à la corde les manants qui l'ont secondé dans son œuvre d'extermination : « Les vilains de la terre et les lâches goujats » les tuent avec des pierres, des épieux, des bâtons. — » C'est pourquoi Montjoyre fut mis en destruction. Si le Seigneur Dieu de gloire me pardonne mes péchés, j'aurais » applaudi à celui qui aurait pendu, comme larrons, ces » vilains qui tuaient les croisés et leur enlevaient leur » avoir » (1).

Injuste dans ses appréciations, partial dans ses jugements, religieusement respectueux envers tous les grands pouvoirs de la société de son temps, condamnant au nom d'un vulgaire bon sens toutes les tentatives dirigées contre ces puissances, qui avaient pour elles la double sanction du temps

---

(1) Fauriel, p. 114 ; Mss., f° 21, p. 41.
  Li vila de la terre e li tafur garson
 Los aucizian ab peiras, ab pals o ab baston ;
 Per que Mont Jois ne fo mes en destruction.
 Si Dom ni Dieus de gloria mes pecatz mi perdon,
 Que agues cels vilas penduz coma layron
 Que les crozats aucizon, a mi sabria bon
  Nils tolgon lor aver.

et de la force, amnistiant leurs excès, fermant les yeux sur leurs violences, le poëte réunit en lui tous les caractères d'une âme prudente, étroite et froide. Ne lui reprochons pas des sentiments que son titre de clerc explique sans les justifier ; ils étaient sans doute communs au siècle dans lequel il écrivait. Nous ne pouvons pas lui demander cette foi dans la conscience individuelle, cette indépendance de la raison que tant de douloureuses expériences, tant d'institutions renversées ou ébranlées n'ont pas encore réussi à nous apprendre ; qu'il se soit incliné devant la grande Eglise d'Innocent III, qu'il n'ait eu qu'un impitoyable dédain pour ceux qui osaient rompre la tradition catholique, briser les liens qui les attachaient au saint-siége, répondre par la bravade et la dérision à une parole qui ébranlait le monde, braver des arrêts dont l'exécution confiée à une croisade fanatique couvrait tout un pays de sang, de cendres, de ruines, on le comprend. Dans la seconde partie du poëme, où règne une inspiration bien différente de celle qui anime la première, on retrouve ce sentiment de la puissance irrésistible de l'Eglise. « Il n'est au monde, dit le jeune Raymond, au
» cune puissance assez forte pour me détruire, si ce n'eût
» été l'Eglise : »

> Que non es en est mon nullis om tan poderos
> Que mi pogues destruire, si la gleiza non fos (1).

Que le troubadour ait été tout féodal dans une époque

(1) Fauriel, p. 268 ; Mss., f° 48-49, p. 96-97.

toute féodale, on ne peut pas s'en étonner. — Il méprise les gens des communes : Guibert de Nogent ne les tenait pas en plus haute estime. Ce sont là autant de circonstances atténuantes que l'on peut plaider en faveur du poëte ; n'en exagérons pourtant pas la portée. Le troubadour a vécu dans le midi ; il a même, dans ses écrits, subi quelquefois l'influence de l'esprit répandu dans ces contrées. Les plus sincères catholiques eux-mêmes ne se courbaient pas aveuglément devant l'Eglise, et son imposante grandeur ne cachait pas à leurs regards indépendants les excès dont ses représentants se rendaient coupables.

Les troubadours, comme l'a remarqué M. Fauriel, dirent courageusement son fait à la croisade. — Ils dénoncèrent avec une verve impitoyable les vices du clergé. Laissons de côté le fougueux sirvente de Guillaume Figueiras (sirventes vuelh far). C'est un réquisitoire furieux contre la croisade ; c'est un écho de toutes les passions soulevées par cette guerre et frémissant au fond de la conscience populaire où le poëte plébéien est allé les chercher.

Ecoutons plutôt Pierre Cardinal, cet ancien chanoine du Puy, qui a quitté l'Eglise parce qu'il se sentait *gai, jeune et beau*, et qui a pourtant retenu de son ancienne vie ecclésiastique des habitudes de moraliste prédicateur (1). Il a de plus vécu jusqu'à l'âge de cent ans, heureux, honoré par les rois et les barons ; ce qui nous permet d'écouter avec plus de confiance les satires virulentes du poëte, et d'ad-

(1) Raynouard, *Poésies orig. des troubadours*, tome 5, p. 302.

mettre la réalité historique des vices et des désordres sociaux qu'elles nous dénoncent : dans l'indignation qui a inspiré ses vers, nous n'avons pas à chercher les traces des souffrances personnelles et les souvenirs irritants qui auraient pu aigrir l'âme du troubadour. Il n'en juge pas avec moins d'indépendance et n'en flétrit pas avec moins de sévérité l'avarice et la cupidité des clercs : « Milan et vautour ne
» sentent pas plus facilement la chair puante que les clercs
» et les prédicateurs ne sentent où est le riche : soudain ils
» sont ses amis intimes, et quand une maladie le frappe,
» ils lui font faire telle donation qu'il ne reste pas assez aux
» parents. Français et clercs ont avec mensonge et trompe-
» rie si fort troublé le monde, qu'il n'y a point d'ordre reli-
» gieux qui ne sache sa leçon » (1). L'esprit féodal dominait dans le midi de la France : peut-être même plus que dans les autres pays descendait-il avant dans les différentes classes de la société : néanmoins le même Pierre Cardinal ne se laissait pas éblouir par les brillants désordres de la vie des seigneurs : il se plaît à élever au-dessus d'eux le simple ribaud pauvre, mais droit et honnête : « Mieux vaut un
» ribaud avec sa pauvreté, qui vit en paix et souffre son
» ignorance, qu'un comte mauvais qui, sans crainte du dés-
» honneur, fait quantité de lâches péchés : au ribaud plaît
» la voie droite, et le comte est las de Dieu et de sainteté :
» l'homme infime a valeur entière, mais non pas le comte ;
» et c'est le meilleur que je prise le plus » (2).

(1) Raynouard, *Poésies orig. des troubadours*, tome 4, p. 357, 358.
(2) Raynouard, *Poésies orig. des troubadours*, tome 4, p. 350, 351.

Ces paroles sont du même siècle que le poëme de la croisade : il est même inutile d'aller chercher les exemples en dehors de cette chanson de gestes : il suffit d'opposer la seconde partie à la première ; autant dans l'une les petites gens sont foulées, méprisées, autant dans l'autre chacun a sa part d'honneur, d'héroïsme et de gloire : chevaliers, bourgeois, marchands, ouvriers, nautonniers, tous ont sur le front un reflet de parage qui renaît, tous sont éclairés par un rayon de cette « *étoile du matin* » qui brille de nouveau à l'horizon.

L'empire exercé par ces grandes forces et ces grandes autorités du moyen âge n'était donc pas aussi absolu qu'on pourrait le penser : il était limité non-seulement par des résistances ouvertes et hostiles, mais aussi par une sage et fière indépendance. — Le poëte de la première partie de la geste n'a pas fourni un nom de plus à la liste déjà longue de ces libres esprits dont s'honore la littérature provençale ; nous ne lui en ferions pas un reproche si, dans sa soumission, nous ne découvrions pas plutôt le fruit d'une timide et vulgaire sagesse que l'inspiration d'une foi ardente. Il est un passage du poëme où l'âme du troubadour, d'ordinaire si réservée, s'est ouverte à nos regards ; le fond de sa pensée s'est trahi, et nous a laissé voir cette prudence habile qui se glisse adroitement au milieu des plus graves conflits et traverse sans dommage, à force de dextérité, les époques les plus agitées. Les habitants de Castel-Sarrazin se sont rendus aux Français : le poëte admire la sagesse de leur raisonnement ; il est irréprochable, en effet, si on le juge d'après les données d'un bon sens égoïste ; il a pourtant un défaut : il exclut le dévouement et sacrifie le respect de la foi jurée au sentiment de la conservation personnelle : il est facile d'ailleurs de le voir dans les paroles mêmes du poëte : son appréciation n'a pas été celle de tout le monde, et l'adroite reddition de ces bourgeois a trouvé des consciences plus sévères pour la condamner : « Ceux de Castel-Sarra- » zin, » dit le poëte, « savent se délivrer en hommes preux » qu'ils sont, pleins de droiture et de loyauté ; jamais homme » de cette aventure ne peut comter un mot de mal. Ils ne » l'ignorent pas : si le comte peut recouvrer sa terre, s'il » peut faire accord avec l'apostole, si le roi d'Aragon triom- » phe des croisés, s'il peut dans une plaine les vaincre et » les tailler en pièces, le comte les recouvrera sans plus tar- » der. Dans cette pensée, ils ne veulent pas se faire occire » et tuer. Des bourgeois d'Agen qui se rendirent les pre- » miers, ils prirent l'exemple que vous m'entendetz comter. » De deux maux, l'homme doit choisir le moindre. Ainsi, » dit Bertrand d'Esgals : si tu vas dans un sentier et si tu » vois ton compagnon tomber dans la fange ; et si tu passes » l'eau, tu ne dois pas te mettre le premier, mais bien te » tenir au milieu, de façon à pouvoir, si tu vois que l'on se » noie, te tirer en arrière » (1). Au moment où la guerre

(1) Fauriel, p. 178 ; Mss., f° 32, p. 63.
    Cels de Castel Sarrasi se saubon delhivrar,
    Com pros ome que son, leial e dreiturer,
    Que anc om i mal mot non pot oncas conter ;
    Be sabon que sil coms pot sa terra cobrer,
    Ni pot am lapostoli faire nulh accorder,

allait, « comme un torrent, » désoler le midi, le poëte avait sans doute pressenti que l'on se noierait si l'on se hasardait dans ce fleuve débordé, et il s'était sagement tenu à l'écart. Si les vues du troubadour manquent d'étendue et d'élévation, ce n'est pas que son esprit soit borné ; nous l'avons vu déployer un sens critique assez remarquable, et rester dans les limites de l'histoire au moment même où la légende se formait autour de lui ; mais son cœur était étroit, et s'il n'y a pas toujours entre le cœur et l'esprit ces relations intimes qui donneraient à l'âme humaine cette unité idéale, que la raison conçoit et que l'expérience dément, ils exercent néanmoins l'un sur l'autre une irrésistible influence.

  E sil reis d'Arago lor es tan sobrancer
  Que los puesca en un camp vencer ni rauzer,
  Quels cobrara adoncs sens autre demorer :
  En aquest mot nos volo far aucir ni tuer.
  Dels borguezes dAgen, ques rendero primer
  Prezon aicel essemple, que vos m'auzetz comter.
  Dels dos mals le mens mal deu om tots temps trier.
  So ditz E. d'Esgal : si vas per un semder,
  E ves tou companho en la fanga tumber,
  E si passas agua, not deus metre primer
  Mas en mieg log que sin ves nulh neier,
  Que t'en puscas areire mantenent retorner.

CHAPITRE IV.

Deuxième partie. — Esprit de liberté. — Noble indépendance de la conscience du poëte. — L'impression produite sur les catholiques du midi par les violences et les désordres de la croisade, ne suffit pas à expliquer un changement qui atteint l'âme du troubadour dans toutes ses profondeurs. — Des sentiments inconnus à l'auteur de la première moitié de la geste deviennent une source féconde d'inspiration pour celui de la seconde. — Rien dans le premier de ces deux poëtes ne fait pressentir l'autre.

Dans la seconde partie du poëme, un esprit tout nouveau se manifeste ; la pensée du troubadour sort des étroites limites où la retenait sa prudente médiocrité. Les grandes autorités morales et religieuses du moyen âge sont encore, dans cette moitié de la geste, l'objet d'un respect qui révèle dans l'esprit du poëte une saine modération et un juste équilibre d'idées et de sentiments ; mais ce respect n'enlève rien à l'indépendance de ses jugements ; le poëte sait maintenant regarder en face les chefs spirituels et temporels de la croisade : son regard ferme et scrutateur ne se trouble pas même en présence du trône pontifical.

Nous avons déjà rappelé la manière dont il juge la vie et les actes de Folquet ; il nous montre dans le même homme tour à tour le troubadour corrompu, l'abbé fanatique, le

prélat despotique ; il ne se contente pas de le faire condamner par le comte de Foix : il le met en scène ; c'est Folquet qui pèse avec le plus d'opiniâtreté sur les décisions du pape; c'est Folquet qui menace Innocent III d'exciter les horreurs d'une guerre d'extermination, s'il refuse à Montfort une investiture que les prélats du concile réclament pour le spoliateur des comtes de Toulouse : « Si tu ne lui donnes pas
» toute cette terre, s'il ne la possède pas toute, je veux que
» partout passent le glaive et le feu ardent » (1). Plus tard, lorsque les habitants de Toulouse, poussés à bout par Montfort, ont plutôt consulté leur colère que leurs forces et voient au lendemain d'une émeute victorieuse se préparer les terribles représailles du comte, c'est Folquet qui prend la parole, séduit ces malheureux par le ton doucereusement évangélique d'une perfide homélie et conduit ses fidèles, pieds et poings liés, à leur sanguinaire ennemi. Lorsqu'on prête à un évêque ce rôle et ces paroles, on l'a jugé avec une juste et libre sévérité ; on a vengé ses victimes.

Le poëte porte hardiment devant la chaire de saint Pierre les griefs de la France du sud contre la croisade ; avec Raymond de Roquefeuille, il va fièrement requérir le seigneur apostole au nom du jeune fils du vicomte de Béziers. — Lorsque le troubadour, dans la première partie de la geste, raconte le siége de Carcassonne et la manière dont Roger de Béziers est tombé aux mains des croisés, son récit

---

(1) Fauriel, p. 244 ; Mss., f° 44, p. 87.
  E si no lalh das tota quel ne sia tenens,
  Eu volh que per tot passe glazis e focs ardens.

s'embarrasse ; il s'appuie de l'autorité d'un prêtre, il veut dissimuler la trahison de l'abbé de Cîteaux ; c'est un chevalier, un ami, un parent du vicomte, qui vient de sa propre inspiration l'engager à se rendre ; ensuite Roger reste comme ôtage. — La chronique provençale en prose est plus franche que l'original qu'elle paraphrase. C'est le légat qui ourdit cette machination. « Adonc ledit légat se prit à ima- » giner d'envoyer un de ses gents devers ledit vicomte à » ladite cité » (1). Le vieux chroniqueur n'hésite pas à donner à cette perfidie le nom qu'elle mérite : il ne recule pas devant le mot de trahison ! Le troubadour aime le vicomte de Béziers, bien qu'il ne l'ait vu qu'un seul jour, mais il a encore plus de foi dans l'infaillible moralité des chefs de la croisade et des représentants de l'Eglise que de sympathie pour leur victime. Quelque temps après, le vicomte de Béziers meurt prisonnier de Montfort ; le poëte rencontre devant lui un terrible soupçon, que les violences et les crimes des croisés ne justifiaient que trop ; il l'écarte avec le dédain d'un narrateur officiel et bien informé : « Et les mauvais coquins et les autres goujats, qui ne » savent rien des affaires, qui ignorent comment elles se » passent et ne se passent pas, racontent qu'on l'occit de nuit » par trahison : ni par Jésus-Christ qui est aux cieux ni par » chose qui soit au monde, le comte n'eût consenti qu'on » l'eût ainsi occis » (2).

---

(1) Dom Vaissète, preuves, éd. Du Mège, tome 5, p. 464.
(2) Fauriel, p. 62 ; Mss., f° 12, p. 23.
   E li malvatz tafur e li autre garson,

Tous ces ménagements ont disparu dans la seconde partie du poëme. — Le poëte accueille ces bruits, qui n'étaient naguère répandus et accrédités que par la canaille. Il y croit : d'ailleurs, que Roger soit mort dans la tour de Carcassonne, de chagrin, de douleur, de maladie, ou qu'il ait été frappé par la trahison, spolié ou égorgé par Montfort, toujours a-t-il été victime d'une grande iniquité ; cette iniquité, le troubadour, par la bouche de Raymond de Roquefeuille, la dénonce avec une assurance hautaine, qui a dû plus d'une fois faire tressaillir les cœurs méridionaux ; il faut que le pape la répare, en rendant au fils du proscrit l'héritage de son père ; et s'il ne le rend pas, les péchés de l'orphelin déshérité retomberont sur son âme au jour du jugement : « Seigneur droit apostole, merci et pitié pour un
» jeune enfant orphelin et banni, fils de l'honoré vicomte,
» que Simon de Montfort et les croisés ont mis à mort,
» lorsqu'on le leur eut livré. Alors baissa parage du tiers
» et de la moitié, quand il subit le martyre à tort et à
» péché ; et tu n'as en ta cour cardinal, ni abbé, dont la foi
» soit plus chrétienne que n'était la sienne. Et puisque le
» père est mort, le fils déshérité, seigneur, rends-lui la
» terre, garde ta dignité. Et si tu ne la lui veux pas rendre,
» que Dieu, pour récompense, fasse retomber sur ton âme

<pre>
       Que no sabon lafaire, co si vai, ni co non,
       So dizo quom laucis de noitz a traicion.
       El coms no o consentira per Jeshu Crist del tron,
       Per nulha re com sapcha, ni sia en est mon,
           Que hom lagues aucis.
</pre>

» les péchés de ta victime ; et si tu ne la lui remets pas à
» jour fixe et prochain, je te réclame la terre, le droit et
» l'héritage au jour du jugement, où nous serons tous
» jugés » (1).

Dans cet appel du tribunal pontifical au tribunal divin, du concile de Rome au grand jour des rétributions, il y a une noble et fière protestation de la conscience du poëte. Elle ne se laisse point imposer silence par un timide respect et une prudence pusillanime. Elle discerne les passions mauvaises, qui ont été trop souvent l'inspiration de la croisade. C'est le pape qui parle, c'est le poëte qui pense, lorsque nous entendons du haut de la chaire pontificale tomber cette condamnation sévère de la conduite de l'Eglise :
« Orgueil et méchanceté ont pris place au milieu de nous :
» nous devrions gouverner toujours avec le bon droit ; et

---

(1) Fauriel, p. 238; Mss., f° 43, p. 86.

Senher, dreitz apostols merce e pietat
Aias dun effan orfe, jovenet ichilat
Filh del onrat vescomte, que an mort li crozatz
En Simos de Montfort, cant hom li ac lhivrat.
La donc baichec paratges lo tertz o la mitat,
E cant el pren martiri a tort e a pecat,
E no as en ta cort cardenal ni abat
Agues milhor crezensa a la cristiandat ;
E pois es mort lo paire el filh dezeretat,
Senher ret li la terra, garda ta dignitat,
E si no laih vols rendre Dieus t'en do aital grad
Que sus la tua arma aias lo sieu pecat,
E si no la li lhivras en breu jorn asignat,
Eu te clami la terra el dreg e la eretat,
Al dia del judici on tuit serem jutjat.

» nous recevons les méchants et nous faisons périr les
» bons » (1).

Enfin le pape lui-même est jugé par le poëte : le troubadour le respecte ; il le vénère, il l'aime et s'incline devant cette grande figure d'Innocent III, qui plane sur tout le commencement du treizième siècle. Peut-être même, si l'histoire ne fait pas remonter jusqu'au pape la responsabilité des plus graves excès de la croisade, c'est sur la foi de notre poëte. — C'est lui qui, plus qu'aucun historien ou chroniqueur, a fait absoudre le pontife de l'odieuse initiative des violences et des crimes de cette guerre inexpiable ; mais s'il admire la sagesse, la droiture, l'humanité du pape, il ne lui accorde pas une entière et complète amnistie ; il lui reproche une faiblesse coupable ; — Innocent III ne fait pas le mal, il ne le veut pas, mais il le tolère, il le sanctionne une fois accompli. Il tremble devant son clergé : et par peur du clergé (e per paor de clercia de quel es temoros), il déshérite ceux qu'il voudrait protéger (2) : « Barons, dit » l'apostole, mon jugement est arrêté : le comte est catholi- » que et se conduit loyalement ; mais que Simon tienne la » terre » (3). Dans ce rapprochement d'idées opposées, dans

(1) Fauriel, p. 248 ; Mss., fo 45, p. 89.
... Ergolhs e maleza es entre nos ases.
Nos degram governar per bon dreit tot cant es,
E recebem los mals e fam perir los bes.
(2) Fauriel, p. 227, Mss., fo 41, p. 82.
(3) Fauriel, p. 246 ; Mss., fo 45, p. 89.
Baro, ditz l'apostols : faitz es lo jutjamens,
Que lo coms es catolix es capte leialmens :
Mas en Simos tenga la terra.

cette sentence contradictoire n'y a-t-il pas un trait d'amère satire ?

Dans toutes les scènes du concile, dans toutes celles qui se succèdent à travers cette dernière partie du poëme, on peut admirer la même franchise de jugements, la même indépendance de vues ; c'est toujours à sa conscience que le poëte se rapporte. Contre les arrêts de l'Eglise, il ne craint pas d'invoquer l'Ecriture et la loi. Il est un passage où le poëte, avec moins d'art que de bonheur, fait ressortir le despotisme impérieux des légats de l'Eglise romaine. C'est du drame, c'est de la comédie, c'est surtout une satire. Le comte Amaury de Montfort a plaidé la cause des hommes du midi, justifié leur révolte, admiré leur héroïsme : « Tant » que vous les soutiendrez, dit le cardinal légat, jamais » vous n'aimerez droit et sainte Eglise ; je vous donne pour » pénitence de jeûner demain : vous ne mangerez et ne » boirez que du pain et de l'eau ; et dans mon grand amour » pour vous, je vous prie de ne plus pécher. Jésus-Christ » vous mande à vous et au comte de Soissons de vous cor- » riger de votre défaut de parler en faveur des hommes de » Toulouse » (1). Ces arrêts rendus au nom du ciel ne fer-

---

(1) Fauriel, p. 548 ; Mss., f° 101, p. 302.
   Namaldrics, santa glieiza ni dreit non amaretz.
   Dau vos per penedensa que dema dejunetz,
   Que re mas pa e aiga no bevatz ni mangetz
   E car ieu vos am tant prec vos que no pequetz ;
   Que Jeshu Crist vos manda que er von castietz
   Vos el coms de Saisso que mais nolz razonetz.
   Senher, ditz Namaldrics, ligetz e trobaretz
   Que ja per esta colpa encuzar non deuretz ;

ment pas la bouche au brave baron français, que le poëte a fait parler comme parlaient sans doute les chevaliers faidits.
— « Seigneur, dit Amaury, lisez et vous trouverez que
» pour cette faute vous ne devez pas m'accuser. L'Ecriture
» ne dit pas et la loi ne démontre point qu'un prince de la
» terre doive être injustement déshérité. Et si le comte Ray-
» mond perd maintenant son héritage, loyauté et droiture le
» lui rendront une autre fois. — Amaury, dit le comte de
» Montfort, vous aurez tort toutes les fois que vous dispute-
» rez avec monseigneur le légat. Vous aimerez l'Eglise quand
» vous lui obéirez. »

Ces derniers mots auraient été jadis la devise du poëte : il se serait rangé du côté du comte Simon et de monseigneur le légat ; maintenant il applaudit Amaury de Crion. — Quel changement dans les sentiments du troubadour ! quelle évolution accomplie dans son esprit ! Où donc cette conscience prudente et soumise a-t-elle trouvé cette mâle indépendance? Dans l'indignation ressentie par le poëte en présence des excès de la croisade, répond M. Fauriel. Un pays entier a été dévasté, des villes ont été saccagées, leurs habitants égorgés ; les châteaux, asiles de la liberté féodale, sont tombés l'un après l'autre. S'installant au cœur du midi, comme un ver rongeur, la croisade en a peu à

Que no ditz la escriptura, ni demonstra la leitz
Que nulh princep de terra a tort dezeretez,
E si lo coms Ramons pert ara sos heretz,
Leialtat e dreitura lailh rendra autra vetz,
Namaldrics, ditz lo coms de Montfort, falhiretz,
Can ab lo cardenal mo senhor contendretz.

4

peu usé toutes les forces, troublé toutes les relations : un jeune héros est mort, victime de sa confiante loyauté ; il a péri dans le fond d'un donjon ; peut-être même la trahison a-t-elle précipité la fin d'une vie que la douleur suffisait seule à abréger. Le comte de Toulouse a dû s'en aller faidit et les hommes du nord sont restés maîtres de ces contrées ; ces violences, cette destruction implacable, ces grandes infortunes devaient laisser dans l'âme des hommes du midi de profondes et terribles impressions ; ces douloureux spectacles pouvaient ramener à sa patrie naissante un méridional naturellement généreux, que le fanatisme aurait égaré à la suite des croisés ; mais l'âme du poëte qui a raconté toutes les péripéties du premier acte de ce grand drame est une âme calme, réfléchie, froide et sèche. Les emportements de la passion, les entraînements du fanatisme n'obscurcissent pas son jugement : il est clair, net, précis ; sa raison conserve le plus parfait équilibre ; il passe devant toutes ces ruines encore fumantes ; il entend les cris des victimes. S'en émeut-il ? Sa conscience se trouble-t-elle ? Sent-elle le besoin de se rassurer sur la légitimité des actes de la croisade ? Moins que tout autre, ce cœur devait être accessible à l'émotion que lui prête M. Fauriel. Ce n'est pas une de ces natures ardentes que la passion jette violemment dans une direction pour les repousser aussitôt et avec non moins de violence dans le sens contraire ; elles sont le théâtre d'incessantes agitations ; leurs sentiments sont tour à tour agités par un flux et un reflux perpétuel. Je comprends les impressions contraires que les différentes scènes de la croisade devaient faire naître dans le cœur d'un homme du midi à la fois humain, sincèrement catholique et dévoué à son pays. — Je m'explique les variations de conduite qui devaient traduire au dehors les émotions diverses dont était saisie son âme. D'abord irrité des progrès de l'hérésie, souffrant de l'abaissement de l'Eglise catholique, il a peut-être assisté avec douleur à ces conférences où les hérétiques d'une part et les ecclésiastiques de l'autre discutaient devant des laïques appelés à les juger. Peut-être, au sortir du colloque de Montréal, s'est-il écrié avec l'indignation de Guillaume de Puylaurens dans son histoire : « O douleur ! les » chrétiens ont dû voir l'Eglise et la foi catholiques tomber à » un tel degré d'abaissement qu'il a fallu, avec des laïques » pour juges, discuter sur de tels opprobres » (1).

Mais la croisade approche, le catholicisme va être vengé de ses humiliations, relevé de ses opprobres. Ce catholique méridional et passionné court au-devant de ses libérateurs. Tous les chefs de la croisade sont des saints ; il approuve leurs actes, il justifie leurs arrêts. Cependant le sang coule ; les victimes tombent sur les victimes ; on laisse à Dieu le soin de discerner ceux qui lui appartiennent. Des doutes traversent l'esprit de ce témoin de la croisade ; qu'il a saluée avec enthousiasme. Son cœur s'émeut : une passion nouvelle, inconnue, le patriotisme, ébranle son âme ; naguère le catholique parlait plus haut que le méridional ; l'homme du midi impose à son tour silence au catholique ; il revient

---

(1) Guillaume de Puylaurens, *Historiens de France*, tome XIX, p. 201.

prendre place parmi les défenseurs de sa cité qui se soulève, de son pays qui brise les fers d'une servitude détestée. Il combattra, il mourra, s'il le faut, entre un hérétique et un chevalier faidit. — Les arrêts violents, les sentences iniques de la cour de Rome ont blessé la délicatesse de sa conscience ; il a protesté, et ses protestations ont abouti au libre examen : il discute, il juge, il condamne ; ces retours brusques et violents appartiennent à une âme que la passion soulève et remue : une froide et lente sagesse a plus de suite et de tenue.

Sans doute, cette sagesse devait elle-même avoir ses mécomptes, et les objets de l'obéissante vénération du troubadour devaient manquer soudain à sa vénération même. En prenant possession de la terre conquise, la croisade s'était pour ainsi dire dissoute ; les intérêts égoïstes et les passions brutales, que le zèle religieux ne suffisait pas à dissimuler, suivaient sans honte et sans pudeur leur violente inspiration. En établissant les barons du nord dans les domaines des Raymonds, l'Eglise n'avait fait qu'introduire dans ce malheureux pays un nouvel élément de désordre et d'anarchie. Quel spectacle pour les esprits clairvoyants, le jour où Montfort, l'épée haute, forçait l'entrée de Narbonne, qu'Arnaud de Cîteaux tentait en vain de lui interdire ! (1) Dans de semblables conflits, le prestige de la croisade s'évanouissait. Bien des esprits, qui dans ces bandes fanatiques et pillardes avaient vénéré l'armée de la très-haute et très-puis-

(1) Catel, *Hist. des comtes de Toulouse* (28-30).

sante Eglise, se sentaient sans doute affranchis d'un respect qui devait peser à leur conscience chrétienne. Le poëte de la première partie de la geste a pu, lui aussi, trouver dans ses déceptions une indépendance qui a donné à ses jugements plus de largeur et d'étendue ; mais cette indépendance a-t-elle suffi à renouveler son âme dans toutes ses profondeurs ? L'âme humaine s'agite, se meut, nous présente successivement des aspects nouveaux, inattendus ; mais elle tourne toujours autour d'un point qui reste fixe, et la mobilité de ses idées et de ses sentiments est limitée par ce qu'il y a d'immuable au fond de sa nature. Celle du poëte était médiocre et terne, et ses instincts froidement raisonnables se trahissaient dans une foi sans inspiration, sans enthousiasme.

Quelle vie au contraire, quelle émotion dans les expressions du sentiment religieux qui anime la seconde partie du poëme ! Que ce sentiment lui-même est vrai, sincère, profond ! C'est une confiance en Dieu qui résiste aux plus grands désastres ; c'est une résignation qui accepte, sans murmure, les coups les plus terribles ; ce sont des élans d'une pieuse reconnaissance, c'est une charité touchante qui répond par le bien au mal qu'elle souffre de ses ennemis. On se sent en presence d'âmes en continuelle communication avec Dieu ; elles s'élèvent à Dieu et Dieu descend vers elles. Et partout, au-dessus des événements de ce drame, plane la grande image de la Providence vengeresse qui en dirige les sanglantes péripéties, et va donner au dénouement le sens d'une haute et terrible leçon de justice ! Au lendemain de la bataille de Muret, tandis que Montfort et ses barons délibèrent sur le sort de Toulouse, on entend de toutes parts répéter dans la malheureuse cité : « Souffrons, » acceptons avec une calme résignation tout ce que Dieu » veut ; Dieu peut nous aider, il est notre soutien » (1). C'est à Dieu que le pape renvoie le comte Raymond, qu'il n'a pu protéger contre la haine acharnée de ses légats : « Si je t'ai déshérité, Dieu peut te rendre ton héritage, et si » tu as grande ire, Dieu peut te soulager ; et si tu as perdu, » Dieu peut te dédommager ; et si tu marches dans les » ténèbres, Dieu peut faire resplendir sur toi la clarté » (2). Nous avons déjà rapporté la belle confession de foi des défenseurs de Toulouse, à la suite d'une de ces victoires qui jetèrent un si grand lustre sur leur vaillance ! C'était comme un chant d'actions de grâces répété par le peuple tout entier ! — Une autre fois vainqueur de ses ennemis, sans pouvoir décourager leur âpre obstination, le comte de Toulouse a réuni autour de lui barons et capitouls ; et là, en présence de tous, le vieux Raymond VI s'écrie : « Seigneur, j'adore » Jésus-Christ, car il nous a envoyé une grande splendeur » qui nous a remis vous et moi en belle couleur ; car il est

---

(1) Fauriel, p. 222 ; Mss., f° 40, p. 80.
..... Siam suffrens.
Suffram so que Dieus vol trastot paziblamens,
Que Dieus nos pot aidar, que es notre guirens.
(2) Fauriel, p. 258 ; Mss., f° 46, 47, p. 92, 93.
Siieu t'ai dezeretat, Dieus te pot eretar,
E si tu as grand ira, Dieus te pot alegrar,
E si tu as pergut, Dieus te pod restaurar.
Si tu vas en tenebras, Dieus te pod alumnar.

» saint et plein de douceur : qu'il entende ma plainte et
» prête l'oreille à ma clameur; qu'il garde le droit de son
» pauvre pécheur, qu'il nous donne pouvoir et force et
» courage et vigueur, et il y a un urgent besoin qu'il nous
» garde de douleur » (1).

Ce qui nous touche dans ces démonstrations de piété, c'est la sincérité éloquente de ces accents qui partent de cœurs profondément émus. Ce ne sont pas seulement de ces émotions passagères, comme les natures méridionales, vives, nerveuses, irritables, seront toujours capables d'en ressentir; c'est une foi inébranlable dans la protection que la Providence rémunératrice étend sur la cause des hommes du midi. — Dieu est avec eux parce que le droit est de leur côté. « Dieu et droit gouvernent en réalité et en apparence : » orgueil et ambition sans bornes, tromperie et trahison » sont vaincus par droiture » (2).

De là cette inspiration si hautement morale qui donne à toute cette seconde partie du poëme, la seule réellement poétique,

(1) Fauriel, p. 432; Mss., f° 85, p. 169.
  Senhors, so ditz lo coms, Deu Jeshu Crist azor.
  E rendam li merces.....
  Car sai nos a tramessa una gran resplandor
  Que mi e totz vos autres a tornatz en color;
  Car el es sans e dignes e complitz de loussor,
  Entenda ma rancura e auja ma clamor.
  E garde la dreitura co del seu pecador,
  Ens do poder e forsa e coratge e vigor.

(2) Fauriel, p. 442; Mss., f° 81, p. 162.
  Que Dieus e dreitz governa en faiz e en parvens,
  Qu'orgolhs e demezura, engans e falhimens
  Son vencutz ab dreitura; car leialtatz los vens.

sa vivante unité. Il y a dans cette épopée des tableaux qui nous émeuvent, des scènes qui frappent fortement notre imagination ; plusieurs vers sont beaux, pleins de chaleur, de passion, de vie : un seul est sublime ; la pensée en est simple, l'expression plus simple encore : il n'en est pas moins un trait de génie, parce qu'il est l'expression à la fois la plus concise et la plus complète du rôle que le poëte donne à la Providence. Dans ce vers que l'on n'oublie plus lorsqu'on a lu le poëme (E venc tot dreit la peira la on era mestiers), quelle est la grande image qui se présente à notre pensée, si ce n'est celle du Dieu des armées imprimant à la pierre fatale la direction qu'elle doit prendre, lui désignant la victime qu'elle doit frapper ?

De cette foi en l'intervention constante de la Providence à la foi aux miracles par lesquelles elle se manifeste, il n'y a qu'un pas, et l'imagination du poëte le franchit sans effort. Dieu est avec les hommes du midi, il combat pour leur cause ; il met en fuite devant eux d'invincibles ennemis ; tous ces événements ne sont en eux-mêmes qu'une longue suite de faits merveilleux : devant cette résurrection d'un peuple à moitié enseveli sous les ruines de sa grande cité, quel est le miracle qui ne peut pas trouver dans l'âme du poëte une foi sincère ? Nous parle-t-il d'une de ces interventions divines qui semblent troubler l'ordre de la nature, il ne nous inspire plus la défiance qui éveillait en nous la froide orthodoxie du poëte de la première partie de la geste : — Nous croyons voir Dieu étendant sur le comte de Toulouse la nuée obscure qui doit protéger sa marche : « Quand vient

» le jour le comte est effrayé ; car il redoute que l'on puisse
» le voir et que par toute la terre s'élèvent cris et tumultes.
» Mais Dieu fit un mirable en sa faveur : le temps fut
» noir et l'air s'obscurcit d'un nuage sombre » (1).

La piété exaltée qui sent toujours Dieu auprès d'elle, reconnaît volontiers dans les faits, dont elle est témoin, des signes qui dénoncent les volontés encore mystérieuses du Tout-Puissant. — Au moment où Toulouse, dans l'ivresse de la joie, salue *l'étoile* resplendissante qui se lève sur son horizon, et accueille le jeune comte que leur envoie *le fils de l'archange*, la bannière de Montfort tombe du haut de la tour du pont où elle avait été victorieusement arborée : c'est un miracle qui révèle aux défenseurs de Toulouse leurs triomphes à venir. « Dieu accomplit pour eux un miracle et
» leur donna un signe véritable qu'il mettrait à la chaîne le
» lion exterminateur ; de la tour du pont, du dernier
» créneau que les Français avaient déjà conquis, la bannière
» et le lion tombèrent dans l'eau et furent rejetés sur les
» sables du rivage » (2).

(1) Fauriel, p. 402 ; Mss., f° 63, p. 146.
    E cant viro la jorn, lo coms es espauritz,
    Per so car ac temensa quel pogues estre vistz
    E per tota la terra se leves brutla e critz.
    Nas Dieus li fetz miracles quel temps es escurzitz
    E per la neula bruna es laires esbrunitz.
(2) Fauriel, p. 536 ; Mss., f° 99, p. 198.
    Dieus li fe miracle e signe vertadier
    Quel metra en cadena lo leo glazier ;
    Que de la tor del pont, del dentelh estremer,
    Cavian li Frances conquerida primer,
    Cazec la ensenha en laiga el leos el gravier.

Le sentiment religieux n'est pas un sentiment qui se suffise à lui-même ; il emprunte ce qu'il a de force et de vie aux sentiments au milieu desquels il se développe : plus un cœur aura de sentiments nobles, élevés, puissants, plus sa vie religieuse sera ardente ; c'est une flamme qui ne peut s'élever que d'un foyer alimenté avec profusion. Plus une âme a d'aspirations, d'espérances, d'affections, plus sa religion est vraie et profonde ; car elle a besoin d'appuis pour ses aspirations, de gages pour ses espérances, de sécurité pour ses affections : et ces appuis, ces gages, cette sécurité ne sont point en elle ; elle est entraînée hors d'elle-même, et, sans s'arrêter aux intermédiaires, elle s'élève jusqu'à Dieu. La foi du poëte qui a écrit la première partie de la geste est terne et froide ; le sentiment religieux semble se perdre dans le vide de son cœur ; dans l'âme du troubadour qui a chanté le retour des Raymonds et la délivrance du midi, il s'anime et se vivifie sans cesse au contact de toutes les passions généreuses qui inspirent les vers du poëte. Le troubadour aime sa patrie ; il a pleuré sur sa chute, il a gémi sur ses malheurs : avec quelle tristesse n'a-t-il pas vu tomber sur Toulouse les vengeances de Montfort rendu implacable par son échec sous Beaucaire. « O noble cité de Toulouse brisée dans tous tes » os ! s'est-il écrié, comme Dieu t'a livrée aux mains des » mauvaises gens ! » (1) Avec quelle fierté il recueille l'hommage que lui rendent Amaury de Montfort et les Français

---

(1) Fauriel, p. 390 ; Mss., f° 71, p. 142.
  A la gentils Toloza, per las ossas franhens,
  Com vos a Deus tramessa e mas de malas gens !

vaincus et humiliés! « Nous avons perdu tout honneur : et
» toute la France, les pères et les fils en restent honnis :
» jamais plus grande honte nous n'avons subie depuis que
» mourut Roland; nous avons en abondance des armes, des
» couteaux, des glaives, des hauberts, des armures, des
» heaumes de Flandre, de bons écus, des masses d'armes,
» des coursiers rapides, et une gent vaincue, à moitié
» morte, au milieu de mille périls, dégarnie, sans armes,
» en se défendant et en criant, avec des bâtons, des mas-
» sues, des pierres, nous a jetés dehors » (1).

Comme il relève la noblesse des habitants de cette grande
cité municipale! comme il est jaloux de la gloire que sa
valeureuse défense répand sur ses citoyens! « De tout temps
» Toulouse et parage iront de pair » (2). — Son amour pour
Toulouse n'est égalé que par son dévouement pour la famille
de ses anciens comtes; tout s'allume, tout s'éclaire, tout
renaît, tout revit, lorsque le vieux Raymond VI est rentré
dans la ville de ses pères : « Maintenant nous avons Jésus-
» Christ et la lueur de l'étoile qui pour nous s'est éclaircie.

---

(1) Fauriel, p. 418; Mss., f° 76, p. 152.
  Car nos avem perdudas los honors els bobans,
  E tota la Fransa aunida, els parens, els efans,
  Que nos pres major onta, pois que moris Rotlans;
  Car nos avem pro armas e bos costels e brans,
  Ausbercs e armaduras et elmes flamcians,
  E una gens vencuda, mieg morta, perilhans,
  Desgarnit, senes armes, defendens e cridans,
  Ab bastos e ab massas a ab peiras lansans
  Nos an gitatz de foras......
(2) Fauriel, p. 564; Mss., f° 104, p. 208.
  E Tholoza e paratge ser totz temps pariers.....

» Voici notre seigneur, notre sage seigneur. » Le poëte hait Montfort. « Voici, le jour est arrivé; il sortira de force le » seigneur apostat » (1). Et quand Montfort a succombé, quand la nouvelle de sa mort a pénétré dans Toulouse : « Dieu est miséricordieux, s'écrie le poëte; parage s'éclaire » et sera désormais vainqueur; et le comte qui était méchant » et homicide est mort sans pénitence; car il faisait périr » par le glaive » (2).

Cette aversion et cet amour ont eux-mêmes leur source dans un sentiment plus élevé : l'amour de la justice et la haine de l'iniquité; le troubadour ne cesse pas de protester au nom du droit contre les abus de la force et de l'oppression. Ecoutez Hugues de Lascy, un de ces chevaliers que le poëte charge de faire entendre à l'âme passionnée de Montfort les conseils de la sagesse et de la raison. « Difficilement » on peut dépouiller le seigneur légitime..... Quand les » sujets du jeune comte prêtèrent serment sur un missel, » ils y furent forcés et ne purent faire autrement : c'est la » violence et la force qui règnent là où le droit est impuis-

---

(1) Fauriel, p. 404 ; Mss., f° 74, p. 147.
..... Ara avem Jesu-Christ
El lugans e la estela, que nos es esclarzitz...
Caiso es nostre senher, que sol estre peritz.
E escriden : Toloza; oi es la jorn complitz
Que nissira de fora lo senher apostitz

(2) Fauriel, p. 572; Mss., f° 106, p. 211.
..... Car es Dieus merceners,
Car paratges alumpna es er oimais sobrers,
El coms quera malignes e homicidiers,
Es mortz ses penedensa, car era glaziers.

» sant ; car serment forcé est sans valeur pour droiture ;
» celui qui conquiert terre, prend l'héritage d'autrui et affai-
» blit droiture, perd l'honneur qu'il a conquis et s'attire
» châtiment capital » (1).

Tous ces sentiments du poëte, comme autant de courants
de passions, vont aboutir à un sentiment qui les rassemble
dans une vivante unité : l'enthousiasme que son âme de
troubadour éprouve pour la civilisation féodale et chevaleresque du midi, pour les vertus dont se composait l'idéal des
chevaliers et des poëtes provençaux, pour les mœurs brillantes d'une société autrefois pleine d'éclat, hier proscrite par
l'Eglise et se relevant aujourd'hui avec une nouvelle splendeur à l'appel de ses chefs. Le poëte aime sa patrie matérielle,
il exalte la glorieuse cité qui lui a donné le jour ou qui l'a
adopté ; il aime plus encore cette patrie morale, qui se compose des idées au milieu desquelles on a vécu, des sentiments dont notre cœur s'est empreigné en se formant ; c'est
comme l'air natal que notre âme a respiré dès les premiers
jours de son épanouissement ; avec quel enthousiasme le
poëte ne salue-t-il pas cette patrie lorsqu'elle secoue cet amas
de ruines sous lesquelles on la croyait accablée ! C'est elle qui

---

(1) Fauriel, p. 334 ; Mss., f° 61, p. 121.
..... Camt eli jureron ins el libre missal,
E chorneron forsat e no podion al
Que ben es tortz e forsa, on dreitz no po ni val ;
Car sagramen forsat a dreitura no val,
Car cel que comquier terra, ni pren l'autrui logal,
E merma la dreitura......
Pert l'mor comquerida et gazanha el cabal.

renaît, le jour où la bannière du comte a flotté dans Toulouse.: « Prouesse et parage qui étaient ensevelis sont vivants et » restaurés, et sauvés et guéris » (1). Lorsque le brave Gui de Cavaillon s'entretient du haut de son cheval de bataille avec le jeune comte Raymond, débarqué sur la terre de Provence, ce sont les hontes et les humiliations de prouesse et parage que le chevalier retrace aux yeux du fils des Raymonds, et l'héroïque enfant promet une prompte et complète vengeance : « Maintenant voici le temps où il est grand » besoin que vous soyez redoutable et brave; car le comte » de Montfort, l'Eglise qui détruit les barons et les prédica- » teurs font que tout parage est honni et couvert de honte... » Guy, reprend le jeune comte, j'ai le cœur joyeux de tout » ce que vous m'avez dit, et je vous ferai une courte réponse. » Si Jésus-Christ sauve ma vie et celle des compagnons, s'il » me rend Toulouse, objet de mes désirs, jamais parage ne » sera honni ni souffreteux » (2).

---

(1) Fauriel, p. 404; Mss., f° 74, p. 147.
    . . . . Pretz e paratge, qui era sebelhitz
    Es vius e restauratz e sanatz e gueritz.
(2) Fauriel, p. 268; Mss., f° 48, 49, p. 96, 97.
    . . . . Oimais es la sazos
    Que a grans ops parages que siatz mals e bos,
    Car lo coms de Montfort que destruis los baros
    E la gleiza de Roma e la prezicacios
    Fan estar tot paratge aunit e vergonhos.
    Guis, ditz lo coms joves, mot n'ai lo cor joios
    Daiso quen m'avetz ditz, en farai breu respos.
    Si Jesus-Christ me salva lo cors els companhos
    E quem reda Tholoza, don ieu soi desiros,
    Jamais non er parages aonitz ni sofrachos.

Sans doute, dans ces mœurs féodales et chevaleresques, dont la renaissance a inspiré au poëte des accents d'une si profonde émotion, tout n'était pas pur, tout n'était pas grand ; bien des désordres, des excès, des violences, des brutalités se commettaient à l'ombre des bannières des barons, et les maux qu'ont subis les victimes de la croisade sont souvent leurs titres les plus sérieux à la sympathie de l'histoire ; leurs souffrances les ont grandis, et les crimes des croisés nous ont caché ce qu'il y avait d'humain, de juste, de sensé dans le but que poursuivait l'Eglise par des voies si odieuses. — Néanmoins le poëte a eu raison de rester fidèle à ces mots de *prix et parage* inscrits sur le drapeau féodal, et aux idées que ces mots représentaient. Ce qu'il regrette, lorsque Montfort victorieux fait peser sur le midi cette lourde domination française et cléricale, ce qu'il appelle de ses vœux au milieu de l'oppression de sa patrie, ce qu'il voit renaître avec une joie si vive, le jour où un navire venu de Gênes a déposé sur la plage de Marseille les vengeurs de tant d'opprimés, ce n'est pas cette vie féodale telle que l'histoire nous le représente avec ce mélange d'iniquités et de crimes, avec ces passions étroites et égoïstes et ce sens moral souvent faussé ou perverti ; la conscience du poëte est trop pure, son âme trop droite pour éprouver de tels regrets et former des vœux semblables ; son regard est fixé sur un idéal que cette réalité obscurcit sans cesse, et que sans cesse l'imagination émue du troubadour rétablit dans sa pureté et sa splendeur. Voilà « *l'étoile* » qui brille dans le ciel du poëte, lorsque les Raymonds ont appelé les faidits aux armes. La foi en l'idéal n'appartient qu'aux esprits élevés : c'est une source d'inspirations qui ne se cache qu'au fond des nobles cœurs ; les petites âmes sont promptement découragées par la réalité ; elles jugent les idées sur la vie et les actes des hommes qui les représentent ; elles font retomber sur les causes une condamnation qu'elles devraient réserver pour les champions indignes de les soutenir ! Cette faiblesse de vues et cette étroitesse d'esprit sont étrangères à notre poëte ; toute inspiration grande, élevée, généreuse, parle à son cœur. S'il a été inférieur à la plupart des troubadours par les délicatesses de son art, par la pureté de son langage, il les dépasse de toute la hauteur d'une âme remuée par des instincts nobles et grands. Son génie poétique a dû s'élever à la rude mais héroïque école des vieilles chansons de gestes, et les hauts faits des paladins ont rempli son imagination.

La chaleur, la vie, la jeunesse, l'enthousiasme, la ferme et courageuse droiture d'une conscience qui, au nom du droit, ne cesse pas de protester contre le fait, l'élévation et la puissance des sentiments qui réchauffent le cœur du poëte, sa foi religieuse, vive, ardente, étrangère à toute préoccupation étroite et mesquine, et s'inspirant de toutes les passions généreuses, de toutes les nobles aspirations qui remplissent l'âme du troubadour, donnent à la physionomie morale de l'auteur de la seconde moitié de la geste une expression qui n'est pas celle de l'auteur de la première partie. Ce dernier poëte n'a dans l'âme rien de grand, rien de fort : dévoué sans fanatisme à la religion catholique, enchaîné à l'Eglise par la superstition d'un esprit prudent et réservé, il n'est, dans son rôle de chantre de la croisade et d'apôtre de Montfort, troublé par aucun de ces grands sentiments que nous voyons éclater dans la seconde partie du poëme. La notion d'un droit supérieur à tous les arrêts des puissances de ce monde lui semble étrangère. Quelle est la spoliation qui l'indigne ? Le patriotisme ne lui est pas moins inconnu ? Il ne suffit pas de donner de loin en loin à Toulouse le nom de Toulouse *la grande*, de Toulouse la *reine et la fleur des cités* pour témoigner l'amour que vous inspire votre patrie naturelle ou adoptive. Ces démonstrations sont insignifiantes, lorsqu'on marche à la suite des croisés. Si le poëte vante Toulouse, il abaisse le courage de ses habitants et de ses défenseurs. Montfort et le comte de Bar arrivent sous ses murs ; une nombreuse armée de barons, de routiers, de bourgeois court aux armes dans la cité des Raymonds ; et le poëte, après avoir admiré le nombre de ces guerriers, s'arrête sur cette amère réflexion : « Certes, s'ils » eussent eu du cœur et que Dieu eût voulu les aider, je » ne crois pas que les croisés eussent pu tenir contre eux et » leur résister dans le combat » (1). C'est là un de ces aveux auquel le patriotisme ne se résigne jamais ; la vérité d'une telle assertion ne la justifierait qu'à peine dans la bouche qui la prononce ; elle est sans excuse lorsqu'elle est une injustice et une calomnie, et lorsque l'échec de la croisade et

---

(1) Fauriel, p. 126 ; Mss., f° 23, p. 45.
Certas si cor aguessan, nils volgues Dieus aidar
Eu no cre que Crozatz lor poguessan durar
Ni sufrir e tornei.

la retraite de Montfort vont lui donner le démenti le plus formel.

Ce qui, dans l'âme du poëte, semble remplacer les sentiments que nous voudrions y trouver, ce sont les préoccupations étroites et mesquines du troubadour : il s'élève contre l'avarice des barons et des seigneurs, il les accuse de mal distribuer leurs rares faveurs ; il regrette le temps où jongleur et troubadour, vêtus de riches étoffes, s'en allaient balancés mollement par un palefroi breton. Sans doute, le poëte ne fait que répéter ce que les troubadours ne cessaient de déplorer ; c'est une plainte vulgaire, dont la responsabilité ne peut pas retomber tout entière sur lui seul ; mais il est des moments où la banalité n'est pas permise ; d'autres idées, d'autres sentiments auraient dû se partager alors l'esprit et le cœur du troubadour ; il aurait dû, pour raconter les événements dont il était témoin, sortir de ce milieu étroit. Il n'en a rien fait ; il faut attendre le commencement de la seconde partie du poëme pour voir l'horizon s'élargir devant nous.

Aussi paraît-il bien difficile d'admettre que ces deux parties soient la continuation l'une de l'autre. L'auteur de la première partie n'est pas l'auteur de la seconde ; ce ne sont pas seulement les événements qui ont pris un caractère inconnu et révélé au spectateur étonné et tristement désabusé une face nouvelle, des aspects inattendus. C'est un autre spectateur qui est venu prendre la place d'un témoin trop impassible ou trop prévenu des péripéties de cette affreuse guerre. Ecoutez ses paroles, recueillez ses impressions, pénétrez ses idées, interrogez ses convictions. Reconnaissez-vous les paroles, les impressions, les idées, les convictions du poëte qui vous a conduits à la suite des croisés de Béziers à Carcassonne, de Minerve au château de Thermes, et nous a laissés au moment où la bataille de Muret allait décider une première fois le destin du midi? Auriez-vous pu, en l'écoutant, pressentir un changement aussi complet? Y avait-il dans la figure du premier poëte des traits qui, en se modifiant, pouvaient devenir ceux du troubadour qui a écrit l'épopée historique du retour des Raymonds? L'homme nouveau offre-t-il quelque ressemblance, quelque trace de parenté avec le vieil homme? Peut-on reconnaître que l'un est issu de l'autre? — Cette nature, jeune, ardente, inspirée, généreuse, n'est-elle que l'étroite et timide nature de l'ami des clercs et des moines, délivrée d'une contrainte qui gênait le libre essor de ses inspirations et s'épanouissant au souffle fécond de la liberté qui soudain éveille en elle l'émotion, la passion et la vie? Il faudrait, pour le penser, retrouver, dans l'âme du second poëte, quelques-unes des tendances qui semblaient dominantes dans celle du premier.

On croit d'abord découvrir, sous une autre forme, dans le poëte de la guerre de la délivrance, une des préoccupations les plus constantes du chantre de la croisade. On sait quel respect, quelle vénération, quel culte l'admirateur de Montfort et de Folquet éprouvait pour les grandes puissances de la société du moyen âge. Ces sentiments n'apparaissent-ils pas dans la seconde partie de la geste? Ce poëme, dans sa dernière moitié, est un plaidoyer, une apologie, un panégyrique ; le poëte célèbre les hommes du midi, il exalte la cause qui défend leur vaillance. Cette cause est sacrée ; le troubadour ne souffrirait pas que le moindre soupçon pût s'élever contre sa légitimité ; il faut que rien ne vienne amoindrir, obscurcir même le droit incontestable qui fait sa force et la gloire de ceux qui se sont voués à sa défense : le poëte veut placer les bannières provençales sous la protection de la plus grande des autorités morales et religieuses du moyen âge. Innocent III, en plein concile, défend le comte de Toulouse contre les légats qui ont outre-passé ses ordres et le font trembler sur son trône pontifical. Il a béni les armes des faidits dans la personne du jeune Raymond, qui va bientôt adresser à leur vaillance un héroïque appel ; « que Jésus-Christ te laisse bien commencer et finir » (1), dira-t-il en se séparant de lui au fils du comte déshérité. Le poëte est bien plus inspiré par son dévouement à la cause des Raymonds et de leurs sujets que par une vénération superstitieuse de la puissance apostolique. Cette cause est sanctifiée par les bénédictions du pontife ; mais cette haute sanction ne lui est pas indispensable, elle porte en elle-même son droit et sa légitimité. — Qu'un pape nouveau monte sur le trône d'Innocent III, fasse prêcher la croisade et lance ses anathèmes contre Toulouse : le poëte ne s'en émeut pas, il attend tranquillement que la lumière de la vérité brille devant les regards de l'apostole, il prie Dieu de dessiller les

---

(1) Fauriel, p. 264 ; Mss., f° 48, p. 95.
Bet lais Dieus Jeshu Crist comensar e fenir.

yeux, d'éclairer l'esprit du pontife et de ses légats : « Au
» seigneur apostole qui devrait nous pardonner, aux pré-
» lats de l'Eglise qui nous condamnent à mourir, puisse Dieu
» donner le bon sens, le courage, le savoir et la volonté de
» connaître droiture, et de se repentir de ce qu'ils nous font
» détruire par un homme de la seigneurie duquel nous vou-
» lons nous départir, par une race étrangère qui éteint la
» lumière et qui, si Dieu et Toulouse l'eussent permis, au-
» raient fait ensevelir tout prix et tout parage » (1).

L'attitude du poëte en présence des légats et du pontife
est pleine d'indépendance. D'un côté, Montfort, les prélats,
l'Eglise, le pape ; de l'autre, Dieu et Toulouse. Le troubadour ne montre pas moins de liberté, et fait peut-être preuve
de plus de hardiesse encore, lorsqu'il oppose le pape à l'E-
glise, lorsqu'il met dans la bouche d'Innocent III la réprobation des actes de Montfort, et qu'il fait condamner par le
pontife l'arrêt que ce pontife vient de prononcer à l'instant
même ? Innocent III a-t-il réellement témoigné au comte de
Toulouse les sentiments de sympathie que le poëte lui prête ?
A-t-il, dans le concile de Latran, joué le rôle qu'il joue dans le

---

(1) Fauriel, p. 498 ; Mss., f° 92, p. 183.
El senher Apostoli quens deuria noirir,
Els prelat de la glieiza, quens jutjan a morir
Don Dieus sen e coratge, escient e albir
Que conoscan dreitura els ne lais penedir,
Car per aital nos mandan dampnar ni destruzir
Que de sa senhoria nos volem departir,
Per una gent estranha que fal lum escantir,
E si Dieus e Tholoza o volgues cosentir,
Tot pretz e tot paratge agran fait sebellir.

récit de la chanson de la croisade ? Ou bien l'imagination méridionale s'est-elle inspirée de quelques-uns de ces signes de bienveillance où le malheur voit si volontiers les gages d'une protection assurée ? A-t-elle, sur quelques vagues indices, donné au pontife des pensées, des appréciations, des sentiments qui étaient étrangers à son esprit et à son cœur ? C'est une question que nous indiquons sans prétendre la résoudre encore ; mais que l'on se prononce pour l'une ou pour l'autre partie de cette alternative, il est impossible de reconnaître dans cette scène du concile, si justement admirée par M. Fauriel, l'esprit dont était animée toute la première partie du poëme. — Si le poëte n'a été qu'un historien fidèle, retraçant des faits attestés par de nombreux témoignages, admirons le bonheur de son exposition et la manière dont il sait disposer les événements et mettre les hommes en scène. Si l'imagination, si la passion du troubadour ont, avec quelques renseignements peu précis, fait tous les frais de ce récit, ne serons-nous pas surtout frappés de la façon libre et hardie dont il conduit tous les incidents, toutes les péripéties de ce drame ? Est-ce le sentiment de la grandeur et de la majesté de l'Eglise qui saisit mon esprit, lorsque j'entre, avec le poëte, dans cette salle où sont réunis des prélats venus de tous les points du monde chrétien ? Dans cette assemblée orageuse où s'agitent confusément tant d'intérêts, tant de passions, tant de haines, j'ai de la peine à reconnaître ce solennel concile de Latran, annoncé si longtemps à l'avance, et destiné à marquer une époque mémorable dans l'histoire du catholicisme. Suis-je en présence de ces grands états généraux de l'Eglise, où Innocent III devait exposer la pensée constante de son règne et se concerter avec ses fidèles, dans un suprême effort, sur les moyens d'atteindre le triple but qu'avaient incessamment poursuivi son activité et son génie? Le poëte ne nous montre pas des prélats délibérant avec ce saint recueillement, que la piété catholique devait si volontiers prêter aux membres du grand concile. Je ne vois ni cardinaux, ni archevêques, ni évêques, ni abbés; ils ont dépouillé leur caractère auguste et sacré; ce ne sont plus que des hommes mus par des instincts violents, fanatiques, passionnés. Est-ce un pape qui est assis sur la chaire pontificale? Est-ce un auguste et infaillible pontife dont les jugements doivent être acceptés comme autant d'oracles? Mais il défend le comte de Toulouse et il l'abandonne, il le justifie et il le dépouille, il condamne les violences de Montfort, et il l'investit de la terre du déshérité : Est-ce un pontife? N'est-ce pas plutôt un homme que le poëte a mis en scène avec les plus heureux instincts d'un véritable génie dramatique? En vérité, nous sommes loin de la prudente et respectueuse réserve qui domine dans la première partie du poëme. Le catholique laisse ici une singulière liberté au troubadour (1).

(1) C'est dans le récit de ces orageux débats que se trouve un des passages du poëme où le texte est le plus altéré. Le pape essaie de calmer ses légats, en cédant à demi à leurs réclamations, et en faisant à Montfort une importante concession.

<pre>
Nom par razos per far, mas en aiso macort
Quen Simes laia tota, car ais lai cofort
Ses dorfes e de veuzas, dal Poi tro a Niort
Aquela dels iretges de Rozer troscal Port.
</pre>
(Fauriel, p. 240; Mss., fº 44 (5), p. 87.)

Ainsi lus, ces vers sont inintelligibles. La traduction de M. Fauriel est loin de nous laisser une idée nette dans l'esprit : le pape abandonne à Simon le pays tout entier, seulement il excepte les terres des veuves et des orphelins, celles qui s'étendent du Puy jusqu'à Niort et celles des hérétiques de Saint-Gilles aux ports d'Espagne. On ne comprend pas cette distinction : on ne voit pas les motifs sur lesquels elle se fonde. Nous croyons approcher bien plus de la pensée de l'auteur, en limitant aux domaines des hérétiques l'étendue de la concession pontificale, dont les terres des veuves et des orphelins seraient seules exceptées; maintenant dans quelle région Montfort pourra-t-il hériter des biens de ces proscrits? — Dans les pays compris entre deux lignes à peu près parallèles tirées du Puy à Niort, de Saint-Gilles aux ports d'Espagne. Pour donner à ces vers un sens qui nous paraît vrai, à force d'être naturel, il faut apporter au texte d'assez graves modifications; mais il a été si maltraité sans doute, que, pour le rétablir, on peut bien avoir recours à un moyen héroïque; il faut changer la suite des vers, refondre un hémistiche, et le sens se présente de lui-même clair, net, précis.

Quen Simos laia tota del Poi tro a Niort
Aicela dels iretges de Rozer troscal Port,
Ses dorfes e de veuzas, la laisse lo coms Fort.

CHAPITRE V.

La liberté d'esprit ne distingue pas moins que l'esprit de liberté le poëte de la seconde partie. — Contraste frappant avec les réticences et les timides réserves du poëte de la première. — Le calme et la sérénité du troubadour de la seconde partie de la geste inexplicables après la conversion absolue, dont ses idées, ses convictions, ses sentiments nouveaux seraient le fruit.

Cette liberté d'esprit du troubadour est un des traits les plus marquants de la seconde partie de notre poëme et forme un contraste frappant avec les réserves, les précautions, dont s'entoure la timide prudence du poëte, qui a écrit la première moitié de la geste. Dans la seconde son imagination se joue librement. Le poëte s'abandonne tout entier aux instincts de son esprit poétique ; ni les intérêts de parti, ni la passion qu'il ressent et ne cache pas, ne troublent le jeu de ses facultés poétiques. On ne saurait être plus dévoué aux défenseurs de Toulouse, aux Raymonds, aux comtes de Foix et de Comminges et au preux Roger Bernard, le fils de Roger de Foix, l'âme de cette guerre. Il est leur historien et leur poëte. Néanmoins sa sympathie et son admiration ne le retiennent pas toujours auprès des héros qui en sont l'objet. Sa libre imagination le conduit partout où elle pressent un saisissant spectacle, un grand caractère, une sombre et dramatique passion. Le second acte du drame n'est pas soumis à la loi de l'unité de lieu : nous passons sans cesse du camp des méridionaux au camp des croisés et du camp des croisés à celui des méridionaux. Une grande partie de l'action a pour théâtre la tente de Montfort, et souvent le drame véritable est dans l'âme même de l'implacable héros. Certes le poëte n'oublie pas les hommes de Toulouse : ils sont toujours au premier plan. Les yeux du troubadour ne perdent jamais de vue les murs et les créneaux qui abritent une si héroïque résistance. Le troubadour ne nous conduit auprès des croisés que pour nous faire entendre de la bouche même des ennemis, l'apologie des Raymonds, la condamnation de Montfort, l'aveu du droit et de la légitimité de la cause que soutiennent les barons provençaux, et les hommages rendus à leurs faits éclatants. Une pensée toute patriotique amène le poëte auprès de Simon de Montfort ; son instinct poétique le retient auprès de ce héros étrange.

L'histoire, cette histoire surtout qui touche de plus près à la poésie qu'à la science, n'aime pas à disperser ses regards sur les événements qui se succèdent ; les événements en eux-mêmes ont quelque chose d'abstrait : ils peuvent attirer les méditations du penseur, qui cherche à en découvrir la loi. Ils retrouvent dans son esprit l'unité qui semble au premier abord leur manquer dans la réalité ; mais cette unité toute rationnelle, qui peut satisfaire l'esprit, ne parle point à l'imagination et ne dit rien au cœur. Il en est une plus vivante ; c'est celle qui les rassemble, lorsque nous les voyons, comme autant de rayons épars, se réunir au foyer d'une grande âme. Nous sommes émus, si nous pouvons suivre l'impression qu'ils produisent, les émotions qu'ils excitent, les passions qu'ils développent dans une nature peu vulgaire et dans un cœur fortement trempé; ils prennent un corps, une âme, une physionomie : ils sont gravés d'une manière ineffaçable dans notre mémoire, parce qu'ils se confondent, dans notre souvenir, avec les traits de l'homme qui les a dominés ou qui a succombé sous leur irrésistible action. En dépit de tous les efforts de l'érudition, il n'y aura jamais dans l'histoire de grandes et intéressantes époques que celles sur lesquelles s'est instinctivement portée tout d'abord la curiosité vulgaire; car ce sont presque toutes des époques qui se résument dans un grand nom. Celui qui lit l'histoire ne veut pas trouver seulement devant lui des hommes pris ainsi en masse, ils sont toujours considérés d'une manière plus ou moins abstraite; ils sont les éléments, les matériaux, les instruments de l'histoire ; ils n'en sont ni les acteurs ni les héros : les regards du lecteur se fatiguent vite à suivre les visages plats ou insignifiants de la foule qui défile devant lui; il lui faut une de ces grandes figures qui frappent dès leur premier aspect, attirent l'attention, commandent l'intérêt; il lui faut un homme ; et l'historien aussi ne peut être inspiré que lorsqu'il trouve au centre de l'époque qu'il étudie, un homme vers lequel convergent tous les grands faits de cette époque même. La tendance des mythologies et des légendes populaires à personnifier des époques toutes entières, n'est pas particulière aux peuples primitifs; c'est un instinct naturel et persistant de la nature

humaine, l'histoire personnifie et personnifiera toujours.
Lorsque les grands héros de la guerre de Trente ans ont
disparu de la scène, lorsque Gustave-Adolphe et Wallenstein
ont succombé, l'un sur le champ de bataille de Lützen,
l'autre sous les défiances, la perfidie et la trahison de Ferdinand II, leur grand historien laisse échapper de ses mains
sa plume fatiguée.

Le poëte de la croisade a lui aussi cherché un homme, un
héros ; ses instincts poétiques le guidaient : et son patriotisme, son dévouement, son admiration même pour les
champions de la cause méridionale, ne l'ont pas abusé ; il
a senti quel était l'homme de cette époque, le héros de cette
guerre ; cet homme, ce héros, c'est Montfort. — Prononcez
le mot de guerre des Albigeois, personne ne répondra :
Raymond VI, Raymond VII, Roger de Foix, Roger Bernard,
le comte de Comminges ; tout le monde répondra : Simon
de Montfort. C'étaient de braves chevaliers que ces défenseurs
de Toulouse : ils avaient *cœur de lion* : c'était un héroïque
jeune homme que ce Raymond VII dont la vie devait se
terminer d'une manière si triste, si terne, si obscure ;
mais cette valeur, cet héroïsme même ne les élevaient pas
suffisamment au-dessus du niveau de ce siècle, brave et
guerrier par tempérament, par habitude, par éducation.
Réunissaient-ils en eux les traits qui donnaient à la grande
figure de Montfort son étrange et terrible expression ?
Guerrier invincible, implacable justicier, doué d'une ambition sans bornes, d'une force d'âme égale à son ambition,
pieux comme un saint, fier et orgueilleux comme Satan,

sans pitié pour les autres, sans merci pour lui-même, cœur de bronze coulé dans une âme de fer, Montfort présentait à l'esprit du poëte une image dont la beauté sinistre le fascinait. Au lieu de détourner avec horreur ses regards de l'oppresseur de son pays, le troubadour, qui le maudit, reste cependant en sa présence ; il suit les mouvements de cette âme si grande et si puissante dans le mal : il ne peut pas, il ne veut pas en détacher sa pensée ; — ses répugnances et ses haines patriotiques sont d'un côté, ses impressions poétiques, de l'autre : elles ne se mêlent pas ou du moins les unes n'effacent pas les autres. L'esprit du poëte conserve toujours sa liberté.

Cette liberté fait-elle tout à fait défaut à l'auteur de la première partie ? Se renferme-t-il sans cesse dans le camp des croisés ; craint-il de voir, quelquefois même d'admirer les barons du midi ? Ne veut-il attirer l'attention et l'intérêt que sur ceux qu'il appelle les nôtres, notre gent, nos barons de France. Le prétendre, ce serait céder à la tentation d'établir un contraste complet entre les deux moitiés du poëme ; mais ce serait aussi s'éloigner de la vérité. Le troubadour sait nous arrêter quelques instants devant l'héroïque Roger de Béziers ; il nous en parle assez pour nous le faire aimer, pas assez pour satisfaire les sentiments de sympathie que nous inspire ce martyr de la croisade. Sachons-lui toujours gré de nous avoir conservé la noble réponse du vicomte de Béziers aux propositions que le roi d'Aragon lui apporte de la part des croisés : « Et le vicomte, quand il l'a en-
» tendu, dit qu'il laissera écorcher vifs les siens et se tuera

» lui-même, plutôt que d'accepter, un jour de sa vie, une
» telle composition et d'abandonner le moindre des siens » (1).
Plus tard encore le troubadour nous fera assister au mouvement d'indignation qui éclatera dans le cœur des sujets de Raymond VI, à l'ouïe des conditions faites au comte par le concile d'Arles. Quelque temps après, tandis que la nombreuse armée des comtes de Toulouse, de Foix, de Mauléon, se prépare à la bataille de Castelnaudary, le poëte met dans la bouche des chevaliers et des barons des paroles qui sont l'expression éloquente de la colère et de la fierté méridionales, poussées à bout par les ravages et les violences des *romieux* : « Barons, se disent-ils entre eux, qu'il n'en
» reste pas un de cette race étrangère. Qu'ils aient peur dé-
» sormais dans la France et l'Allemagne, dans le Poitou,
» dans l'Anjou, par toute la Bretagne, là-haut dans la Pro-
» vence et jusqu'aux ports d'Allemagne » (2). C'est le cri de guerre du midi contre le nord ; c'est une protestation violente de ces pays si longtemps et si cruellement foulés con-

---

(1) Fauriel, p. 48; Mss., f° 9, p. 18.
  E el, cant o auzi, ditz cans les laichara
  Trastotz vius escorgar o el eis saucira,
  Ja al jorn de sa vida aicel plait no pendra,
  Nil pejor hom que aia no dezamparara.
(2) Fauriel, p. 148; Mss., f° 27, p. 53.
  Ans dizon entre lor : baros, us non remanha,
  Que no sian avers aicela gens estranha,
  Si que naian paor en Fransa e en Alamanha,
  En Peitau e en Anjau e per tota Bretanha,
  E lasus en Proensa tro als ports en Alamanha
   Caisis castiaran.

tre ces pèlerins qui venaient, chaque année, au retour du printemps, apporter une nouvelle force à la croisade. Qu'ils aient peur, qu'ils apprennent que le midi se défend et qu'il n'est plus aussi facile de venir, au prix du sang et des souffrances des méridionaux, expier ses propres péchés.

Voilà sans doute quelques échappées de vue sur l'histoire intérieure du midi. Dans ces passions, dans ces sentiments, dans ces paroles, il y a la vérité et la vie ; on reconnaît les compagnons d'armes, les chevaliers, les champions des comtes de Toulouse attendant depuis longtemps, avec une impatiente fierté, l'appel que Raymond VI a trop tardé à faire à leur épée : ils ne sont plus défigurés, travestis, noircis, calomniés, comme dans la chronique de Pierre de Vaux-Cernay. Ces quelques vers disséminés de loin en loin sont autant de précieuses indications pour toute une partie de l'histoire de cette désastreuse époque, que les historiens cléricaux, le moine de Vaux-Cernay surtout, avaient laissée dans l'ombre. Ils ne nous avaient montré qu'un seul côté de ces dramatiques événements : c'étaient les exploits de la croisade ; les violences des pèlerins avaient été après eux et sur leur témoignage tour à tour exaltées, célébrées, flétries de mille manières. — Mais les plaintes et les cris d'indignation des victimes, ces premiers mouvements de résistance, ce premier éveil du patriotisme ne nous apparaissent que dans ce poëme et dans la chronique en prose qui n'en est que la paraphrase ; de là l'intérêt qui s'attache même à cette première partie, bien inférieure pourtant à la seconde, au double point de vue historique et littéraire. Rendons au poëte,

avec la plus grande impartialité, toute la justice qu'il mérite ;
mais avouons aussi que ces lueurs répandues sur l'histoire
intérieure du midi, au milieu de cet orage, sont encore rares, fugitives, vacillantes. Ces détails, que nous cherchons
avec une si avide curiosité, ne nous sont donnés qu'avec
trop de parcimonie : ils ne suffisent point à satisfaire ce sentiment d'intérêt qui, obéissant à un instinct de générosité
naturel à l'homme, se porte plus volontiers sur l'opprimé
que sur l'oppresseur, sur celui qui se défend que sur celui
qui attaque. Sur combien de points de cette histoire n'avons-nous pas à regretter le silence ou le laconisme du poëte ! Ne
lui demanderions-nous pas volontiers des détails plus précis,
plus circonstanciés, lorsqu'il nous parle des luttes qui mettaient aux prises dans Toulouse la confrérie blanche et la
confrérie noire ? Dès le premier acte de la guerre, Toulouse
préluda, par une glorieuse défense, au siège héroïque qu'elle
devait soutenir dans le second. Dans ce moment si grave,
la cité municipale dut présenter un grand spectacle, propre
à exciter l'intérêt de l'historien et l'émotion du poëte. On dut
voir sans doute réunis dans de solennelles délibérations le
comte, les capitouls, les chevaliers, les bourgeois, les barons du dehors, qui avaient quitté leurs châteaux pour voler à la défense de leur comte ; rien dans le récit du poëte
ne met devant nos yeux ces scènes si vivantes que notre
esprit se représente, et dont l'image, au commencement de
la seconde partie, nous sera retracée avec tant de bonheur
et de vérité. Le poëte nous parle à peine des nombreux
guerriers qui courent s'armer, lorsque l'arrivée du comte de

Montfort est annoncée. Quelques vers, consacrés à Hugues d'Alfar, le sénéchal de l'Agénois, et à son frère Arces, complètent tout ce que le troubadour consacre à Toulouse ; ce sont des généralités sans vie et sans émotion ; le regard et la pensée du poëte sont ailleurs (1). « Plût au ciel, » s'écrie-t-il dans un passage, où il énumère les guerriers qui, après la prise de Béziers et de Carcassonne, sont restés autour de Simon de Montfort, « plût au ciel que je les eusse vus, con-
» nus et suivis à travers tout le pays qu'ils ont conquis ! Mon
» livre en serait plus instructif, et meilleure ma chanson. »
Ce sont les croisés qui l'intéressent ; c'est au milieu d'eux qu'il voudrait être ; c'est sur eux qu'il appelle l'attention ; c'est aux prêtres et aux clercs, attachés à la croisade, qu'il emprunte ses renseignements ; toute cette première partie du poëme n'est que l'histoire de Montfort, d'Arnauld de Cîteaux et des chevaliers ou des clercs qui marchent à l'ombre de la bannière du comte et de la croix du légat.

Le poëte historien n'a pas poursuivi le même but, n'a pas été animé du même esprit que Pierre de Vaux-Cernay ; mais néanmoins les inspirations du moine et du troubadour sont deux inspirations parallèles : l'un raconte les exploits de Dieu accomplis par le bras des croisés (*gesta Dei per Francos*) ; l'autre les exploits des barons, sans se préoccuper

---

(1) Fauriel, p. 60 ; Mss., f° 11, p. 22.
   Sieu fossa ab lor, nils conogues nils vis,
   Ni anessa ab lor pel pais can comquis
   Plus ries ne foral libres, ma fe vos en plevis
       E mielher la cansos.

beaucoup de l'intervention divine ; l'un et l'autre sont, à cette différence ou plutôt à cette nuance près, les historiens des Français ; mais le troubadour est homme du midi ; il connaît les chefs qui dirigent la défense, les chevaliers qui les secondent. Si par ses vœux, si par l'imagination, si par la pensée, il se transporte, il se renferme dans le camp français, en réalité, il vit au milieu de ses compatriotes ; il recueille, presque malgré lui, les émotions qui de proche en proche gagnent tous les cœurs ; il ne respire pas le même air que Pierre de Vaux-Cernay. Il ne faut donc pas s'étonner si, dans une histoire de la croisade écrite par un méridional au point de vue français et catholique, on ne retrouve plus les préjugés dont est rempli le récit d'un moine fanatique, étranger au pays ; de même, si les défenseurs du midi ne sont pas tout à fait sacrifiés aux conquérants du nord, si le poëte daigne parfois détourner sur eux l'attention de ses lecteurs, s'il sait les mettre en scène et les faire parler avec vérité, quelquefois même avec éloquence, ne nous hâtons pas d'admirer la liberté de son esprit : soyons plutôt surpris des réticences dont est semé son récit, du soin qu'il met à nous prévenir qu'il n'a vu qu'une seule fois le vicomte de Béziers, du silence qu'il garde, lorsqu'il aurait pu nous dire tant de choses intéressantes, qui ont été perdues à jamais pour l'histoire ou que l'histoire ne retrouve qu'à force de conjectures et de rapprochements. Regrettons que cette première partie du poëme ne soit pas animée de cette liberté d'esprit qui est un des caractères de la seconde.

Cette liberté eût-elle été possible après l'éclatante conversion qui, d'après M. Fauriel, s'est opérée dans l'âme du troubadour ? Une telle évolution l'aurait ébranlée dans toutes ses profondeurs. Après un déplacement si violent de toutes les convictions du poëte, l'équilibre moral devait lentement se rétablir dans son esprit et dans son cœur, le trouble et l'agitation longtemps se trahir dans sa manière de penser et de sentir ; la liberté et la modération, que la liberté suppose, n'auraient pu de sitôt rentrer dans son âme ; aurait-il conservé, en présence de Montfort et des Français, cette impartialité qui rend justice à la valeur de tous leurs chevaliers, à la sagesse de quelques-uns d'entre eux et fait place quelquefois à une véritable admiration ? On n'a pas ce calme en présence des hommes dont on se reproche d'avoir été le fauteur ou le partisan. Le prêtre païen converti ne revient pas admirer les beautés plastiques de l'idole devant laquelle il a lui-même brûlé l'encens. Il s'en éloigne avec horreur, lorsqu'il ne la brise pas à coups de hache. Le poëte est trop maître de lui dans les sentiments qu'il éprouve, pour nous laisser supposer qu'il vient de les adopter : trop à l'aise dans ses convictions, pour nous permettre de croire qu'elles sont toutes nouvelles pour lui. Le ton modéré du troubadour ne se dément pas d'un bout à l'autre du poëme ; sans doute il a des mouvements d'indignation, des éclats de passion ; mais ces indignations n'accusent point une âme inquiète, troublée, orageuse ; elles devaient être ressenties par tout esprit juste et tout cœur honnête.

CHAPITRE VI.

Différences au point de vue littéraire et poétique entre la première et la seconde partie ; composition du récit. — Enchaînement des faits.

L'homme qui a chanté la croisade jusqu'à la bataille de Muret, ne nous fait pas pressentir celui qui chantera les siéges de Beaucaire et de Toulouse, les exploits des faidits, les humiliations des Français, le triomphe des Raymonds et la mort de Montfort ; il y a entre ces deux hommes toute la distance d'une âme froidement sage et prudente à une âme généreuse et passionnée, d'un cœur étroit et timide à un cœur remué par les plus belles et les plus nobles émotions de la nature humaine, l'amour de la patrie, le culte de la justice, le sentiment du droit, la haine de l'iniquité, une noble indignation en présence de tous les abus de la force, la confiance en Dieu et une foi religieuse vivante et émue qui réunit, rassemble et couronne tous ces sentiments. Quelle différence, quel changement ! On le devine sans peine. Ce n'est pas seulement l'homme qui a été modifié, c'est le poëte ; son talent s'élève, son inspiration grandit. La première partie n'est qu'une chronique rimée, la seconde est un poëme qui prend souvent les proportions de l'épopée.

M. Fauriel dit dans sa préface : « L'art dans tout ce récit
» est encore fort inculte ; les faits y sont généralement pré-
» sentés dans leur ordre chronologique ; mais ils ont plus
» souvent l'air d'être simplement juxtaposés que d'être liés
» d'une manière qui en marque la filiation et les rapports.
» Il ne faut pas s'attendre non plus à trouver entre les di-
» verses parties de l'ouvrage une certaine proportion, une
» certaine harmonie ; quelques-unes sont développées avec
» une abondance qui n'a pas toujours le mérite de la clarté,
» d'autres sont rudement esquissées en traits rapides et in-
» décis sous lesquels on entrevoit à peine les idées et les
» faits. » Cette critique est juste : elle s'applique parfaitement à la première moitié du poëme, elle ne saurait aussi
bien convenir à la seconde : dans cette première partie, les
faits se suivent sans se lier les uns aux autres ; leur importance relative n'est guère marquée ; l'auteur calque la réalité
plutôt qu'il ne la comprend et ne la reproduit. Mais au moment où le drame recommence, où la toile se lève sur cette
assemblée de barons catalans et aragonais, que Pierre II enflamme de ses paroles, le caractère de la narration change ;
jusqu'ici, ce n'était qu'un exposé assez sec, mais exact des
événements que nous retrouvons dans l'histoire passionnée,
altérée peut-être, mais très-complète de Pierre de Vaux-
Cernay ; maintenant le poëte s'anime ; un art involontaire,
qui ne semble inspiré que par une émotion réelle, une composition poétique, qui s'ignore peut-être elle-même, se
font remarquer dans cette seconde partie : le récit a une
allure plus vive ; les événements secondaires sont laissés de

côté ; tous les faits que nous révèlent les autres historiens de la croisade et qui peuvent enlever à l'intervention de Pierre d'Aragon le caractère d'une action chevaleresque, spontanée, dramatique, passionnée, ne trouvent pas leur place dans les vers du poëte. On sent dans ce récit les passions qui soulevaient le midi : il est moins scrupuleusement fidèle à la réalité, il est plus vrai.

On sait comment Pierre de Vaux-Cernay raconte l'intervention du vainqueur de Las Navas de Tolosa. Pierre d'Aragon ne fait pas tout d'abord appel à ses chevaliers. Il est l'oint du seigneur pape ; fils soumis de l'Eglise, il essaiera de son influence auprès des légats et à la cour même de Rome. Il s'efforce de réconcilier à l'Eglise le comte de Toulouse et les comtes de Foix et de Comminges. — Il demande une trêve à Simon de Montfort, une conférence à l'archevêque de Narbonne. Un concile se réunit à Lavaur. Le roi d'Aragon adresse au concile ses humbles requêtes mises par écrit ; la réponse du concile est un refus formel pour le comte de Toulouse, un refus plus déguisé pour les comtes de Foix et de Comminges. Pierre II envoie des députés à Rome qui, d'après les expressions mêmes de Pierre de Vaux-Cernay, circonviennent la *simplicité apostolique.* Le pape révoque les indulgences accordées par la guerre des Albigeois, et rend sa direction première et naturelle au courant de la croisade qu'il a trop longtemps détourné sur la France du sud. Mais les lettres et les nonces du concile arrivent à Rome ; ils ont bientôt détruit l'effet produit sur l'esprit d'Innocent III par les représentations du roi d'Aragon. Sommé, avec menace d'excommunication, d'abandonner le comte de Toulouse et les Toulousains, Pierre a jeté le gant à Simon de Montfort.

L'imagination excitée du poëte ne voit pas, ne veut pas voir toutes ces lenteurs dans la conduite du roi qui a pris sous sa protection Toulouse la grande; du héros qui a succombé à Muret. — Le poëte nous transporte tout de suite au milieu d'une réunion de barons aragonais. Pierre les a mandés. Son discours est simple, mais énergique. Il veut aller à Toulouse résister à la croisade, qui gâte et détruit toute la contrée; le comte de Toulouse a réclamé le secours de l'Aragon, pour que toute sa terre ne fût pas brûlée et dévastée; il ne s'est rendu coupable d'aucun tort, d'aucune faute envers créature vivante. « Il est mon beau-frère, dit le roi; » il a épousé une de mes sœurs; à son fils j'ai marié l'autre » sœur. J'irai les aider contre cette gent méchante qui veut » les déshériter, parce que tel est son bon plaisir. Je prie ceux » de mes amis qui tiennent à mon honneur de penser à s'ar» mer et à s'équiper. D'ici à un mois je passerai les ports » avec toutes les compagnies qui voudront venir avec moi. » Et tous lui répondent : « Seigneur, il convient de le faire : » nous ne résisterons à rien de ce que vous voulez » (1).

---

(1) Fauriel, p. 198; Mss., f° 35, p. 70.
  E car es mos cunhatz, ca ma seror espozea,
  E eu ai a so filh lautra sor maridea
  Irai lor ajudar desta gent malaurea,
    Quel vol dezeretar.
  E pregue mos amics, sels quens volen cndrar,
  Que pesson de garnir e de lor cors armar,
  Que daisi a .i. mes voldrei los portz passar,

Ici la scène change ; pendant que les chevaliers et le roi d'Aragon courent s'armer, le poëte amène le comte Raymond, les capitouls, les chevaliers et les bourgeois de Toulouse au siége de Pujol (1), dernier succès à la veille d'un grand désastre ; dernier rayon de gloire avant la nuit profonde dans laquelle Toulouse va être plongée ! « Mais déjà les terres et » les prés ont commencé à reverdir et les arbres et les vignes » à feuiller menu. » La bataille, précédée d'un long conseil, est livrée et perdue. Après cette fatale journée, les grands événements, seuls présents à l'imagination émue du poëte, se succèdent avec plus de rapidité dans son esprit que dans la réalité ; et cette rapide succession donne au récit un caractère singulièrement dramatique. Au lendemain de la bataille de Muret, le troubadour conduit le comte Raymond et son fils à Rome, et fait entrer les croisés à Toulouse. Il oublie que deux ans séparent la bataille de Muret du concile de Latran (1213-1215) ; il ne songe pas que Montfort sera obligé de guerroyer encore pendant ces deux ans ; que les résistances, les défections toujours croissantes le mettront même dans des situations dont la *pieuse fraude* du légat pourra seule le dégager. L'imagination du poëte est trop frappée pour songer à tous ces faits secondaires. Au tableau du désastre de Muret, le poëte fait immédiatement succéder celui des suites de ce désastre, le départ du comte pour l'exil et l'image de cette grande infortune qui va arracher des larmes

Ab totas mas companhas que ab mi voldran anar.
E li responderon : Senher, bes tanh a far.

(1) Fauriel, p. 206 ; Mss., f° 36, p. 71, 72.

au souverain pontife. Le troubadour abrége, modifie, précipite l'histoire. Auparavant il n'était que chroniqueur, maintenant il est poëte : une véritable émotion pénètre ces vers âpres et rudes. « Le comte de Toulouse, triste et sou» cieux, dit secrètement à ceux du Capitole de faire la paix » aux meilleures conditions qu'ils pourront; lui, il ira se » plaindre au pape que le comte de Montfort par ses menées » discourtoises l'a jeté hors de sa terre et l'a accablé de dou» leurs poignantes comme un glaive » (1). Les bourgeois de Toulouse font la paix avec Simon de Montfort; on appelle le fils du roi de France, et la cupidité du comte préserve seule la ville de l'incendie, que voulaient allumer Folquet, le cardinal légat et le futur Louis VIII. On comble les fossés, on détruit les murs et les tours, et on désarme les habitants.

Tels qu'ils se présentent dans ce récit poétique ou du moins émouvant, ces faits semblent avoir déjà reçu l'empreinte de la tradition populaire. Ils ont conservé tout ce qui devait frapper l'imagination ou exciter la passion ; mais ils se sont dégagés de tous les faits accessoires, de toutes les transitions qui leur donnaient le caractère historique : les péripéties se sont accélérées; néanmoins, si l'histoire de ces faits n'a pas été écrite au fur et à mesure qu'ils se développaient, elle l'a été peu de temps après; il n'y a pas eu à coup

---

(1) Fauriel, p. 222; Mss., f° 40, p. 79.
   Ez a dig al Capitol ez aquo bassamens
   Qual mielhs ques els puescan, fassan acordamens,
   Que el ira al Papa far sos querelhamens,
   Quen Simos de Montfort ab sos mals cauzimens
   La gitat de sa terra ab glazios turmens.

sûr plus de dix ans d'intervalle entre le moment où ces événements se sont accomplis et celui où le troubadour les a racontés. Mais la légende se fait rapidement dans l'imagination émue d'un poëte dont le cœur est traversé par les passions de tout un peuple, comme par autant de courants d'inspiration. — En faisant passer sous nos yeux, avec cette vivante rapidité, cette suite de scènes, le poëte a moins consulté ses souvenirs qu'il ne s'est abandonné à ses impressions; c'est à son émotion qu'il doit ces heureuses inspirations d'un art dont il n'a peut-être pas conscience; en dépit de quelques redites qui accusent de loin en loin l'inexpérience du narrateur, cet art se montre dans presque toute l'étendue de la seconde partie du poëme; il ne trahit jamais le troubadour, parce que l'impression que les événements produisent sur l'esprit du poëte ne s'affaiblit pas. Aucun effort d'ailleurs dans cet art; rien de tendu, rien d'apprêté. C'est l'homme du midi, remué par tous les grands spectacles dont il est témoin, qui conduit le poëte.

Plaçons-nous en présence d'une suite d'événements étranges, inattendus, merveilleux, et tels, que nous croyons apercevoir la main de la Providence qui les dirige. — Ce qui nous frappe, ce n'est pas seulement chaque événement pris en lui-même, c'est aussi la manière dont il s'enchaîne avec ceux qui le précèdent, dont il s'unit à ceux qui le suivent; c'est le rapport qu'il présente avec les faits au milieu desquels il se place ; tantôt un événement découle d'un autre événement avec cette fatalité providentielle qui est la moralité de l'histoire, tantôt il présente avec celui qui le précède, un de ces contrastes saisissants dont le souvenir ne s'efface plus de notre âme. Sommes-nous profondément pénétrés de ces événements ? Il est impossible que notre mémoire et notre imagination ne nous les représentent pas comme un tout dont les différentes parties sont liées ensemble. — C'est un faisceau indestructible dont le lien ne nous échappe pas. — C'est ainsi que les transitions se sont présentées d'elles-mêmes dans le récit du troubadour ; il ne les a pas cherchées ; il n'a pas soupçonné la peine et les efforts qu'elles pourraient un jour coûter à un poëte ; les événements se sont représentés à son souvenir avec les anneaux de la chaîne qui les rattachait l'un à l'autre. Cette unité littéraire et poétique est complétée, dans le récit du poëte, par l'unité de la pensée morale et providentielle qu'il aperçoit au fond de tous ces événements : ils sont poussés par la main de la Providence vers un but arrêté d'avance.

Il est vrai que, dans cette seconde partie de la guerre, la suite des événements est plus facile à saisir. Ce n'est pour ainsi dire qu'un seul fait, que l'on pressent, qui se développe peu à peu, qui s'étend, qui présente différents aspects et aboutit à un dénouement providentiel. Il n'y a pas d'unité de lieu, mais unité d'intérêt, de sentiment, de passion. Le premier acte de ce drame semble se composer de nombreuses scènes isolées, sans lien les unes avec les autres. Deux grands coups sont d'abord frappés par la croisade : Béziers est saccagé et Carcassonne prise ; l'intervalle qui sépare ces deux désastres de la journée de Muret est rempli par les incidents d'une guerre qui le plus souvent n'est qu'une guerre toute féodale. Il faut enlever l'un après l'autre les différents châteaux perchés dans les montagnes qui entourent Carcassonne. Le midi a été épouvanté par les débuts de la croisade, mais il n'est pas soumis; et la véritable résistance n'est brisée momentanément que le jour où Minerve succombe, où Thermes est abandonné de ses défenseurs épuisés par la maladie, où Roger de Cabaret, dans un moment de trouble et de terreur, fait hommage de son château à son propre prisonnier. Sans doute, tous ces événements se succèdent sans laisser bien voir au premier abord le lien qui les unit, et l'art du poëte n'a rien imaginé pour établir une sorte d'unité entre ces différents tableaux, qu'il fait passer sous nos yeux. Depuis le moment où Montfort a reçu le gouvernement du pays conquis jusqu'à celui où les dures conditions du concile d'Arles lassent enfin la longue patience du comte de Toulouse, les faits qui remplissent cet intervalle sont racontés par le troubadour de la manière la plus incohérente et la plus décousue. C'est d'abord Raymond VI qui part pour Rome; dans tout ce qui précède, rien n'indique chez le comte de Toulouse la moindre velléité de mécontentement; l'abbé de Cîteaux fait de vains efforts pour le détourner d'un voyage dont il peut se dispenser. Puis le poëte tourne court et déclare qu'il revient à Montfort. Il raconte alors la mort de Roger de Béziers et repousse les soupçons qui se répandent dans les esprits des méridionaux sur cette mort prématurée. Quelques vers, beaucoup trop succincts, indiquent ensuite la position de Montfort: la défection de Gérard de Pépieux, la captivité de Bouchard, enlevé par Roger de Cabaret, ne suffisent pas pour révéler au poëte les sentiments de haine que soulevait partout la domination de Montfort. Soudain, brusque changement à vue : nous voici à Rome ; nous assistons à l'audience que le pontife donne au comte de Toulouse ; Innocent III le congédie avec des présents et des promesses, et laisse au légat le soin de l'absoudre. Le comte rentre à Toulouse et livre le château Narbonnais à Arnaud de Cîteaux ; ensuite nous voyons apparaître les deux confréries rivales, les deux factions hostiles de Toulouse ; puis le poëte nous conduit sous les murs des châteaux de Minerve et de Thermes.

Ce ne sont pas là néanmoins de ces faits secondaires, qui tourbillonnent confusément autour des grands faits, comme les essaims indisciplinés de ribauds autour des grands corps des armées féodales. Ils avaient une haute importance; et si le poëte, avec un esprit plus pénétrant ou un cœur plus ému, avait compris ou senti la gravité des questions qui s'agitaient sous les murs de ces châteaux féodaux, il n'aurait pas ainsi juxtaposé les événements ; il suffisait de discerner ou de ressentir soi-même les passions qui étaient l'âme de ces faits, pour donner aux différentes parties du récit l'ordre et l'enchaînement : il ne fallait qu'assister de plus près à ce drame et surtout apporter à ce spectacle un cœur moins froid, moins partagé, moins préoccupé.

Supposez de même le troubadour sincèrement dévoué à Montfort, plein d'enthousiasme pour la croisade, aussitôt la passion introduit dans son récit la suite et l'unité. Sa sollicitude aiguise la pénétration de son esprit. Ces faits, qui semblent au premier abord sans lien les uns avec les autres, sont, à ses yeux, *comme les mailles de fer des rets qui menacent d'envelopper le lion exterminateur.* Le poëte ne respirera point jusqu'au moment où son héros aura déchiré, à coups d'épée, ce terrible réseau de défections et de haines.

Il est dans l'histoire deux ordres de faits; il y a les faits qui sont, pour ainsi dire, à la surface, que nous voyons, que nous touchons ; insignifiants par eux-mêmes, ils ne sont pas moins incohérents : au-dessous sont les grands faits moraux : les idées, les sentiments, les passions, dont ces faits extérieurs sont l'expression ; ceux-ci empruntent à ceux-là leur unité, leur signification, leur portée ; l'historien le plus habile essaierait en vain de suppléer, par toutes les ressources d'un art consommé, à la connaissance de ces grands mouvements qui se manifestent dans le cœur des peuples ; il n'arriverait jamais qu'à une fausse et artificielle unité ; pour atteindre celle qui est vraie et réelle, il faut pénétrer jusque dans les replis de la conscience intime de ceux dont on raconte la vie et les actes. Elle existe dans la seconde partie de notre poëme, où le troubadour s'est moins préoccupé des faits que des émotions qu'ils éveillent dans les âmes. Elle manque dans la première, parce que le poëte n'est guère descendu au-dessous de la surface même de cette époque, profondément agitée et troublée. Elle fait défaut dans le récit de la geste, elle est facile à saisir dans la réalité. Si l'on voulait recommencer l'histoire de la première phase de la guerre, du sac de Béziers à la journée de Muret, il n'y aurait peut-être qu'un seul moyen d'être encore neuf;

ce serait de montrer, à l'aide soit de nouveaux documents mis au jour, soit des documents anciens, étudiés avec plus de soin et interrogés avec plus de curiosité, l'état des esprits à chacun des moments de cette lutte; ce serait d'insister sur ces alternatives de lassitude, de terreur, d'indignation qui se succédaient tour à tour dans le cœur des méridionaux. Il faudrait, pour chacune des vicissitudes de cette longue et sanglante lutte, marquer ce que nous avons regretté de ne pas trouver chez le troubadour, nous racontant cette guerre féodale de Montfort contre les châteaux de Minerve et de Thermes; il faudrait nous parler de ce premier soulèvement de la conscience et du patriotisme des hommes du midi, qui soutenait et inspirait la résistance que la croisade eut à vaincre devant ces forteresses.

CHAPITRE VII.

Du récit. — Ses mérites dans la première et la seconde partie. — Comparaisons avec Pierre de Vaux-Cernay et la chronique provençale en prose. — L'exposition, quelquefois sèche et trop générale dans la première moitié de la geste, dramatique et passionnée dans la seconde. — Manière dont les principaux personnages sont peints et mis en scène dans l'une et dans l'autre.

Nous venons d'étudier, dans les deux moitiés, la manière plus ou moins heureuse dont les événements se succèdent dans l'exposition du poëte; pénétrons dans le cœur même du récit. Ici encore, ici surtout se manifeste la supériorité de la seconde partie sur la première. Il y a néanmoins dans la première quelques parties de scènes qui ont un véritable intérêt historique et même une beauté poétique. — Des détails précis, circonstanciés, pittoresques ont valu une certaine célébrité au récit de la prise de Béziers; — c'est un des passages du poëme que l'on se rappelle le plus ordinairement et que l'on cite le plus volontiers. L'intérêt qui s'attache à cette trentaine de vers, tient peut-être plus à la grandeur de l'événement qu'à la manière dont il est présenté; la prise de Béziers est, avec la bataille de Muret et la mort de Montfort, un des trois grands faits de la guerre des Albigeois, et c'est même la ruine de cette cité qui nous laisse les impressions les plus fortes : c'est que ce désastre est le premier tableau d'une guerre qui épouvante notre esprit ; et cette première terreur de notre imagination ne saurait être égalée par les émotions que nous ressentons en voyant se développer devant nous la suite de cette sanglante histoire ; d'ailleurs jamais dans un autre moment de cette guerre, plus de sang ne fut répandu et répandu d'une manière plus odieuse. Le troubadour a su nous faire éprouver ces sentiments de terreur, de pitié ; c'est le meilleur éloge de son récit, mais ces impressions ne sont pas tout à fait l'ouvrage du poëte ; il n'a pas dominé, subjugué notre âme comme l'aurait fait un Schiller ; il a présenté les faits dans un récit transparent, mais notre imagination a suppléé la sienne ; elle s'est emparée de tous les détails de cette scène, elle s'est donné à elle-même le spectacle de cette ville en flammes, de ces ribauds et de ces chevaliers se disputant brutalement les richesses de Béziers sur les cadavres de ses habitants. Nous louerons ici plutôt l'historien exact, précis, que le poëte ému et passionné. Il sait et il sait bien ce qu'il raconte. M. Fauriel a remarqué qu'il n'ignorait pas et avait soin de citer le nom de l'architecte ou plutôt du maître maçon qui avait construit le moûtier.

Cette reproduction fidèle de la réalité nous remplit d'une émotion dont nous sommes peut-être plus pénétrés que le troubadour lui-même. Ne croyons pas néanmoins qu'il ait assisté de sang-froid à cette scène de désolation. Son récit, trop rapide, trop sommaire, a quelquefois des images d'une sombre et douloureuse poésie. Les ribauds viennent d'entrer dans la ville : les habitants, désespérant de la défense, se sont réfugiés dans l'église. « Au moûtier général » ils fuient plus vite. Les prêtres et les clercs vont revêtir » leurs vêtements sacerdotaux ; et font sonner les cloches, » comme s'ils voulaient dire messe funèbre pour ensevelir » les morts. » (1). Ce trait est simple : ne le commentons pas ; admirons-le. Cependant cette émotion ne va pas jusqu'à inspirer au poëte l'indignation en présence de l'horrible massacre dont il est témoin ; c'est à peine s'il en détourne ses regards et s'il demande à Dieu de recevoir les âmes en paradis ; « que Dieu reçoive les âmes s'il lui plaît en paradis ; » car jamais carnage si cruel ne fut depuis le temps des » Sarrasins, fait ni résolu » (2).

Sans doute, entr'ouvrir la porte du paradis aux victimes de la croisade, c'est bien une protestation contre les croisés ; mais c'est une protestation timide, détournée ; c'est celle d'un homme qui est au fond bon et honnête, mais dont la vulgaire bonté est comprimée par la réserve, la prudence et la timidité. — Les faiblesses et les défaillances du caractère de l'homme se retrouvent dans les imperfections du talent du poëte. Nous aurions voulu moins de concision, plus de

---

(1) Fauriel, p. 34 ; Mss., f° 7, p. 13.
    Al moster general van ilh plus tost fugir :
    Li prestre e li clerc sanero revestir,
    E fan sonar los senhs, cum si volguessan dir
    Messa de mortuorum per cors mort sebelhir.

(2) Fauriel, p. 36 ; Mss., f° 7, p. 13.
    Dieus recepia las armas, sil platz en paradis !
    Canc mais tan fera mort del temps Sarrazinis
    No cuge que fos faita, ni com la cossentis.

détails sur l'agonie de tant de victimes. Le troubadour peint par traits généraux, ou renonce trop facilement à peindre. La comparaison du massacre de Béziers avec les massacres accomplis du temps des Sarrasins ne parle pas suffisamment à notre imagination ; elle devait être plus éloquente pour les contemporains du troubadour. Mais l'image de ce désastre fidèlement tracée, avec des détails bien choisis, heureusement rassemblés, l'eût été plus encore.

Ce qui fait surtout défaut dans cette première partie du poëme, c'est la peinture des sentiments et des émotions des hommes mis en scène par le poëte. Suivons le troubadour sous les murs de Carcassonne. Entrons dans cette cité, que le roi d'Aragon, après une intervention inutile, vient d'abandonner à ses propres forces : la description des souffrances des assiégés ne manque pas de vigueur. « Les croisés leur
» ont enlevé l'eau, et les puits sont à sec, de la grande cha-
» leur et du fort été qu'il faisait ; la puanteur des hommes
» qui sont tombés malades, l'infection des bestiaux qui sont
» là écorchés, et que de tout le pays on avait serrés dans
» cette ville, les grands cris que poussent de tous côtés les
» femmes et les enfants petits, dont ils sont tous encombrés,
» les mouches que la chaleur excite, les ont tellement
» vexés, que jamais, depuis qu'ils sont nés ils n'éprouvèrent
» semblable détresse » (1). Ces souffrances, ce malaise des

---

(1) Fauriel, p. 50; Mss., f° 10, p. 119.
 Mas laiga lor an touta e los potz son secatz
 Per la granda calor e per lo fortz estatz,
 Per la pudor dels homes que son malaus tornatz,

assiégés sont peints avec une affreuse vérité ; l'école réaliste pourrait admirer l'énergie des traits de ce tableau. Cet entassement d'hommes malades, d'animaux écorchés, de femmes et d'enfants, les mouches qui volent sur les cadavres, sur les mourants, composent une image qui frappe fortement notre esprit ; l'impression produite sur notre imagination est forte, mais pénible ; nous sommes émus, mais nous sommes aussi dégoûtés ; cette peinture a quelque chose de repoussant dans sa minutieuse et brutale exactitude. Nos sens sont plus affectés que notre cœur ; ce sont des sensations que nous éprouvons, ce ne sont pas des sentiments. Cette image, en effet, est toute matérielle ; le troubadour ne nous a pas montré les souffrances morales des assiégés ; il est lui-même froid ; il ne semble pas éprouver la moindre compassion pour ces malheureux qui souffrent, avec toute l'angoisse du désespoir, la soif, la chaleur et toutes les horreurs d'un siége ; notre sensibilité n'est-elle pas blessée lorsque nous le voyons mettre sur la même ligne le malaise que cause aux défenseurs de Carcassonne l'infection des animaux malades entassés dans la ville, et le trouble que jettent dans leur âme les cris des femmes et des petits enfants ? C'est une brutalité ; ce n'est pas l'art qui a manqué au poëte, c'est la délicatesse du sentiment qui a trahi son cœur. On

> E del gran bestiari, ques lains escorgatz,
> Que de tot lo pais i era enserratz,
> Per los grans critz, que cridan devas trastotz los latz,
> Femnas e efans paucs, don tuit son encombratz ;
> Las moscas per lo caut les an totz enuiatz :
> No foron tan destreit de pois que foro natz.

reconnaît bien ici le troubadour, qui conduira avec tant d'indifférence sur le bûcher les femmes hérétiques de Minerve et qui jettera les cadavres dans la boue, de crainte qu'ils n'infectent sa gent étrangère.

Parfois cependant une véritable émotion venue du cœur se montre dans cette âpre et rude poésie. Ce sont surtout les sentiments mâles et guerriers que le troubadour rend avec le plus de bonheur. Deux traits remarquables nous frappent dans la description de la bataille de Castelnaudary : c'est d'abord une fière et courageuse réponse du chevalier français Bouchard ; il approche de Castelnaudary, il va se heurter contre les chevaliers et les routiers du comte de Foix ; soudain un aigle part de Castelnaudary, venant de la gauche et se dirigeant vers la droite, planant et volant contre le vent aussi vite qu'il pouvait. Superstitieux comme un homme du midi, le routier Martin Algaïs se hâte d'interpréter cet augure et de soumettre à Bouchard son interprétation. « Le meilleur
» augure, dit celui-ci, je ne l'estime pas la valeur d'un gant.
» Ils mourront avec honneur tous ceux qui mourront ici et
» tous ceux-là seront sauvés qui feront cette fin, et si nous
» y perdons, l'ennemi y perdra aussi les meilleurs de ses
» barons » (1). Plus loin, c'est une belle image qui s'offre à

(1) Fauriel, p. 150 ; Mss., f° 27, p. 53.
  A bon aur, dig el, tot no e pretz i. gan.
  Sol quel camp levera, nos e aicels que morran
  Nos seram honorat aitant co mort seran.
  E siran trastuit sals aicels caisi morran,
  E si nos i perdem, atersi i perdran
   Del melhs de lor baros.

nos regards. Les Français semblent sur le point d'être vaincus; leurs routiers ont pris la fuite; mais leurs chevaliers ne s'enfuient pas, ils ne désespèrent pas : leur courage et leur sang-froid sauveront l'armée. « Les Français éperonnent tout
» doucement et au pas, chagrins, le sourcil froncé, les heau-
» mes baissés contre terre; ne pensez pas qu'ils fuient ou
» qu'ils reviennent sur leurs pas. A bien frapper ils ne se
» ménagent pas » (1).

Ainsi, dans les passages les plus remarquables que nous offre cette première partie du poëme, on découvre de loin en loin quelque trace d'émotion, quelques lueurs de poésie ; mais le plus souvent l'historien est plus digne d'éloges que le poëte; toutefois, ce récit est trop rapide, trop concis; on voudrait plus de largeur, plus d'étendue, plus de développements; en s'exagérant, ces défauts donneront facilement à

Ce texte, qui n'est pas d'ailleurs une transcription exactement fidèle de celui du manuscrit, est embarrassé, et la pensée ne s'en dégage qu'avec quelque difficulté. Rétablissons exactement la leçon du manuscrit au second vers; changeons, au commencement du troisième, *nos* en *ne,* et nous arrivons à un sens plus net ; en même temps, la phrase est plus logiquement construite :

A bon aur, dig el, tot no o pretz i. gan.
Sol quel camp levem nos, e aicels que morran
Ne seran honorat aitant co mort seran.
E siran trastuit sals aicels caisi morran.

Le meilleur augure, je ne l'estime pas un gant. Faisons seulement lever le camp à l'ennemi; et tous ceux qui mourront ici, seront tous honorés.

(1) Fauriel, p. 154 ; Mss., f° 28, p. 55.

Li Frances esperonan tot suau e dapas,
Li elme e tuit embronc contra la terra bas :
Nous cujetz pas que fuian, ni que tornon atras :
De grans colps be ferir no son ilh pas escas.

l'exposition du poëte un caractère vague et banal : il est des
événements d'une haute importance, comme le siége du château de Thermes, qui n'inspirent guère au troubadour qu'une
trentaine de vers sans précision, sans couleur, sans vie, en-
jolivés par quelques lieux communs empruntés à la poésie
des chansons de gestes. « Au siége de Thermes, il y avait
» maint baron, mainte riche tente de soie, maint riche pa-
» villon ; mainte nappe de soie, maint riche sisclaton, maint
» haubert à triple maille, maint bon gonfanon, mainte lance
» de frêne, mainte enseigne, maint pennonceau, maint bon
» chevalier, maint bon damoiseau, Alaman et Bavarois,
» Saxon et Frison, Manceau et Angevin, Normand et Breton,
» Lombard, Provençal et Gascon ; le seigneur évêque de
» Bordeaux y fut, ainsi que don Amanieu de Lebret avec
» ceux de Langon. Là font la quarantaine tous ceux qui y
» sont ; quand les uns viennent, les autres s'en vont. Mais
» don Raymond, seigneur de Thermes, ne les prise pas la
» valeur d'un bouton ; jamais plus fort château onques, je
» crois, homme ne vit. Là ils passent Pâques, Pentecôte et
» l'Ascension, et la moitié de l'hiver, comme dit la chanson.
» Onques ne vit-on si puissante garnison, comme celle qui
» était dans ces châteaux, qui sont dans le Roussillon, là-bas
» devers la Catalogne et l'Aragon. Maintes fois les adversaires
» se sont joints, maint arçon a été brisé ; maint chevalier et
» maint bon Brabançon y ont été tués, mainte enseigne y a
» été déchirée avec maint riche gonfanon ; que les croisés le
» voulussent ou ne le voulussent pas, les ennemis les hissè-
» rent sur leur donjon ; les mangonneaux ne leur font pas de

» mal qui vaille un bouton. Ils ont assez de nourriture, de
» chair fraîche et de lard; de vin et d'eau pour boire; et du
» pain ils ont grande abondance. Si le Seigneur ne leur porte
» quelque coup, comme il fit plus tard, en leur envoyant la
» dyssenterie, jamais je ne le crois ils ne seront conquis.....
» Seigneurs, voulez-vous voir comment Thermes fut pris et
» comme Jésus-Christ y a fait sentir sa grande puissance.
» L'armée fut autour du château pendant huit mois environ,
» si bien que l'eau a manqué aux assiégés; elle s'est dessé-
» chée; ils avaient encore assez de vin pendant deux ou trois
» mois; mais on ne peut pas vivre sans eau, je ne le pense
» pas. Puis il tomba une grande pluie, Dieu et ma foi me
» soient en aide; il vint un grand déluge et mal leur en a
» pris : dans des tonnes, dans des vaisseaux, ils ont recueilli
» cette eau en abondance; avec cette eau ils pétrissent leur
» pain et apprêtent leurs mets; telle dyssenterie les saisit,
» qu'ils ne savent où se tenir. Ils ont pris conseil entre eux,
» chacun doit s'enfuir avant de périr ainsi déconfit; ils pla-
» cent les dames au faîte du donjon, et quand vient la nuit
» obscure qui empêche de rien distinguer, ils sortent du
» château sans rien porter avec eux que leurs deniers, et je
» crois que nul n'emporta d'autre bagage » (1). Sauf un détail

---

(1) Fauriel, p. 90; Mss., f° 16 et 17, p. 32 et 33.
   E mot ric drap de seda, e mot ric pavalhon,
   Mota nipa de seda e mot ric sisclaton,
   Et mot ausberc traslis e mot bon gonfanon,
   E mota asta de fraiche, ensenha e penon,
   E mot bo cavaer e mot bon donzelon,
   Alaman e Bavier e Saine e Frison,

très-précis et en lui-même fort peu poétique, ce récit reste dans un vague qui exclut l'intérêt; ce n'est qu'un résumé pâle et incolore.

Une narration ne nous attache qu'à la condition d'insister

> Mancel e Angevi, e Norman e Breton,
> Logombart e Lombart, Proensal e Gascon,
> Lo senher arsevesques, ques de Bordel, i fon,
> Namaneus de Lebret e cels devas Lengon,
> Lai fan la carantena tuit aicel, que i son,
> Que cant li uni venon e li autre sen vaont :
> Mas N. R. cel de Terme nols preza un boton;
> Que anc plus fort castel no cug que vis nulhs hom,
> Lai tengor Pentecosta, Pasca e Ascension,
> E la meitat divern, si com ditz la canson
> Oncas no vis nulhs hom tan rica garnison.
> Co ac en sel castel, lai devas Aragon,
> E devas Catalonha, que son de Rosilhon :
> Mota juncia i ant faita e brisat mant arson,
> E mot cavaer mort e mot fort Braimanso ;
> Perduda manta ensenha e mant ric gonfano,
> Quen pujeron per forsa, la sus en sel dompnhon,
> Malgrat daicels de lost, o volguessan o non;
> Manguanels ni peireira nols ten dan dun Loton,
> Vianda an assatz, carn fresca e bacon,
> Vi e aiga per beure e pa a gran foison.
> Si Dami Dieus nols dona calque percucion,
> Si com fe en apres, que lor deg menazon,
> Ja no foran comques.
> Senhors, voletz auzir cosi Termes fon pres,
> E co sa gran vertut Jeshu Crist i trames :
> La ost estet entorn entre foron VIIII. mes,
> Que laiga lor falhi; que resecada es ;
> Vi avian asatz a dos mes o a tres,
> Mas nulhs hom, senes aiga, no cug, vivre pogues,
> Pois plog una gran ploia, si majud Dieus ni fes,
> E venc L grans diluvis, de que lor es mal pres,
> En tonas e en vaisels en an ilh asatz mes;
> De cela aiga prestiron e meiran els conres.

sur les circonstances qui placent le fait raconté dans un milieu déterminé, lui donnent son caractère propre et font que nous ne pouvons pas le confondre avec des faits analogues ou semblables. — Des phrases générales glissent sur notre mémoire et ne disent rien à notre imagination ; il faut connaître avec précision le théâtre de l'événement ; il faut que nos yeux puissent se le représenter ; il faut que les principaux acteurs se détachent de la foule qui les environne ; il faut que nous les suivions à travers les péripéties qu'ils sont appelés à traverser ; il faut que nous assistions au drame intime qui se passe au fond de leur âme.

Ces conditions sont-elles remplies par l'abrégé que nous venons de lire ? Nullement ; elles le sont plus heureusement dans le récit de Pierre de Vaux-Cernay, remarquable à plus d'un égard. Le mettre en présence de celui du poëte, c'est montrer tout ce que l'on pourrait demander au troubadour et ce que l'on cherche en vain dans ces vers, remplis la plupart de banales généralités. D'abord, la position du château de Thermes est décrite par le moine de Vaux-Cernay d'une manière très-pittoresque : « Le château de Ther-
» mes était sur le territoire de Narbonne, à une distance
» de 5 lieues de Carcassonne. Ce château était d'une force

> Tals menazos los pres ; negus no sab on ses,
> Coseilh an pres mest lor, que cascus sen fuisses,
> En abans que morisson, en aisi descofes.
> Las domnas del castel an sus el dompho mes ;
> Cant venc la noit escura, que anc om non saub res,
> Ichiron del castel senes autre arnes,
> Que sino son diners, no cug nulhs ne traiches.

» prodigieuse, et, suivant toute appréciation humaine, im-
» prenable, situé au sommet d'une montagne très-élevée,
» sur une immense roche abrupte et escarpée ; il était tout
» entouré d'abîmes ; dans ces abîmes, l'eau coulait, envelop-
» pant ainsi le susdit château. Autour de ces roches s'en-
» tr'ouvraient des gorges si profondes et d'un abord si dif-
» ficile, qu'il fallait, si l'on voulait se rendre au château,
» se précipiter d'abord dans l'abîme et ensuite ramper vers
» le ciel. En outre, il y avait auprès du château, à une
» portée de pierre, une roche sur laquelle s'élevait une pe-
» tite fortification, munie d'une tour ; c'est ce qu'on appe-
» lait le petit Thermes (Terminetum). Dans cette situation,
» ce château ne pouvait être abordé que d'un seul côté,
» parce que de ce côté les roches étaient plus basses et ac-
» cessibles » (1).

Après la description du château, c'est le portrait du seigneur ; cette figure, peut-être altérée, dénaturée par le fanatisme de Pierre de Vaux-Cernay, n'en est pas moins fortement mise en relief ; l'expression que lui donne le moine historien n'est peut-être pas sa véritable expression ; le doute est permis. On est néanmoins forcé d'avouer que la physionomie de Raymond de Thermes, chevalier et bandit, l'effroi des villes voisines, de Narbonne qui a requis contre lui le secours de la croisade, sans cesse en guerre avec le vicomte de Béziers, avec le comte de Toulouse et le roi d'Aragon, est singulièrement vivante. Quoique à la tête

---

(1) *Historiens de France*, tome XIX, Pierre de Vaux-Canay, p. 35 et seq.

d'un petit nombre de braves, Montfort, ne consultant que les inspirations de son héroïsme, est venu attaquer le château ; mais il ne peut assiéger qu'une faible partie de l'enceinte. Les défenseurs nombreux et de petite taille pour la plupart allaient sans crainte, à la face de l'armée dont ils méprisaient le petit nombre, puiser de l'eau et chercher tout ce qui leur était nécessaire. Cependant les pèlerins arrivaient lentement et comme goutte à goutte, pour nous servir de l'expression de Pierre de Vaux-Cernay. Mais bientôt ces renforts deviennent plus considérables : c'est Reginald, évêque de Chartres; c'est Philippe, évêque de Beauvais, le comte Robert de Dreux, le comte Guillaume de Ponthieu. Montfort, à la vue de ces nombreux combattants, de ces hauts et puissants seigneurs qui viennent rallier son armée, est plein de joie et d'espérance. Mais ce n'est point ce secours qui doit les faire triompher : — « Celui qui abaisse les
» puissants et fait grâce aux humbles ne voulut rien accom-
» plir de grand et de glorieux par le bras de ces seigneurs;
» c'est là un des mystères de sa sagesse, que sa sagesse
» connaît seule; mais autant que la raison humaine peut le
» conjecturer, le juge, souverainement juste, agit ainsi,
» soit parce que ces puissants ne parurent pas à ce Dieu,
» plein de grandeur et de gloire, dignes d'être les instru-
» ments de ces grands et louables desseins, soit parce que
» toute grande action, accomplie par ces puissants, aurait
» été rapportée à la sagesse humaine et non à la sagesse di-
» vine. » — C'est Dieu qui doit agir, c'est Dieu qui combat ; mais l'homme n'est pas annulé ; l'action, les efforts des

principaux personnages que le moine met en scène se détachent nettement dans son récit. Si Dieu les mène, les croisés s'agitent, et s'agitent avec une rare activité. Une des figures les plus originales est celle de Guillaume, archidiacre de Paris ; tour à tour prêtre et ingénieur, prédicateur et guerrier, remuant les âmes, forçant les cordons des bourses à se délier, comblant les vallées, il nous représente de la manière la plus originale cette époque de confusion étrange, où l'Eglise combat à la fois par la parole et par l'épée, et renferme dans ses rangs des hommes que la diversité de leurs aptitudes rend également propres à ce double rôle.

Nous ne pouvons insister sur les différents incidents qui donnent au récit de Pierre de Vaux-Cernay autant de variété que d'intérêt et de vie. Ces péripéties du siége nous intéressent moins que les hommes qui les hâtent, les précipitent ou les subissent, et parmi eux c'est surtout Montfort, le plus grand, le plus héroïque, qui attire notre attention. Admirons en passant la valeur de Guillaume de Séguret, qui à lui seul défend, en présence de l'armée catholique qui ne peut aller à son secours, un mangonneau contre les efforts réunis des assiégés, et allons-nous placer en présence de Montfort, réduit à dissimuler à ses compagnons d'armes sa pauvreté et la faim dont il ressent les angoisses. « Sur ces
» entrefaites, le noble comte de Montfort était tourmenté
» par les rigueurs d'une telle pauvreté, que le pain souvent
» venait à lui manquer et qu'il n'avait pas de quoi manger.
» Maintes fois, nous le savons avec certitude, lorsque appro-

» chait l'heure du repas, le comte de Montfort s'absentait à
» dessein ; et dans sa confusion il n'osait pas rentrer dans sa
» tente, parce que c'était l'heure de manger et qu'il n'avait
» pas seulement de pain. »

N'aimons-nous pas mieux cette révélation indiscrète du moine de Vaux-Cernay, que toutes ces descriptions banales dont le poëte orne son récit ? Peu m'importent les pavillons étincelants ! Peu m'importent les tentes de soie et les bannières aux mille couleurs qui flottent au sommet de ces tentes ! Je veux pénétrer dans l'une d'elles, je veux surprendre dans la solitude, dans les souffrances de la pauvreté et les inquiétudes de son ambition alarmée, cet homme extraordinaire que l'on doit haïr et que l'on ne peut s'empêcher d'admirer. Montfort n'est pas encore arrivé au terme des épreuves, qu'il doit traverser avant d'être vainqueur. L'eau a été coupée aux assiégés. Déjà ils avaient offert de se rendre sous certaines conditions, qui devaient être acceptées par le vainqueur : la victoire est presque gagnée, il ne faut que l'achever ; et c'est en ce moment que les croisés, laïques et ecclésiastiques, venus au secours de Montfort, annoncent la ferme résolution de partir. Les évêques de Beauvais et de Chartres, le comte Robert et le comte de Ponthieu se proposaient de quitter l'armée. Le comte les supplia, tous les supplièrent de rester encore quelque temps au siége : aucune prière ne pouvait les fléchir ; « alors la noble comtesse de
» Montfort se jette à leurs pieds ; elle les prie avec effusion
» de ne pas dérober, dans une si grande nécessité, leur
» épaule au fardeau du Seigneur, et de secourir, dans un

» moment si critique, le comte de Montfort qui s'exposait
» tous les jours à la mort pour l'Eglise universelle. L'évêque
» de Beauvais, le comte Robert et le comte de Ponthieu
» restent sourds à ses prières : ils partiront le lendemain,
» ils ne veulent pas attendre un jour de plus. L'évêque de
» Chartres promet qu'il restera encore quelque temps avec
» le comte. » Les incidents les plus remarquables du siége
viennent de passer sous nos yeux. La fin du récit a un caractère moins vivant, moins dramatique : l'inspiration monacale est plus fortement accusée.

Pour rendre cette page de chronique digne de l'histoire, il n'y aurait pas beaucoup à faire ; essayons maintenant de mesurer la distance qui sépare la prose du chroniqueur des vers du poëte, nous la trouverons immense ; d'un côté, c'est la vie, l'émotion, le drame ; de l'autre, une exposition vague, sèche et banale. — Ce passage est, il est vrai, un des plus mal réussis de toute la première moitié du poëme ; les défauts, que l'on peut reprocher au poëte, y sont portés à leur plus haut degré d'exagération ; néanmoins, dans plus d'un endroit de la même partie, nous éprouvons les mêmes regrets et sommes forcés de placer le poëte au-dessous du chroniqueur. Pierre de Vaux-Cernay doit-il à des informations plus exactes, plus détaillées, plus précises la supériorité qu'il faut lui reconnaître sur le poëte dans plusieurs passages de sa chronique ? Il n'est guère possible de le penser. Pierre de Vaux-Cernay n'était pas, plus que le poëte, présent sur le théâtre de ces événements : il ne les avait appris que par ouï-dire, et le poëte nous a rappelé dans plus d'un endroit du poëme qu'il était renseigné par des prêtres et des clercs qui avaient le plus souvent suivi l'armée des croisés dans ses diverses campagnes. C'est l'esprit, c'est le talent du poëte, dont il faut seulement accuser ici les défauts ; une certaine sécheresse d'imagination, une froideur qui se communique à ceux qui lisent son histoire, le peu d'intérêt que semblent parfois lui inspirer les événements qu'il raconte, sont les seules causes de la disproportion qui nous frappe entre le sujet et la manière dont ce sujet est traité.

La seconde partie du poëme nous dédommage amplement de la première ; le récit s'étend, s'élargit, il a de la couleur, de la vie, du mouvement, de la passion. Le chroniqueur ne devient peut-être pas un historien, mais il devient un poëte. Pierre de Vaux-Cernay est laissé bien loin ; des horizons nouveaux s'ouvrent ; cette histoire intérieure du midi, dont les profondeurs nous étaient mystérieusement cachées, se découvre tout entière à nos regards. Quelle scène ou plutôt quelle série de scènes si remarquables que celles qui précèdent et accompagnent la prise de Pujol par les habitants de Toulouse ! (1)

Nous n'insisterons pas sur la peinture de la bataille de Muret, bien qu'elle mérite de fixer l'attention par le bonheur avec lequel les incidents qui préparent cette sanglante journée sont reproduits dans le récit du poëte : la description du troubadour peut soutenir la comparaison avec celle de Pierre de Vaux-Cernay ; l'une et l'autre sont intéressantes,

(1) Fauriel, p. 200 et seq. ; Mss., f° 36 et 37, p. 71, 72, 73.

vives, pittoresques ; mais elles se complètent mutuellement, plutôt qu'elles ne s'efforcent de dépeindre les mêmes hommes et de nous présenter l'image des mêmes faits.

Une des parties les plus justement admirées de toute cette seconde moitié du poëme, c'est le récit du concile de Latran ; mais il ne nous appartient pas d'en faire ressortir les beautés ; cette tâche a été remplie déjà, et supérieurement remplie. C'est sur ce remarquable passage que M. Fauriel a surtout insisté dans celle de ses leçons de la Sorbonne qui a eu pour sujet le poëme de la croisade ; l'introduction, qu'il a placée en tête de ce poëme, reproduit le cadre de sa leçon élargi et complété ; les orageuses délibérations du concile de Latran y sont étudiées, rapportées textuellement d'après le poëte et appréciées avec la juste délicatesse de goût propre au savant et hardi historien de la poésie provençale. Mais bien d'autres beautés attendent encore notre admiration, et même en parcourant, après M. Fauriel, le champ fécond de ce poëme, nous ne glanons pas, nous moissonnons.

Le concile de Latran n'est qu'une grande introduction au drame qui va commencer sur les bords du Rhône et se dénouer sur ceux de la Garonne. Le drame n'est pas indigne du prologue. L'entrée des Raymonds à Avignon est décrite avec une émotion qui nous gagne nous-même ; ce ne sont plus ici les lieux communs que nous avons eu plus d'une fois à subir en lisant la première moitié du poëme ; le fait a sa couleur propre, locale ; on sent que l'on a devant soi les hommes de la Provence ; c'est la verve, c'est la vivacité méridionales ; ce sont des âmes ouvertes aux impressions les plus vives, accessibles à l'enthousiasme et capables de l'exprimer comme elles le ressentent. En même-temps, le ton n'est pas outré, les couleurs ne sont pas forcées, les nuances sont finement observées par le troubadour. Raymond VI et son fils n'entrent pas à Avignon, comme ils entreront plus tard à Toulouse ; l'accueil qu'ils reçoivent dans la grande cité provénçale, n'est pas encore celui qui les attend dans leur ville héréditaire ; il y aura dans les transports d'allégresse des barons de Toulouse, des élans d'une joie et presque d'une piété filiales que n'atteignent point les démonstrations des chevaliers et des bourgeois d'Avignon.

Le comte de Toulouse et son fils ont déjà reçu la veille, sous l'ormée, l'hommage et les serments des hommes d'Avignon ; ils sont rentrés au château qui leur sert d'asile dans les environs de Marseille ; le lendemain, ils iront prendre possession de la ville qui s'est donnée à eux. « A grande
» joie, ils allèrent prendre leurs albergues ; le matin, avec
» la rosée, quand l'aube doucement commence à poindre,
» avec le chant des oiseaux, quand s'épanouissent les bou-
» tons des feuilles et des fleurs, les barons chevauchent
» deux à deux à travers l'herbe ; ils pensent aux armes et
» aux armures » (1).

---

(1) Fauriel, p. 266; Mss., f° 48 et 49, p. 96 et 97.
  Ab gran joi albergueron : el mati ab lo ros
  Cant lalba dousa brolha, el cans del auzelos
  E sespandig la folha e la flors dels botos,
  Li baro cavalguero doi e doi per lerbos,

Le poëte indique, sans les rapporter, tous ces entretiens qui aident les chevaliers à tromper la longueur du chemin ; mais il insiste sur la conversation du jeune comte avec Gui de Cavaillon ; nous en connaissons déjà les principaux traits ; le poëte nous révèle le but et la nécessité de la guerre qui va commencer ; les destinées de toute la chevalerie méridionale sont attachées au succès de la lutte qui ne peut pas tarder à s'engager ; mais hâtons-nous d'arriver à Avignon ; c'est de cette joie populaire, de cette allégresse enthousiaste que nous voulons nous donner le spectacle : « Ils parlent
» d'armes, d'amours et de largesses jusqu'au moment où le
» soir s'abaisse et où Avignon les reçoit, et quand le bruit
» et l'agitation se sont levés dans la ville, il n'y a ni vieux

E pessan de las armas e de las garnizos.....
Tant parlan de las armas e damors e dels dos
Tro quel vespres sabaicha els recep Avinhos,
E cant per mei la vila es levatz lo resos,
Non i a vielh ni jove que noi an voluntcs,
Per totas las carreiras e foras las maizos ;
Aquel que mais pot corres te per aventuros ;
Lai on cridan Tholosa pel paire e pel tos :
E li autre la joia, coimais er Dieus ab nos.
Ab afortiz coratges ez ab los olhs plorcs,
Trastuit denan lo comte venon dagenolhos,
E pois dizon ensemble : Jeshu Crist glorios,
Datz nos poder et forsa quels eretem ambdos,
Es es tant gran la preicha e la profess os
Que cbs i an menassas et vergas e bastos.
El mostier sen intrero per far lor orazos,
E pois fo lo manjars complitz e saboros,
E mantas de maneiras las salsas els peichos
E vis blancs e vermelhs e giroflatz e ros;
Els jotglars e las viulas e dansas e cansos.

» ni jeune qui n'accourent volontiers dans les rues et hors
» des maisons. Qui peut plus courir se tient pour heureux.
» Là ils crient Toulouse pour le père et pour le fils ! Nous
» avons la joie, car Dieu sera avec nous ; avec des coura-
» ges tout fortifiés et avec les yeux en pleurs, tous devant
» le comte viennent et tombent à genoux, et puis ils disent
» ensemble : « Jésus-Christ glorieux, donnez-nous le pou-
» voir et la force, afin que nous les rétablissions tous les
» deux dans leur héritage. » Et la foule et la presse furent
» si grandes qu'il y eut grand besoin de menaces, de ver-
» ges et de bâtons. Au moûtier ils entrèrent pour faire leurs
» oraisons ; et puis ce fut un repas parfait et savoureux,
» des sauces et des poissons apprêtés de mille manières ; ce
» n'étaient que vins blancs, roux, vermeils, couleur de gi-
» roflée ; ce n'étaient que jongleurs, violes, danses et chan-
» sons. »

Ce tableau peint bien les mœurs méridionales. Une fête au commencement d'une lutte si grave et si solennelle ! Que de craintes auraient dû se mêler à cette joie ! Mais les natures mobiles et passionnées n'éprouvent les divers sentiments que successivement, l'un après l'autre ; de là la vivacité avec laquelle elles s'abandonnent à chacun d'eux : les âmes plus calmes, plus réfléchies, plus maîtresses d'elles-mêmes, les ressentent simultanément : ces sentiments ainsi éprouvés se font équilibre l'un à l'autre, se contiennent l'un par l'autre, et conservent dans le cœur une froide et sévère harmonie. D'ailleurs cette fête n'était pas seulement l'expression spontanée d'une joie sans mélange. C'était une protestation, c'était

un premier acte de révolte, c'étaient *joie, courtoisie, prouesse*
qui renaissaient à l'arrivée du comte de Toulouse et de son
fils.....

Ce récit ne se distingue pas seulement par les qualités
d'une exposition vraie, animée et vivante ; on voit briller de
loin en loin, au milieu de ces vers, quelques perles de poésie ;
ce n'est plus la sévérité raide et sèche souvent de la première
partie. La description de cette matinée au moment où le
comte de Toulouse et sa suite se mettent en marche, n'est
pas très-neuve ; les couleurs ont cependant de la fraîcheur ;
elles plaisent : au milieu de ces luttes, de ces combats, de
ces conflits de passions et de ces chocs d'armures, ces quelques
vers, suggérés par le sentiment de la nature, reposent
notre esprit fatigué des scènes auxquelles il a assisté, préoccupé
de celles qui l'attendent encore. Les impressions que
nous ressentons, nous amènent souvent à rapprocher des passages
écrits avec une inspiration et un génie bien différents.
Si le nom de Shakespeare se présente à notre pensée, ce
n'est pas que nous voulions établir le moindre rapport entre
le troubadour anonyme dont nous étudions l'œuvre, et le grand
poëte dramatique anglais ; néanmoins, en assistant à cette
belle et sereine matinée sous le ciel de Provence, à la veille
des batailles, des massacres dont la sanglante image va sans
cesse passer devant nos yeux, nous éprouvons un sentiment
analogue à celui qu'éveillent dans notre cœur les vers de
l'auteur de Macbeth nous dépeignant le château d'Inverness.
Au sortir du combat, dont nous avons entendu les fracas
lointains, après avoir traversé les landes orageuses et sau-

vages, où les sorcières ont salué Macbeth thane de Cawdor et roi d'Ecosse, au commencement de cette nuit sinistre, qui doit être marquée par le sang de Duncan, nous aimons à respirer l'air pur et serein des hauteurs d'Inverness ; nous admirons, avec la douce émotion d'un tranquille plaisir que le poëte ne nous permettra plus, ce site pittoresque, ce manoir féodal, qui semble promettre à ses hôtes une cordiale hospitalité ; les détails les plus simples et les plus familiers, tout nous charme, tout, jusqu'à ce retour fidèle du martinet, qui, chaque année, revient confier son nid aux murs du sévère château. Ces impressions sont courtes et rapides dans le drame de Shakespeare ; elles ne le sont pas moins dans le drame historique dont nous suivons le développement ; elles feront place à d'autres émotions plus fortes, et le fond calme et serein de la nature disparaîtra bien souvent dans les tableaux pleins de confusion et de tumulte, que le poëte mettra sous nos yeux. La poésie cependant y répandra plus d'une fois ses teintes.

L'arrivée des Marseillais, accourant au secours de Beaucaire, est peinte avec des couleurs que le poëte ne sait peut-être pas très-bien fondre, mais dont l'effet n'est pas moins saisissant. Il est difficile de faire passer dans une traduction françaises les beautés de ces vers provençaux ; la sonorité de la langue du troubadour rend bien l'éclat des couleurs, en même temps qu'elle exprime, avec le plus rare bonheur, le tumulte joyeux et martial de cette scène véritablement épique : « Par toutes les albergues, les trompettes vont criant » que tous prennent les armes, les grands et les petits, qu'ils

» se revêtent de leurs armures et couvrent leurs chevaux de
» guerre ; car les hommes de Marseille viennent à grande
» joie. Au milieu de l'eau du Rhône chantent les rameurs ;
» les premiers à l'avant sont les pilotes ; aux voiles sont les
» archers et les nautonniers ; les cors, les trompes, les cym-
» bales et les tambours font retentir et bruire la rivière et
» les arbres du rivage. Les écus et les lances, et l'onde qui
» court, l'azur, le vermeil, le vert et le blanc, l'or fin et
» l'argent se mêlent et se confondent dans les mille reflets
» du soleil et de l'onde que fend la rame bruyante. Les Mar-
» seillais descendent à terre avec leurs cavaliers, et ces che-
» valiers chevauchent à grande joie, à la resplendissante
» clarté du jour, avec leurs chevaux tout armés et devant
» eux flotte l'oriflamme. De toutes parts les chefs crient :
» Toulouse, pour l'honoré fils du comte qui recouvre sa terre.
» Ils entrent à Beaucaire » (1).

(1) Fauriel, p. 312 ; Mss., f° 57, p. 113.
    Per totas las albèrgas cridon li trompador,
    Que tuit prengan las armas li maier, el menor
    E garniscan los cors e caval milsoldor,
    Per so quilh de Maselha venon ab gran baudor,
    Per mei laiga de Rozer cantan li remador,
    El primer cap denant so li governador
    Que acempran las velas elh arquier, el nautor,
    E li corn e las trompas, els cimbol, elh tabor
    Fan retindir e braire la ribeira el albor,
    Li escutz e las lansas e la onda qui cor,
    E lazurs el vermelhs, el vert am la blancor
    E laur fis e largens mesclan la resplandor
    Del solelh e de laiga que partig la brumor,
    E van cel metz per terra e sei cavalgador
    Cavalgan ab gran joia ab la clara lugor,

Le poëte n'a pas eu le même bonheur dans ces descriptions de bataille, auxquelles il s'abandonne pourtant avec une singulière complaisance. Pour trouver de loin en loin quelques-uns de ces traits de vigueur et d'énergie que signale M. Fauriel, il faut, comme il le dit lui-même, se résigner aux longues et fastidieuses peintures de ces mêlées confuses, dont la monotonie n'est pas le moindre défaut. Le troubadour se laisse ici visiblement entraîner par les souvenirs des chansons de gestes qui remplissent son imagination ; néanmoins, dans ses réminiscences, il est contenu par le bon sens et le sentiment de la réalité historique ; ses batailles sont épouvantables, et certains détails sont rendus avec une repoussante crudité ; mais le troubadour sait s'abstenir de ces fabuleux coups d'épée qui sont le merveilleux de ces épopées chevaleresques et qui ne nous intéressent pas ; nous ne concevons plus cet idéal de la force et de la brutalité. L'historien a ici préservé le poëte d'un excès dans lequel il était bien près de tomber. Il faut d'ailleurs le reconnaître, ces descriptions ont une certaine vérité et, jusqu'à un certain degré, elles sont belles. Ce fracas, ces armes de toute sorte qui se heurtent dans les vers du poëte, comme dans une de ces mêlées que le poëte décrit, ces détails expressifs dont le bon goût ne règle pas toujours le pittoresque, présentent une image assez saisissante de ces batailles

Ab sos cavals cubertz e denant lauriflor.
De totas partz escridan Tholoza li milhor
Per londrat filh delh comte, que recobra sa honor
E intran a Belcaire.

du moyen âge. Pas d'art dans le combat, moins encore dans les vers du troubadour ; cette absence d'art est presque une vérité de plus. Nous sommes bien loin des batailles d'Homère et de Virgile ; ce ne sont plus des hommes qui agissent, s'émeuvent, s'irritent, se passionnent ; il semble que l'on ne voit s'entre-choquer dans une horrible mêlée que la pierre, le fer et l'acier ; ce sont des armures qui se brisent, de lourdes épées qui s'abattent comme des marteaux, des pierres qui roulent, de la chaux et de l'eau bouillante qui tombent du haut des remparts. Mais songeons à ce qu'était une bataille au moyen âge : l'homme disparaissait tout entier dans son armure ; ce n'était plus que du fer contre du fer ; l'homme ne révélait sa présence que lorsque son sang se mêlait aux éclats de son armure brisée.

La description de la bataille de Baziège rappelle pourtant la grande manière des épopées classiques ; sous l'armure, on sent battre le cœur du baron ; sous le heaume baissé, on entrevoit l'héroïque expression de ces mâles visages. Le jeune comte fait songer à Achille ou à Turnus ; le poëte annonce, prépare sa venue ; les inquiétudes que sa vaillance inspire aux chevaliers français, les efforts, qui vont tous être dirigés contre son intrépide courage, nous disent assez que le fils de Jeanne d'Angleterre et le neveu de Richard Cœur-de-Lion est digne de sa mère et digne de son oncle. — Nos regards le cherchent : le voici, il accourt comme un lion ou comme un léopard déchaîné (1).

(1) Fauriel, p. 614 ; Mss., f° 114 et 115, p. 227-8-9.

L'éclat et le coloris ne manquent pas au récit du poëte. Rude et grossière quelquefois, incorrecte souvent, la langue du troubadour a plus d'une fois pourtant des accents épiques, pleins d'une large et sonore harmonie ; ce n'est pas néanmoins dans les qualités extérieures, qui tiennent surtout à la forme, qu'il faut chercher le mérite le plus sérieux de la seconde partie de cette chanson de gestes ; ce sont surtout les beautés intérieures, intimes, morales qui nous

C'est à l'occasion du récit de la bataille de Baziége qu'il convient de rectifier un contre-sens historique que présente la traduction de M. Fauriel. Pendant le combat, livré lors de la première attaque de Toulouse par les croisés, le poëte parle d'un *fils du comte* qui est fait prisonnier. « Bertrand, dit le troubadour, Bertrand, le fils du » comte, y fut fait prisonnier, et je crois qu'il leur donna mille sous ; tout le reste » de son harnais ; ils eurent son cheval, ses armes et toute autre chose » *. M. Fauriel fait de ce Bertrand le fils du comte de Montfort ; mais ce nom a une physionomie toute méridionale ; et il est difficile de croire qu'il soit porté par un homme du nord. M. Fauriel a suivi, sans en discuter suffisamment la valeur, l'interprétation de ce passage par la chronique provençale en prose. Elle raconte que lors de ce premier siége de Toulouse, le fils de Montfort, Bernard, fut fait prisonnier et amené dans la ville assiégée ; sans doute l'autorité de la chronique est grave, mais l'auteur de cet ouvrage, qui écrivait plus d'un siècle après l'époque où le poëme avait été composé, ne peut-il pas s'être mépris sur le sens du texte qu'il interprète ? Un commentaire plus sérieux du poëme, c'est à coup sûr le poëme lui-même. Pendant les apprêts de la bataille de Baziége, le jeune Raymond s'écrie :

Ez ab lor de Tholoza on es ma fizeltatz
Ez ab Bertran mon fraire que nes aparelhatz.

Ce Bertrand, frère aîné de Raymond VII, devait être un fils naturel de Raymond VI : il assiste, comme témoin, à l'acte de cession que Gérard de Cadeuil fit au comte de Toulouse de tous les droits qu'il avait ou devait avoir dans le château et la ville de Najac (Testes interfuerunt Bertrandus frater domini comitis supradicti.) **.

* Fauriel, p. 120.
** Cartulaire de Raymond VII, p. 23 et 24 ; Mss. de la Bibliothèque impériale (latins), 6009).

frappent. Le poëte sait descendre au fond des âmes ; il exprime, dans leur ardente sincérité, toutes les passions qu'il y découvre et dont il est lui-même pénétré. Ce caractère de son récit, ce côté de son talent se révèlent surtout lorsque l'on compare le poëme avec la chronique en prose. Cette paraphrase n'est pas si fidèle qu'on ne puisse relever quelques différences entre le récit de la geste et celui de la chronique. Plus d'une fois le chroniqueur a eu à sa disposition d'autres sources d'information que les indications du troubadour ; d'autres souvenirs, conservés par la seule tradition, peut-être se sont glissés dans sa narration ; mais la différence la plus sensible tient surtout à la manière dont les mêmes faits sont compris, sentis, présentés par le chroniqueur et par le poëte ; l'un parfois suit les détails, les développements, les incidents des faits avec la curiosité de l'histoire ou plutôt de la chronique : l'autre saisit ce qui, dans les événements, a pu frapper l'imagination ou produire une impression profonde. D'un côté, le fait dans toute son étendue, avec tous ses accessoires ; de l'autre, le contre-coup de cet événement dans le cœur de ceux qui en ont été victimes, l'ébranlement des âmes ; d'un côté, une histoire extérieure et minutieuse ; de l'autre, le drame et la poésie.

Ce talent, ou plutôt cet instinct dramatique, qui ne se laisse guère apercevoir dans la première et se révèle si hautement dans la seconde partie du poëme, établit entre ces deux moitiés une différence, que la comparaison du texte de la chronique avec celui de la geste rend plus frappante encore. La première partie se distingue généralement assez peu du récit en prose ; la versification même ne suffira pas toujours pour lui garantir une supériorité qu'elle ne semble prendre de loin en loin que grâce à quelques détails pittoresques ou heureusement expressifs ; la chronique, au contraire, ne paraît être que la matière de la seconde partie.

Une des scènes les plus remarquables du second acte du grand drame de la guerre albigeoise, c'est la rentrée de Raymond VI à Toulouse ; c'est cette joie inespérée qui gagne tous les habitants : dans la chronique, nous avons le fait simple, net, précis ; nous sentons, au contraire, passer dans les vers du poëte les sentiments d'espérance, d'allégresse et de relèvement qui agitaient toutes les âmes de cette grande cité, et qui, dans celle du troubadour, s'élève jusqu'aux élans d'un lyrique enthousiasme.

Ecoutons le chroniqueur ; le comte entre à Toulouse :
« Adonc est entré le dit comte Raymond avec ses gents là
» où il a été reçu des grands et des petits menant et faisant
» la plus grande joie que jamais homme qui soit né, ait en-
» tendu faire ; car les uns lui baisaient la robe, les autres
» les jambes et les pieds et fut si grande la joie, qui pour
» lors fut faite dans ladite Toulouse par les uns pour le
» comte, par les autres pour leurs parents et amis, lesquels
» étaient retournés et venus avec ledit comte, que grande
» chose, c'était de voir ladite joie » (1).

Sans doute cette paraphrase a conservé quelques rayons de la chaleur et de la vie qui animent les vers du poëme ;

(1) Dom Vaissète, édition Du Mège, tome 5, p. 511.

mais ce n'est qu'une indication : on nous raconte, on nous explique la joie des Toulousains : ouvrons le poëme, nous sommes témoins de cette joie elle-même, nous avons sous les yeux les expressions vivantes de cette émotion ; nous sentons battre les cœurs, nous entendons les paroles qui s'échappent du sein de cette foule enivrée : « Et quand le
» comte et ses chevaliers voient la ville, il n'y a point parmi
» eux de si fier courage qui n'ait les yeux remplis de l'eau
» du cœur. Chacun dit dans son cœur : Vierge impératrice,
» rendez-moi le pays où j'ai été nourri. Mieux vaut ici vivre
» et être ensevelis que d'errer encore par le monde, exposés
» au péril et à la honte. Au sortir de l'eau, ils sont rentrés
» dans un pré, enseignes déployées et gonfanons flottants.
» Et quand ceux de la ville ont entendu le signal convenu,
» tous viennent vers le comte comme s'il était ressuscité ; et
» quand le comte entre par les portails voûtés, tout le peu-
» ple accourt, les grands et les petits, les barons et les
» dames, les femmes et les maris ; devant lui ils s'agenouil-
» lent et baisent ses vêtements, ses pieds, ses jambes, ses
» bras et ses doigts..... Il est reçu avec des larmes de joie
» d'allégresse ; car la joie qui revient a déjà des graines et
» des fleurs. Et l'un dit à l'autre : Maintenant, nous avons
» Jésus-Christ, et la lueur de l'étoile qui pour nous s'est
» éclaircie. Voici notre seigneur ! notre sage seigneur !
» Aussi prix et parage qui étaient ensevelis sont vivants et
» restaurés, et sains et guéris. Et tellement ils ont leurs
» courages vaillants et raffermis qu'ils prennent bâton ou
» pierre, lance ou dard poli, et vont dans les rues avec

» leurs couteaux fourbis, et tranchent et taillent, et font un
» affreux carnage des Français qui dans la ville sont ren-
» contrés : ils s'écrient Toulouse! Voici, le jour est arrivé
» qu'il sortira de force le seigneur apostat et que son odieuse
» tyrannie sera déracinée. Car Dieu garde droiture, et le
» comte qui était trahi a été si fort malgré sa faible escorte
» et a recouvré Toulouse » (1).

(1) Fauriel, p. 404; Mss., f° 74, p. 147.

Et cant viro la vila, non i a tant arditz
Que de laiga del cor non aia olhs complitz.
Cascus ditz el coratge, Virge emperairitz,
Redetz me lo repaire on ai estatz noiritz.
Mais val que lains viva o i sia sebelhitz
No que mais an pel mon perilhatz ni aunitz
E can cison de laiga, son el prat resortitz
Senheiras desplegadas els gonfanos banditz,
E cant ilh de la vila an los senhals auzitz
Aisi vengo al comte, com si fos resperitz.
E cant lo coms sen intra per los portals voltiltz,
La doncs i venc lo pobles, lo maier el petitz,
Els baros e las donas, las molers el maritz,
Que denan sagenolha, els baizan los vestitz,
E los pes e las cambas, e los braces els ditz,
Ab lagrymas joiozas es ab joi receubutz,
Car lo jois, que repaira, es granatz e floritz :
E si ditz lus a lautre : ara avem Jeshu Cristz,
El lugans e la estela, que nos es esclarzitz.
Caiso es notre senher que sol estre peritz;
Per que pretz e paratges, qui era sebelhitz
Es vius e restauratz e sanatz e gueritz,
E totz nostre linatge per totz temps enriquitz.
Aisi an lor coratges valens et endurzitz.
Que pren basto o peira, lansa o dart politz,
E van per las carreiras ab los cotels forbitz,
E detrencan e talhan e fan tal chapladitz
Dels Frances quen la vila foro acosseguitz,
E escridan : Toloza, oi es lo jorns complitz

Comme cette foule qui s'empresse, ces cris de joie et de triomphe, ce courage qui ranime tous les cœurs, ces combats qui mêlent le cliquetis des armes aux accents d'allégresse, ces vêpres toulousaines qui, à côté des plus touchantes émotions, nous présentent le spectacle des fureurs d'une vengeance sanguinaire, comme toute cette scène est vivante et dramatique ! Comme l'effet en est encore accru par le contraste de la douleur et de l'effroi de la comtesse de Montfort, avec cette ivresse de joie et d'espérance, dont les bruyantes manifestations semblent autant de défis jetés à l'oppression étrangère ! Du haut du château Narbonnais, le poëte lui montre les bannières, et lui désigne les noms de ceux qui ont marché au secours de Toulouse ! il se plaît à faire prononcer devant elle ces noms redoutables et vengeurs : il lui montre, dans le retour armé de ces chevaliers, la juste expiation des violences dont les Français se sont rendus coupables : la fierté humiliée du méridional aime à contempler cette scène des remparts de la forteresse usurpée par les Montforts ! Quelles émotions vraies, intimes, profondes ! quelles effrayantes péripéties ! « Et la comtesse » était debout, pleine d'angoisses, au balcon voûté, au sommet de l'élégant et somptueux palais. Elle appelle don » Gervais, don Lucas, don Garnier et Thibault de Neuville,

> Que nissira de fora lo senher apostitz,
> E tota sa natura e sa mala razitz,
> Que Dieus garda dreitura, quel coms quera trahitz
> Ab petita companha ses daitant afortitz,
>   A cobrada Tholoza.

» et brièvement elle les interrogé. Barons, dit la comtesse,
» quels sont ces routiers qui m'ont enlevé la ville, et quel
» est celui qui a eu l'audace d'oser cet attentat?— Dame,
» dit Gervais, cela ne saurait être autrement ; c'est le comte
» Raymond qui vient revendiquer Toulouse. Voici Bernard
» de Comminges qui s'avance le premier. Je connais sa ban-
» nière et son gonfanonier, et avec lui Roger Bernard, fils
» de Raymond Roger, et Ramonet d'Aspet, le fils de don
» Fortanier, les chevaliers faidits et les légitimes héritiers ;
» et il y en a tant d'autres qu'ils sont plus d'un millier, et
» parce que Toulouse les a, les veut et les accueille, ils
» iront porter le trouble dans tout le reste du pays ; et parce
» que nous les avons réduits à une telle misère, nous allons
» maintenant recevoir le prix et la récompense de notre op-
» pression. Quand la comtesse l'entend, elle bat et frappe
» ses mains et dit : « Hélas ! hier tout allait si bien ! » (1).

(1) Fauriel, p. 408 ; Mss., f° 74, 75, p. 148, 149.
  E estet la comtessa plena de cossirier,
  Ins larcvout, a las estras del ric palai plenier,
  E apelan Girvaitz, en Lucatz, en Garnier,
  En Tibaut de Nouvila e breument los enquier :
  Baros, ditz la comtessa, cals son aquest rotier,
  Que man touta la vila e cel que mal ne mier?.
  Dona, so ditz nGirvais, no pot estre estiers.
  So es lo coms Ramons qui Toloza requier,
  En B. de Cumenge, que vei venir primer,
  Quieu conosc la senheira el seu gomfanonier,
  E i es nRogers Bernatz, filhs den Ramon Roger,
  En Ramonet dAspel, lo filh den Fortaner,
  Elh cavaler faidit e li dreit eretier.
  E a ni tans dels autres, que so mais du milier;
  E pos Tolozals ama, ni los vol, nils sofier,

La chronique ne nous donne que le squelette de cette scène : « Adonc la comtesse, qui était en ce moment au châ-
» teau Narbonnais avec une nombreuse garnison qu'elle
» avait dans cette forteresse pour la garder et la défendre,
» se prit à demander quel était ce grand bruit qui se faisait
» dans la ville. Et alors lui fut-il dit : Ce sont les habitants
» de la ville qui blessent et tuent tous ceux de vos gens
» qu'ils peuvent atteindre ; car le comte Raymond est entré
» et arrivé dans ladite ville ; et il y a grand danger qu'ils
» viennent ici donner l'assaut, si nous n'avons un prompt
» secours ; c'est pourquoi il serait bien de mander à mon-
» seigneur le comte qu'il vienne ici promptement. Et adonc,
» quand ladite comtesse a entendu ce qu'on lui a dit, in-
» continent elle a été fort ébahie et a fait écrire une lettre
» pour l'envoyer à son seigneur le comte de Montfort » (1).
On voit ce qu'est cette scène dans le poëme et dans la chronique, ou plutôt il n'y a de scène que dans le poëme ; dans la chronique, nous ne trouvons qu'un récit.

Certes, ce serait peut-être exagérer que de prêter au poëte un vrai génie dramatique ; il n'avait pas cette puissance de composition qui s'empare d'un événement, le transforme et le présente de manière à ce qu'il n'offre à nos re-

---

Trastota lautra terra metran a desturbier.
E car nos los teniam en aital caitivier,
Aran recobrarem gazardo e loguier.
Can l'enten, la comtessa bat las palmas e fier.
Ah lassa, so ditz ela, tant be manava ier !

(1) Dom Vaissète, édition Du Mège, tome 5, p. 512.

gards que les côtés les plus saisissants. Nous chercherions en vain dans ces longues tirades un de ces vers fortement frappés qui contiennent dans une concision sublime toute une situation, toute une suite de pensées et de sentiments ; mais si le poëte n'a pas dépassé la réalité, il l'a fortement sentie, et la puissance communicative de son émotion a répandu la vie sur son récit, où l'art ne se laisse pas regretter. Il ne s'est pas contenté de nous raconter l'événement en lui-même ; il l'a suivi jusque dans les effets produits sur les cœurs, jusque dans les émotions soulevées au fond des âmes. C'est la véritable beauté de ces scènes, qui doivent bien plus à la nature qu'à l'art ; c'est cette beauté dramatique et vivante, qui place de beaucoup la seconde partie du poëme au-dessus de la première, en même temps qu'elle permet de mesurer la distance qui la sépare de la chronique en prose.

Le poëte, qui a su exprimer avec vérité, quelquefois avec éloquence, les sentiments et les passions de toute une foule, ne sera pas moins heureux lorsqu'il faudra mettre en scène un de ces hommes qui dépassent la multitude de toute la hauteur de leur caractère, de toute la grandeur de leur rôle. — Dans la première partie, les traits sous lesquels il nous représente ces sinistres figures sont vagues, indécis ; ces physionomies semblent toutes avoir une expression convenue, arrêtée d'avance. Qui reconnaîtra Montfort dans ce portrait tracé par une fantaisie malheureusement inspirée ? « Là, dans ce conseil et dans ce parlement, il y avait un » riche baron qui fut preux et vaillant, hardi dans les

» combats, sage et plein de connaissance, bon chevalier,
» large preux et avenant, doux, franc, agréable avec un
» bon entendement. Longtemps il fut outre-mer, là-bas
» dans les châteaux de la Palestine. Il fut seigneur de Mont-
» fort » (1). Qu'y a-t-il dans la plupart de ces traits de particulier, de personnel ? S'ils conviennent à Montfort, ils ne conviendraient pas moins à tout brave paladin revenant de la terre sainte. — Le poëte prête maladroitement à son

(1) Fauriel, p. 58; Mss., f° 10, p. 21.
Lai en aicel consili e en aicel parlament
A un riche baron, que fo pros e valent,
Ardit e combatant, savi e conoisent,
Bos cavalers e larcs e pros e avinent
Dous e franc e suau ab bo entendement.
Outra mar esta mot lai en establiment.
Aza era contrals e per tot essament
Senher fo de Montfort.

Le dernier des vers cités est inintelligible; impossible d'en découvrir le sens; il est même superflu d'y chercher un sens. Les mots eux-mêmes n'appartiennent pas à la langue lémosine. Nous supposerions ici volontiers une omission ou une lacune. Le vers (aza era contrals) terminait sans doute une biographie sommaire de Montfort, analogue à celle de l'abbé de Citeaux; nous n'en aurions conservé que le commencement et la fin; le premier hémistiche pourrait bien renfermer une allusion à la conduite de Montfort lors du siége et de la prise de Zara. Le mot (aza) n'est pas roman; ne proviendrait-il pas de l'ignorance du copiste, qui ne connaissait pas le nom de *Zadra, Zadera, Zaera* (zadres); ainsi s'écrivait au treizième siècle le nom de cette ville fameuse dans la quatrième croisade; la conjecture que nous émettons est possible, mais ce n'est qu'une conjecture; elle n'explique pas tout ce passage si plein d'obscurité; elle ne nous livre qu'un lambeau de sens : mais, au moins, nous ne commettons pas de barbarisme en lisant :

A Zadera contrals e per tot issament.

Intercalée dans les vers du poëte, cette biographie dont nous soupçonnons, mais dont nous ne pouvons pas affirmer l'existence, en aurait un peu corrigé la banalité, mais n'aurait pas donné beaucoup de vie au portrait de Montfort.

héros toutes les qualités et vertus de l'idéal du baron et du chevalier. — Montfort ainsi dépeint n'est plus un homme, c'est un type. — Il est vrai que tous ces portraits composés par la rhétorique ou la poésie sont plus ou moins voués d'avance au vague et à la généralité; on ne connaît un homme qu'en le voyant parler ou agir. Dans toute cette première partie de la guerre, Montfort agit beaucoup; néanmoins, son action, trop effacée, est comme enveloppée et perdue dans les événements que raconte le troubadour.

Les figures des autres acteurs de ce drame ne sont pas moins ternes et insignifiantes dans cette première moitié de la geste. — Les indications biographiques, que le poëte nous donne sur Arnaud de Cîteaux, les éloges vagues et déplacés, qu'il lui accorde, nous préparent-ils au rôle que nous allons voir jouer par ce chef spirituel de la croisade? — « Dans
» l'ordre de Cîteaux il y avait une abbaye, qui était près de
» Leyra et qu'on appelait le Poblet; et il y avait un homme
» de bien qui en était abbé, et, parce qu'il était sage, il
» monta de degré en degré. Dans une autre abbaye qui avait
» nom de Granselve, où il avait été jadis et dont on l'avait
» amené, on l'élut pour abbé, et puis une autre fois il fut
» abbé de Cîteaux, parce que Dieu l'aimait » (1).

---

(1) Fauriel, p. 6; Mss., f° 1, p. 2.
  En lorde de Cistel una abaya ot
  Que fo pres de Leire, quom Poblet apelot,
  E si i ac un bo home qui abas en estot;
  Per so car era savis, de gra en gra pujot,
  Que duna autra abadia, Gran Selva que nom sot,
  Que el estava lai et hom len amenot,

Le troubadour Folquet, passé du monde à l'Eglise, tête exaltée, âme ardente, cœur plein de passions et d'orages, fougueux, emporté, fanatique, serait bien faussement apprécié par les lecteurs de la première moitié de la geste, s'ils n'avaient pour appuyer leur jugement que ces deux vers pâles et incolores : « l'évêque de Toulouse, Folquet, celui de » Marseille qui n'a point de rival en mérite et en bonté » (1).

Du milieu de ces ombres confuses se détache pourtant une figure vivante et entourée d'une auréole de poésie : c'est celle du jeune et héroïque vicomte de Béziers, première victime de cette guerre inexpiable, grandie par le martyre, vénérée, admirée, pleurée par les vaincus, plainte par les vainqueurs; — noble et fougueux chevalier, qui, sans de fâcheux démêlés avec Raymond VI, sans cette mort si prématurée, aurait peut-être donné à la résistance des méridionaux ce qui lui a manqué pour réussir, un homme capable de la dominer et de lui imprimer une direction une et forte; elle aurait eu peut-être alors son Jean Ziska ou son Guillaume d'Orange. — Cette époque de l'histoire du midi aurait été aussi grande, aussi glorieuse qu'elle est douloureuse et sanglante. Une autre gloire était réservée, un autre intérêt devait s'attacher au fils de la poétique comtesse de Burlatz; l'héritier des Trencavels fut le martyr d'une cause dont il osa

Que el estava lai et hom len amenot,
Ad abat lelegiro, e pueisch al autre mot
Fo abas de Cistels, per so car Dieus lamot.

(1) Fauriel, p. 74 ; Mss., f⁰ 14, p. 27.

Levesque de Tholosa, Folquets cel de Maselha,
Que degus de bontat ab el no saparelha.

seul être le défenseur : il devait promptement briller et disparaître sur cette scène ensanglantée : *Ostendent terris hunc tantum fata!* Le froid et sévère troubadour de la première partie de la geste a trouvé, pour peindre Raymond Roger, quelques traits dont il faut reconnaître le bonheur et la précision.

La sympathie que nous éprouvons pour le vicomte de Béziers s'étend naturellement au poëte, qui semble l'avoir admiré, peut-être même aimé comme nous. Rappelons-nous cependant que, parmi cette foule indistincte de prêtres et de chevaliers, qui apparaissent dans la première moitié du poëme, c'est la seule figure qui se détache fortement en relief. Dans la seconde partie, au contraire, toutes les physionomies ont de l'expression, et toutes, l'expression qui convient au rôle qui leur est assigné.

Nous ne parlerons pas de ces chevaliers si nombreux, que le poëte conduit au secours de Toulouse, nous ne partagerons même pas notre attention entre les principaux acteurs de ce grand drame. Tout d'abord nous la fixerons tout entière sur une figure qui domine toutes les autres dans cette seconde partie du poëme (1). C'est celle de Montfort; nulle n'a une expression plus sombre, plus terrible, plus dramatique. On le hait et on l'admire; on le maudit et il vous attire. Une lutte étrange, inouïe s'est engagée entre la Providence qui condamne Montfort et cet invincible orgueil qui

---

(1) Le pape Innocent III est mis en scène, par le poëte, avec un rare bonheur. L'analyse que M. Fauriel a donnée de la scène du concile nous dispense d'insister sur cette peinture si remarquable du caractère et du rôle du pontife.

méconnaît et refuse d'accepter ses arrêts. Suivre tous les mouvements passionnés de cette âme superbe, c'est se donner un émouvant spectacle. Montfort est resté l'homme de cette époque, qui a eu le malheur de ne pouvoir se résumer dans un de ces noms qui parlent si puissamment à l'imagination et à l'esprit. Montfort n'est pas un grand homme, mais il est un homme extraordinaire. Le fond même de cette nature c'est une implacable énergie, qui tour à tour s'élève jusqu'à l'héroïsme et descend jusqu'à la cruauté et à la fureur. — Il est sous les murs de Beaucaire qu'il assiége, tandis que la ville elle-même, occupée par Raymond VII, assiége les chevaliers français bloqués dans la forteresse. Alain a proposé à Simon de traiter avec le jeune comte. Montfort repousse avec une amère indignation un semblable projet. « Alain, dit-il, mon courage redoute que ce conseil ne soit » ni droit ni bon. Mon poing saignera, et son glaive sera » ensanglanté, avant que nous fassions accord tant bien que » mal entre nous. Car s'il m'occit mes hommes, je lui en ai » mis à mort deux fois autant, et s'il les prend par force, » je ne dois pas l'en blâmer. Car, par Dieu et par saint Jean, » je passerai à ce siége sept ans, jusqu'à ce que j'aie la ville » et que j'en dispose à mon gré » (1).

(1) Fauriel, p. 292-4; Mss., f° 53, p. 106.
  NAla los meus coratges es en aiso doptans,
  Quel cosselhs no seria adreitz ni ben estans.
  En atans ner sagnens lo meus pung, el seus brans,
  Que de mal ni de be sia am mi acordans,
  Car si mauci mos omes, eu len ai mort dos tant,
  E si los pren per forsa, non dei estre blasmans,

On brave les conseils, on impose silence à ceux qui osent faire entendre à la passion les avis de la prudence, de la sagesse et de la modération, mais les événements sont irrésistibles; la fatalité des faits courbe et brise les volontés les plus fortement trempées. C'est dans ces moments de révolte contre cette nécessité providentielle que le caractère de Montfort brille d'une beauté sinistre : il tourne autour de Beaucaire comme un lion autour de sa proie. Ses efforts sont inutiles, ses attaques infructueuses; une négociation avec Raymond VII et les faidits pourrait seule sauver les malheureux croisés que Lambert de Limoux commande dans la forteresse. Montfort ne consentira jamais, ne veut pas, ne peut pas consentir à employer un tel moyen; il marchera à leurs secours sur les fossés comblés de Beaucaire, sur les ruines de ses murailles renversées, sur le corps de ses défenseurs égorgés; mais la défense est toujours de plus en plus héroïque; le succès encourage et récompense la valeur des Provençaux, et les hommes de la forteresse, réduits aux dernières extrémités, ont arboré le drapeau noir. C'est alors qu'il faut voir Montfort, sombre, furieux, brisé un moment par le désespoir, s'affaissant sous le poids d'une émotion qui l'écrase, puis se redressant, rappelant toutes ses forces et criant aux armes ! « Et le comte de Montfort qui s'en est aperçu, d'ire
» et de fureur, s'est assis à terre. Plein de colère, il crie à
» haute voix d'aller aux armes ; et il est si bien obéi qu'à

Car aisim valha Dieus ni majut sent Johans,
Queu enans estaria en est seti vii. ans;
Tro quieu aia la vila, en fassa mos talans.

» travers toutes les tentes se lèvent le tumulte et le bruit,
» qu'il ne reste homme jeune vaillant ou chenu ; tous s'ar-
» ment ensemble et arment leurs chevaux aux longs crins.
» Les trompettes et les hautbois aux sons aigus retentissent ;
» puis les Français remontèrent sur le puits des Pendus :
» Seigneurs, dit le comte, bien je me tiens pour confondu
» de ce que mon lion se plaint, car la nourriture lui manque,
» si bien que la faim le tourmente et qu'il est tout abattu.
» Mais par la sainte croix, oui, le jour est venu, que de
» sang et de cervelles il sera abreuvé et repu » (1).

Malgré son besoin de vaincre, Montfort est vaincu ; son irritation muette et sombre est effrayante ; son silence terrible ferme la bouche à Alain de Roucy, qui, en promenant ses regards sur ce champ de bataille couvert de cadavres, a osé se permettre un abominable jeu de mots : « Mais le comte
» a son cœur si orgueilleux et si noir qu'il ne lui fait pas

---

(1) Fauriel, p. 316; Mss., f° 57, 58, p. 114, 115.

E lo cons de Montfort, ques nes aperceubutz,
Dira e de felnia es en terra assegutz,
En aut votz escria, can se fo irascutz
Canar a las armas e fon tan be crezutz
Que per totas las tendas leva lo critz el brutz,
Que no remas om joves, ni valent, ni canutz,
Que tuit sarmon ensemble am los destriers crenutz,
E resonan las trompas e los grailes menutz,
E apres remonteron sus el Poi dels Pendutz :
Senhors, so ditz lo coms, bem tenc per cofondutz,
Quel meus leos se clama, car lhes falhizz conduts,
Tant que la fams lengoicha per que ses recrezutz,
Mas per la Crotz santisma, oi es lo jorn vengutz,
Quer de sanc ab cervelas abeuratz e pascutz.

» entendre un seul mot ; Alain plus ne l'interroge » (1). Il faut enfin que Montfort reconnaisse une défaite, qu'il n'acceptera qu'avec la résolution de la venger ; le découragement dans son âme de fer devient colère, murmure, presque blasphème. « Seigneur, dit le comte, Dieu me fait voir et me
» montre bien que je suis hors de sens ; car j'avais coutume
» d'être puissant, preux et vaillant; et maintenant mon affaire
» est tournée à néant; maintenant force, esprit, hardiesse
» ne peuvent me faire recouvrer mes hommes et m'aider à
» les retirer de là ; et si je quitte le siége ainsi avec honte,
» on dira, de par le monde, que je suis abattu » (2).

Montfort s'est plaint, Montfort a douté. Lorsque la plainte s'échappe de ces cœurs tyranniques, elle n'est jamais accueillie par la consolation ; elle est comme le signal des plus amères récriminations qui viennent fondre de tous côtés sur le despote vaincu ; ces âmes cuirassées de fer laissent alors voir le défaut de leur impénétrable armure ; tous les coups s'y dirigent à l'envi. C'est d'abord Gui, le frère de Montfort, qui flétrit une égoïste obstination, condamnée par Dieu lui-même ;

---

(1) Fauriel, p. 322 ; Mss., f° 58, p. 116.
 Mas lo coms a son cor tan orgulhoz e ner,
 Quel mot non li sona, ni el plus nol enquier.
(2) Fauriel, p. 342 ; Mss., f° 62, 63, p. 124, 125.
 Senhors, so ditz lo coms, semblansa e parvens
 Me fai Dieus em demostra que soi ichitz de mens ;
 Car ieu solia estre rics e pros e valens ;
 Ara lo meus afars es tornat e niens,
 Car ara nom val forsa, ni genh, ni ardimens,
 Com ieu mos baros cobre, nils tragua de laens,
 E si ieu part del seti aisi aunidamens,
 Pois diiran per lo segle que eu soi recrezens.

c'est un simple messager, qui arrive de la forteresse et qui ne craint pas de faire pénétrer jusqu'à la conscience de Montfort les plus dures vérités : « Seigneur comte de Mont-
» fort, votre constance, votre indomptable bravoure, votre
» hardiesse, votre vaillance ne sont que pur néant ; vous
» perdez mortellement vos hommes, si bien qu'ils ont le
» souffle et l'âme entre leurs dents. Et je viens du château,
» et telle y est l'épouvante, que, si l'on me donnait l'Alle-
» magne avec toutes ses richesses, je n'y rentrerais pas,
» tant y sont grands les tourments » (1). Montfort ne dit pas un mot ; mais la colère brûle au fond de son âme qu'elle ronge. Il obéit à la nécessité, il cède aux conseils de ses hommes, mais il médite déjà sa vengeance. « Et quand le comte
» l'entend, furieux, irrité, pourpre de colère, sur le conseil et
» les avis de ses hommes, il envoie ses lettres à Dragonnet qui
» est prudent, subtil et sage. On lui rend ses chevaliers ; mais
» ils sortent sans armes et bagages, et quand le jour repa-
» raît et que le soleil est luisant, le comte part du siége » (2).

---

(1) Fauriel, p. 344 ; Mss., f° 62, 63, p. 124, 125.
  Senher coms de Montfort, lo vostre afort mens,
  E la vostra maleza, el vostre ardimens
  E la vostra valensa es non res e niens,
  Vos perdetz vostres omes en aisi mortalmens,
  Que lesperitz e larma lor es sus en las dens,
  E veissi del castel, ez es tals lespavens
  E quim dava Alamanha e quei fos totz largens
  Eu lai no remandria, tant es grans lo turmens.
(2) Fauriel, p. 344 ; Mss., f° 63, p. 125.
  E cant lo coms lenten, iratz e fel e tents
  Ab cosselh de sos omes e ab lor mandamens,
  A tramessas sas lettras lains celadamens,

C'est sur Toulouse que va fondre sa vengeance; en même temps les dépouilles de l'opulente cité des Raymonds l'aideront à exercer sur la Provence de sanglantes représailles ; déjà tout semble sourire à ses projets; il a reparu en vainqueur sur les bords du Rhône; soudain une terrible nouvelle lui est venue de Toulouse : le comte est rentré dans la ville de ses pères. — Montfort doit accourir au secours du château Narbonnais ; s'il tarde encore, le réseau de vengeances, qu'il a étendu sur la Provence, n'est plus qu' « *une toile d'araignée.* »

Le dialogue de Montfort et du messager de la comtesse est une des plus belles scènes du poëme; le poëte y a déployé un véritable génie dramatique; on admirerait dans un drame de Shakspeare, dans une tragédie de Corneille, la sauvage grandeur du caractère de Montfort. Nous sommes saisis en présence de cette force d'âme qui ne se trouble et ne faiblit pas un instant ; ces questions rapides, brèves, significatives sont moins celles d'un infortuné qui veut, avec une douloureuse anxiété, connaître l'étendue de son malheur, que celles d'un homme qui arrête une résolution et combine les moyens de réparer un désastre qu'il apprend à l'instant même : « Quand le messager remet sa lettre au comte, il
» commence à soupirer. Le comte le regarde et se prend à

>An Dragonet ques savis e pervis e sabens.....
>Quel coms de Montfort cobra los baros solamens,
>E lo coms de Tholosa retenc enteiramens
>Los cavals els armes e totz los garnimens,
>E cant lo jorns repaira, el solelhs es luzens,
>>Lo coms se part del seti.

» lui demander : — Ami, dis-moi quel est l'état de mes
» affaires? — Seigneur, dit le messager, pénible en est le
» récit. — J'ai perdu la ville? — Oui, seigneur, sans doute.
» Mais si avant que vous la laissiez garnir et mettre en état
» de défense vous vous hâtez d'accourir, vous pourrez la
» recouvrer. — Ami, qui me l'a enlevée? — Seigneur, cela
» me paraît assez évident, assez facile à conjecturer pour
» moi et pour les autres. J'ai vu l'autre comte qui revenait
» à grande joie, et les barons de la ville qui le faisaient en-
» trer. — Ami, a-t-il grande compagnie? — Seigneur, je
» ne puis apprécier le nombre de ses compagnons ; mais
» ceux qui vinrent avec lui ne semblent pas nous aimer : ils
» sont sans cesse à massacrer les Français, et sans cesse à
» poursuivre ceux qui s'enfuient. — Que font ceux de la
» ville? — Seigneur, ils travaillent activement, font palis-
» sades, tranchées et échafauds ; et, à mon avis et suivant
» mon opinion, ils veulent assiéger le château Narbonnais.
» — Les comtesses sont-elles dedans? — Oui, seigneur,
» tristes, marries, se consumant dans les larmes ; car elles
» ont crainte et peur d'être vaincues et égorgées. — Où était
» don Guy mon frère? — Seigneur, j'entendis conter qu'avec
» la nombreuse compagnie que vous avez coutume de me-
» ner, tout droit vers Toulouse il s'en voulait revenir pour
» combattre, prendre et enlever la ville. Mais déjà je ne
» crois pas qu'il puisse venir à bout de son dessein. — Ami,
» dit le comte, songe à bien dissimuler ; et si l'on te voyait
» faire autre chose que rire et plaisanter, je te ferai brûler,
» pendre et mettre en quartiers. A qui te demande des nou-

» velles, sache parler adroitement; dis que nul homme dans
» ma terre n'ose pénétrer. — Seigneur, dit le messager, il
» n'est pas besoin de recommandations » (1). Montfort est
effrayant de sang-froid et d'impassibilité. En présence de

---

(1) Fauriel, p. 422; Mss , fº 77, p. 154.
Can lo sagel li dona, comensa a sospirar,
El coms lo regarda e pres lha demandar.
Amics, digatz me novas, com va de mon afar,
Senher, ditz lo mesatges, greus so per recontar.
Ai perduda la vila? — Oc senher, ses doptar.
Mas abans quels laichetz garnir ni adobar,
Si vos i anatz sempre, poiretz la recobrar.
Amix, qui la ma touta? — Senher, assatz mi par,
Que a mi e als autres es leu per azemar,
Queu i vi lautre comte ab gran joi repairar.
Amics, a gran companha? Senher, nol sai aimar;
Mas aquels cab lui vengo, nous fan semblan damar
Quels Frances que i trobero, so sempre a chaplar
E lautri que fugiro sempre al encausar.
Que fan cels de la vila? Senher, del ben obrar
Els vals e las trancadas, els cadafalcs dreissar,
Segon mon escientre, caisi com a mi par,
Lo castel Narbones volon asetiar.
Estan dins las comtessas? Senher, oc ben estar,
Et tristas e marridas complidas de plorar.
Car paòr an e temensa daucir et de desfar,
On eran Gui mos fraire? Senher, auzi contar
Que ab bona companha, que vos soletz menar
Dreitament vas Tholoza sen volia tornar,
Per la vila combattre e pendre e forsar.
Mas ges no mes veiaire quei posca acabar.
Amix, so ditz lo coms, pessa de be celar;
Que nulhs hom sit vezia mas rire e jogar,
Ieu te faria ardre, pendre o peceiar,
E quit demanda novas, bet sapias razonar,
Digas de dins ma terra hom no ausa intrar.
Senher, ditz lo mesatges, no men cal castiar.

tous les barons qui accourent devant lui, il conserve assez de présence d'esprit pour inventer une fausse nouvelle, assez de calme et de sérénité sur ses traits pour la faire accepter.

Le poëte n'a nulle part tracé le portrait de Montfort ; il nous l'a fait connaître en le mettant en scène devant nous ; aussi faut-il parcourir toute la seconde partie du poëme, pour réunir l'un après l'autre les traits qui composent la physionomie du comte de Leicester ; ces traits sont, il est vrai, assez peu variés, la situation ne change guère ; la nature de Montfort est foncièrement immobile ; obstinée, opiniâtre, elle présente peu d'aspects nouveaux ; à la poursuite d'un but, dont la Providence semble l'écarter sans cesse et vers lequel le ramène sans cesse son implacable énergie, placé pour ainsi dire entre deux forces qui s'annulent l'une l'autre, Montfort répète constamment les mêmes paroles et les mêmes actions ; c'est toujours cette même lutte contre les volontés de la Providence ; ce sont toujours ces inutiles efforts pour surmonter une destinée plus puissante que son héroïque volonté ; puis ce sont les mêmes plaintes qui viennent aboutir quelquefois au murmure et au blasphème, et qui se concilient pourtant avec la plus superstitieuse obéissance aux arrêts de l'Eglise. — Cette monotonie, qui n'est pas un effet de l'art, est pleine de vérité et de naturel ; c'est un trait fortement accusé de la physionomie de Montfort. Il suffit donc de prendre une des scènes du siége de Toulouse, pour suivre le développement de ce caractère au milieu de ces grands événements. La plus complète et la plus dramatique est celle de la mort du comte Simon. On a admiré et fait admirer dans ce passage le fameux vers : (Et la pierre vint tout droit là où il fallait). Ce vers est beau; mais peut-être n'est-il pas la seule beauté de ce récit ; l'ensemble de la scène, la succession des sentiments qui s'agitent dans l'âme de Montfort et dans le cœur du poëte, émeuvent et attachent. Le côté moral et providentiel de ce grand événement est saisi et rendu par le troubadour avec une vérité et une émotion toutes dramatiques. C'est le dénouement de ce mystérieux conflit engagé entre l'orgueil du comte et l'immuable volonté de la Providence.

La bataille, la dernière à laquelle assistera Simon, vient de s'engager. « Soudain, un écuyer accourt vers le comte,
» criant : Seigneur, comte de Montfort, vous êtes beaucoup
» trop dévot : aujourd'hui vous recevrez grand dommage par
» votre béatitude ; les hommes de Toulouse ont tué les cava-
» liers et vos compagnons, et vos meilleurs soldats. Là sont
» morts Guillaume, Thomas, Garnier, Simonet du Caire ;
» — Gautier, Pierre de Voisin, Aymès, Raynier soutiennent
» le choc de la bataille et protégent les soldats armés de tar-
» ges. — Le comte tremble, soupire, devient triste et noir,
» et dit : J'ai fait mon sacrifice, Jésus-Christ droiturier ; ou
» renversez-moi sur la terre ou que je sois vainqueur ».
Voilà donc Simon inflexible au milieu du désespoir qui monte à son cœur, assombri déjà par un noir pressentiment. Impérieux même dans la prière, il veut que ce jour tout soit décidé ! la mort ou la victoire ! la mort ou l'héritage des Raymonds ; il tremble, il soupire, il devient triste et noir, il sent que sa prière sera exaucée : tout sera décidé. Ses

pressentiments ne ralentissent pas son ardeur belliqueuse.
« Il mande à ses chefs de bande, aux barons de France et
» à ses mercenaires de venir tous ensemble sur leur cour-
» siers d'Arabie ; aussitôt ils accourent bien au nombre de
» soixante mille au moins, et le comte arrive le premier
» devant tous les autres ».

Devant cette impétueuse attaque les Toulousains sont obligés de céder, mais bientôt ils regagnent le terrain qu'ils ont dû abandonner ; et Montfort perd la victoire avant de perdre la vie. Cette douleur n'est pas la seule qu'il doive subir dans les courts moments qu'il passera encore dans ce monde. « De
» la galerie gauche, un archer détend son arc et atteint à la
» tête le destrier du comte Guy, si bien que le carreau entré
» dans la cervelle et la divise en deux ; et quand le cheval
» se retourne, un autre arbalétrier, avec son arc garni de
» corne, l'atteint de côté et frappe le comte Guy sur le flanc
» gauche, de sorte que l'acier est resté dans la chair nue
» et son flanc et son braguier sont tout couverts de sang. Le
» comte court à son frère, qu'il aimait tendrement : Beau
» frère, dit le comte, Dieu nous a rejetés dans sa colère
» moi et mes compagnons, et puisqu'il protége les routiers,
» pour cette blessure je me ferai frère de l'Hôpital. »

Cet homme de fer s'est ému, il descend de cheval, il vient se plaindre avec son frère : il s'attendrit comme Simon de Montfort pouvait s'attendrir ; il ne verse pas une larme, mais dans les douleurs de son affection, il doute, il murmure, il est sur le point de blasphémer. Un des vers prononcés par Simon de Montfort est bien touchant dans sa simplicité.

(« Pour cette blessure je me ferai frère de l'Hôpital. ») Son frère mort, rien ne l'attache plus au monde ; son frère mort, il ne tient plus à ces biens dont il a voulu conserver, au prix de tant de sacrifices, l'intacte possession, pour lesquels il a dépensé tant de courage et répandu tant de sang. — Ces sentiments affectueux s'éveillant soudain dans ces âmes endurcies par toutes les passions haineuses de la société du moyen âge, nous émeuvent et nous touchent ; ils tiennent peu de place dans la vie de ces hommes toujours à cheval, toujours bardés de fer ; mais dans ces éclats soudains, ils ne sont que plus forts, plus vifs, plus ardents. L'émotion de Simon sera courte, mais elle est profonde ; le poëte s'est ému avec le héros de la croisade, mais il faut que la pierre fatale frappe celui qui est déjà désigné à ses coups, il faut que la vengeance divine éclate. « Il y a dans la ville un
» pierrier, que fit un charpentier, qui tirait la pierre de Saint-
» Cernin ; les dames, les jeunes filles et les femmes le ban-
» daient. Et la pierre vint tout droit là où il fallait. Elle
» frappa le comte sur le heaume, qui était d'acier, lui brisa
» en morceaux les yeux, le cerveau, l'extrémité de la joue,
» le front, les mâchoires, et le comte tomba sur la terre
» mort, saignant et noir » (1). Le guerrier impitoyable, le

---

(1) Fauriel, p. 568; Mss., f° 105, 106, p. 210, 211.
  Ab tant venc vas lo comte cridan us escuders.
  Senher coms de Montfort, trop paretz talieners.
  Huei prendretz gran dampnatge, car etz tant sentorers,
  Quel omes de Tholoza an mortz los cavalers,
  E las vostras mainadas, els milhors soldadiers,
  E lai es mort Wes., e Thomas e Garniers;

conquérant sanguinaire est tué par des femmes, par des jeunes filles dont il a tant de fois alarmé la sollicitude et troublé le cœur ! Il meurt, mais la mort vient le surprendre dans un moment d'émotion affectueuse. Cette émotion semble avoir été chez lui l'avant-coureur de la mort ; une vertu,

En Simonetz del Caire, en Aymes, en Rayners
Contraston la batalha e defendols targiers
E si gaires nos dura la mortz ni lencombriers,
Jamais daquesta terra no seretz heretiers.
El coms trembla, e sospira e devenc trist e ners,
E ditz : Ai sacrifizi, Jeshu Crist dreiturers.
Huei me datz mort en terra o que sia sobrers.....
Ez en apres el manda diire als mainader
Ez als baros de Fransa ez al sieus logadiers,
Que tuit vengan essems els arabitz corsers,
Ab aitant ne repairan ben LX. milhers,
El coms denant los autres venc abrivatz primers.....
Mas de lamban senestre dessarra us arquiers
E feric Gui lo comte sus el cap del destriers,
Que dins la cervela es lo cairels meitaders,
E can lo cavals vira, us autres balestiers
Ab arc de corn garnit, lintrec de costal[ers],
E feric si en Gui els giros senestriers,
Que de dins la carn nuda les remazutz lacers,
Que del sanc es vermelhs lo costatz el braguers,
El coms venc a so fraire, quelh era plazentiers.
Bels fraire, ditz lo coms, mi e mos companhers
Ha Dieus gitatz en ira ez amparals roters,
Que per aquesta plagam farai Ospitalers.....
Ac dins una peireira, que fec us carpenters,
Ques de sant Cerni traita la peira el sorbers,
E tiravan la donas e tozas e molhers,
E venc tot dreit la peira, lai on era mestiers
E feric si lo comte sobre lelm ques dacers,
Quels olhs e las cervelas els caichals estremiers,
El front e las maichelas li partic a cartiers,
El coms cazec en terra mortz e sagnens e niers.

une force de son âme est sortie de lui-même, lorsqu'il s'est attendri.

Si l'on veut sentir tout ce qu'il y a dans ce récit de vie, de poésie et de vérité dramatiques, on peut le comparer avec celui de Pierre de Vaux-Cernay. Quelle différence entre le dévot personnage, que le moine historien nous représente tout plein de béatitude, que l'on ne peut arracher à la messe et qui s'endort, comme saint Etienne, dans la ville de ce bienheureux, et ce comte de Montfort sombre, assiégé de noirs pressentiments, inflexible, fixant à Christ le temps au bout duquel sa destinée doit être décidée, surpris, attendri, désolé par la mort d'un frère qu'il chérit, frappé par la main de Dieu au milieu de cette émotion et de cette douleur ! De quel côté est la vie? de quel côté, le drame? de quel côté, la vérité?

Pour apprécier tout ce que l'imagination émue d'un troubadour peut ajouter au fond historique d'un événement, il suffit de rapprocher cette belle scène du poëme de la croisade du passage correspondant de la chronique en prose. Une lacune considérable dans le texte de ce dernier ouvrage ne nous avait pas encore laissé embrasser, dans son ensemble, le récit de la mort de Montfort, telle qu'elle est présentée par le chroniqueur. Cette lacune existait également dans les deux manuscrits de Peiresc et de la Bibliothèque impériale ; un manuscrit de la bibliothèque de Toulouse a heureusement permis à M. Du Mège de la combler. L'éditeur érudit de dom Vaissète a pu ainsi restituer le récit de plusieurs incidents du siége de Toulouse et de la mort de Simon de Montfort.

Cette partie de la chronique provençale, nouvellement mise au jour, offre le même caractère que toutes celles que nous connaissions déjà; c'est toujours une paraphrase, fidèle quoique assez libre. « Le cheval du comte Simon fut blessé à la
» tête, tellement qu'il l'entraînait çà et là, que le comte n'en
» pouvait être maître, et tandis que ledit cheval emmenait
» ainsi ledit comte, un de ceux de la ville a décoché un trait
» au comte, et l'a atteint à la cuisse gauche, la lui a traversée
» de part en part, et, à la suite de ce coup, le comte perdait
» beaucoup de sang; et il a dit à son frère le comte Guy de
» le mener promptement hors de la mêlée; car il perdait tout
» son sang par le coup qu'on lui avait donné. Or, dit l'histoire
» que, pendant que le susdit comte parlait à son frère, une
» dame alla détendre un pierrier, lequel était tout bandé,
» ne pensant pas le détendre, si bien qu'une pierre partant
» dudit pierrier, alla frapper le comte de Montfort, lui em-
» porta la tête de dessus les épaules et le corps tomba à terre;
» laquelle chose fut bien merveilleuse; et, étant tombé à
» terre, incontinent il fut couvert d'une cape blanche, afin
» qu'on ne le vît pas mort » (1).

Toutes les circonstances rappelées dans ce récit ne sont pas exactement les mêmes que celles dont le poëte a entouré la mort de Simon de Montfort; le comte Guy n'est pas blessé : c'est Montfort dont le cheval est atteint à la tête, et dont la cuisse est percée d'un trait; mais ce n'est pas sur cette divergence historique des deux écrits qu'il convient de s'arrê-

(1) Dom Vaissète, tome 5, éd. Du Mège, addit. et notes, p. 149 et 150.

ter; — insistons surtout sur les différences morale et littéraire qui les séparent l'un de l'autre : dans la chronique, tout intérêt dramatique a disparu ; c'est un fait qui s'accomplit ; ce n'est pas un homme qui combat, souffre et meurt; nous avons le récit d'une mort, nous n'avons plus le spectacle de Montfort expirant : plus rien ici de ce désespoir qui saisit le comte à la vue de son frère blessé et saignant ; plus rien de cette intervention vengeresse de la Providence : un fait, un simple fait brutal, matériel : un cheval blessé à la tête, un trait qui perce de part en part la cuisse de Montfort, une pierre jetée à l'aventure et tombant au hasard : voilà tout !

Résumons-nous, à la suite de la longue et minutieuse étude, que nous venons de faire des deux parties du poëme de la croisade; recueillons les impressions que nous avons reçues, en lisant les récits de la première moitié, en admirant les tableaux, les images, les portraits, les scènes vivantes et passionnées de la seconde. Demandons-nous encore une fois si elles peuvent être l'œuvre d'un seul et même troubadour. Sans doute, l'hypothèse de M. Fauriel explique moins bien ce déploiement soudain de talent, de verve, de génie qu'elle ne rend compte de la conversion politique du troubadour ; elle pourrait cependant encore être acceptée jusqu'à un certain point. Le choc des grands événements qui s'accomplirent depuis la bataille de Muret et le concile de Latran jusqu'à la mort de Montfort et à l'arrivée du futur Louis VIII dans le midi, aurait, dans cette âme froide, fait jaillir l'étincelle de l'inspiration. L'enthousiasme de tout un peuple, se soulevant contre l'oppression, serait passé dans l'âme du troubadour, l'aurait exaltée, vivifiée, enflammée. Le véritable auteur de ce poëme aurait été ce peuple même. Le poëte se serait fait l'écho de ces mille voix qui s'élevaient des consciences et des cœurs; il aurait subi plutôt qu'opéré lui-même cette transformation de son esprit et de son talent. Gêné peut-être, en écrivant la première partie, par des préoccupations, dont il ne s'avouait pas à lui-même la nature, il se serait abandonné, avec bonheur, à ce large courant de patriotisme qui traversait alors les châteaux, les bourgs et les cités; son esprit se serait épanoui.

Lorsque nous pensons à la guerre des Albigeois, nous avons trop présents à notre souvenir les terribles désastres qui inaugurèrent ce drame sanglant ; nous n'en considérons que les suites et les conséquences funestes. Mais entre ces grandes catastrophes et le moment où le traité de Meaux proclame la déchéance des Raymonds, il y a eu un grand mouvement qui s'est terminé par un grand triomphe ; le midi municipal et chevaleresque a traversé une des phases les plus glorieuses de son histoire ; il y a eu donc, entre les sirventes, place pour un long poëme épique. L'inspiration lyrique de ces troubadours, que l'on vit plus d'une fois, comme un grand poëte de nos jours,

Ajouter à leur lyre une corde d'airain,

cette inspiration ardente et fiévreuve, calmée, apaisée par le succès, agrandie par la gloire, a abouti à un poëme épique qui ne semble porter aucun nom réel d'auteur, comme pour indiquer qu'il est l'œuvre collective d'un peuple tout entier.

Il ne faut pas néanmoins exagérer ce qu'il peut y avoir d'impersonnel dans ces grandes compositions épiques, et tout en reconnaissant l'influence qu'exerce sur l'esprit du poëte le milieu dans lequel il écrit, craignons de trop restreindre la part qui lui revient dans les œuvres dont, en définitive, il est et reste le seul auteur. Sans doute, c'est une grande inspiration que celle du patriotisme et de toutes les généreuses passions qui l'accompagnent d'ordinaire ; mais si cette inspiration ne descend pas dans une âme prête à la recevoir, elle se perd dans une vague et stérile impuissance. C'est la semence d'en haut tombée sur le rocher ou sur une terre sans fonds ! L'inspiration agrandit le talent, elle ne le donne pas ; elle excite le génie et ne le crée point. — L'inspiration elle-même est beaucoup moins extérieure, beaucoup plus intime qu'on ne le pense ; elle n'apporte pas du dehors, elle fait jaillir des profondeurs de notre âme les sentiments qui en se réunissant forment un large courant poétique. On se représente d'ordinaire le poëte comme une voix, comme un écho, comme une harpe frémissant à tous les vents de l'air. L'école romantique surtout a usé et abusé de ces images, qui ont aujourd'hui le tort d'être un peu vieillies, le tort plus grave encore de n'être pas entièrement justes. L'école romantique s'est calomniée : le poëte est plus qu'une voix, plus qu'un écho, plus qu'une harpe : il est une intelligence, un cœur, une conscience ; il exprime avec vérité, avec éloquence, avec charme ou avec force les sentiments qui font battre confusément les cœurs de la multitude, les aspirations qui les tourmentent, les joies qui les épanouissent ; mais c'est dans son âme, ce n'est pas dans celle de ses contemporains ou de ses compatriotes qu'il est allé les chercher. — L'imagination suffit à peine pour nous donner une idée nette des objets que l'on nous dépeint et que nous n'avons pas vus ; elle ne saurait nous représenter des sentiments que nous n'éprouvons pas, des passions qui nous sont étrangères. Jamais on ne pourra imiter cette éloquence qui trahit, dans le récit d'un poëte ou d'un historien, la sincérité d'une âme vraiment émue.

Aussi croyons-nous ne pas céder à une trompeuse illusion, lorsque nous attribuons au poëte les sentiments et les passions qu'il donne à ses personnages ou à ses héros, aux multitudes ou aux chefs qui les dirigent. N'est-ce pas néanmoins la conscience de la société méridionale plutôt que celle du troubadour, dont les profondeurs se découvrent devant nous, dans cette épopée ? Sans doute, mais un tableau, même un tableau historique, ne nous fait-il connaître que la scène reproduite par le pinceau de l'artiste ou les passions exprimées par les vivantes physionomies des acteurs de cette scène ? Le poëme de la croisade est une suite de tableaux comme ceux dans lesquels les vieux peintres des écoles ombrienne et florentine retraçaient souvent toutes les différentes parties d'un récit ou d'une légende. Ces naïves peintures ne laissent pas voir plus à découvert les sentiments de l'artiste que les vers de la geste ne montrent ceux du troubadour. La réalité historique est au fond de ce récit épique, mais elle n'exerce pas sur l'âme du poëte une de ces pressions qui ne laissent aucune latitude aux sympathies, aux aspirations, aux jugements de l'historien. Les sentiments, qui animent le poëte, ne lui appartiennent pas tous en propre ; mais la manière dont il y insiste, l'art souvent heureux avec lequel il en ramène l'expression dans les circonstances où elle peut produire l'effet le plus grand, prouvent combien ces sentiments étaient chez lui profondément personnels. Nous l'avons déjà remarqué, il s'attache moins aux événements qu'à l'impression produite dans les âmes par ces événements ; il écrit sans peine cette histoire morale ; il la trouve tout entière gravée au fond de son esprit et de son cœur.

CHAPITRE VIII.

Le style de la première et le style de la seconde partie du poëme. — Uniformité de la langue. — Prouve-t-elle l'unité de composition ?

Plus on réfléchit, plus on a de la peine à admettre cette transformation étonnante qui, d'après M. Fauriel, se serait accomplie dans l'âme, dans l'esprit du troubadour. Les différences, dont le savant critique ne tient pas un compte suffisant, viennent se montrer, pour ainsi dire, à la surface du poëme ; ce n'est pas seulement la manière de concevoir les faits, de présenter les événements, de mettre les hommes en scène, qui est toute autre dans la seconde que dans la première moitié du poëme ; les formes tout extérieures du style ne sont pas moins différentes. Dans la première partie, beaucoup plus que dans la seconde, le poëte s'efforce d'imiter, de reproduire les formes des chansons de geste ; il semble s'adresser à un auditoire qui écouterait ses chants : à chacun des couplets monorimes, il interpelle les seigneurs qui sont censés l'écouter et réclame leur attention. — Seigneurs, écoutez..... Seigneurs, voulez-vous apprendre comment Thermes fut pris, etc. Il veut se recommander par ces airs d'érudition savante, que les auteurs épiques du moyen âge aimaient à donner à leurs récits. Il invoque les témoignages d'un livre écrit. « Si le livre dit vrai, si la geste ne » ment pas. » Toute cette première partie n'est qu'une application plus ou moins heureuse des formes de la chanson de gestes à la chronique ou à l'histoire de faits contemporains. Dans la seconde partie, nous ne retrouvons plus cette imitation assez gauche et ce calque maladroit (1). De tout cet attirail poétique, au milieu duquel le récit s'avance lentement, pesamment dans la première moitié de la geste, le nouveau troubadour n'a conservé que la rime, qui ne contrarie pas la marche de son exposition. Un seule fois, et par une réminiscence malheureuse de la première partie au début de la seconde, nous rencontrons le mot de *senhors* en tête d'un long couplet monorime. L'allure de l'exposition est beaucoup plus vive, spontanée et naturelle. Le poëte écrit sous l'impression des événements qui le dominent et l'entraînent; les émotions, qui l'animent et qu'il fait passer dans son récit, sont trop vraies et trop sincères pour laisser, dans cette seconde partie du poëme, place à l'artificiel et au convenu.

Pénétrons plus avant dans le fond même du style ; la différence qui se trahit dans ces formes tout extérieures s'accusera plus nettement encore. L'auteur de la première partie veut être poëte, et cependant le plus souvent son style ne dépasse pas celui de la chronique ; il est froid, mais sobre

---

(1) C'est surtout le roman publié de nos jours sous le nom de *Chanson d'Antioche*, que le poëte de la première partie semble s'être proposé d'imiter.

et réservé ; jamais la moindre image, jamais la moindre métaphore ; c'est l'esprit français, juste, sévère, raisonnable, mais sans hardiesse, sans élan, sans aucun mouvement d'imagination. Le style est souvent gauche, timide, embarrassé ; le poëte ne semble manier qu'avec une certaine difficulté la langue savante et poétique des troubadours ; avec moins d'habileté, moins d'art, moins de dextérité que les autres poëtes du midi, il ne commet aucun de ces écarts, où se laissent entraîner les imaginations vives et mal disciplinées. On ne peut pourtant pas dire qu'il ait réellement du goût. Le goût, c'est-à-dire la raison appliquée à la littérature, se montre dans l'art avec lequel un esprit juste sait, au milieu des séductions de l'imagination ou des entraînements de la pensée, se maintenir dans les étroites limites du bon sens et de la vérité. — On ne peut pas louer le bon goût dans un style décoloré qui se traîne terre à terre ; son humilité même le met à l'abri de tous les dangers. Dans le cas actuel, comme dans bien des cas semblables, le style du poëte reflète l'âme de l'homme, et la pensée de Buffon trouve son application dans ces vers de l'obscur troubadour. — Son style est froid, prudent, régulier, timide, comme son esprit lui-même.

Dans la seconde partie, au contraire, de même qu'il y a plus de mouvement dans la pensée, plus de chaleur dans le sentiment, de même on voit régner dans le langage, qui s'enrichit par des emprunts au dialecte du pays, plus de liberté et de vie ; dans le style, qui se colore et s'anime, un ton plus élevé, une hardiesse poétique, dont on ne trouverait point de traces dans la première moitié de la geste. Il n'est pas vraisemblable que l'imagination du poëte se soit épanouie avec l'âge et à mesure que son esprit devenait plus mûr ; l'imagination est un don de la jeunesse ; ainsi le troubadour de la seconde partie semble plus jeune que celui de la première. Les images reviennent fréquemment sous sa plume ; on n'en découvrirait pas les premiers traits dans les deux mille cinq cents vers qui précèdent la description de la bataille de Muret. Le jeune comte est une *fleur nouvelle* qui s'épanouit. Raymond VI rentrant à Toulouse, c'est *l'étoile du matin* qui vient dissiper les ténèbres de la nuit. Nous rencontrons encore cette métaphore dans les vers, où le poëte salue le retour de Raymond VII : « Mais le fils de l'ange, pour leur donner un » soulagement, leur envoie une joie avec un rameau d'oli- » vier, une étoile resplendissante brillant sur la monta- » gne » (1). — « La joie est en graines et en fleurs, lorsque » Raymond VI est passé sous les portails voûtés de la ville » de ses pères ». — Le serment que le comte de Montfort se prête à lui-même de ne décharger ses *saumiers* que sur le marché de Toulouse, ce serment n'est que de la *rosée;* images toutes particulières à la poésie du midi voisine de la poé-

---

(1) Fauriel, p. 536; Mss., f° 99, p. 198.
  Mas lo filhs de langes per donar milhorier.
  Lor trames una joia ab un ram dolivier,
  Una clara estela, el luga montaner.

M. de Portal a donné une explication ingénieuse de cette métaphore qui revient si souvent dans les vers du poëte : ce serait une allusion à l'étendard mystique des Vaudois, qui représentait sept étoiles entourant un flambeau allumé, avec cette devise : *Lux lucet in tenebris.* (*Les descendants des Albigeois*, p. 40.)

sie arabe. — « Au champ de bataille de Montolieu, près
» des portes de Toulouse, est planté un jardin qui tous les
» jours naît, pousse, est planté et détruit ; mais le blanc et
» le vermeil qui sont en graine et en fleur, c'est chair, sang
» et glaive et cervelles » (1).

Que toutes ces métaphores sont également justes et heureuses, que toutes puissent également être avouées par le goût, nous ne le prétendons pas, mais elles suffisent pour doner au style qu'elles nuancent, sa couleur particulière et le faire nettement distinguer de celui de la première partie. Cette distinction mérite d'être d'autant plus appréciée que, dans toutes ces poésies provençales, le côté personnel est assez peu développé. On apprenait la langue des troubadours qui était déjà la moitié de leur art et la partie la plus poétique de leurs chants lyriques ; on apprenait une sorte de style vague, général, impersonnel, dont on retrouve les formes dans les œuvres diverses des différents troubadours. Ces poëtes, qui avaient généralement du talent et dont aucun n'eut du génie, parlèrent presque tous les uns comme les autres. Le caractère factice de ces poésies devait entraîner l'uniformité ; ce sont les mêmes idées traduites par des expressions qui ne varient guère. — La littérature, au moyen âge, semble être restée longtemps une chose de convention :

---

(1) Mss., f° 90, p. 279.
E el camp de Montoliu es plantatz us jardis,
Que tot jorn nais e brolha, es plantatz de is,
Mas lo blanc el vermelh, qui grana e floris,
Es carn e sanc e glazis e cervelas geris.

l'âme de l'homme, avec ses passions, ses sentiments, ses aspirations, ne fait que de loin en loin irruption dans les strophes symétriques, régulières, compassées du troubadour. Bertrand de Born a jeté dans quelques-uns de ses fougueux sirventes les passions orageuses de son âme ; plusieurs autres troubadours ont suivi ses traces ; plusieurs, en présence des violences et des iniquités de la guerre albigeoise, ont trouvé dans leur indignation une source d'inspiration troublée et fangeuse, mais coulant à pleins bords ; ce ne sont pourtant que des exceptions, et elles se produisent presque toutes sur les derniers jours de la poésie provençale. Le style est peut-être la dernière chose qui apparaît dans la littérature ; le style, c'est l'originalité de l'homme se communiquant à l'écrivain ou au poëte. Il semble donc, au premier abord, que l'on commette un anachronisme, en parlant de style, à propos du poëme de la croisade. Sans doute, il ne faut pas prêter à ce mot le sens rigoureux et absolu que nous lui donnerions, s'il s'agissait d'un poëte ou d'un auteur du dix-septième ou du dix-neuvième siècle, mais nous nous tromperions aussi, si nous refusions au troubadour, qui a écrit la seconde partie de la geste, un style qui lui appartienne en propre ; il a sa manière de penser, il a aussi sa manière de traduire sa pensée ; il a une véritable originalité poétique, et c'est une de ses supériorités les plus incontestées sur le troubadour de la première moitié de la geste.

Il est donc difficile d'accepter cette uniformité de style, que M. Fauriel étend au poëme tout entier ; mais il faut reconnaître que la langue diffère peu ou ne diffère pas du tout de la première à la seconde partie. Si cette ressemblance n'existait pas, il n'y aurait évidemment pas lieu de soulever et de discuter la question dont nous cherchons la solution. Si la forme extérieure du poëme n'offrait pas une certaine unité, nous n'aurions pas eu besoin de pénétrer dans le cœur de cette épopée et de faire ressortir les différences de sentiment, de talent, et d'inspiration qui nous ont frappés. Mais cette unité extérieure se réduit elle-même à l'unité de la langue. Or, si la langue appartient à l'auteur qui la marque au sceau de son génie, si elle fait partie de son style, si elle contribue au tour original qu'il sait donner à sa pensée, elle n'est pourtant pas sa propriété exclusive ; il ne la possède pas seul ; il se l'approprie ; il l'emprunte à l'époque dans laquelle il vit, au pays pour lequel il écrit ; c'est une sorte de propriété indivise et commune ; chacun en a une part proportionnée à la force de son esprit ou à l'originalité de son talent. Mais chez ceux même qui la transforment le plus, on voit reparaître le fond qui appartient à tous. Contemporains, vivant dans le même pays, peut-être dans la même cité, les deux troubadours qui ont écrit le poëme de la croisade ont employé la même langue. Ils ont eu assez d'originalité pour avoir un style personnel ; mais cette originalité n'a pu imprimer son cachet à la langue.

Du reste, la teinte d'uniformité, que l'on peut remarquer dans la langue de l'une et de l'autre partie du poëme, s'étend sur plus d'une des productions de la littérature romane. Il est un certain nombre d'expressions toutes faites, de tournures consacrées qui reviennent d'elles-mêmes ; on les trouve dans le poëme de la croisade ; on les rencontre dans le curieux roman de Jauffre. Ce roman peut nous apprendre à ne pas chercher dans l'uniformité de la langue un argument en faveur de l'unité de composition ; jamais, d'un bout à l'autre d'un poëme, le langage ne fut moins différent ; jamais, depuis le premier vers jusqu'au dernier, le style ne fut plus en harmonie avec lui-même :

..... Servetur ad imum
Qualis ab incepto processerit.

Il ne nous vient pas à la pensée que ce roman puisse ne pas être tout entier l'œuvre d'un même troubadour, et nous sommes un peu surpris, lorsque nous le voyons signé par deux poëtes. « Maintenant, prions ensemble que celui qui
» vint au monde pour nous sauver tous, daigne, s'il lui
» plaît, pardonner à celui qui commença ce roman et à ce-
» lui qui l'acheva, puisse-t-il donner d'être et de vivre en ce
» siècle de manière à pouvoir se sauver. — Dites tous en-
» semble amen. Ce bon livre est fini. Dieu soit de tout
» temps loué » (1).

---

(1) Entre l'explication qu'a donnée M. Fauriel, de la différence des deux parties du poëme, et celle qui nous semble plus vraie, s'en place une troisième, qui est comme une sorte de moyen terme. Les deux moitiés de la chanson témoignent d'un véritable sentiment de bienveillance, d'admiration pour le comte de Toulouse ; ce serait à la suite de Raymond VI que le poëte serait passé dans le camp des croisés. — Avec des sympathies sincères d'ailleurs pour la cause qu'ils soutenaient, il aurait pu chanter leurs exploits, tant que son héros n'en aurait pas été directement la victime. Une fois Raymond VI et Montfort brouillés sans espoir de réconciliation, le troubadour aurait de son côté rompu avec la croisade. Les évo-

lutions de sa pensée n'auraient été que le reflet des évolutions de la politique de son maître.

Cette opinion, adoptée par M. Schmidt (*Hist. des Cathares*, tome 2, p. 300) est assez spécieuse; elle soulève cependant de nombreuses objections. « Si, » comme le dit le consciencieux historien de l'hérésie albigeoise, le poëte est le » partisan dévoué du comte de Toulouse, s'il suit en tout ses sentiments, » ne devons-nous pas nous étonner de la lenteur qu'il met à abandonner l'armée des croisés; il y reste bien longtemps après que Raymond l'a quittée; c'est du camp de Montfort qu'il assiste au premier siége de Toulouse, qu'il contemple la défaite du comte de Foix, la terreur panique du comte de Toulouse, la prise de La Guépie, de Saint-Antonin, la chute des remparts de Moissac. — A la bataille de Castelnaudary, Il est l'ami des clercs qui suivent les croisés; c'est maître Nicolas qui lui retrace un des principaux faits de cette funeste journée.

Aissi com'o retrais maestre Nicolas.

Les barons français sont pour lui encore en ce moment *nos barons*.

Nostri baros frances tuit Montfort escrierent
  Santa Maria ajuda
La nostra gens de Fransa, ans que fo degarnia.

Plus tard, lorsque le roulier Martin Algaïs recouvre la ville de Gaillac, pour Simon de Montfort, le poëte s'écrie en parlant des Français :

Li nostri cant o viron, agron joia mot gran.

Si du vers 2304 au vers 2750, après lequel commence la seconde partie du poëme, l'expression de *nos Français, nos barons de France !* ne se rencontre plus, c'est le pur effet du hasard; les dispositions du poëte, du troubadour n'ont pas changé; son point de vue est resté le même; sa place est toujours au milieu des croisés; il ne s'occupe guère des méridionaux en eux-mêmes et pour eux-mêmes; il ne sait les voir que dans les rapports qu'ils ont avec les Français; il ne fait pas leur histoire; il fait celle des barons qui sont à la suite de Simon de Montfort.

CHAPITRE IX.

Encore quelques objections contre l'unité de composition du poëme de la croisade. — Manière dont les deux parties du poëme sont reliées l'une à l'autre. — Epoque probable de la composition de la première partie. — Indications biographiques sur le troubadour ou les troubadours de l'épopée de la croisade. — Sont-ils tous deux anonymes? — Que faut-il penser du nom de Wilhem de Tudela? — Conclusion.

Ainsi donc, caractère, idées, opinions du poëte, manière de sentir et de juger, talent, inspiration, style, tout jusqu'à ces formes générales qui ne sont pas le style et qui s'y rattachent néanmoins, tout est différent dans la première et la seconde partie de la geste. Après avoir constaté cette différence, il faut reconnaître que ces deux moitiés de la chanson de la croisade sont dues à deux poëtes. Comment ont-elles été réunies en un seul et même poëme? Comment ont-elles pu être ainsi mises bout à bout, de manière à ce que l'on eût de la peine à retrouver ensuite le point de raccordement? Ce n'est sans doute pas un miracle, et nous ne prétendons pas réclamer en faveur de ce simple accident historique ou littéraire l'adhésion de cette foi qui accepte tout et n'examine rien; néanmoins, il serait imprudent d'en chercher l'explication : ce serait s'égarer dans le champ vague et sans limites de la conjecture, et ces explorations ne sauraient nous conduire à un résultat certain et positif. Nous avons sous les yeux un fait irréfutable : c'est la différence des deux moitiés du poëme, différence telle qu'elle ne peut pas s'expliquer par une révolution survenue dans l'esprit et dans le cœur du poëte ; nous avons les deux extrémités de la chaîne : tenons-nous-y fortement, et négligeons les anneaux intermédiaires qui se dérobent à notre vue.

Néanmoins, le nœud si habilement dissimulé, qui rattache l'une à l'autre les deux moitiés du poëme, sert lui-même à nous faire découvrir le lien artificiel qui réunit ces deux compositions hétérogènes. Entre le moment où la première partie finit et celui où la seconde commence, sont intercalés quelques vers qui semblent une transition : c'est comme un regard que le poëte, en arrêtant ou en reprenant son récit, jette sur un avenir qui lui paraît sombre et chargé d'orages. « Mais avant que la guerre cesse ou soit terminée, il y aura
» maint coup d'échangé, mainte lance brisée, maint gonfa-
» non aux fraîches couleurs sera gisant dans la prairie,
» mainte âme sera jetée hors de son corps, mainte dame
» veuve et plongée dans la douleur » (1). Et immédiatement après, le poëte nous transporte au milieu du conseil que le roi d'Aragon tient avec ses barons.

---

(1) Fauriel, p. 198 ; Mss., f° 35, p. 70.
  Ans que la guerra parta ni sia afineà
  I aura mot colp fait e mota asta brizea
  E mot gomfano fresc nestara per la prea
  E mota arma de cors ne sera fors gitea
  E mota daima veuza ne sera essilhea.

Ici, nous sommes en présence de l'alternative suivante : ou bien la première partie du poëme était déjà publiée lorsque la seconde fut composée, ou bien elle était restée inédite.

Un tel poëme n'a jamais été chanté, comme l'étaient ou pouvaient l'être les chansons de gestes du cycle carolingien ou du cycle d'Arthus. Vainqueurs ou vaincus, Français ou hommes du midi n'avaient guère le loisir de prêter leur attention aux chants épiques des troubadours. Cette chanson ne pouvait être divulguée que comme manuscrit et à titre de chronique. Il n'y aurait donc eu rien d'invraisemblable à ce que cette première partie eût attendu, dans les papiers du poëte, le moment où les événements auraient permis au troubadour de reprendre, de continuer et d'achever son œuvre. Mais ce qui est plus difficile à admettre, c'est que le poëte, après la conversion radicale opérée dans son âme, soit resté en présence de ce poëme qui, jusqu'alors caché aux regards des étrangers, avait été comme le confident discret de sa pensée, qu'il l'ait repris, qu'il l'ait achevé et qu'il n'ait point corrigé des expressions en contradiction ouverte avec les idées nouvelles dont il faisait profession. Un poëme, un ouvrage, qui n'a pas été livré à la foule, vous appartient, comme la pensée qui est au fond de votre âme ; l'un ne vous a pas plus échappé que l'autre ; l'un est autant que l'autre en votre pouvoir ; jetée sur le papier ou cachée dans votre esprit, c'est toujours votre pensée ; entre l'idée écrite, mais tenue secrète, et celle qui n'est pas encore sortie de votre cerveau, il n'y a pour toute différence qu'un degré de clarté et de précision : comment le poëte aurait-il modifié ses convictions et ses croyances, sans modifier en même temps les passages de son poëme, qui en étaient l'expression? L'esprit d'impartialité, le jugement assez sûr et la critique ferme qui ont assez heureusement préservé de vaines déclamations la première partie du poëme, n'aurait pas rendu très-nombreuses ces indispensables corrections. Mais le poëme n'était peut-être déjà plus aux mains du troubadour. Alors cette reprise que rien n'annonce, que rien ne prépare, qui nous entraîne brusquement au milieu des faits (*in medias res*), ne laisse pas que d'être « un peu bien surprenante ; » il y avait déjà près de huit ans que la première partie avait été terminée ; c'était un poëme nouveau qui commençait ; c'était un poëte nouveau ou renouvelé qui prenait la plume. Ne devions-nous pas nous attendre, sinon à un nouveau début, du moins à quelques vers qui indiqueraient les changements profonds survenus dans l'âme du troubadour ? La seconde partie venant si habilement se souder à la première, ne semble-t-elle pas indiquer un effort ou un artifice pour cacher la jonction de ces deux histoires en vers provenant de deux sources différentes, et dont l'une doit passer pour la continuation de l'autre.

Si c'est le même troubadour qui compose la seconde partie, après avoir écrit la première, je ne m'explique guère la manière dont les nouveaux développements sont enchaînés aux développements brusquement interrompus de la première moitié ; mais supposons au contraire que les deux mille cinq cents vers, qui nous retracent, moins le dénouement, tout le premier acte de la guerre des Albigeois, aient été déjà connus, publiés, au moment où un nouveau poëte se prépare à retracer les grandes révolutions et les retours inouïs de la fortune dont il vient d'être témoin ; cette chronique rimée, quelquefois poétique, jouit même, parmi ceux qu'elle abaisse, accuse, condamne, d'un succès qui encourage et excite le cœur et l'imagination d'un nouveau troubadour ; elle protégera de sa réputation et de son orthodoxie la libérale et patriotique épopée qui chantera hardiment le retour des Raymonds et la glorieuse révolte du midi. Ce tronc décapité, qui n'avait que quelques maigres branches, a reçu une greffe féconde ; il se couvre à l'instant de rameaux, de fleurs et de fruits.

La difficulté de saisir le point de soudure entre ces deux poëmes ou ces deux parties du poëme, qui ne sont point l'œuvre d'un même troubadour, ne doit donc pas nous faire abandonner une hypothèse qu'elle servirait plutôt à justifier. L'explication de M. Fauriel n'est admissible qu'à la condition de faire commencer le poëme en même temps que les événements dont il nous retrace l'histoire ; la croisade et le poëme doivent se développer parallèlement, simultanément ; chaque fait qui se produit doit immédiatement refléter son image dans le poëme ; c'est un journal-poëme écrit au jour le jour, M. Fauriel n'hésite pas à le déclarer. « Il est certain
» que notre poëte commença son histoire bientôt après la
» mort de Pierre de Castelnau et la poursuivit au fur et à
» mesure que se développèrent les événements dont cette
» mort fut le signal, le récit du poëte suivant toujours et de

» très-près les faits qu'il devait embrasser. » Sans cette supposition, en effet, comment admettre que le poëte ait été aussi complétement surpris, abusé par des événements dont il ne comprend ni le sens ni la portée? Pour réfléchir ainsi dans son poëme tous les changements de ses appréciations, toutes les évolutions de ses idées, il fallait qu'il écrivît son histoire au fur et à mesure que se déroulaient les événements, dont il nous a conservé le récit. Il eût été autrement impossible de n'en pas apercevoir la direction, la tendance, et, si l'on peut ainsi parler, le courant.

Le fait en lui-même n'a rien d'invraisemblable ; il est cependant peu en harmonie avec les lois de la composition historique et littéraire ; on ne se décide guère à raconter un événement que lorsque l'on peut, pour ainsi dire, en saisir les destinées : on veut l'embrasser dans son ensemble, dans ses rapports avec les faits qui le précèdent ou avec les faits qui le suivent ; à moins d'être un simple chroniqueur ou un auteur de mémoires fixant au jour le jour ses fugitives impressions personnelles, on ne raconte guère des faits dont on ignore soi-même la plus grande partie ; car l'avenir d'un événement en est peut-être le côté le plus important. Il est d'ailleurs, au début de ce poëme, un passage qui n'a pas échappé à l'analyse attentive de M. Fauriel ; c'est une allusion à la bataille de Las Navas de Tolosa. « Ainsi le raconte » maître Pons de Méla ; il avait été envoyé à Rome par le » roi, qui règne à Tudela, seigneur de Pampelune et du » château de la Estella, le meilleur cavalier qui oncques » monta en selle, et bien le sait l'émir Al-Moumenin. A cette

» journée furent présents le roi d'Aragon et le roi de Cas-
» tille ; tous ensemble y frappèrent de leur lame tranchante,
» et je compte bien en faire une chanson nouvelle toute sur
» beau parchemin » (1). Or, la bataille de Las Navas de Tolosa ou de Muradal fut livrée au mois de juillet de l'an 1212,
un an seulement avant la bataille de Muret. Ces vers pourraient, il est vrai, être considérés comme une interpolation
faite après coup par le poëte lui-même. Mais on comprend
difficilement que le troubadour soit revenu sur ses pas, pour
intercaler dans le commencement de son poëme une allusion,
dont l'occasion se présentait naturellement aux approches de
la bataille de Muret. Le nom seul de Pierre d'Aragon évoquait
l'image de la grande victoire que l'Espagne chrétienne, réunie
dans un suprême effort, venait de remporter sur l'invasion
almohade. Il eût même été étrange que le poëte n'eût pas suspendu son récit pour recueillir les échos lointains de cette
solennelle bataille gagnée sur les plateaux de la Sierra-Morena. On ne s'explique pas qu'il se fût contenté de cette pa-
renthèse rétrospective.

Nous ne songeons pas assez à l'importance de cette victoire

---

(1) Fauriel, p. 10; Mss., f° 2, p. 4.

  Aisi com o retrais maestre Pons de Mela,
  Que lavia trames lo reis, qui te Tudela,
  Senher de Pampalona, del castel de la Estela,
  Lo mielher cavalers que anc montes en cela,
  E sap o Miramamelis, que los Frances captela,
  Lo reis dArago i fo e lo reis de Castela,
  Tuit essems i feriro de lor trencant lamela,
  Que eu ne cug encar far bona canso novela,
    Tot en bel pargamin.

de la croisade espagnole, qui ressembla un moment à une croisade européenne ; nous ne nous faisons pas une idée des dangers dont la chrétienté se crut menacée ; le retentissement de ce triomphe fut aussi grand que les alarmes provoquées par l'invasion avaient été vives ; les terribles représailles de la croisade d'outre-mer étaient déjouées (1). A l'approche de ce grand péril, le pape avait été profondément ému ; une procession solennelle avait appelé les bénédictions de Dieu sur les armes des chrétiens ; les prières du pontife furent exaucées. Sanche de Navarre, Alphonse de Castille, Pierre d'Aragon arrêtèrent une invasion musulmane qui semblait renouveler pour l'Europe les périls conjurés par l'épée de de Charles Martel. La victoire gagnée, toute la chrétienté tressaillit d'allégresse ; A Rome, Innocent III partagea la joie des Espagnols ; Alphonse de Castille lui adressa l'*Alférez*, la principale bannière des Maures, portée par un de leurs plus remarquables guerriers ; Pierre d'Aragon lui envoya la tente toute en soie de l'émir Al-Moumenin. Longtemps après, on voyait suspendus dans l'église de Saint-Pierre ces monuments de la protection du Christ. Dès qu'il eut appris la nouvelle de ce triomphe des armes chrétiennes, Innocent III rassembla tout son clergé, ordonna une fête d'actions de grâces, fit lire et interpréta lui-même à tout le peuple les lettres d'Alphonse (2).

Lorsqu'on se rappelle les relations qui existaient alors entre l'Espagne et la France du sud, on se fait sans peine une idée

(1) Hurter, tome 2, p. 467.
(2) Hurter, tome 2, p. 481.

des émotions qu'éprouvaient nos populations méridionales en attendant et en apprenant l'issue de cette lutte grandiose. Les désastres et les misères de la guerre des Albigeois n'empêchaient pas les vassaux des Raymonds de tourner leur attention sur des événements qui réveillaient dans leur esprit des souvenirs conservés par la tradition et embellis par la poésie. Le troubadour préparait déjà son inspiration et son parchemin pour écrire une belle chanson toute nouvelle, qui pourrait prendre place à côté de la geste de Guillaume au court nez. Aurait-il craint de s'arrêter un instant, dans son récit de la guerre religieuse des Français et des hommes de Raymond VI, pour saluer le glorieux exploit de Las Navas de Tolosa ? Se serait-il borné à ces quelques vers que nous avons cités, et qui, ajoutés après coup, ne sont qu'un insignifiant post-scriptum. Il est plus probable que le poëte, en commençant son œuvre, connaissait déjà la victoire de Muradal et qu'il n'a fait que glisser dans le courant de son récit une allusion provoquée par le premier nom de prince espagnol, que le courant de l'exposition a amené sous sa plume.

Un autre passage, que nous rencontrons quelques vers plus loin, semble indiquer que la rédaction du poëme n'est pas antérieure à l'an 1212 ; il est question de l'abbé de Cîteaux (1) :

> Labas de Cistel, la ondrada persona
> Qui poih fo eleish arsevesques de Narbona,
> L'abbé de Cîteaux, l'honorable personnage
> Qui fut ensuite élu archevêque de Narbonne.

(1) Fauriel, p. 12 ; Mss., f° 2, p. 4.

Or, d'après dom Vaissette et la *Gallia christiana*, Arnauld de Cîteaux fut promu à l'archevêché de Narbonne, le jour de la Saint-Grégoire (12 mars) 1212.

Après avoir recueilli ces deux preuves en faveur d'une opinion qui nous semble vraie, nous n'hésiterions plus, si le poëme ne renfermait malheureusement une assertion qui paraît détruire toutes nos inductions : « Elle fut bien commencée, sans mot de mensonge, en cette année de l'incarnation de notre Seigneur Jésus-Christ, qu'il y avait 1210 ans qu'il vint dans ce monde » (1). Peut-être ne faut-il pas attribuer à cette assertion une grande rigueur. Peut-être le poëte ne rappelle-t-il que la première apparition dans son esprit de la pensée d'écrire ce poëme ; peut-être, à partir de ce moment, prépare-t-il les matériaux de son œuvre ; s'occupe-t-il de suivre les événements, de rassembler les renseignements qui lui étaient nécessaires, et ne commencera-t-il qu'après 1212 la rédaction de son poëme ? Remarquons de plus que, dans le manuscrit, le chiffre de la date est altéré. On lit MCCCX ; M. Fauriel a lu MCCX ; cette correction paraît juste ; néanmoins elle nous permet de conserver quelque doute sur le véritable nombre, que le copiste n'a pas su fidèlement transcrire.

Si donc, comme tout semble autoriser à le croire, le poëme n'a été réellement commencé qu'en 1212, comment penser que le poëte, pendant trois longues années, soit resté le partisan et le chanteur de la croisade, et ait éprouvé soudain, de-

---

(1) Mss., f° 3, p. 5.

vant ses iniquités et ses violences, un de ces éclairs d'indignation qui sont pour l'esprit des traits de lumière? Les spectacles dont il a été témoin, avant de prendre la plume, ne suffisent-ils pas à l'instruire et à l'éclairer? La plupart des violences et des crimes de la croisade sont déjà consommés ; si Montfort n'est pas encore à ses yeux un spoliateur, un oppresseur, quand donc le deviendra-t-il? Quand donc le poëte quittera-t-il le camp français et le comte de Leicester pour revenir aux Raymonds et aux hommes du midi ?

Pour répondre à la question, qui domine toute cette étude, nous nous sommes contentés d'interroger l'homme et le poëte, d'observer ses sentiments et ses idées, son talent et son inspiration ; nous avons laissé de côté toutes les indications biographiques ; elles sont, il est vrai, peu nombreuses, quelquefois dépourvues de clarté et de précision ; il en est pourtant qui méritent d'être relevées. Sans fournir des arguments décisifs par eux-mêmes, elles peuvent appuyer ceux qui ressortent du texte examiné attentivement. Il est dans la seconde partie des vers que M. Fauriel a notés avec soin ; le troubadour parle de ses relations avec le fils du comte de Foix, Roger Bernard ; « le preux Roger Bernard qui le dore et le met en splendeur » (*El pros Rotgiers Bernatz quem daura et esclarzis*) (1). Ainsi donc le poëte fut le protégé de Roger Bernard, un des chefs les plus intrépides des hommes du midi, un des chevaliers qui eurent dans ce grand mouvement de la France du sud l'initiative la plus

---

(1) Fauriel, p. 486; Mss., f° 90, p. 179.

marquée et la plus active. Aurait-il pu accorder sa protection, sa faveur, ses dons à un troubadour qui aurait consacré son temps à suivre jour par jour les violences de la croisade, à mettre en vers tous les hauts faits de Simon de Montfort, qui pendant longtemps aurait appelé les Français *notre gent*, et aurait marché à leur suite, se serait fait l'ami des prêtres et des gens d'Eglise, et leur aurait emprunté les matériaux de son histoire ?

Sans doute le sentiment du patriotisme méridional, que cette guerre a dû fortement contribuer à développer, ne s'était pas encore accru avec toute la puissance que ferait soupçonner le poëme lui-même. Sans doute ce sentiment était encore bien incomplet, cette patrie, qui existait à peine encore, dut compter plus d'une défection, plus d'une trahison. Néanmoins, les troubadours qui passèrent à l'Eglise et aux Français furent mis au ban de la société féodale et chevaleresque du midi. Ils perdaient *prix, honneur, avoir*, comme ce Perdigon, qui, fils du pêcheur Lespero, bourgeois du Gévaudan, avait été armé chevalier par le dauphin d'Auvergne (1). Il suivit à Rome Guillaume des Baux, prince d'Orange, Folquet de Marseille, l'abbé de Cîteaux ; il travailla à la dépossession du comte Raymond, et remercia Dieu de la défaite et de la mort de son bienfaiteur Pierre d'Aragon à Muret. Tous ceux qui l'avaient enrichi ne voulurent plus le voir ni l'entendre ; le dauphin d'Auvergne lui retira la terre et la rente qu'il lui avait donnée.

(1) Raynouard, *Poésies originales des troubadours*, tome 5, p. 278.

Recueilli par un gendre de Guillaume des Baux, il put, grâce à sa protection, trouver dans la maison d'Aiguebelle, de l'ordre de Cîteaux, un asile pour achever sa vie.

Certes, nous ne prétendons pas trouver dans Perdigon le poëte plus ou moins inconnu de la première partie de la chanson de la croisade ; nous ne croyons pas que la conduite de notre mystérieux troubadour ait présenté les mêmes caractères de trahison et d'ingratitude ; néanmoins, toute cette première partie du poëme n'annonce-t-elle pas cette humeur mécontente, inquiète, chagrine que nous sommes disposés à prêter à Perdigon, sur les indications de la biographie provençale ? Notre troubadour accuse en général l'avarice de tous les barons, de tous les hommes puissants. « Le siècle, nous le voyons, s'est tellement perverti
» en avarice, que les riches hommes mauvais, quand ils de-
» vraient être bienfaisants et généreux, ne veulent pas don-
» ner la valeur d'un bouton, mais je ne leur demande pas
» la valeur d'un charbon de la plus vile cendre qui soit dans
» le foyer. Que le Seigneur Dieu les confonde, lui qui a
» fait le ciel et la terre, ainsi que sainte Marie, mère de
» Dieu ! » (1).

---

(1) Fauriel, p. 16; Mss., f° 3, p. 6.
      Mas tant vezem quel setgles torna en cruzitio
      Quelh ric home malvatz, que devrian estre pro,
      Que no volon donar lo valent d'un boto,
      Nieu no lo quier pas lo valen dun carbo,
      De la plus avol cendre, que sia el fogairo.
      Domni Dieu los cofonda, que fetz lo cel el tro
          E santa Maria maire.

Nous avons indiqué ailleurs les circonstances dans lesquelles la misanthropie du poëte se déride et s'adoucit : partout ailleurs se trahissent l'inquiétude, le mécontentement, l'indifférence.

Les deux poëtes qui ont écrit le poëme de la croisade, sont-ils restés tous les deux aussi inconnus l'un que l'autre ? Cette chanson de gestes porte cependant un nom d'auteur ; il est placé en tête du premier couplet monorime de la première partie : « Au nom du Père, du Fils, du Saint-Esprit, » commence la chanson que fit maître Wilhem, un clerc de » Navarre, qui fut nourri à Tudela » (1). M. Fauriel, qui attribue à un seul troubadour toute cette chronique poétique, éprouve sur la vérité historique du nom de Wilhem de Tudela, les plus graves défiances ; il est frappé des contradictions que présentent les indications biographiques que le poëte nous donne sur lui-même. Qu'est-ce donc que ce clerc que l'on trouve répétant, comme un homme du métier, les plaintes d'un troubadour, cet Espagnol de Tudela qui parle de Toulouse comme s'il y était né, de Raymond VI comme s'il était un de ses vassaux ou de ses bourgeois, ce nécromancien qui a prévu tous les événements de la guerre et qui attend au moins l'an 1210 pour en commencer le récit ? M. Fauriel démontre, d'une manière qui peut sembler péremptoire, que ce prétendu clerc n'est qu'un troubadour de

---

(1) Mss, f° 1 ; Fauriel, p. 1.
El nom del Payre, e del Filh, e del sant Esperit
Comensa la cansos, que maestre W. fit
Us clerc qui en Navarra fo a Tudela noirit.

profession, dont le nom est resté inconnu. Ne voyons-nous pas le poëte accuser l'avarice des grands, regretter les sisclatons, les habits de soie, et les palefrois bretons? Ces plaintes ne sont-elles pas comme la livrée du troubadour ? Ne le trouvons-nous pas aux fêtes du mariage de Raymond VI avec Eléonore d'Aragon ? N'est-ce pas dans cette circonstance solennelle que ce troubadour a connu ce jeune et brave vicomte de Béziers, dont le sort immérité troublera quelques instants la froide et régulière sévérité de l'historien ? Ce troubadour inconnu n'est pas né à Tudela, mais dans la France du midi, non loin de la grande cité des Raymonds qu'il semble aimer et admirer. M. Fauriel ignore la langue que l'on parlait à Tudela en 1210, mais il est certain que ce n'était pas le provençal.

Enfin un argument, que le savant éditeur n'exprime pas dans sa préface, avait acquis sur son esprit une puissance irrésistible. M. Fauriel se demandait si le troubadour aurait pu se nommer et n'hésitait pas à se prononcer pour la négative (1). Pour apprécier toute la force de cet argument, il faut jeter un regard sur l'état moral du midi. — Les terreurs de l'inquisition planaient déjà sur ces malheureuses contrées. Ordinairement on ne fait commencer cette odieuse institution qu'avec l'année 1229 et les décrets du concile de Tou-

---

(1) L'auteur de la chronique en vers provençaux sur la croisade albigeoise prend le nom de Guillaume de Tudèle, et Fauriel s'en était d'abord tenu à ce témoignage. Mais nous savons qu'il commençait à croire que le narrateur sincère d'une guerre sainte, dans un tel pays et dans un tel siècle, avait dû cacher son nom (*Hist. litt. de la France*, tome 24. — *Discours sur l'état des lettres au quatorzième siècle*, par M. Le Clerc, 3e partie, p. 533).

louse (1); en 1232, la bulle du pape Grégoire IX confère aux frères inquisiteurs le privilége de diriger les procédures inquisitoriales; en 1236, l'évêque de Vienne, légat apostolique, adjoint à Guillaume-Arnaud un frère mineur, pour tempérer la rigueur des jugements du dominicain; mais après l'assassinat des frères prêcheurs à Avignonet (1242), l'inquisition ne fut plus dans le pays de Toulouse exercée que par des dominicains. — Plus d'un historien a pris la première de ces dates comme le point de départ de l'inquisition et les trois autres époques que nous venons de rappeler ont, suivant eux, marqué les premières transformations d'un fait apparaissant pour la première dans l'histoire. Il est des écrivains, qui, pour justifier la mémoire de saint Dominique de toute participation aux iniquités inquisitoriales, ont invoqué triomphalement la date de 1229, et, rappelant que l'ancien chanoine d'Osma était mort le 6 août 1221, ont cru trouver une apologie sans réplique, en faveur de leur héros : apologie qui, aux yeux d'un Percin, aurait enlevé au saint fondateur de l'ordre des Frères prêcheurs son plus beau titre de gloire; justification qui eût semblé sacrilége aux vieux Dominicains. Ils n'auraient certes pas eu beaucoup de peine à réfuter ces innovations peu historiques. On peut essayer de mettre d'accord avec les idées du jour les institutions du passé, qui ne sauraient subsister qu'en acceptant leur irrésistible influence ; mais on ne peut pas de même blanchir et replâtrer l'histoire : on n'y touche

---

(1) Percin, *Monumenta historiæ conventus Tholosani*, p. 51 et suivantes.

point sans la défigurer. Aux panégyristes de saint Dominique, qui n'osent point l'admirer tel que l'histoire le leur présente, il suffit de rappeler les pénitences qu'il inflige en 1206 à l'hérétique Pons Roger. Ces humiliations, ces coups de verge qui tombent sur les membres nus de l'hérétique traîné par le prêtre, à trois dimanches consécutifs, depuis les portes de la ville jusqu'à celle de l'église, ce jeûne impitoyable qui lui est imposé, ce triple carême dont il devra chaque année supporter les rigueurs, ces habits particuliers, ces croix cousues à chacune de ses boutonnières, la machinale régularité avec laquelle il assistera à tous les services religieux et répétera le *pater* dix-sept fois le jour, et vingt fois la nuit, laissent à l'imagination des inquisiteurs peu de chose à inventer.

En reculant jusqu'en 1229 les premiers actes de l'inquisition, on commet une erreur fréquente dans l'histoire. On prend d'ordinaire pour le moment où un fait commence, celui où il a déjà acquis un certain développement et s'impose, par son importance, à l'attention de l'historien ; la paresse, une certaine indolence d'esprit favorisent cette confusion commode ; il est difficile de remonter jusqu'aux sources premières d'un fait ; il est plus aisé d'en suivre le cours, lorsqu'il s'est frayé un large passage dans le champ de l'histoire ; c'est à découvrir ces commencements obscurs, mais féconds, d'un fait ou d'un ensemble de faits que s'est surtout appliquée la critique de nos jours ; c'est ainsi que M. Fauriel cherche à retrouver bien avant Guillaume de Poitiers, vulgairement appelé le premier troubadour, les premiers accents de la poésie provençale perdus dans le lointain du dixième et du onzième siècle. La tâche est plus facile, lorsqu'il ne faut que montrer les premiers efforts de l'inquisition pour prendre possession de la France du sud. En 1229, elle attire les regards par la puissance qu'elle emprunte à l'Eglise, dès lors victorieuse et établie en conquérante dans le midi ; mais bien avant cette triste époque, elle avait déjà répandu l'effroi et fait des victimes. Le caractère propre de l'histoire de ce malheureux pays, pendant les trente premières années du treizième siècle, c'est l'inconcevable mélange des faits les plus opposés, les plus contradictoires, qui se produisent simultanément à quelques pas les uns des autres : ici l'Eglise combat, là elle triomphe ; ici elle opprime, là elle est opprimée ; ici l'hérésie affronte impunément le grand jour ; là elle se soustrait à peine aux délations des agents et des affidés de l'inquisition (1). Le grand concile de Latran de 1179, réuni et présidé par Alexandre III, prononce l'anathème contre les hérétiques et leurs fauteurs. Le concile d'Avignon, en 1209, ne fait que déterminer d'une manière nette et précise les moyens de mettre à exécution la proscription prononcée contre les hérétiques (2) : le concile organise une inquisition permanente : l'évêque devra, dans chacune des paroisses urbaines ou rurales de son diocèse, désigner deux ou trois laïques pensant bien, un plus grand nombre, s'il est nécessaire ; il leur fera jurer de dénoncer aux seigneurs ou

---

(1) Roger de Hoveden, p. 334.
(2) Père Labbe, tome 2, p. 42.

aux consuls les hérétiques, les croyants, les fauteurs ou receleurs d'hérétiques. Il devra de plus faire prendre sous serment, à tous ses diocésains, comtes, chevaliers, châtelains et autres, l'engagement d'exterminer les hérétiques excommuniés. La désobéissance à cette injonction entraîne l'excommunication pour les personnes, l'interdit pour les biens. A partir de ce moment, les bases de l'inquisition étaient posées, et presque tous les conciles tenus dans le midi, jusqu'à celui de Toulouse, répètent textuellement le canon du concile d'Avignon.

Ce serait une erreur de penser que ces décrets ont été inutilement promulgués à partir de l'an 1209, et qu'ils n'ont commencé à être réellement mis en vigueur que vingt ans plus tard ; des textes positifs démontrent le contraire. L'un d'eux nous est fourni par le poëme de la croisade ; ce passage, que nous avons déjà cité ailleurs et à un autre titre, ce sont les trois vers que le poëte consacre à raconter la ruine de Bernitz, le massacre des bons hommes et des chevaliers du château :

>Et maints bons chevaliers qui n'avaient pas été condamnés,
>Et mot bon cavaer que no eran dampnat.

Condamnés par qui ? Par qui pouvaient-ils être jugés, si ce n'est par la cour de l'évêque assisté de la commission inquisitoriale ?

Nous empruntons l'autre texte aux archives de l'inquisition dans la collection Doat. C'est la déposition de Pons Carbonel de Fayet ; elle nous rapporte au temps du siége de

Lavaur, et nous montre le seigneur féodal inquiété, épié, menacé par le prêtre de la paroisse. « Le comte de Toulouse,
» Raymond VI, avait mandé au témoin qu'il voulait pren-
» dre son albergue dans la maison de son vassal dans le
» château de Fayet ; le témoin, à cette nouvelle, rentre
» chez lui pour se préparer à la réception du comte ; il
» trouve sur sa porte les hérétiques Giraud de Gordon et
» Bonfils qui nettoyaient leurs chaussures. En les reconnais-
» sant, le témoin demanda aux deux hérétiques ce qu'ils
» faisaient là. — Vous le verrez bien, répondirent les héré-
» tiques ; — et alors le témoin les engagea à se retirer, car
» il avait peur du prêtre de la ville » (1).

Ainsi donc, même au moment où le comte de Toulouse semblait prendre, en face de la croisade, l'attitude qu'il aurait dû avoir dès les premiers pas de l'armée catholique dans le midi, l'on tremblait devant les regards scrutateurs du chapelain de la ville. Ne sommes-nous pas ici en présence de l'inquisition ? Ne sent-on pas à travers ce vulgaire procès-verbal sa terrifiante influence ? Comprendrions-nous que le poëte qui écrivit la chanson de la croisade eût osé signer son œuvre ? Qui sait si un vers chaleureux, échappé mal à propos, une sympathie mal déguisée, une émotion malencontreuse, ne vont pas éveiller les ombrageuses défiances de l'Eglise. L'anonyme est plus sûr ; il ne suffit pas de taire son nom, il faut dérouter ceux qui chercheraient à le deviner ; de là ce nom de Wilhem de Tudela, pur artifice in-

---

(1) Collection Doat, tome 24, f° 35 et seq.

venté par la prudence du poëte. Les indications biographiques, qu'il nous donne, ne semblent avoir d'autre but que de tromper ceux qui auraient voulu le connaître ou le dénoncer. S'il recule jusque dans les montagnes de la Navarre, c'est pour se dérober aux enquêtes dont il pourrait être l'objet; il va plus loin, il veut se réfugier sur un terrain où il soit encore plus difficile à l'atteindre; il se jette en plein merveilleux : clerc et magicien, il n'écrit pas l'histoire, il raconte sa vision; il a vu d'avance toute la suite des événements se dérouler devant lui.

Cette induction, qui repose sur l'état de la société au commencement du treizième siècle, semble prêter une singulière force à l'opinion que défend M. Fauriel; des textes rassemblés avec soin et groupés avec art par le savant critique, leur donnent une sérieuse autorité; néanmoins, sur le point d'accorder notre adhésion aux conclusions de l'illustre éditeur, un doute reste encore à notre esprit, un scrupule tient encore notre pensée en suspens. Si nous avons de la peine à reconnaître, au milieu de la brillante cour féodale et chevaleresque des Raymonds, le clerc tonsuré de Navarre, d'autre part nous sommes surpris de l'étroite amitié qui lie ce troubadour avec des moines et des clercs. Comment ce poëte, auquel on ne peut guère reprocher le fanatisme, a-t-il pu former de tels liens? Il a, avec maître Nicolas qui marche à la suite de l'armée des croisés, les rapports les plus intimes. — Il bénit Dieu de ce que le saint homme n'a laissé aux mains des routiers que ses mulets *amblants* et le valet qui les conduisait; c'est le même maître Nicolas qui lui a plus d'une fois fourni ses renseignements ; c'est le moine Izarn qui lui raconte les incidents de la prise de Caser. Ces relations intimes, publiquement avouées, ne semblent-elles pas prouver que, si le poëte est attiré par la féodalité, s'il en chante les représentants, il est aussi attaché à l'Eglise, par des liens plus ou moins étroits ? Il flotte entre *clergie* et *chevalerie*. Ce fut la destinée de plus d'un troubadour ; plus d'un quitta l'Eglise, se lança dans l'orageuse mêlée du monde féodal, en épuisa les joies, les voluptés, les amertumes, et revint à l'Eglise ; quelquefois même ils réunissaient sur leurs personnes les insignes du prêtre et du chevalier, et dans leur existence, les plaisirs de la vie laïque et les devoirs de la vie ecclésiastique.

Un des abus que les conciles poursuivent dans la société du midi avec le plus de persistance et de justice, c'est la tendance des clercs à se dérober aux exigences de leur ministère, en mêlant à leurs saintes fonctions des préoccupations qui les en détournent et portent atteinte à l'austère gravité de leur caractère. Exclus du monde féodal, ils ne se résignent pas à voir se fermer devant eux les brillantes perspectives de la vie mondaine et chevaleresque ; la poésie des troubadours, avec tout ce qu'elle avait de subtil, de savant, de régulier, d'apprêté, convenait à des esprits qui avaient reçu une certaine culture, et avaient été assouplis par la dialectique des écoles du moyen âge. Cette poésie ne se distingue pas par l'inspiration ; la vie qui circule à travers ces strophes artificielles, n'est qu'un maigre filet, habilement ménagé, et ces vers ont leurs arguties; c'est la scolastique de la poésie. — Aussi les clercs n'hésitent pas à entrer dans une carrière, où ils espèrent rivaliser heureusement avec les laïques, les vaincre, les dépasser. Nous avons déjà rappelé comment, se sentant gai, jeune et beau, Pierre Cardinal abandonna son canonicat du Puy, et courut le monde, attaquant, par ses sirventes, les vices qu'il n'aurait peut-être pas flétris avec la même liberté du haut d'une chaire. L'archevêque d'Auch, Bernard de la Barthe, l'évêque de Clermont, si vertement chansonné par son cousin, le dauphin d'Auvergne, portèrent sur leur siége épiscopal les goûts et les talents des troubadours. Pierre d'Auvergne était un ancien clerc, Arnaud de Marueil était un clerc.

Une vie qui présente au plus haut degré cette étrange confusion des plaisirs du monde, poussés jusqu'aux plus grossiers excès, et des sévérités du cloître, singulièrement adoucies, c'est celle du moine de Montaudon, figure étrange, originale et bizarre, qui a déjà quelques traits de Rabelais (1). Né dans l'Auvergne, dans un château qui est près d'Orlac, et qui est appelé Vic, il était gentilhomme ; il entra, comme moine, dans l'abbaye d'Orlac ; l'abbé lui donna le prieuré de Montaudon ; il sut doter cette maison d'une grande prospérité ; il faisait des couplets tout en étant moine, et composait des sirventes sur les bruits qui couraient dans la contrée. Les chevaliers et les barons l'affranchirent des sévérités de la vie monacale ; on lui fit grand honneur ; on lui donna tout ce qu'il voulut ; il rapportait tout à son prieuré de Montaudon ; il accrut et

---

(1) Raynouard, *Poésies origin. des troubadours*, tome 5, p. 263.

enrichit beaucoup cette maison. Il s'en alla à Orlac, vers son abbé, lui remontra toute la prospérité qu'il avait ménagée au prieuré de Montaudon ; il le pria de lui donner la grâce de se gouverner au gré d'Alphonse d'Aragon ; l'abbé la lui accorda, et le roi lui ordonna de manger viandes, de faire *galanteries* et de *trouver* : il fit ainsi. Il fut créé seigneur de la cour du Puy, et eut le privilége de donner l'épervier ; il eut la seigneurie de cette cour, jusqu'à ce que cette cour se perdît. Il passa ensuite en Espagne, où il fut comblé d'honneurs par les rois, barons et vaillants hommes. Il reçut, en Espagne, un prieuré appelé Villefranche, qui était sous la dépendance de l'abbaye d'Orlac ; l'abbé le lui donna ; il l'agrandit, l'enrichit, l'améliora et y mourut.

Après ce singulier exemple que nous offre la biographie du moine de Montaudon, à la faveur de ce mélange de toutes les classes, qui donnait à la société du midi cet aspect si original, si brillant, si désordonné, ne comprendrons-nous pas un clerc prenant, malgré sa tonsure, les idées, les mœurs d'un troubadour, se mêlant à la foule des poëtes qui se pressaient dans les cours féodales et attendant, au milieu de la poésie et des fêtes, le moment de s'exiler dans un prieuré ou de se retirer dans un canonicat? L'état social du midi, au commencement du treizième siècle, déroute toutes les inductions que l'on peut fonder sur la manière de parler et d'agir qui semble d'ordinaire réservée particulièrement à telle ou telle classe d'hommes.

De même, en songeant à l'état de diffusion de la langue romane à cette époque, nous nous demandons pourquoi M. Fauriel prétend l'exclure des montagnes de la Navarre. Que la langue romane ou plutôt la langue lémosine, la langue des troubadours, ne fût pas la langue populaire, employée dans les relations de la vie de tous les jours, rien de plus vraisemblable, rien de plus certain ; la Navarre devait avoir son dialecte, comme la Catalogne, comme l'Aragon, comme les différentes parties de la France du sud ; mais on connaît trop les rapports étroits des pays de la Garonne et du Rhône avec ceux de l'Ebre, pour admettre que le langage savant des troubadours accueillis aux cours de Castille et d'Aragon, ne pût pas être compris dans la Navarre. Il n'y aurait pour nous rien d'étrange à entendre les événements de la guerre des Albigeois racontés, chantés, célébrés par un poëte d'au delà des Pyrénées ; il ne pouvait les chanter que dans la langue provençale, qui dans tout le midi de l'Europe était consacrée à la poésie épique ou lyrique, comme le latin était voué à la science, à la chronique, à la scolastique. Née du latin, déjà devenue langue savante, bientôt langue morte, étendant sa correcte uniformité au-dessus de la vivante diversité des dialectes populaires, elle était apprise, étudiée, employée dans l'Italie du nord, dans l'Espagne, dans la plus grande partie de la France, dans la Normandie, peut-être même en Angleterre, où elle avait été transportée par Eléonor d'Aquitaine ; elle étendait ses rameaux au delà des Alpes et des Pyrénées. Le roman provençal de Jauffre commence par un splendide éloge du roi d'Aragon, Pierre II ; et Frédéric II lui-même, le protecteur des troubadours dispersés par la guerre et l'inquisition, commet quelques vers provençaux

Pourquoi donc fermer la Navarre à cette langue lémosine qui était la langue universelle du midi de l'Europe ?

D'ailleurs, si le poëte de la chanson de la croisade était né en Navarre, ce ne serait pas le seul troubadour que ce petit royaume eût fourni au mouvement littéraire brusquement interrompu dans la France du sud. Ce fut à Viana, dans la Navarre, que naquit Pierre Brémond ; il appartient à la fin du douzième siècle. Pierre d'Auvergne, mort en 1195, fait mention de ce troubadour navarrais, qui, du reste, n'a pas passé sa vie en Navarre : il semble avoir accompagné Richard Cœur-de-Lion en Palestine.

L'historien poëte de la croisade connaît l'Espagne. Il déplore le mauvais gouvernement des royaumes de Castille et de Léon, il se prépare à chanter les héroïques exploits de la croisade espagnole après ceux de la croisade française, la victoire de Las Navas de Tolosa après le massacre de Béziers ! On dirait que, placé sur les cimes des Pyrénées, il étend au loin ses regards sur les deux versants de la chaîne et recueille tous les bruits qui montent jusqu'à lui. Frappé sans doute par ces considérations, M. Henri Martin cherche à concilier dans l'auteur anonyme ce double caractère de poëte espagnol et de troubadour provençal ; il suppose que Wilhem de Tudela est né dans la Navarre ; il y a vécu quelque temps, puis, emportant avec lui des souvenirs de son pays, il s'est établi à Toulouse ou dans les environs, et l'ancien sujet de Sanche de Navarre est devenu le bourgeois de Raymond VI.

Cette supposition de M. Henri Martin est pleinement justifiée, si l'on admet une variante au texte du premier cou-

plet monorime proposée par M. Raynouard. Cette vâriante dissipe quelques-unes des obscurités, explique les contradictions apparentes que présentent les indications biographiques données par le poëte ; elle leur prête plus d'ordre, de suite et d'enchaînement. Dans le manuscrit de Lavallière et dans le texte de M. Fauriel, le poëte indique d'abord son nom, son origine et sa qualité, puis il se donne à lui-même les éloges les plus vulgaires et les plus retentissants : « Moult
» est-il sage et preux, ainsi que dit l'histoire ; des clercs et
» des laïques il fut fortement aimé, agréé, aimé et écouté
» des comtes et des vicomtés, à cause de la grande destruc-
» tion qu'il avait prévue dans la géomancie, longtemps étu-
» diée par lui. » Ce défaut de modestie ne doit ni nous surprendre ni nous choquer ; dans la leçon empruntée par M. Raynouard à un fragment inédit, le poëte est beaucoup plus réservé : au lieu de ces vagues et pompeuses louanges, nous trouvons un fait biographique net et précis ; « puis il
» vint à Montauban, comme dit l'histoire, il y resta onze ans :
» au douzième, il en sortit à cause de la grande destruction
» qu'il avait prévue » (1). En sortant de Montauban, il se

---

(1) Raynouard, Lexique roman, tome 1, p. 226.
    Pois vint à Montalba, si cum l'hestoria dit,
    Si estet onze ans, al dotze s'en issit,
    Per la destructio que el conog e vit
    Per so se nissit il, cum avez oit,
    Al comte Baudoi, qu'e mon goy l'aculhit,
    Pois lo fist far canonge, ses negut contradict,
    D'el borc Saint-Anthoni, qu'i l'avoit establit,
    Ab maestre Tecin, que fort o enantit,
    E Jaufre de Peitius, qui lui pas non oblit.

rend auprès de Baudoin, le frère du comte de Toulouse, qui était châtelain de Bruniquel et commandait à Saint-Antonin. Saint-Antonin était une ancienne abbaye de Saint-Benoît, possédée alors par des chanoines : le poëte y reçut un canonicat, grâce à l'influence de son nouveau protecteur. Cette variante, qui renferme un détail biographique neuf, plein d'intérêt, présente malheureusement un texte très-mauvais et très-altéré ; il est à peu près impossible de le traduire entièrement. « C'est pourquoi il en sortit comme vous l'avez » ouï, et s'en alla vers le comte Baudoin, que Jésus garde

La rareté des variantes, qui seraient pourtant si nécessaires pour nous expliquer un texte si souvent altéré, l'importance de celle que nous propose M. Raynouard doivent arrêter notre attention sur ce texte : il faut le discuter, il faut essayer de déterminer la valeur et le degré d'authenticité de cette leçon. Elle se recommande à nous par le caractère précis des détails qu'elle nous donne. Le poëte décrit les principales circonstances de sa vie, les lieux qu'il a successivement habités, et qui ont été comme les étapes de son existence. Tous ces détails ne semblent pas, au premier abord, faciles à inventer : l'exactitude et la précision de ces faits n'en garantissent-ils pas l'authenticité? Cette remarque s'applique surtout aux vers qui complètent les rares notions biographiques que nous avons sur le poëte, et qui nous le montrent se retirant auprès de Baudoin, puis au milieu des chanoines de Saint-Antonin ; le texte du poëme ne suffit pas pour suggérer cette variante, ou plutôt cette addition. Il était naturel que le troubadour, racontant la croisade au point de vue français, allât chercher asile et protection auprès du frère de Raymond VI, traître lui-même à la cause du midi. Mais cette vraisemblance n'a pas la puissance de ces irrésistibles inductions, qui se présentent naturellement et s'imposent à l'esprit ; au contraire, le vers où le poëte nous raconte son séjour à Montauban et nous expose les motifs qui l'engagent à y mettre un terme, pourrait bien être une interpolation, la glose d'un lecteur en peine pour concilier les renseignements contradictoires que le troubadour nous donne sur lui-même.

Ce vers d'ailleurs ne se lie pas aussi heureusement que le dit M. Raynouard à l'ensemble du premier couplet monorime ; tout ce tableau à grands traits que le poëte nous trace des désastres du midi, n'est plus dès lors une vue d'ensemble des événements, dont la chronique du troubadour nous fera suivre l'une après l'autre les douloureuses péripéties. La nécromancie n'ouvre plus devant les regards du

» et dirige : il vint à Bruniquel, où le comte l'accueillit avec
» grande joie ; puis, sans aucune opposition, il le fit faire
» chanoine du bourg Saint-Antonin qu'il était chargé de dé-
» fendre. Maître Wilhem s'y trouva avec maître Tecin et
» maître Jauffroy de Poitiers » (1).

Cette existence, dont le texte de Lavallière ne nous montre que des parties dispersées et incohérentes, prend maintenant une sorte d'unité et d'harmonie. Le poëte est né en Espagne ; il a été élevé dans la Navarre, il y a reçu la tonsure, puis il est passé en France ; il a vécu à Montauban qui, grâce à sa forte position, jusqu'aux derniers moments échappe aux

---

poëte les larges et sombres perspectives de la guerre des Albigeois ; si le voile de l'avenir se soulève, ce n'est que pour lui laisser voir un coin de ce tableau sinistre ; ce début cesse d'être un début ; ces vers, qui, dans le texte de M. Fauriel et dans celui du manuscrit de Lavallière, sont une introduction assez large, assez saisissante de la mélopée funèbre que nous allons entendre, ne servent plus, avec la variante de M. Raynouard, qu'à expliquer la détermination prise par le troubadour de quitter Montauban. Les vers où le poëte nous parle de sa retraite à Saint-Antonin nous sont parvenus dans un état qui permet difficilement de les comparer avec les vers dont ils sont la suite. Ces anneaux sont si rouillés et si déformés qu'on ne peut plus décider s'ils appartiennent à la chaîne que nous avons sous les yeux. L'écriture de ce fragment est assez moderne, dit M. Raynouard. La langue elle-même n'est pas d'une grande pureté ; elle offre de ces immixtions de langue française qui auraient scandalisé le purisme provençal du grammairien Raymond Vidal. On trouve dans l'un de ces vers l'imparfait français *avait*, au lieu de l'imparfait roman *avia*. Il est vrai que la responsabilité de ces erreurs doit, suivant toute apparence, retomber sur l'ignorance du copiste.

Si l'on pèse les raisons que l'on a d'accepter ou de rejeter la variante proposée par M. Raynouard, on les voit se faire mutuellement équilibre ; mais ce texte même serait-il une interpolation, il attesterait encore l'idée qu'à une époque ancienne sans doute, on se faisait de l'auteur du poëme. Dans un temps où les traditions de la littérature provençale n'étaient pas encore perdues, on n'hésitait pas à accepter comme un nom réel le nom de Wilhem de Tudela.

(1) Raynouard, id., p. 227.

violences de la conquête ; plus tard, quand le voisinage de la guerre, dont l'étreinte, tous les jours plus étroite, enlaçait Toulouse et Montauban, lui parut inquiétant, le troubadour se réfugia auprès du comte Baudoin. L'historien, qui a mis sa plume au service de la croisade, a un protecteur tout naturel dans le chevalier méridional, qui a prêté aux Français le secours de son épée, dans le frère de Raymond VI, qui s'est déclaré le vassal de Simon de Montfort : la protection de ce comte lui assure un refuge au milieu des chanoines de Saint-Antonin, comme Perdigon dut au gendre de Guillaume des Beaux, l'asile, que lui ouvrit l'abbaye d'Aiguebelle. Tous ces détails s'appuient, se justifient l'un l'autre : ils forment comme une espèce de chaîne continue. Les contradictions que l'on peut relever encore dans la biographie du poëte, ne sont que les contradictions mêmes de la société du midi. Elles ne doivent pas nous faire rejeter, comme suspect d'erreur, le fond même de ces renseignements.

Le poëte semble avoir répondu, d'une manière assez satisfaisante, à toutes les questions que nous lui avons adressées sur sa vie et sur sa destinée. Pouvons-nous croire à la sincérité de ses réponses ? Lui-même pouvait-il se nommer ? Non, s'il a écrit toute la chanson de la croisade. Comment se serait-il dénoncé lui-même à l'inquisition, lui apostat, lui qui aurait quitté la bannière de Simon de Montfort pour celle de Raymond VI, la croix rouge des croisés pour la croix patriotique du drapeau de Toulouse, lui qui aurait jugé ses juges, qui les aurait condamnés en désertant leur cause ! Ce ne serait pas du courage, ce serait de la témérité. Mais si Wilhem de Tudela n'a composé que la première partie de la geste, pourquoi ne serait-il pas fait connaître ? Son esprit timide, docile, prudent, qui accepte, sans discussion, tous les arrêts des légats, toutes les violences de la croisade, son admiration feinte ou réelle pour les chefs spirituels et temporels de cette armée des hommes du nord n'auraient-ils pas fait excuser les défaillances de son fanatisme et les quelques accents pleins de sympathie et d'émotion, qui viennent de loin en loin relever son terne et pâle récit ? Le clerc de Navarre pouvait se nommer. S'il n'a pas la foi enthousiaste de Pierre de Vaux-Cernay, il est tout aussi irréprochable dans son catholicisme que le sera plus tard Guillaume de Puylaurens.

De même, toutes les indications biographiques que nous avons recueillies, ne peuvent s'appliquer qu'à l'auteur de la première partie. Dans le poëte qui a écrit la seconde, on retrouve les traces d'un esprit religieux, vif, ardent, sincère, mais rien ne montre plus en lui l'homme qui est encore attaché à l'Eglise par les liens spirituels et temporels ; rien ne révèle non plus l'homme qui les a brisés. Il est tout entier à son culte pour les idées et les gloires de la chevalerie. Ce culte n'est égalé que par son admiration et son amour pour Toulouse. Sans doute, son origine étrangère ne suffit pas pour justifier le poëte de la première partie de son indifférence, de sa félonie à l'égard d'un pays qui l'avait adopté et qui était presque le sien ; mais elle peut, moins encore, s'accorder avec le patriotique enthousiasme qui rayonne à travers la seconde partie. Là le troubadour apparaît surtout comme un citoyen de Toulouse ; parle-t-il de Folquet ? il l'appelle notre évêque. Rien de ce qui touche la grande cité du midi n'est étranger à notre poëte.

Si nous interrogeons la variante proposée par M. Raynouard, les inductions que nous en tirons, appuient et complètent celles que nous suggère le texte du manuscrit Lavallière sévèrement examiné. Est-ce le chanoine de Saint-Antonin qui oserait ainsi regarder l'Eglise en face et condamner la croisade ? Serait-ce au moment où il vient de recevoir les bienfaits de l'allié des croisés qu'il les abandonnerait ? Il aurait joui des faveurs du comte Baudoin, il aurait dû sa prébende à la protection du frère de Raymond VI, aussi malheureux que coupable, et serait ensuite allé se faire *dorer et mettre en splendeur* par le fils du comte de Foix, un des juges et des bourreaux de son protecteur !

Ce n'est pas du fond d'un couvent que le poëte a assisté aux glorieux événements du second acte de la guerre ; il les a vus de ses propres yeux : on sent, à travers ses récits, cette émotion qu'éprouvent seuls les témoins d'une grande scène. Le clerc de Tudela peut bien, avec le secours et les indications des autres chanoines, avoir composé la première partie, mais la seconde est écrite par un troubadour, un chevalier, un citoyen de Toulouse, un sujet des Raymonds. Wilhem de Tuleda est l'auteur de la première partie de la geste ; la seconde est l'œuvre d'un peuple entier, faisant passer ses propres émotions dans l'âme d'un poëte inspiré. Pour M. Fauriel il n'y a qu'un seul poëte, et ce poëte a caché son nom ; nous croyons, au contraire, voir, dans cette épopée historique, l'ouvrage de deux troubadours : l'un deux seul s'est nommé, et son nom, sa prudente orthodoxie, sa qualité d'homme d'église, couvrent, comme d'un bouclier, la hardiesse et l'enthousiasme chevaleresques du troubadour anonyme qui a continué son œuvre. La chronique a protégé le poëme.

DEUXIÈME PARTIE.

Le poëme de la croisade au point de vue historique. — Les événements et les hommes de la guerre albigeoise dans le poëme de la croisade.

CHAPITRE PREMIER.

Renseignements fournis par le poëme sur les principales phases de la croisade. — Vérité historique des appréciations et des récits de ce poëme.

Ce poëme, dit M. Raynouard, est à la fois un monument littéraire et un monument historique : il peut donc être l'objet d'un double examen.

Nous avons étudié le monument littéraire.

Ne négligeons pas le monument historique.

A proprement parler, tout poëme est plus ou moins un monument historique. L'action a beau se dérouler dans le domaine de la fiction ; le fond même du poëme s'appuie sur l'histoire et la réalité ; il porte toujours plus ou moins l'empreinte de la société pour laquelle il a été écrit et de l'époque dont il est une production. Presque toujours il donne quelques renseignements précieux à recueillir sur les idées, les mœurs, les usages de la vie sociale ou politique des hommes dont il a charmé les loisirs ou exalté l'imagination ; prenons le roman de Jauffre, nous y verrons l'histoire côtoyer la fantaisie ; et si nous ne nous intéressons guère plus aux fantastiques aventures du héros de la table ronde, nous nous plaisons à étudier, sous ses divers aspects, l'image de cette société féodale et chevaleresque, avec ses fêtes, ses plaisirs, ses superstitions, ses violences, ses dévouements.

Comme toute autre épopée, plus que toute autre épopée, celle de la croisade présente ce fond historique ; de plus, l'action même appartient à l'histoire. De là un double sujet d'étude : d'une part, il faut prendre l'action du poëme, démêler parmi les événements, racontés par le troubadour, ceux qui offrent quelque nouveauté et qui, par la manière dont ils sont présentés, peuvent éclairer d'une lueur inattendue toute une phase peu connue ou mal appréciée ; il faut emprunter au poëte tous les traits qui modifient ou complètent la physionomie des personnages mis en scène ; il faut s'attacher à vérifier la fidélité des récits, la ressemblance des portraits. Cette première étude ne nous conduit qu'à la moitié du chemin que nous devons parcourir ; il faut ensuite interroger l'histoire de la croisade, comme nous interrogerions tout autre poëme, qui porterait fortement imprimé le cachet du temps dans lequel il a été composé. Il faut en pénétrer le fond même ; il faut des indications qu'il présente, des allusions qu'il renferme, faire jaillir une lumière propre à éclairer les institutions de la société et les principaux aspects de la civilisation méridionale. Souvent, des faits qui ont leur intérêt dans le courant même de la narration, en offrent un plus grand encore lorsqu'on cherche en eux des signes, des indices d'un état social jusqu'alors mal observé ; aussi plusieurs de ceux que nous passerons sous silence, en examinant le récit du troubadour, dont une longue analyse pourrait devenir fastidieuse, se retrouveront sous notre plume, lorsque, prenant les données du poëme pour centre de nos observations, nous nous efforcerons de dégager et de mettre en relief les principaux faits sociaux, politiques, moraux et religieux qui donnent à la société du midi sa plus vivante originalité. Mais avant de pénétrer ainsi dans les profondeurs de la geste, arrêtons-nous à la surface. Une première étude doit avoir pour objet le récit même du poëme, l'action, le drame ; nous l'avons déjà apprécié au point de vue littéraire : apprécions-le maintenant au point de vue historique.

La remarquable préface de M. Fauriel a déjà singulièrement facilité la tâche que nous nous proposons de remplir ; dans le champ qu'il a moissonné, il n'y a guère plus qu'à glaner ; parmi les épis négligés, il en est cependant qui méritent encore d'être recueillis. Il est un fait important sur lequel ni la chronique de Pierre de Vaux-Cernay, ni celle de Guillaume de Puylaurens ne satisfont notre curiosité : c'est l'évolution du comte de Toulouse quittant enfin le parti de la croisade, pour se mettre à la tête des champions du midi. Le moment de la rupture de Raymond VI avec Montfort et les légats n'est guère précisé que par le poëme de la croisade. C'est aux portes du concile d'Arles qu'elle s'accomplit (1). A peine la charte, qui renferme les injonctions du concile, lui a-t-elle été lue, il s'élance à cheval et, la charte au poing, sans prendre congé, il court tout d'un trait à Montauban, à Moissac, à Agen. Les populations comprennent cet appel ; elles se soulèvent, elles protestent contre la servitude dont on les menace ; elles réchauffent de leur enthousiasme l'âme irritée de Raymond. De toutes parts les lettres du comte de Toulouse appellent sous sa bannière ses vassaux et ses alliés, là-haut dans l'Albigeois et deçà en Béarn ; il a mandé le comte de Comminges, le comte de Foix dans le Carcassais, et prie Savary de vouloir bien l'aider dans cette affaire. Le seigneur de Mauléon lui a promis qu'il lui aidera de bon vouloir et de cœur, *n'importe à qui la chose plaira ou ne plaira pas.* L'évêque Folquet veut en vain enlever au comte l'appui des habitants de Toulouse. L'absolution, qu'il leur accorde, n'empêche pas toute la faction nationale et patriotique de se joindre à Raymond VI.

Après un tel éclat, les relations du comte avec l'Eglise et la croisade sont à jamais rompues ; s'il reparaît encore à côté des croisés, ce n'est pas comme un allié, mais comme un ennemi épiant l'occasion de fondre sur un adversaire détesté. La déposition de Pons Carbonel de Fayet devant l'inquisition confirme le récit du poëme de la croisade (2) ; elle nous retrace, nous le savons, un épisode du siége de Lavaur ; Raymond VI marche vers cette ville. Dans quelle

---

(1) Fauriel, p. 98, 100, 102 ; Mss., f° 18, p. 36.
(2) Collection Doat, tome 24, f° 35 et 36.

pensée ? L'histoire ne l'a jamais dit. La composition du cortége du comte nous fait pressentir ses véritables intentions. Raymond VI est entré au château de Fayet ; il y a pris son albergue ; après avoir terminé leur repas, Raymond et les hommes qui l'accompagnent se rendent sur la plate-forme du château, et là on passe la revue des chevaux ; Raymond de Rocaud, le bayle du comte de Toulouse, donne un cheval à chacun des hérétiques qui étaient venus à la place d'armes ; il les fait monter en selle, et aussitôt le comte et ses chevaliers et tous ceux qui étaient venus avec lui sortent du château et se mettent en marche sur Lavaur, qui était alors assiégé par les Français. Avec cette escorte, Raymond VI ne pouvait nourrir la moindre pensée d'accommodement avec Simon de Montfort : une haine à mort séparait dès lors le comte de Leicester et celui de Toulouse.

Dans la seconde partie de la geste, la seule vraiment poétique, le troubadour a une manière originale d'apprécier la grande protestation du midi contre la domination de Montfort et de l'Eglise. Elle a, à ses yeux, tous les caractères d'un mouvement féodal et chevaleresque. Jusqu'à quel point cette vue du poète est-elle conforme à la réalité historique ? Jusqu'à quel point les idées et les passions exprimées dans ce poëme représentent-elles les idées et les passions d'une société qui réunit toutes ses forces pour secouer le joug d'une oppression détestée ? L'historien n'est-il pas plus troubadour qu'historien ? Peut-être ; mais qu'importe ? Qui pouvait, mieux qu'un troubadour, éprouver et comprendre les sentiments des hommes du midi marchant au combat ? Car

ces sentiments sont bien ceux qui inspirent les vers du poëte. Le dialogue de Gui de Cavaillon et du jeune comte, nous nous le rappelons, résume les idées, les aspirations, les alarmes, les espérances qui, s'il en faut croire le poëte, agitaient les cœurs des méridionaux. Or, si la mise en scène appartient au troubadour, s'il a placé dans un cadre, qui les rehausse, les fières et héroïques paroles de ces deux champions de la France du sud, le fond même de cet entretien se retrouve dans les deux strophes que Gui de Cavaillon et Raymond VII laissent tomber du haut de leurs chevaux de bataille, en courant aux armes. « Seigneur comte, disait
» Gui de Cavaillon, je voudrais bien savoir ce que vous
» tiendriez pour meilleur : recevoir votre terre de l'affection
» de l'Eglise ou la conquérir avec honneur, par la chevale-
» rie, souffrant le froid et le chaud ? Je sais bien ce que
» j'aimerais mieux, si j'étais un homme puissant, capable de
» changer l'adversité en joie. — Par Dieu, Gui, répondait
» le jeune comte, mieux aimerais-je conquérir prix et va-
» leur que nul autre bien qui me tournât à déshonneur ;
» je ne le dis point en haine du clergé et je ne m'en dédis
» pas par peur. Je ne veux ni château ni tour, si je n'en fais
» pas moi-même la conquête, et que mes honorables auxi-
» liaires sachent que le gain leur appartient » (1).

Ces quelques vers que les deux chevaliers échangent, comme un mot d'ordre, ne sont-ils pas l'expression sincère des sentiments, qui animent les vassaux des Raymonds ? Il en est une

---

(1) *Bibl. choisie des poëtes français*, tome 1er, p. 214.

cependant encore plus directe et spontanée : c'est une chanson populaire de Toulouse sur la mort de Montfort ; c'est une courte improvisation ; ce n'est qu'un cri de joie et de triomphe, mais il renferme les idées et les émotions qui sont l'âme du poëme de la croisade. « Montfort est mort, est
» mort, est mort ! Vive Toulouse, cité glorieuse et puis-
» sante ! Le parage et l'honneur reviennent. Monfort est
» mort, est mort ! est mort ! » (1)

(1) Dom Vaissète, tome 1er, édition Du Mège. — Additions et notes, p. 85.
Montfort
Es mort !
Es mort !
Es mort !
Viva Tolosa,
Ciutat gloriosa,
E poderosa !
Ternan lo parage e l'honor.
Montfort
Es mort !
Es mort !
Es mort !

CHAPITRE II.

Fidélité des portraits dessinés par le poëte.

Les accents mâles et guerriers, que le jeune Raymond VII jette aux rivages de la Provence, expriment les instincts héroïques de cette jeune et ardente nature ; c'est un courage intrépide et confiant, une libéralité sans bornes, un enthousiasme sans réserve pour les idées ; les mœurs, les plaisirs de la chevalerie : ces qualités, si appréciées par les hommes du midi, devaient exalter l'imagination et enflammer le cœur de ceux qui venaient se ranger sous la bannière du neveu de Jeanne d'Angleterre. Raymond VI avait vu naguère les populations se lever, dans un élan de colère patriotique, en entendant la charte du concile d'Arles. Les vers, adressés par Raymond VII à Gui de Cavaillon, retentirent comme un appel aux armes, et cet appel dut être entendu partout où battait un vrai cœur de chevalier. Toutes les haines qu'avait provoquées la tyrannie de Simon de Montfort, toutes les passions sanguinaires qui couvaient sourdement s'épanouirent en un immense enthousiasme, à la voix de ce fier et belliqueux enfant. « Un enfant, s'écrie le troubadour

» Guillaume Anelier, recouvre pouvoir, un enfant qui est
» à parage lumière et rayon ; sans lui parage ne pourrait
» valoir, mais serait en tout temps plus bas : l'enfant a re-
» cueilli un si grand honneur de ceux dont il a fait planche
» et pont ; il a donné un tel exemple, que les Français ont
» le cœur tout en émoi d'être aussi près de lui » (1). Les
éloges donnés à Raymond VII par le troubadour de Toulouse
achèvent de le peindre. Les sentiments, que l'on inspire aux
autres, sont le reflet de ceux dont on est soi-même animé.

Tous ces traits n'offrent-ils pas une singulière ressemblance
avec ceux qui composent la physionomie du jeune comte
dans les grandes scènes dessinées par le poëte de la seconde
partie de la geste? Ceux qui avaient connu Raymond VII
dans son adolescence et dans sa jeunesse et qui lisaient le
poëme de la croisade, devaient admirer la fidélité de cette
vivante image. Dans les actes, dans les paroles de Raymond VII, il n'y a pas un seul mouvement, un seul geste,
un seul mot qui contredisent l'attitude et le rôle que le troubadour prête au jeune comte.

Un historien qui serait en même temps un moraliste pénétrant, se plairait peut-être à chercher dans l'intrépide défenseur
de Beaucaire, dans le bouillant vainqueur de Baziège, les défaillances qui annoncent le second Raymond VII, le signa-
taire du traité de Meaux et le beau-père d'Alphonse de Poitiers.
Ces recherches seraient peut-être vaines et stériles ; il est de
ces moments où l'héroïsme envahit l'âme tout entière ; on ne

(1) Raynouard, *Poésies originales des troubadours*, tome 4, p. 372.

lui fait point sa part ; comme un flot poussé par la marée, il vient couvrir les bords fangeux de notre nature ; tout dans notre âme présente le spectacle de la grandeur, de la force, de la profondeur.

Il y eut deux hommes dans le dernier des Raymonds ; le sang de Richard Cœur-de-Lion coulait dans ses veines ; mais ce sang de héros était mêlé au sang plus froid de Raymond VI. Ce qu'il y avait dans ce cœur, d'ardent, de généreux, monta tout d'abord à la surface, s'exhala, s'évapora, et il ne resta plus au fond du vase qu'une froide et plate liqueur. Tout l'esprit en avait disparu. Le fils de Jeanne d'Angleterre, le neveu de Richard Cœur-de-Lion, sembla d'abord ranimer les prouesses *et la chevalerie dont son oncle était le chef;* mais il ne survécut pas au traité de Meaux ; — Raymond VII ne montra plus en lui que le fils de Raymond VI. — Lorsqu'on le voit entrer dans Notre-Dame, en chemise et la corde au cou, non-seulement on partage la pitié du chroniqueur ecclésiastique, mais encore on évoque une douloureuse image : un triste rapprochement entre l'humiliation de Raymond VII et celle de son père, entre Notre-Dame et Saint-Gilles, se fait de lui-même dans notre esprit. La cérémonie de Notre-Dame est plus triste encore : elle nous révolte, comme une violence ; elle nous serre le cœur, comme une cérémonie funèbre : le fils de la reine Jeanne était mort ; le fils de Raymond VI allait végéter pendant vingt ans encore.

Souvent le drame historique se compose de lui-même avec une perfection qui désespère l'art du plus habile poëte ; les caractères s'y opposent par des contrastes qui en font ressortir les côtés les plus saillants; les nuances sont fidèlement observées; la plus grande harmonie règne entre les différents rôles du drame et les acteurs chargés de les remplir. Il en est ainsi pendant toute cette phase de la guerre, que nous retrace la seconde partie du poëme de la croisade. Il faut admirer le contraste, que le poëte a su rendre frappant, entre la sagesse grave et modérée du vieux comte et la fougue emportée du jeune Raymond VII. Ce contraste ressort des faits, et les traits augustes sous lesquels le troubadour nous dépeint Raymond VI vieilli et rétabli dans sa capitale par un retour miraculeux de la fortune, sont tous empruntés à la vérité historique. Cette piété reconnaissante, cette justice qui ne fait grâce à aucun excès, cette protection étendue sur l'Eglise par un homme que l'Eglise a proscrit, ne sont pas autant de mérites prêtés sans fondement au vieux Raymond par l'imagination enthousiaste du troubadour. S'il eût écrit l'histoire non en poëte, mais en historien, il aurait pu citer les pièces à l'appui de ses assertions.

Des textes précieux, recueillis par Percin, pourraient être écrits, comme un commentaire, au bas des pages du poëme; ce sont les dépositions des témoins entendus lors de l'enquête posthume à laquelle le pape, sur la prière de Raymond VII, soumit la vie et les sentiments religieux de Raymond VI; ces témoignages renferment le cadre de quelques-unes des scènes de la geste.

Durant le temps de la guerre, le comte prit sous sa sauvegarde tous les clercs, religieux ou autres, qui vou-

lurent rester dans la cité de Toulouse (1). Bien certainement, si le comte l'eût permis, beaucoup de mal eût été fait aux religieux, aux églises et aux ecclésiastiques. Souvent, disait un autre témoin, il entendit publier à son de trompe, dans Toulouse, la défense d'attaquer, pendant la guerre, les maisons religieuses (2). En entrant dans sa ville héréditaire, Raymond VI vit venir à sa rencontre les nones de la Sainte-Croix; elles lui demandèrent l'aumône, se plaignant de n'avoir pas de quoi manger. Le comte se tourna vers son bayle Jourdain, lui ordonna de leur remettre toutes les choses nécessaires. « J'aimerais mieux, dit-il, mou-
» rir moi-même de faim que de laisser ainsi périr ces no-
» nes. » Un comte faidit rentrant dans Toulouse avec une escorte dont l'orthodoxie est plus que suspecte, et faisant l'aumône à des nones qui meurent de faim sous la domination de Montfort et de Folquet, n'est-ce pas un étrange spectacle?

Ce n'est donc pas l'imagination, ce n'est pas la fantaisie qui ont dans le récit du poëte donné au comte ce rôle de conciliation, et à toute sa conduite ce caractère de modération, d'équité et de justice souveraines. C'est là la part, et la part glorieuse, qui revient à Raymond VI dans cette grande œuvre de l'affranchissement momentané du midi, dans le siége héroïque, soutenu par Toulouse. La liberté ne cesse de régner sans contrainte, sans entrave; comme un courant d'air pur et sans cesse renouvelé, elle excite et

---

(1) Percin, *Opuscula.* — *De hæresi Albigensium.* — Appendix, p. 77.
(2) Id., p. 78 et seq.

attise dans les âmes la flamme du patriotisme ; il ne faut pas la réprimer, il ne faut que l'empêcher de dégénérer en licence ; cette haute direction appartient au comte ; son action s'exerce dans une sphère très-élevée, trop élevée même pour qu'elle puisse beaucoup gêner le jeu des libertés municipales et féodales ; sa responsabilité est assez limitée ; il est ramené dans Toulouse, il y est défendu, il y est accueilli ; on agit pour lui encore plus qu'il n'agit lui-même.

Il suffit de lire attentivement le poëme de la croisade pour réduire à sa juste valeur le jugement classique que Langlois, dans son *Histoire des comtes de Toulouse*, porte sur Raymond VI, et que dom Vaissète rappelle, en lui accordant une certaine confiance. « Raymond VI n'avait, dit Langlois,
» rien de médiocre dans ses bonnes ni dans ses mauvaises
» qualités ; il avait l'âme noble et le génie aisé ; il possédait
» l'art de tenir ses voisins attachés à ses intérêts ; l'adversité
» ne l'abattit point ; on eût dit que la fortune le rendait
» plus grand, à mesure qu'elle le persécutait davantage ;
» les siéges qu'il soutint dans Toulouse contre de puissantes
» armées, qui ne purent l'y forcer, sont des preuves certaines de son courage. La manière dont il reconquit la capitale de ses Etats, après l'avoir perdue, est encore plus
» glorieuse » (1).

Tous ces traits sont de la pure et simple rhétorique, et conviendraient beaucoup mieux à un héros académique de l'antiquité qu'ils ne conviennent au comte de Toulouse. Ces

(1) Dom Vaissète, tome 5, p. 305, édition Du Mège.

appréciations appartiennent à cette histoire fausse et par trop simplifiée qui ne voit que les faits et les gestes des rois et des princes, et confisque à leur profit la responsabilité et les mérites des actions des peuples. Le poëme de la croisade a rendu aux bourgeois, aux chevaliers de Toulouse et aux barons accourus du dehors dans l'enceinte municipale, la part qui leur était due. Il ne supprime pas le rôle du comte : ce n'est pas un prince fainéant, bien qu'il n'ait pas exercé sur le cours des événements une action aussi grande que celle qu'on lui voudrait prêter. La résistance de Toulouse se poursuit sous ses auspices plutôt que sous son commandement.

Le poëte de la seconde partie de la geste indique, avec la plus scrupuleuse exactitude, les noms et les mérites des chevaliers qui concourent à la défense de Raymond et de Toulouse. Les contemporains peuvent trouver de l'intérêt à ces énumérations ; elles le perdent complétement pour nous ; ces noms ont peut-être été entourés jadis d'un certain prestige ; ce prestige aujourd'hui a disparu ; l'histoire même ne peut guère s'arrêter autour de ces réputations éphémères. Cependant la plupart de ces chevaliers étaient, dans leur temps, élevés au-dessus de la foule ; leurs noms figurent en grand nombre dans les monuments de l'époque. Parmi les plus marquants se distinguent surtout ceux d'Alfaro, de Giraud de Gordon, des Unauds, de Hugues Jean, de Pelfort, de Bernard de Casnac, de Bernard Othon, de Wilhem de Niort. Il est bon de connaître familièrement ces principaux personnages, si l'on ne veut pas rester étranger à la société méridionale du treizième siècle. Nous avons déjà, dans le courant de cette étude, rencontré la plupart d'entre eux : l'hérétique parfait Giraud de Gordon, les Unauds, Hugues d'Alfaro, le sénéchal de l'Agénois, dont le fils Raymond d'Alfaro, bailli du comte de Toulouse et complice du meurtre des inquisiteurs d'Avignonet, était, par cette complicité même, appelé à une sanglante renommée ; Pelfort, qui, avec les autres seigneurs et chevaliers de Rabastens, octroie aux habitants de ce château des libertés et des garanties consignées dans une charte de l'an 1210 (1). Le cartulaire de Raymond VII attire notre attention sur la famille des Jeans, famille moitié bourgeoise, moitié féodale, et Percin, au dix-septième siècle, voit dans l'église des Dominicains les tombeaux de ces patriciens de Toulouse (2). Le moine de Vaux-Cernay a éclairé d'une sinistre lueur la physionomie de Bernard de Casnac. Enfin, les Bernard Othon et Wilhem de Niort ont une place importante dans l'histoire de l'hérésie. Une grande commission inquisitoriale, dont l'archevêque de Narbonne faisait partie, dut soumettre à une sévère enquête la conduite, les actes et la foi de ces seigneurs de Niort et de leur mère, qui était hérétique parfaite (3).

Tous ces noms avaient un véritable retentissement dans le midi ; le poëte, les rencontrant dans le courant de son exposition, n'a pas dû les passer sous silence. Nous sommes bien loin d'avoir épuisé la liste si longue des combattants,

(1) *Cartulaire de Raymond VII*, p. 144 ; manuscrits latins, bibliothèque impériale (6009).
(2) Percin, *Monumenta historiæ conventus Tholosani*, 261.
(3) Collection Doat, tome 21, f° 34 et seq.

des barons, des chevaliers qui figurent tous dans cette grande épopée. Ces noms sont-ils plus obscurs que ceux que nous avons relevés? Ont-ils également mérité la mention que leur accorde le troubadour? A la distance où nous sommes de cette époque, on ne saurait le dire. En citant l'un après l'autre tous ces noms, dont la plupart ne sont pour nous que des mots, l'historien a-t-il acquitté simplement une dette de reconnaissance contractée par le troubadour? C'est l'opinion de M. Fauriel, et cette opinion a pour elle une grande vraisemblance. D'autres motifs ont pu cependant diriger le poëte. N'a-t-il pas voulu imiter les chansons de gestes, qui, à l'exemple des épopées antiques, se plaisent à faire retentir dans leurs vers un grand cliquetis de noms propres, de noms de héros, de noms de chevaliers? Peut-être enfin le soin et la recherche de l'exactitude, qui distinguent l'auteur de la seconde partie de la geste, n'ont-ils pas été étrangers à ces longues et minutieuses énumérations.

L'histoire, écrite en présence même des événements dont elle doit perpétuer le souvenir, ne laisse pas échapper facilement un seul fait, un seul détail, un seul nom. Elle ne se doute pas qu'elle prépare une fastidieuse nomenclature à la mémoire des lecteurs assez patients pour s'y arrêter; tout lui semble avoir de l'importance, de la grandeur, de l'intérêt; ce ne sont pas seulement des chroniqueurs inexpérimentés, comme l'auteur du poëme de la croisade, ce sont aussi d'habiles historiens qui se laissent aller à cette illusion. Ils sont pris au piége que leur tend l'amour-propre de leur époque ; on oublie volontiers que les générations ont leur égoïsme ; si elles ne sont pas indifférentes à celles qui les ont précédées, elles ne font pas abnégation d'elles-mêmes au point de s'absorber dans l'histoire de celles qui ne sont plus. C'est une tendance de l'esprit humain qui n'a peut-être pas été assez présente à la pensée de l'historien du Consulat et de l'Empire ; une des critiques les plus justes et les mieux fondées que l'on puisse adresser à son grand ouvrage porte sur un véritable abus de détails, qui traversent l'esprit et ne s'y arrêtent pas. Tout, dans cet ample et large récit, est rappelé, expliqué, développé. L'historien ne s'est peut-être pas placé au point de vue de l'histoire ; le tableau est très-grand, très-étendu, très-fidèle ; mais la perspective ne fait-elle pas un peu défaut ? (1) Il faut toute la vigueur et la netteté d'esprit de l'auteur pour préserver de la diffusion une analyse trop détaillée. Sa main ferme sait au besoin rassembler, resserrer les mailles trop lâches de son récit. Un résumé net et précis facilite la tâche du lecteur qui veut retirer des fruits de sa lecture et corrige l'excès de cette dispersion forcée de l'esprit sur de nombreux détails ; il ne faut demander rien de semblable à notre poëme de la croisade ; il lui est arrivé ce qui nécessairement arrivera à toute histoire écrite avec les mêmes illusions, ce qui arrivera au bel ouvrage historique dont

---

(1) Dans ces observations sur le grand ouvrage de M. Thiers, nous n'avons en vue que l'histoire militaire et stratégique ; la critique contraire pourrait être adressée à l'histoire morale, politique, sociale, philosophique, qui présente de trop nombreuses lacunes.

nous admirons aujourd'hui le majestueux ensemble ; quelques parties sont mortes ; quelques rameaux trop éloignés du tronc se sont desséchés ; la séve a cessé d'y circuler.

Le temps, comme un crible, sépare les événements importants de ceux qui ne le sont pas et les livre tout choisis à l'historien, que plusieurs âges séparent de celui qui est l'objet de ses études. Il faut que les récits analytiques des histoires contemporaines passent à ce même crible ; une seule partie des faits, que leurs auteurs ont cru devoir sauver de l'oubli, est conservée. Il serait imprudent de ne pas accepter les résultats d'un triage qui est le plus souvent judicieux, bien qu'il semble abandonné au hasard ; il est inutile de chercher à répandre un peu de vie et de lumière autour de ces noms que l'oubli a enveloppés ; il suffit de connaître les personnages qui ont joué les premiers rôles dans ce drame sanglant ; ce sont du reste ces physionomies seules qui ont de l'originalité ; les traits, sous lesquels le poëte dépeint les chevaliers qui se sont tenus au second plan, sont trop vagues, trop généraux pour frapper l'attention. Le troubadour voit et admire surtout en eux de braves chevaliers. La critique ne peut pas s'exercer sur une pareille donnée ; qui oserait mettre en doute la vaillance de ces faidits, de ces barons qui défendirent Raymond et sauvèrent Toulouse ? D'ailleurs la véracité du poëte, dont des preuves irréfutables ne nous permettent pas de douter, peut justifier la confiance que nous inspirent ses appréciations et ses jugements.

Lorsqu'il a fallu mettre en scène des Français, le troubadour a-t-il été aussi fidèle historien ? Il pouvait les moins

connaître qu'il ne connaissait les hommes du midi ; il ne les a pas entendus parler ; mais il n'a pas ignoré leur caractère, leurs passions, leur vie. Les discours, qu'il leur a prêtés, ont une étroite harmonie avec la conduite qu'ils ont tenue sur la terre conquise. Dans le poëme de la croisade, Foucauld de Brézy est un chevalier libre penseur ; sa raison, son bon sens protestent contre les absolutions que le clergé prodigue, comme un ferment de fanatisme. Au siége de Beaucaire, un chevalier de l'armée catholique a été pendu : « C'est un martyr. » L'évêque de Nîmes n'hésite pas à lui accorder une sorte de canonisation provisoire et anticipée. Il déclare que ceux qui sont morts ont obtenu leur pardon. « Par Dieu,
» seigneur évêque, s'écrie Foucauld de Brézy, vous parlez
» de la sorte, parce que notre bien décroît et notre mal re-
» double ; et c'est une grande merveille de vous voir, vous
» autres lettrés, absoudre et pardonner. Si le mal est le
» bien, si le mensonge est la vérité, là où est l'orgueil, là
» aussi sera l'humilité. Par Dieu, seigneur évêque, pour
» chose que vous disiez, vous ne me persuaderez point que
» Jésus-Christ, pour nos prédications et nos péchés, ne soit
» pas irrité et fâché contre nous. Ce qui m'ôte tout espoir,
» c'est de voir changer notre fortune et notre bravoure en
» guerre. Car si la chrétienté eût été tout entière en armes
» dans un camp et nous de l'autre côté, je ne crois pas que
» nous eussions été honnis et vaincus » (1).

(1) Faurie., p. 302 ; Mss., f° 55, p. 110.
Per Dieu senher navesque, de tal razo jutjatz
Per que le bes amerma e lo mals es doblatz

Peu superstitieux, Foucauld de Brézy ne se laisse pas aveugler par les espérances que les clercs font briller aux yeux des croisés ; la croisade a été sans doute pour lui plus un chemin vers la fortune qu'une voie vers le salut. Brave, intrépide, obstiné comme Montfort dont il n'a point la piété enthousiaste et aveugle, il est animé de cette fierté qui fait la force des chevaliers français et que justifie un courage partout reconnu, partout admiré. Après la croisade de Philippe-Auguste, dont le caractère politique choqua l'imagination des troubadours, Raymond Vidal s'écriait : « L'effroi part de France, de ceux qui avaient coutume d'être les plus braves » (1). Cette bravoure et l'orgueil, qu'elle inspire, animent le cœur de Foucauld de Brézy ; c'était un homme de guerre intelligent, libre, fier, peu touché de la religion, défiant envers les prêtres, et dans ses passions de guerrier et de tyran féodal, il ne trouve pas des inspirations moins âpres, moins violentes que celles que Montfort puise dans une foi

> E es grans meravilha de vos autres letratz
> Com senes penedenza solvetz ni perdonatz.
> Pero, si mals fos bes, ni mentirs veritatz,
> Aqui on es orgolhs fora humilitatz.....
> Per Dieu, senher nivesques, ja per re quem digatz
> Oi nom fariatz creire, si tot mo autreiatz,
> Que per vostres prezics e per nostres pecatz
> Nos sia Jeshu Crist irascutz e iratz,
> Quen aiso quen ai vist me soi desesperatz
> Que lardimens e lastres nos sia cambiat,
> Car ieu pas no cujera, si la crestiandatz
> Fos en .i. camp garnida e nos de lautre latz
> Quentre totz nos aguessan annitz ni reuzatz.

(1) Raynouard, *Poésies originales des troubadours*, tome 4, page 165.

exaltée et fanatique, surexcitée par l'ambition d'une âme hautaine. Tandis qu'Alain de Roucy incline le cœur de Montfort à la paix, Foucauld, sans partager la confiance enthousiaste du légat, tout en tremblant pour l'avenir de la conquête, suggère à Montfort des projets dont l'audace et l'énergie séduisent le comte de Leicester. Son esprit, dégagé de préjugés, sonde, sans faiblesse et sans pusillanimité, l'abîme qui se creuse devant les Français ; sans être saisi de vertige, il s'efforce de jeter un pont entre les deux bords qui s'éboulent. Au siége de Beaucaire, tandis que Montfort se heurte contre les murs de la ville avec l'impétuosité brutale d'un roc lancé par un mangonneau, tandis que Hugues de Lascy désespère, Foucauld de Brézy combine un plan d'attaque que l'héroïsme des défenseurs de Beaucaire et une fatalité providentielle peuvent seuls faire échouer. — A Toulouse, c'est Foucauld de Brézy qui suggère aux assiégés l'idée de bâtir une ville nouvelle à côté de la ville assiégée, d'attirer à eux toute la richesse, toute la vie, toute la substance même de l'antique cité ; le moyen est digne d'un esprit énergique, résolu, ne reculant devant aucune mesure extrême (1).

Au point de vue moral et littéraire, ce caractère est vrai ; au point de vue historique, il ne l'est pas moins.

Le portrait, que Guillaume de Puylaurens a tracé de Foucauld de Brézy, prouve la ressemblance de celui dont nous trouvons les traits épars dans le poëme de la croisade. C'est

(1) Fauriel, p. 448 ; Mss., f° 82, p. 164.

bien le même personnage vu tour à tour par un homme
d'église ou par un troubadour. C'est une âme fortement
trempée ; dans une autre époque, elle aurait pu, en se développant, devenir une de ces natures supérieures qui ont
le cœur aussi haut que l'intelligence large et puissante ;
livrée au tourbillon des passions féodales, elle fut violente,
cruelle, barbare même. L'indépendance de Foucauld de
Brézy, ses doutes malséants, son peu de respect pour le
clergé, devaient grossir, aux yeux d'un moine ou d'un chapelain, des vices, des excès, qui s'évanouissaient sous les
rayons de l'auréole de sainteté, attachée au front de Simon
de Montfort. L'Eglise n'a pas l'habitude de ménager ceux qui
ne s'inclinent pas devant elle ; elle ne pardonne pas à ceux
qui dépassent à son égard les bornes du droit et de la justice. Elle leur prête, avec le nom de tyran, toutes les violences de la tyrannie. Il est facile de reconnaître le Foucauld
de Brézy du poëme de la croisade dans ce chef féodal que
l'imagination irritée du chapelain de Raymond VII nous
peint sous des couleurs si noires. « Foucauld, nous dit-il,
» était un homme plein d'orgueil et de cruauté. Il avait,
» dit-on, établi comme une loi, que tout prisonnier, qui ne
» donnerait pas cent sous, serait livré à la mort ; il retenait
» ses prisonniers dans une basse fosse sous terre, et leur
» faisait souffrir tous les tourments de la faim ; quand on
» les emportait, morts ou à demi morts, on les jetait sur le
» fumier. Le bruit même courut qu'en partant pour cette
» expédition, dont il ne devait pas revenir, il fit conduire
» au supplice deux malheureux, qu'il gardait dans les fers :

» c'était le père et son fils ; il força le fils à perdre son
» père. Ensuite il partit pour le coup de main qu'il s'était
» proposé ; mais Dieu avait marqué le terme de ses excès et
» de ceux que commettaient ses gens ; ils entretenaient pu-
» bliquement des concubines et arrachaient violemment les
» épouses des bras de leurs maris. Tels étaient, avec bien
» d'autres encore, les désordres auxquels ils s'abandon-
» naient ; ils n'agissaient plus en vue du but qu'ils étaient
» venus poursuivre ; la suite ne répondait pas au commen-
» cement » (1).

On voit que Guillaume de Puylaurens hait Foucauld de Brézy ; toutes les accusations, qu'il accumule sur sa tête, sont de ces bruits odieux que la colère invente et que la haine accrédite. En adoucissant l'exagération de quelques-uns de ces traits, en leur rendant leur véritable expression, on a devant soi l'image d'un chef féodal, brave, hardi, violent, peu aimé de l'Eglise, indépendant en présence des prêtres ; et cette image est précisément celle que nous trouvons dans le poëme de la croisade. Le troubadour nous a montré, avec une fidélité d'historien, dans Foucauld de Brézy, un des représentants de cette classe d'hommes qui allaient demander à la croisade des richesses, du butin, des terres et du pouvoir. Foucauld de Brézy est, à côté de Montfort, un type d'une vivante originalité.

C'est aussi le poëme de la croisade qui donne à la physionomie de Montfort son expression historique la plus vraie,

(1) Guillaume de Puylaurens, *Hist. de France*, tome 19, p. 213.

la plus complète. Dans le moine de Vaux-Cernay, Simon combat en héros et meurt en saint. Dans la chronique de Guillaume de Puylaurens, Montfort est découragé, attristé, abattu. « Le comte était accablé de fatigue et de dégoût ; ses
» finances s'épuisaient ; il supportait avec peine les aiguil-
» lons dont le prélat pressait ce qu'il appelait la lâcheté et
» le laisser-aller de Montfort ; aussi, disait-on, priait-il le
» Seigneur de lui laisser trouver le repos dans le sein de la
» mort » (1). — Soit que vous lisiez Pierre de Vaux-Cernay, soit que vous suiviez Guillaume de Puylaurens dans cette révélation et cette confidence des douleurs de Montfort, vous sentez que vous avez devant vous un côté du caractère du héros de la croisade ; mais ce n'est là qu'un côté, qu'un aspect ; c'est la vérité, mais la vérité incomplète ; elle deviendrait facilement l'erreur ; il suffirait de généraliser ce qui ne doit être pris que dans un sens tout restreint, tout partiel.

Le poëme de la croisade a fondu ensemble le Montfort de Pierre de Vaux-Cernay et le Montfort de Guillaume de Puylaurens. Il réunit les traits de vérité épars dans ces deux écrivains. Impossible de ne pas reconnaître que ce Montfort de la geste est le Montfort de l'histoire. Il a l'obstination héroïque, la fierté d'âme, la farouche énergie que Pierre de Vaux-Cernay admire en lui ; il a aussi quelques moments de défaillance, de lassitude : dans le silence et la solitude de sa tente, on comprend qu'il ait pu implorer la mort, comme un refuge pour son âme blessée ; tous ces contrastes se réu-

(1) Id., p. 213.

nissent dans ce héros. Ils s'y réunissent et s'y opposent, comme ils le peuvent faire dans le domaine de la vivante réalité. Montfort est découragé, mais il ne cède pas ; ses plaintes sont envenimées de colère, d'irritation, de ressentiment : a-t-il un moment courbé son front, il le redresse plus menaçant, plus irrité ; il est de ces fortes natures chez lesquelles le découragement ne suspend pas l'action : il mourra ; mais jusqu'au moment, où la pierre fatale tombera sur son casque, il luttera, il combattra ; indomptable dans la mêlée, il ne faiblira que dans le conseil. L'homme est ici complet avec ses grandeurs et ses faiblesses. Dans les autres historiens nous n'avions que des silhouettes, ici nous avons un portrait.

C'est surtout dans le caractère d'Innocent III que le poëme de la croisade nous découvre des côtés nouveaux inattendus. — Innocent III est regardé d'ordinaire comme une des plus inflexibles personnifications du despotisme pontifical ; c'est une grande figure qui se dresse dans l'histoire à côté de celle de Grégoire VII. Nul n'a affirmé avec plus de netteté la supériorité du sacerdoce sur l'Empire. Jeune encore, à peine assis sur la chaire de Saint-Pierre, il fit sa profession de foi en plein consistoire et en présence des délégués de Philippe de Souabe : empruntant ses arguments au Vieux Testament, dont les sombres inspirations s'accordent mieux que l'esprit de l'Evangile, avec les rêves de l'ambition théocratique, il remonta jusqu'à Melchisédech et Abraham (1) ; celui

---

(1) Hurter, p. 283-4 et 5.

qui consacre est plus grand que celui qui est consacré : de là la supériorité du prêtre, qui bénit, sur le roi qui est béni ; le sacerdoce est de plus vieille date que l'Empire ; il est d'origine plus divine encore. Dieu, au temps de Jéroboam, a permis le schisme dans la royauté ; il ne l'a pas souffert dans le sacerdoce ; il ne l'a pas plus permis sous la nouvelle alliance, au temps de « Lothaire et d'Innocent II. »

Cette conviction hautaine, qui fait la force du pontife, est exprimée d'une manière plus éclatante dans une lettre adressée en 1201 à Othon de Brunswick ; et l'orgueil de la pensée se réfléchit dans la métaphore prétentieuse qui l'exprime. « De même que l'Eternel, grand dans les grandes choses et
» admirable dans les petites, a établi, à la création et au
» commencement des temps, deux grandes lumières, de
» sorte que l'une brille le jour et que l'autre éclaire la nuit,
» de même, dans le cours des temps et au firmament de l'E-
» glise, qui est désigné symboliquement par le ciel, il a
» établi deux grandes dignités : l'une afin qu'elle brille le
» jour, c'est-à-dire qu'elle façonne l'esprit aux choses sain-
» tes, et qu'elle délivre les âmes captives dans les liens de
» l'erreur ; l'autre afin qu'elle luise durant la nuit, princi-
» palement aux yeux des hérétiques, dont la pensée est té-
» nébreuse, des ennemis de la foi, que la lumière d'en haut
» n'éclaire pas, qu'elle venge les hontes de Christ et de son
» peuple, et qu'elle tienne en main le glaive matériel pour
» punir les criminels et récompenser les gens pieux » (1).

---

(1) Hurter, tome 1er, p. 421.

La conduite d'Innocent III s'inspire de ces croyances fortement arrêtées ; elles communiquent à tous ses actes un caractère de rigide inflexibilité. Son regard ferme et dominateur plane sur tout le monde chrétien, en dépasse même les limites. — De Rome, où il supprime les dernières libertés communales, et affermit son autorité malgré les constantes réactions de l'esprit municipal, excité par des haines et des rivalités aristocratiques ; du domaine de Saint-Pierre, de la Romagne et des Marches, où il fait partout reconnaître et accepter la domination temporelle des pontifes (1) ; de la Toscane, où, secondant le mouvement national contre les Allemands, il tend la main à la ligue des villes de ce pays ; de la Lombardie, où il voit les cités guelfes resserrer leur alliance, sous la présidence de Milan ; du royaume des Deux-Siciles, qu'il s'efforce d'arracher aux Allemands et de gouverner sous le nom du jeune Frédéric II, son pupille, il étend au loin sa puissante intervention : en Allemagne, il soutient Othon de Brunswick contre Philippe de Souabe, puis élève Frédéric II contre Othon devenu rebelle ; en France, il protége Ingeburge de Danemark contre les caprices volages et l'aversion de Philippe-Auguste, et poursuit dans le sud de ce royaume la grande révolution politique, sociale et religieuse, qui eut pour instrument l'épée de Simon de Montfort ; en Angleterre, il brave la colère de Jean Sans-Terre, et tandis que ce prince, grossière caricature de Richard Cœur-de-Lion, dont il a tous les défauts et tous les

---

(1) Hurter, tome 1er, p. 128 et seq.

vices, jure par *les dents de Dieu* (1) qu'au premier interdit lancé sur ses terres, il chassera tous les clercs et les renverra à la cour de Rome, Innocent III dédaigne ses menaces, et les foudres pontificales grondent sur l'Angleterre jusqu'au moment où Etienne Langton a pu prendre possession du siége archiépiscopal de Cantorbéry : plus tard, c'est le roi son vassal que le pape soutiendra contre Etienne Langton et les barons confédérés qui ont signé la grande charte ; en Espagne, il soumet à l'interdit les terres des rois de Castille et de Léon, qui ont essayé de mettre un terme à leurs différends par un mariage que les lois de l'Eglise interdisent entre parents si rapprochés. Quelques années après, Pierre II d'Aragon vient solennellement à Rome, malgré les répugnances de ses vassaux, faire hommage au pontife et recevoir de ses mains la couronne de roi. De Rome, Innocent III porte ses regards sur les sommets lointains de la Sierra-Morena, et la croisade contre les Almohades s'accomplit, pour ainsi dire, sous ses yeux.

Toutes ces œuvres diverses ne suffisent point à l'activité d'Innocent III : son autorité se fait sentir jusque dans les parties de l'Europe, qui étaient en ce moment le plus en dehors des relations sociales et politiques de ce qu'on aurait pu appeler alors le monde civilisé. La Norwége, le Danemark n'échappent point à sa surveillance. Aux extrémités de l'Europe chrétienne, sur les bords de la Baltique, il continue cette propagande de la civilisa-

---

(1) Mathieu Paris, p. 302.

tion et de la foi chrétienne que Charlemagne et les Othons, héritiers de la tradition du grand empereur franc, ont poursuivie en Allemagne et dans les pays limitrophes. Il fait savoir aux laïques de l'archevêché de Brême que tous ceux qui ont pris la croix et ne se sentent pas la force d'accomplir le voyage en Palestine, peuvent aller acquitter leur dette en combattant contre les païens. L'ordre des chevaliers *porte-glaive* reçoit du pape une approbation complète (1).

Mais la pensée dominante du pontife est la croisade. Réunir, comme au temps d'Urbain II, toute l'Europe chrétienne dans un sublime élan d'enthousiasme et de foi, arrêter les Etats chrétiens d'Orient sur la pente de leur rapide déclin, sauver ce royaume de Jérusalem tous les jours menacé d'être jeté à la mer, tel était le but auquel le pape semblait ramener tous ses efforts. Cette pensée était déjà une chimère avec les changements profonds qu'un siècle avait suffi pour amener dans toute l'Europe ; mais c'est souvent à leur chimère que les grands esprits s'attachent le plus ; elle est comme l'invisible levier qui soulève toutes les puissances de leur âme. Le regard tourné vers l'Orient, Innocent III n'est rebuté ni par les obstacles, que lui oppose la force des choses, ni par les déceptions, que lui ménage l'esprit nouveau dont est pénétrée cette chevalerie du treizième siècle ; esprit bien moins religieux que politique, qui anime toute la belle histoire du *Maréchaux de Champaigne*, beaucoup plus moderne que la chronique du bon sire de Joinville. Innocent III ne

(1) Hurter, tome 1er, p. 325.

s'arrête pas avec les croisés sur les bords du Bosphore ; sa pensée ne se laisse pas absorber par tout ce que la constitution d'une Eglise latine dans l'empire d'Orient peut offrir de difficultés et de résistances. Constantinople n'est pour lui qu'une étape. Mais les armées féodales se meuvent plus lentement que sa pensée ; en vain il les presse de franchir le détroit ; ses exhortations sont vaines, les obstacles se multiplient ; la croisade contre les Albigeois détourne sur la France du sud, le courant tous les jours plus lent et plus fangeux qui s'écoulait vers l'Orient. Rien ne ralentit ses espérances, ne décourage son ardeur. Dans le sermon prêché à l'ouverture du concile de Latran (1215), au milieu d'interprétations puériles et forcées, qui ressemblent plutôt à des jeux de mots qu'à des commentaires sérieux du texte biblique ou évangélique, un passage éclate et se distingue par une grande et sincère éloquence : « Bien-aimés frères,
» s'écrie-t-il, je me confie à vous ; je suis prêt, sur votre
» conseil, et si vous le trouvez bon, à affronter moi-même
» la fatigue, à passer vers les rois, les princes, les peuples
» et les nations, à tenter bien plus encore, pour les réveiller
» par mes cris, afin qu'ils se lèvent pour combattre le com-
» bat du Seigneur et pour venger l'injure du crucifix. »
Cette héroïque persévérance d'un vieillard qui, sans se lasser jamais, cherche à ranimer au fond des cœurs des passions et des sentiments éteints, est digne d'admiration (1).

Si l'on pouvait mettre en doute quelques-unes des qualités

---

(1) Père Labbe, tome 2, p. 131 et seq.

que l'histoire prête à Innocent III, ce ne serait assurément pas l'énergie, l'esprit d'autorité, la puissance d'initiative. Rien ne semble plus étranger à son caractère que la faiblesse; une inflexible volonté en est au contraire le trait dominant. L'âge n'en a point ralenti la fougue, n'en a point adouci l'âpreté. La persécution de l'hérésie et toutes les violences que ces persécutions entraînent sont hautement approuvées, justifiées dans le sermon que prononça Innocent III, à l'ouverture du concile de Latran. Autre ne peut être le sens de l'apologie apocalyptique qui occupe une si large place dans ce discours : « Le Seigneur dit à l'homme aux vêtements
» de lin ayant un écritoire au côté : Va à travers la ville et
» imprime un T sur le front de tous ceux qui se plaignent
» de l'abomination survenue dans cette ville. Ensuite il com-
» manda à six hommes ayant des instruments de mort dans
» les mains : Allez à travers la ville, et tuez tous ceux sur
» lesquels vous ne verrez pas le signe; n'épargnez personne,
» commencez par le sanctuaire. — Ainsi le pape, qui est
» placé, comme un surveillant, sur toute la maison d'Israël,
» doit aller à travers la ville qui est la ville du grand roi,
» la ville fondée sur la montagne; il doit chercher et exami-
» ner le mérite de chacun et, afin de distinguer les bons et
» les méchants, il doit marquer leur front. Vous, hommes
» de vertu, vous devez être les six hommes avec des instru-
» ments de mort dans les mains : il vous est aussi com-
» mandé : Allez à travers la ville, suivez-le, suivez le sou-
» verain pontife comme votre conducteur, comme votre
» guide, afin que, selon la mesure de la faute, vous frappiez

» d'interdit, de suspension, de proscription, de déposition
» quiconque vous ne verrez pas marqué par celui qui a le pou-
» voir de fermer le ciel. A ceux qui sont marqués vous ne
» ferez aucun mal, comme dit le Seigneur : ne portez aucune
» atteinte, ni à la terre, ni à la mer, ni aux arbres, jusqu'à
» ce que nous ayons marqué au front les serviteurs de Dieu.
» Des autres il est dit : Que votre œil n'épargne aucun d'eux
» et que devant vous il n'y ait point acception de person-
» nes..... Frappez de manière à guérir, tuer, ressusciter,
» suivant l'exemple de celui qui dit : Je veux tuer et ressus-
» citer, frapper et guérir. Commencez par mon sanctuaire ;
» voici le jour où, suivant la déclaration de l'apôtre, le juge-
» ment doit commencer par la maison du Seigneur » (1).

L'attitude du pape dans le poëme de la croisade est en contradiction flagrante avec le caractère que supposent de telles paroles et de tels actes ; ce n'est plus cette autorité souveraine, cette inflexible rigidité que nous sommes habitués à trouver dans la conduite de ce pontife. Jusqu'à quel point le poëte est-il resté dans le champ de l'histoire ? Jusqu'à quel point s'est-il abandonné à ses impressions de méridional, à son imagination, à ses instincts de poëte dramatique ? Il est difficile de le décider. Les procès-verbaux officiels se contentent de rappeler les décisions du concile sur le sort du comte de Toulouse..... « Presque à l'unanimité le concile
» déclara le vieux comte de Toulouse dépouillé de ses états
» et lui assigna quatre cents livres pour son entretien, et cela

---

(1) Hurter, tome 2, p. 676.

» seulement autant qu'il ne montrerait aucune indocilité. Sa
» femme put jouir de son douaire sans restriction; toute la
» terre conquise échut au comte de Montfort » (1).

Ce simple énoncé est le seul document qui puisse servir de commentaire à la description du concile dans le poëme de la croisade. Hurter, qui a connu ce poëme, mais qui s'en est tenu à la chronique provençale en prose, se borne à un pâle résumé des scènes vivantes et dramatiques, que nous admirons dans la geste. Le pape, dans le récit de l'historien allemand, a toujours pour les proscrits cette bienveillance, qui contraste d'une manière si saisissante avec la haine farouche des légats; mais son rôle personnel est bien effacé, son initiative bien réduite; il parle comme le fait parler le troubadour, mais avec moins de décision; le panégyriste allemand a soin de mettre le pontife moins en avant, afin d'épargner à sa justice, à son équité, à sa fermeté le mortifiant échec qu'elles subissent dans le poëme de la croisade. S'est-il ainsi moins éloigné de la réalité historique? Dans l'absence complète de toute preuve justificative, il est à peu près impossible de le dire. Mais ce que l'on peut affirmer, c'est qu'il y a dans le poëme une bien plus grande somme de vérité que dans la terne et correcte paraphrase de Hurter. L'auteur allemand s'est emparé du lingot; la chronique provençale lui avait fait subir déjà un premier lavage; il l'a encore nettoyé, épuré, mais peut-être n'a-t-il pas apporté dans cette opération tous les soins délicats qu'elle réclamait et, parmi

(1) Hurter, tome 2, p. 706-707.

les scories qu'il a rejetées, peut-on encore découvrir beaucoup d'or.

N'aurait-il pas une plus grande portée historique ? Le récit du concile, dans le poëme de la croisade, aurait au moins le mérite de nous apprendre l'idée que les hommes du midi se faisaient d'Innocent III, de son initiative, de sa responsabilité, de son rôle dans les grands événements qui s'accomplissaient dans la France du sud. Mais cette idée n'était pas seulement le fruit de l'imagination et de la fantaisie. Plus d'un baron féodal était allé à Rome ; plus d'un avait vu et connu le pape. A deux reprises. Raymond VI s'était rendu aux pieds du trône pontifical ; à son second voyage, tous les plus hauts représentants de la féodalité méridionale l'avaient accompagné : c'était le comte de Foix, l'orateur du parti ; c'était Arnaud de Vilamur ; bien d'autres sans doute. De là des renseignements nombreux, des récits qui se répandirent rapidement dans le peuple et ne tardèrent pas à devenir légendaires. C'est à cette source que le troubadour a puisé ; il y a puisé, tandis qu'elle était encore pure de tout mélange introduit par l'imagination populaire ; il a puisé à l'endroit même où elle jaillissait. Favori et protégé de Roger Bernard, il avait pu recueillir, de la bouche même du père de son bienfaiteur, le récit de ces émouvantes scènes.

La vérité extérieure, ce que nous appellerions volontiers le costume historique, peut manquer à la vivante description du poëte ; l'imagination, au fond, est toujours un peu routinière ; elle ne sait guère se détacher des objets au milieu desquels elle s'est formée ; les images, qu'elle a longtemps réfléchies, font pour ainsi dire partie de son essence ; dans nos efforts pour nous représenter ce que l'on nous dépeint, nous sommes à la fois aidés et contrariés par le souvenir de ce que nous avons vu. Rien d'étonnant à ce que le poëte se soit fait de la grande cour romaine l'idée que lui donnaient les petites cours féodales ou municipales dont il avait plus d'une fois peut-être suivi les orageux débats. Tout en refusant la couleur locale au tableau tracé magistralement par le poëte, il ne faudrait pourtant pas exagérer cette lacune. Les modestes conciles provençaux, qui s'étaient rassemblés si souvent dans le midi durant les trente premières années du treizième siècle, n'étaient-ils pas une image rapetissée du grand concile œcuménique de Latran ? Ne pourrait-on pas d'ailleurs supposer que les règles de l'étiquette romaine avaient un moment fléchi devant les grands intérêts à débattre et la vivacité de la discussion ? Quelquefois, pourtant, les paroles que le poëte prête au pontife présentent une contradiction trop amère pour avoir été prononcées par Innocent III. Le poëte, en les mettant dans la bouche du pape, a été plus moraliste qu'historien ; il ne s'est point préoccupé des paroles qui s'échappaient des lèvres d'Innocent III : il a voulu faire entendre le cri de la conscience pontificale.

Ces réserves faites, nous n'hésitons pas à accepter le récit du poëte comme une peinture fidèle du concile de Latran ; les dispositions, dont le pontife se montre animé, ne sont pas aussi dépourvues de vraisemblance qu'elles le semblent au premier abord ; son attitude au milieu des clameurs du concile n'est pas aussi ouvertement, qu'on pourrait le penser, en contradiction avec l'ensemble de son caractère et de sa conduite ; au moins elle n'est pas inexplicable.

Le pape accueille le comte de Toulouse, son fils, le comte de Foix avec des sentiments de sympathie, de pitié, de bienveillance. Ces sentiments ne sont-ils pas admissibles dans le cœur d'Innocent III ? Faut-il croire que le pontife, accusant les légats d'avoir dépassé ses ordres, faisant luire l'espérance aux yeux des comtes proscrits, poursuivait encore le jeu et les feintes d'une politique aussi habile que peu loyale ? Etait-il animé par ce même esprit d'astuce et de ruse qui lui avait dicté cette lettre restée tristement célèbre, où il ordonnait d'*éluder le comte de Toulouse par l'art d'une prudente dissimulation* (1). La colère pouvait bien, au lendemain du meurtre de Pierre de Castelnau, avoir suggéré au pontife cette perfide habileté ; rien ne prouve que ce fût un de ces faux plis que les cœurs conservent toujours. Déjà plus d'un avis avait été donné à Innocent III sur la conduite de Montfort et des légats. Raymond VI s'était une première fois prosterné devant lui, et le pape lui avait fait un accueil favorable, tout en renvoyant son absolution aux agents du pouvoir pontifical dans la France du sud. Plus tard, c'était son vassal, son fils aîné, Pierre d'Aragon, qui, dans tout l'éclat de la récente victoire de *Las Navas de Tolosa*, lui avait dénoncé les actes de violence et de cupidité de

---

(1) Schmidt, *Histoire des Cathares*, tome 1er, page 223.

Montfort et des légats ; et le pontife avait même soupçonné que le comte Simon travaillait bien plus pour ses propres intérêts que pour la défense de la foi (1). De tels soupçons une fois entrés dans l'esprit, s'aggravent, s'enveniment ; c'est un trait que l'on croit arracher de la blessure ; on ne fait que l'y briser. La voix des Pères du concile de Latran couvre bien celle de Pierre II ; et le roi d'Aragon, déjà à moitié brouillé avec le pape pour l'affaire de son divorce avec Marie de Montpellier, vient se faire tuer à Muret en combattant contre l'armée catholique. Le concile de Latran s'ouvre ; le comte de Toulouse, son fils, le comte de Foix s'y rendent. Le seul aspect des victimes d'une grande iniquité a quelquefois une singulière éloquence ; tous les soupçons du pape s'éveillent, et font naître dans son âme une généreuse pitié. D'ailleurs, le bon accord entre Montfort et l'Eglise semble sur le point de se rompre. Le pape a déjà dû adresser au comte de Leicester de sévères reproches : les deux apôtres de la croisade, Folquet et Arnauld de Cîteaux, sont divisés (2) ; Arnauld de Cîteaux, le plus ancien dans cet apostolat fanatique, se dresse en face de Montfort et l'accuse ; il plaide en faveur du comte de Toulouse. Une telle évolution pouvait bien ébranler l'âme du pape ; et le blâme sévère, dont il frappe la conduite du chef temporel de la croisade, n'a plus lieu de nous surprendre. Cette antipathie, cette méfiance, cette irritation contre Montfort auraient

---

(1) Baluze, *Lettres d'Innocent III*, tome 2, p. 709 et 710.
(2) Catel, *Histoire des comtes de Toulouse*, p. 28, 29 et 30.

suffi pour inspirer au pontife la pitié pour le comte de Toulouse, lors même que son âme n'eût pas été capable de l'éprouver spontanément.

Si les sentiments que le poëte prête à Innocent III sont sincères, comment le pontife y renonce-t-il si facilement devant les réclamations fanatiques des prélats ? Cet abandon peut-il s'accorder avec l'inflexible fermeté qui semble le fonds même du caractère d'Innocent III ? D'abord, il n'est pas de volonté si rigide qui n'ait ses heures d'hésitation, de tâtonnement ; les âmes les plus hautes et les plus superbes donnent souvent prise sur elles à des natures inférieures, mues par des passions plus violentes. Ce n'est pas la première fois qu'Innocent III cède aux suggestions de ses légats : — au commencement de la croisade, en 1209, le pape songe à faire donner aux croisés une part des revenus ecclésiastiques de l'année ; cette part devra être déterminée par Milon et l'abbé de Cîteaux (1). Il écrit aux prélats et les exhorte à ce sacrifice en faveur des hommes qui combattent pour l'Église et pour les gens d'Eglise. Une seconde lettre adressée aux légats sur le même sujet, précise le caractère de cette taxe, qui n'est autre que la *dîme saladine;* elle doit être exigée de tous les clercs ou laïques habitant les terres des nobles qui sont partis pour la croisade. Le pontife aurait voulu que la taxe fût libre ; les légats ont réclamé, il a cédé, il s'en est rapporté à leur décision. « Lever de force
» contribution, que l'on aurait dû obtenir par des exhorta-

---

(1) Baluze, *Lettres d'Innocent III*, tome 2, p. 351.

» tions et des avertissements, paraissait à nos frères et à
» nous d'une excessive dureté ; mais sur vos instances, que
» nous croyons venir de votre zèle et de votre ferveur à ser-
» vir Jésus-Christ, nous avons décidé de vous déléguer nos
» pouvoirs. Amenez ceux qui résisteront à payer non pas
» précisément la dîme, mais la somme qui vous paraîtra
» convenable. Déterminez-les par vos conseils ; n'employez
» la contrainte que comme un dernier recours et le moins
» possible ». Ainsi, ce même Innocent III, qui envoyait
mourir de douleur, de regrets et de honte, au fond d'un cloître, dans une île de la Méditerranée, l'évêque de Sutri,
coupable de trop de complaisance envers Philippe de Souabe
et de désobéissance envers le pontife (1), subissait à son tour
la pression de ses légats.

Il est d'ailleurs de ces idées et de ces sentiments qui
sont encore, pour ainsi dire, à la surface de l'esprit et
du cœur ; ils ne les ont pas pénétrés ; ils ne font pas
encore partie de la manière de penser et de sentir de
celui qui les conçoit ou les éprouve ; l'âme sur laquelle ils
sont venus s'enter, ne leur a pas encore communiqué sa
sève. Ainsi Innocent III, tendant la main à Raymond VI, ne
pouvait pas avoir la fermeté inflexible, la rigidité hautaine
qui distinguait sa conduite, lorsqu'il obéissait aux instincts de
son ambition, à un sentiment inné, à une pensée lentement
mûrie, à une conviction longuement élaborée. Il y a peu de
temps encore, il poursuivait Raymond VI de ses plus amers

---

(1) Hurter, tome 1er, p. 172.

reproches, il déversait sur lui un torrent d'injures, il lançait contre ce comte rebelle toutes les foudres pontificales. Montfort était l'objet de ses louanges ; Montfort était le fils aîné de l'Eglise ; l'épée de Montfort avait été le docile instrument qui avait accompli, en l'exagérant, en la faussant, il est vrai, l'œuvre conçue par Sa Sainteté ; désavouer les violences de la croisade, c'était, en grande partie, faire rejaillir cette réprobation sur la croisade même ; secourir les Raymonds et abaisser Montfort, c'était renverser de sa propre main tout l'édifice lentement élevé sur tant de ruines ensanglantées.

La sympathie qu'Innocent III témoignait aux anciens comtes de Toulouse, était une de ces inspirations droites, loyales, humaines, qui s'élèvent comme un brillant feu follet du fond de l'âme ; elle ne suffisait pas à enflammer son cœur, à le remplir d'une noble et infatigable ardeur. C'était une émotion généreuse, un appel de la conscience, un de ces premiers mouvements dont un grand diplomate moderne nous apprend à nous défier. La sécurité d'esprit du pontife en était toute troublée ; son âme, moins ferme, semblait chanceler sur ses bases ; sa conscience reproduisait dans ses profondeurs tout le drame dont était témoin le consistoire pontifical ; c'étaient sans doute les mêmes tiraillements, les mêmes luttes ; tantôt la voix d'Arnauld de Citeaux, celle du chantre de Lyon, de Raymond de Roquefeuille, de l'abbé de Baulieu dominaient ; tantôt c'était celle de Folquet et des autres prélats; objectant avec une rare habileté que la terre, enlevée à Montfort et rendue aux Raymonds, était le plus outrageant démenti à toutes leurs prédications. Si jamais Innocent III dut connaître l'hésitation, le trouble d'une âme privée de ses points d'appui habituels, ce fut dans ce moment. Si le fier Lothaire de Conti put subir l'action et l'influence des autres, ce fut dans cette circonstance. Longtemps son âme fut ballotée par un flux et un reflux d'idées, de sentiments et de passions contraires.

Examinons attentivement la figure d'Innocent III, dans le portrait plein de vie et de mouvement que nous en retrace le poëte ; n'y retrouvons-nous pas les traits que nous connaissons déjà ? Seulement ils sont troublés, contractés ; ils portent la trace d'une émotion mal contenue, d'une irritation douloureuse ; la conduite du pontife nous a surpris, mais nous nous l'expliquons. Nous voyons enfin reparaître Innocent III, dans son entretien avec le comte de Toulouse ; ce colloque dut avoir lieu, suivant toute probabilité. Quelles furent les paroles échangées dans ce moment solennel? Elles ont sans doute échappé à l'histoire ; Raymond VI néanmoins n'a pas dû en garder tout le secret. La fierté humiliée du pontife, sa justice froissée, s'expriment dans un langage plein d'élévation et de hauteur. Plus l'on étudie le personnage d'Innocent III dans ce concile de Latran, plus on acquiert la conviction que le pinceau du poëte a été fidèle. Innocent III est juste : mais sa droiture et son équité se déploient sur un fond de passion et de fanatisme ; l'action que le clergé exerce sur le pontife et que le pontife subit, n'est pas une capricieuse invention du poëte. Vrai, au point de vue dramatique, le rôle d'Innocent III dans cette grave délibération est également vrai devant l'histoire. — Sans doute cet austère visage se montre sous un jour nouveau, étrange ; mais la circonstance était elle-même si exceptionnelle ; elle soulevait de si grands conflits dans l'Eglise et dans le cœur du pontife lui-même !

Il est inutile de multiplier ici les recherches critiques auxquelles peuvent donner lieu les récits du poëme de la croisade. Les sondages, que nous avons opérés, suffisent : partout où nous avons jeté la sonde, nous avons vu apparaître la vérité historique, comme une de ces nappes d'eau qui se cachent sous le sol à peu de profondeur.

TROISIÈME PARTIE.

Le poëme de la croisade au point de vue historique. La société méridionale d'après les indications de ce poëme.

CHAPITRE PREMIER.

Relations extérieures du midi avec l'Italie, l'Espagne et la France du nord. L'union de ces deux moitiés de la France est-elle l'œuvre de la guerre des Albigeois ?

Une grande école historique qui compte Châteaubriand pour précurseur, Augustin Thierry pour chef, a fait comprendre, par de frappants exemples, toute l'importance de la couleur locale ; après ces grands maîtres, on en a usé et abusé ; tout historien a cru facilement en surprendre les secrets. On la confond souvent avec ce que nous appellerions volontiers le fard de l'histoire ; il faut aller ranimer la vie au fond même des événements, si l'on veut qu'elle s'épanouisse à la surface de l'histoire, en couleurs vraies et animées. Un visage ne recouvre les teintes qui le nuancent, que lorsque le cœur a recommencé de battre et de distribuer dans tous les membres le sang, la vie et la santé. L'histoire, telle que ses grands interprètes nous ont de nos jours appris à la connaître et à l'aimer, n'est devenue plus vivante et plus poétique que parce que ces maîtres illustres ont été d'infatigables chercheurs, d'intrépides scrutateurs. — C'est dans d'obscures et laborieuses investigations qu'un Augustin Thierry, un Fauriel, un Michelet ont trouvé les mystères de cette vie qu'ils ont su rendre aux hommes et aux choses du passé. Ils ont demandé l'inspiration de leurs dramatiques tableaux, aux images grossières, confuses, cachées au fond de ces poudreux in-folio, devant lesquelles passait, avec un sourire de dédain, la spirituelle érudition du dix-huitième siècle. Sans doute, nous ne voulons pas rabaisser la grande école historique dont Voltaire fut le coryphée ; elle a émancipé l'histoire, elle lui a appris à regarder en face les événements, et tandis que, au commencement du dix-huitième siècle, la critique allait expier à la Bastille le crime de lèse-majesté envers les Francs de Pharamond, elle osa, avant la fin de ce siècle même, juger, interroger, condamner, vouer au ridicule les personnages qui lui semblaient dignes de ce châtiment ; mais cette école, trop hâtée de juger les événements et les hommes, oublia qu'il fallait d'abord les étudier et les connaître. L'histoire devait devenir étroite et mesquine aux mains de ces hommes qui, épris des progrès, des lumières, des conquêtes de leur époque, n'avaient que du dédain, du mépris pour les temps qui les avaient précédés. Sur les fondements, jetés par l'école philosophique, ne pouvait s'élever aucun de ces monuments historiques, que nous avons vu s'édifier de nos jours. Si l'on descendait jusqu'à leurs bases, on verrait qu'ils reposent sur les puissantes assises, posées par ces admirables Bénédictins, par ces ouvriers dévoués, ces travailleurs, dont le mérite était rehaussé par le désintéressement le plus difficile à notre nature, le désintéressement de l'esprit qui accumule, rassemble, classe, coordonne les faits et les textes, sans se donner à lui-même la satisfaction d'utiliser le fruit de ces patientes recherches, le plaisir de conclure, de juger, de faire une théorie ou de construire un système.

Un des représentants les plus méritants de la congrégation de Saint-Maur, a été notre dom Vaissète. Le texte de sa savante histoire, si consciencieusement rédigé, ces collections de preuves qui ont sauvé de la destruction un si grand nombre de pièces importantes, révèlent au lecteur attentif les principaux caractères de la société méridionale, et les conditions et les lois de son existence. C'est en parcourant ces volumineux in-folio que nous retrouvons, l'un après l'autre, ces traits généraux, qui donnent à un peuple ou à une société sa physionomie propre, en dominent toute la vie, et forment comme le fond sur lequel se détachent les principales scènes du drame historique. Malgré ces laborieuses recherches, bien des points de l'histoire du midi sont encore restés dans l'ombre ; nous connaissons assez bien les grands faits qui ont marqué la grande lutte de la France du nord et de la France du sud, de la France des Capets et de celle des Raymonds ; mais l'état du midi, ses relations avec les pays voisins, avec l'Espagne, avec l'Italie, avec la France du nord, la situation respective de la féodalité et des villes, de la noblesse et de la bourgeoisie, les rapports des Raymonds avec leurs vassaux et leurs sujets, donnent encore lieu à bien des questions, soulèvent bien des doutes que l'histoire n'a pas réussi à dissiper. L'ignorance où nous sommes de cette histoire intérieure du midi rejaillit sur l'histoire extérieure, à laquelle elle enlève une partie de sa clarté, de sa netteté, de son intérêt. C'est à faire pénétrer un peu de jour dans ces obscurités que l'on doit s'appliquer ; le poëme de la croisade, dont le savant bénédictin a ignoré l'existence ou méconnu la valeur, renferme, sur ce fond même de l'histoire de ce pays, des indications précieuses à recueillir. C'est à les rassembler que nous consacrerons cette troisième partie de notre étude.

Souvent, au flanc d'une âpre montagne, on voit s'ouvrir une crevasse profonde ; c'est une bonne fortune pour le géologue ; la nature lui livre un de ses secrets ; les couches, qui composent le terrain de la contrée, apparaissent à l'œil nu ; l'histoire elle aussi entr'ouvre parfois devant nous le sein des sociétés. En déchirant celui de la France du sud, le bouleversement de la guerre des Albigeois nous a permis d'observer les diverses couches d'hommes agitées convulsivement les unes au-dessus des autres, souvent mêlées et confondues par la violence même du choc ; c'est le poëme de la croisade qui nous donne l'image fidèle de ces profondeurs béantes devant nous. Nous n'avons donc qu'à observer, étudier, examiner.

Quelques indications rares, assez précises néanmoins, nous permettront de saisir les liens qui rattachent la France du midi à la France du nord, à l'Italie, à l'Espagne. Nous nous renfermerons ensuite dans le midi. Si nous observons de près cette société, telle que nous la dépeint le poëte, un trait dominant fixe tout d'abord notre attention ; c'est la diffusion des idées chevaleresques, l'empire qu'elles exercent, la popularité dont elles jouissent. Une étude attentive des conditions dans lesquelles s'est développée la féodalité méridionale, pourra seule nous donner l'explication de cette anomalie sociale. Les liens de la hiérarchie féodale nous apparaîtront bien plus lâches, bien plus flottants dans le midi que dans le nord ; nous ne verrons pas la féodalité méridionale former un tout compacte et homogène ; elle aliène librement ses terres, elle laisse se répandre dans le peuple les idées et les passions dont elle est animée : les châteaux, qui renferment d'ordinaire, au lieu d'un seul seigneur, une véritable tribu de châtelains ou chevaliers, vivant dans la même enceinte, avec des bourgeois ou des vilains, perdent de plus en plus l'aspect féodal et se constituent sur le modèle des grandes cités communales ; la féodalité se rapproche des populations qu'elle domine ; bientôt, elle traitera avec elles sur le pied de l'égalité. Enfin, dans la plupart des puissantes communes, les chevaliers et les bourgeois se partagent les charges et les dignités municipales et font un échange mutuel et constant d'idées et de sentiments. Cette étude d'histoire féodale est indispensable pour la pleine et entière intelligence du poëme de la croisade ; ce poëme en fournit-il tous les éléments ? Suffit-il à se commenter lui-même ? Sur plus d'un point les indications qu'il nous donne sont exactes, détaillées ; elles vivifient, complètent, coordonnent et jústifient les inductions tirées de documents déjà connus, lorsqu'elles ne répandent pas une lueur nouvelle sur les problèmes qui entourent l'histoire intérieure du midi. Les relations des vassaux avec leurs seigneurs, la présence des chevaliers dans les villes, la puissance et l'esprit de liberté des cités du Rhône, le gouvernement municipal de Toulouse, le concours des chevaliers et des bourgeois, unis dans la défense des mêmes intérêts et des mêmes libertés, s'offrent à nous, dans le poëme, sous un jour qui nous permet de les étudier de près ; mais tous ces faits sociaux ont leurs racines dans les profondeurs historiques du passé, ou dans le vieux fond des coutumes et des traditions locales. Pour les y suivre, il faut quitter le poëme de la croisade, et chercher dans d'autres documents le commentaire des assertions de ce poëme.

Resteront ensuite à examiner l'Eglise à peu près étrangère à cette civilisation, et le peuple placé si bas au-dessous de son brillant niveau ; l'Eglise appauvrie, dépouillée de ses plus augustes caractères ; le peuple foulé, opprimé. Vont-ils s'unir et réagir ensemble contre un état social, dont ils sont comme les *parias ?* L'Eglise n'a pas assez de dévouement ou de force pour saisir ce rôle, et le peuple est abandonné à lui-même ; l'hérésie lui tend la main, elle le console, elle le relève, elle est à l'origine toute populaire ; le poëte nous montre les doctrines albigeoises ou vaudoises comme la religion des petites gens ; peu à peu elles font de rapides conquêtes parmi les représentants de la féodalité inférieure, les simples chevaliers ; elles sont introduites au sein des plus grandes familles par les femmes, dont le troubadour ne nous laisse pas ignorer l'esprit de prosélytisme, et dont l'ardeur apostolique s'explique par la position sociale que leur font les coutumes et les mœurs du midi.

Réaction spontanée et populaire contre la vie et les idées féodales, l'hérésie monte de degré en degré jusqu'au sommet de la hiérarchie sociale ; et chez les méridionaux de tout rang et de toute classe, l'Eglise ne trouve plus qu'indifférence ou hostilité ; mais elle sait bien qui doit être responsable de la condition misérable à laquelle elle est réduite. C'est cette chevalerie qui s'est développée en dehors de son influence, qui la dédaigne, lorsqu'elle ne l'opprime pas, qui trouble l'exercice régulier des droits et des fonctions ecclésiastiques, qui répand des idées et des passions étrangères ou contraires à l'esprit catholique ou théocratique, qui attire à elle les défenseurs du sanctuaire, leur enlève leurs biens, leur dignité, leur influence ; c'est cette chevalerie qui a eu le tort de provoquer, par ses excès, une réaction hérétique, et le tort plus grave encore d'en faciliter les progrès par la faveur dont elle l'a entourée. — Après ces observations préliminaires, nous comprendrons bien la pensée du poëte lorsque nous l'entendrons ramener tous les événements de la guerre à une lutte entre l'Eglise d'une part, et *parage* de l'autre, entre *clergie* et *chevalerie*. Nous ne raconterons pas la guerre, le poëte l'a chantée ; mais nous relèverons les incidents les plus propres à faire ressortir cette lutte particulière que nous signale le troubadour : c'est un de ces faits qui s'effacent dans le lointain du passé ; les événements se simplifient à mesure qu'ils s'éloignent de nous : l'histoire doit les rétablir dans toute leur intégrité. — Sans répandre un jour complétement neuf sur les faits qu'il raconte, le poëte a une manière originale de les comprendre et de les juger ; nous devons à notre tour nous rendre compte de son appréciation, nous expliquer son jugement.

Les événements, qui composent cette douloureuse époque de la guerre albigeoise, n'ont eu qu'un théâtre assez restreint, borné d'un côté par le Rhône, de l'autre par la Garonne. Les pays de Béziers et de Carcassonne, les montagnes qui, sous les noms divers de Corbières orientales, Corbières occidentales, montagne Noire, entouraient le Carcassais d'une sorte d'enceinte fortifiée, hérissée de châteaux, foyers de la féodalité méridionale, les défilés de Castelnaudary, les environs de Toulouse, la vallée de la Garonne jusqu'à Moissac, Agen et Marmande, puis, en remontant vers le nord-est, l'Albigeois et le Rouergue, les vallées du Tarn et de l'Aveyron, enfin, les régions du Quercy et du Périgord, un moment épouvantées par l'arrivée des croisés et de l'implacable justicier, qui les commandait, ont seuls été témoins des violences d'une guerre dont le souvenir confus inspire encore aux hommes du midi un sentiment d'effroi et d'horreur. Le regard du poëte ne devait guère sortir de ces étroites limites ; son attention était sans cesse fixée sur les poignantes péripéties du drame qui se déroulait au sein de sa patrie naturelle ou d'adoption. En ne tenant pas ici compte des nuances réelles, que nous avons observées entre la première et la seconde partie, nous pourrons dire que ce poëme est une histoire intérieure du midi pendant la croisade ; c'est là son caractère propre, c'est son originalité ; s'il est si précieux pour l'historien, c'est à cause des perspectives qu'il lui ouvre sur le fond même de la société méridionale : en le suivant, nos regards peuvent plonger dans les profondeurs de la vie morale, politique et religieuse de ces contrées ; mais en revanche, le troubadour répond, d'une manière plus brève et beaucoup moins satisfaisante, aux questions que nous lui adressons sur les relations extérieures du midi. Ces questions ne nous sont pas cependant dictées par une vaine curiosité ; une solution nette et précise sur ces points douteux nous permettrait d'exprimer sur cette guerre un jugement plus sûr, plus équitable. Il faut donc ne pas négliger les moindres indices qui peuvent nous guider dans cette région historique encore peu explorée.

Au premier coup d'œil jeté sur la France du midi au commencement du treizième siècle, on reconnaît que de toutes les contrées de l'Europe il n'y en avait pas qui fût alors en relations avec un plus grand nombre de pays et de peuples. Presque toutes les nations, qui jouaient alors un rôle politique dans notre vieil Occident, se pressaient sur les frontières indécises du midi de la France. C'était l'Espagne chrétienne qui franchissait alors les Pyrénées, régnait en Provence et à Montpellier, étendait sa suzeraineté sur le comté de Foix, les vicomtés de Béziers et de Carcassonne ; c'était l'Espagne musulmane que la mer rapprochait des rivages de l'ancienne Septimanie ; c'était l'Italie dont les grandes cités marchandes, Gênes et Pise, avaient des alliées dans les grandes villes du littoral méditerranéen français ; la Provence d'ailleurs était comme le commencement de l'Italie. C'était la Provence encore qui mettait en contact la France du sud avec l'Empire, héritier des royaumes de Bourgogne transjurane et de Bourgogne cisjurane; et si les Césars germaniques faisaient rarement sentir leur autorité sur les bords du Rhône, s'ils abandonnaient, avec une étrange facilité, comme Henri VI à Richard d'Angleterre, des droits souvent contestés, parfois aussi ils se plaisaient à rappeler aux barons de Provence qu'ils étaient les successeurs des rois d'Arles. En 1162, les seigneurs provençaux durent passer en foule les Alpes et aller à Turin entendre les volontés souveraines de Frédéric de Hohenstaufen, vainqueur de Milan (1). L'action, que les rois capétiens exerçaient sur la France du midi, n'était peut-être pas plus réelle que le pouvoir, dont les empereurs d'Allemagne jouissaient en Provence; néanmoins leur intervention, qui se faisait sentir dans l'Auvergne, dépassa plus d'une fois les montagnes qui servent de ceinture à cette contrée; et la grande voie fluviale du Rhône, continuée par la Saône, devait, malgré les barrières accumulées par une avare féodalité, rapprocher ces deux moitiés d'un même royaume. Enfin, sur les frontières nord-ouest de leur pays, les hommes du midi trouvaient devant eux les princes d'Angleterre, comtes de Poitiers, ducs d'Aquitaine, dont les noms furent si souvent mêlés à leur vie politique et littéraire. Si les méridionaux étaient sociables à l'égard les uns des autres,

---

(1) *Bibliothèque de l'école des chartes*, 1re série, tome 4, p. 25. — Fauriel, *la Poésie provençale en Italie*.

le peuple tout entier (si toutefois la France du midi formait un peuple distinct) devait être par sa situation, par ses contacts nombreux avec les différents États de l'Europe, porté à une sorte de sociabilité *internationale :* nul pays ne semblait moins propre à entretenir des haines de race. La littérature provençale, cette poésie des troubadours, qui est souvent l'interprète et l'organe de l'opinion publique, réfléchit ces dispositions naturelles, ces habitudes de l'esprit méridional. La pensée de ces poëtes ne se renferme pas dans l'étroit horizon d'un fief ou d'une cité; leur regard s'étend souvent sur l'Europe chrétienne tout entière. A l'approche des Almohades, Gavaudan le Vieux appelle aux armes l'Empereur, le roi de France et son cousin le roi d'Angleterre (1). Dans son fameux sirvente sur la mort du chevalier de Blacas, Sordello, italien par sa naissance, provençal par ses poésies, fait successivement comparaître devant lui tous les rois et princes de l'Europe.

Les relations les plus étroites, que le midi ait formées avec les différents peuples européens, étaient celles qui l'unissaient à l'Italie, à l'Espagne, à la France du nord. Le poëme de la croisade appelle notre attention sur les rapports des méridionaux avec ces trois pays. Admirable position que celle de la France du sud, placée entre la France du nord féodale, chevaleresque et guerrière, l'Espagne chrétienne non moins chevaleresque, l'Espagne arabe civilisée et savante, l'Italie avec ses cités municipales et leur constitution républicaine!

(1) *Histoire littéraire de la France*, tome 15, p. 445.

L'influence des villes lombardes fut grande sur leurs sœurs, les puissantes communes de la France du sud. On peut croire, avec M. Charles Giraud, que le consulat ne fut pas, dans la Gaule méridionale, une importation ou une imitation de l'Italie; on peut penser qu'il sortit spontanément des anciennes traditions municipales, conservées dans les Gaules aussi bien que dans la Lombardie (1); mais l'on ne saurait nier que la réputation des glorieuses cités lombardes ne développât, de l'autre côté des Alpes, un esprit fécond d'émulation et de rivalité, et que cet esprit, à son tour, ne donnât un puissant essor aux libertés municipales. Ecoutons le poëte lui-même. La première attaque de Montfort contre Toulouse vient d'échouer; les hommes du midi vont prendre leur revanche : ils menacent le comte de Montfort et tous ceux qui sont avec lui; « ils l'assiégeront là-bas dans Carcassonne;
» s'ils peuvent le prendre, ils l'écorcheront tout vif. Ils en-
» lèveront Montréal et Fanjaux, iront chevauchant jusqu'à
» Montpellier, puis, s'en revenant, conquerront Lavaur et
» tout l'Albigeois » (2). En présence de l'armée féodale et municipale qui sort de Toulouse et s'ébranle, appuyée par Savary de Mauléon, les guerriers de la Gascogne et de Puy-

---

(1) Giraud, *Histoire du droit français au moyen âge*, tome 1er, p. 131.
(2) Fauriel, p. 140; Mss., f° 25', p. 58, 72.
   Lai dedins Carcassona per fort lasetjaran,
   Si els lo podon penre, tot viu l'escortgaran,
   Monreial e Fanjaus dizon ilh que pendran.
   Entro a Montpeslier per fort cavalgaran,
   Pois conqueran Lavaur cant els sen tornaran
    E trastot Albiges.

cerda, le troubadour ne peut, malgré sa partialité pour les Français, retenir un cri d'admiration : « Oh Dieu ! s'écrie-t-il,
» Père très-glorieux, dame sainte Marie, qui vit jamais gent
» si nombreuse et si bien armée que celle de Toulouse ni si
» belle cavalerie? Vous auriez bien dit que ceux de Milan,
» de Rome et de Lombardie y étaient avec ceux de Pavie,
» lorsqu'ils furent dans la plaine » (1). Sans doute, nous n'ignorons pas que l'Italie et la France du midi furent toujours unies par les liens les plus étroits. Ouvrons le recueil des preuves de dom Vaissète : nous voyons, en 1166, un traité d'alliance et de commerce conclu entre les villes de Gênes et de Narbonne (2); mais ce que nous ne savions pas aussi bien, c'est l'impression produite sur nos bourgeois du midi par le spectacle imposant de ces armées municipales italiennes, marchant à l'ombre du *caroccio*, et faisant reculer l'aigle impériale.

L'Italie n'inspirait pas seulement à nos cités ce sentiment de la grandeur et cet amour de l'indépendance municipale, elle n'offrait pas seulement à leur légitime ambition un modèle qu'elles travaillaient à imiter, un idéal qu'elles s'efforçaient d'atteindre; elle leur envoyait cette science nouvelle,

---

(1) Fauriel, p. 138; Mss., f° 25, p. 49.
    Oi Dieus glorios paire, daima santa Maria,
    Que vi anc si fort gent, ni si be fort garnia
    Co aicels de Toloza, ni tal cavalaria,
    Tuit aicel de Mila, de Roma e de Lombardia,
    Diseratz ben que i eran e aicels de Pabia
      Cant so foras el plan.
(2) Dom Vaissète, édition Du Mège, tome 4, p. 517.

née dans le sein de ses villes, au souffle fécond des libertés communales, pour répondre aux besoins nouveaux, que développaient ces libertés mêmes. Elève de Martinus ou de Bulgarus, les deux principaux représentants de ce groupe de quatre docteurs, qui a joué un si grand rôle et joui d'une si grande réputation sous le règne de Frédéric de Hohenstaufen, Placentinus vint fonder à Montpellier la première école de droit qui ait existé dans le midi (1). Il commença à enseigner vers l'an 1160, dans la ville seigneuriale des Guilhem. Quand ce jurisconsulte mourut, le très-haut et très-puissant seigneur Guilhem VIII voulut honorer ses funérailles de sa présence (2); et pas un docteur, durant des siècles, ne passa par Montpellier sans visiter pieusement son tombeau. Mais ce qui, pour la cité savante du midi, valut mieux encore que cette tombe justement vénérée, ce fut cette grande et célèbre université, dont la constitution, suivant M. de Savigny, trahissait l'origine italienne (3).

De ce centre nouveau d'enseignement, établi à Montpellier, la science du droit s'étendit et se propagea rapidement dans le sud de la France; le poëme de la croisade confirme les inductions, que l'on peut tirer des faits trop peu nombreux relatifs à l'importance rapide qu'acquirent dans la France du sud ces hommes destinés à se faire bientôt une si grande place dans tout l'Occident, les légistes. Les juristes des écoles italiennes étaient souvent élevés aux plus hautes dignités

---

(1) Savigny, *Hist. du droit romain*, t. 4.
(2) Germain, *Hist. de la commune de Montpellier*, int., LXXII et LXXIII.
(3) Savigny, *Hist. du droit romain*, t. 3, p. 275.

municipales. A plusieurs reprises, on vit l'école de Bologne fournir des podestats aux républiques lombardes. En 1229, Jacobus Balduini interrompait ses leçons pour aller pendant deux ans exercer à Gênes les fonctions de podestat (1). En 1252, Accurse devenait assesseur du podestat de Bologne.

De même, dans la France du midi à Toulouse, les légistes revêtent les insignes de capitoul et semblent tenir le premier rang au milieu de leurs collègues. Ils conseillent non-seulement la commune, les bourgeois, les chevaliers, mais le comte lui-même.

L'armée de Toulouse a marché contre les Français, enfermés dans Pujol; déjà elle les tient bloqués; soudain un légiste prend la parole; tous se rangent autour de lui; tous l'écoutent; tous s'empressent d'obéir à ses injonctions : « Premièrement parla un légiste plein de sens; il était du Capitole et parlait noblement : Seigneur, puissant comte, marquis, s'il vous plaît, écoutez, vous et tous les autres qui êtes ici réunis » (2). Dans ces grandes assemblées, où comtes, barons, chevaliers, bourgeois, délibérant en commun pendant le siége de Toulouse, nous présentent la grande image d'un peuple entier, renfermé dans une étroite enceinte, libre et fort, libre et uni, ne sacrifiant ni la liberté au salut public ni le salut public à la liberté, ce sont tou-

(1) Savigny, t. 4, p. 115.
(2) Fauriel, p. 202; Mss., f° 36, p. 71, 72.
   Primeirament parlet us legista senatz,
   Quera de Capitol e es gent emparlatz,
   Senher rics coms marquis, si vos platz, escoutatz
   Vos e trastuit li autre, caisi etz ajustatz,

jours les légistes qui mêlent aux avis des barons les inspirations de leur sagesse expérimentée : « Au milieu des vaillants comtes s'est levé un bon légiste, savant docteur et bien parlant. La plupart l'appellent maître Bernard : il est né de Toulouse et répond avec douceur : Seigneur, grâces et merci du bien que vous dites de la ville et de l'honneur que vous lui faites » (1). Ainsi, venus d'Italie et avant de se rendre à la cour des Capétiens, ces légistes se sont arrêtés dans la France du sud, et ils ont mis au service des libertés municipales ces talents et cette science qui seconderont bientôt les légitimes progrès et les arbitraires usurpations du pouvoir royal. Ainsi l'Italie, d'où partira bientôt le signal de la croisade, avait secondé, par sa féconde influence, les développements d'une civilisation qu'elle allait bientôt arrêter dans son épanouissement. Après les juristes, elle devait envoyer les légats à la France du sud, c'est-à-dire la force après le droit, l'oppression après la liberté.

Néanmoins, bien que des dangers communs, les idées larges, les aspirations patriotiques des grands pontifes eussent plus d'une fois réuni dans un même effort et sous les mêmes drapeaux le pape et les Italiens, l'Eglise et la ligue lombarde, cet accord cessait avec les périls mêmes qui l'avaient provo-

---

(1) Fauriel, p. 466; Mss., f° 86, p. 171.
       Entrelz valens comtes se levec, demes lor,
       Us bos savis legista gent parlans e doctor,
       Lo maestre B. lapelan li pluzor,
       Ez es natz de Tholoza e respon ab dousor.
       Senhors, merces e gracias del be e de la honor.
       Que dizetz de la vila.

qué. Les menaces qu'Innocent III eut plus d'une fois à lancer contre les républiques de l'Italie du nord, prouvent assez que dès les premières années du treizième siècle, l'union n'existe plus entre ces puissantes cités et le souverain pontife; aussi ne confondons pas l'Eglise et l'Italie; l'une doit porter la responsabilité des iniquités et des violences de la guerre albigeoise; l'autre en est exempte. L'Italie fit de loin rayonner sur la France du sud son influence libérale; elle exerça son action à distance; mais jamais elle ne s'établit au cœur du pays, en maîtresse ou en dominatrice; il n'en fut pas de même de l'Espagne, de l'Aragon surtout; et M. de Sismondi a pu presque à bon droit appeler *France aragonaise* cette partie de la France qui s'étend des Pyrénées aux limites septentrionales du bassin de la Garonne et du Rhône à l'Océan.

De bonne heure, la maison d'Aragon-Barcelone étendit sa domination sur les deux versants des Pyrénées. Les Pyrénées ne limitaient pas ses Etats; elles les partageaient. Des mariages heureux et habiles attirèrent à la famille des comtes de Barcelone une puissance qui fait songer aux pacifiques conquêtes de la maison de Hapsbourg et rappelle à M. Germain les vers attribués à Mathias Corvin (*Bella gerant alii*) « La maison d'Aragon-Barcelone, dit le savant historien de la commune de Montpellier, apparut bientôt comme
» le centre des divers Etats du midi. Les princes, au com-
» mencement du treizième siècle, semblaient imposer leur
» suprématie à tous nos seigneurs; ils jouaient parmi nous
» un rôle analogue, sous beaucoup de rapports, à celui des

» Capétiens dans la France septentrionale » (1). Maîtres du comté de Provence, de celui d'Urgel, du Roussillon, de la Cerdagne et de Montpellier, ils étaient de plus suzerains du Béarn, du Bigorre, de l'Armagnac et du Carcassais.

Ces relations des rois d'Aragon avec nos populations méridionales sont mises en relief par le poëme de la croisade. Dévoué au pontife, qu'il va, malgré les fières protestations de l'Aragon, reconnaître comme son suzerain (2), Pierre II prend, dans la France du midi, le rôle que la papauté aurait voulu imposer plus tard à l'habile Philippe-Auguste. Un concile ou plutôt une conférence se réunit à Carcassonne, sous la présidence de l'évêque d'Osma. « Le roi d'Aragon, nous dit le poëte, y » était avec ses barons ; il en sortit dès qu'il eut entendu » la cause et connu le fait de l'hérésie ; il envoya ses lettres » à Rome et à la Lombardie » (3). Le poëte n'aurait pu nous donner une explication plus satisfaisante qu'en traduisant la lettre même de Pierre II ; nous la connaissons aujourd'hui ; elle a été retrouvée récemment sur la couverture d'un manuscrit, et publiée par M. Compayré, dans ses *Etudes historiques sur l'Albigeois* : elle est le commentaire naturel du passage trop laconique de notre troubadour (4).

(1) Germain, *Hist. de la commune de Montpellier*, t. 1er, p. 31.
(2) Hurter, t. 1er, p. 657.
(3) Fauriel, p. 4 ; Mss., fo 1, p. 2.
        Lai dins a Carcassona, on mota gent avia,
        Quel reis dArago y era ab sa gran baronia,
        E quen ichit adoncs can ac la causa auzia.
        Queretges estavan e aperceubut o avia.
(4) Compayré, *Etudes historiques*, etc., p. 227.
« Pierre, par la grâce de Dieu roi d'Aragon, comte de Barcelone, à tous les

Elle montre l'attitude du vassal du pape dans la France du sud. L'expédition dirigée contre Lescure et la destruction de ce château la font encore plus nettement ressortir.

Plus tard les rôles changent : le roi Pierre d'Aragon ne se fait pas le champion de l'hérésie, il reste toujours catholique, mais il prend en main la cause de Raymond et de ses vassaux, rejetés vers l'Espagne par la violence de l'invasion française. Le comte de Toulouse se déclare son vassal ; des intérêts communs réunissent ces deux représentants de deux maisons ennemies et rivales jusqu'à ce jour; l'un a son comté héréditaire à défendre, l'autre doit chasser de ses terres un feudataire odieux, que la force lui a imposé ; mais avant de se lever en armes en face de l'Eglise et de la croisade, le roi d'Aragon s'interpose comme médiateur; beau-frère de Raymond VII, il s'efforce de le réconcilier avec le pape ou tout au moins d'amortir le choc de

---

» fidèles du Christ, qui verront ou entendront la présente page, salut et bonne
» volonté pour poursuivre loyalement les hérétiques! — A tous faisons savoir
» que, nous étant transportés à Carcassonne, l'an de l'incarnation du Seigneur
» 1203, au mois de février, voyant toute cette cité tombée dans l'hérésie, nous
» convoquâmes le même jour les Vaudois hérétiques d'une part, l'évêque de Car-
» cassonne, frère Raoul, et frère Pierre de Castelnau, légats du seigneur pape,
» de l'autre, pour connaître de l'hérésie des Vaudois, et donnâmes audience aux
» parties. Dans cette conférence, sur le témoignage des deux Testaments de la
» loi divine et des décrets de la savante Eglise, ils furent suffisamment convaincus
» d'hérésie. Après avoir entendu les raisons et allégations des deux parties, nous
» les reconnûmes et les déclarâmes hérétiques. Le jour suivant, sur les prières du
» viguier du vicomte de Carcassonne, nous donnâmes audience à d'autres héré-
» tiques, en présence de treize fauteurs d'hérésie et de treize catholiques. » Le reste de la lettre, d'une haute importance pour l'histoire dogmatique de l'hérésie cathare, est inutile à rappeler ici ; Pierre d'Aragon y dénonce les doctrines hérétiques dont l'aveu a été arraché à Bernard de Simorre par de pressantes questions.

leurs haines. — Au concile d'Arles, il a suivi le comte de Toulouse; les légats ne semblent pas avoir tenu compte de son intervention; ils l'ont laissé sur la porte au froid et au vent, comme jadis Henri IV attendant, dans les fossés de Canossa, l'audience du saint-père (1). La charte est rédigée : le comte de Toulouse la fait lire au roi d'Aragon. Raymond VI a le cœur gonflé d'indignation et de colère. Pierre II reste froid et calme. — « Bien y a-t-il lieu de faire améliorer » ces conditions par le père tout-puissant, » se contente-t-il de répondre ; et dans cette réponse, où semble au premier abord se trahir une certaine indifférence, Raymond, plus maître de lui-même, aurait vu une promesse qui pouvait le rassurer. Le roi d'Aragon a la tranquillité d'un homme qui sait le remède des maux que l'on déplore autour de lui ; il a été sans influence auprès des Pères du concile ; il sera plus puissant auprès du pape.

Le roi de Navarre lui-même, dans son étroit royaume, ne restait ni étranger, ni indifférent aux mouvements qui se produisaient de l'autre côté des Pyrénées. Au conseil pontifical, où fut décidée la croisade, on voyait un envoyé de Sanche de Navarre : c'était Pons de Méla, qui devait raconter au troubadour, son compatriote, les délibérations de cette assemblée (2).

Ce n'étaient pas seulement le roi d'Aragon et les autres princes d'au delà des Pyrénées qui exerçaient ainsi cette

---

(1) Fauriel, p. 98-100; Mss., f° 18, p. 35.
(2) Fauriel, p. 8; Mss., f° 2, p. 4.

tutelle sur les Français du midi ; c'était le clergé espagnol, qui prenait une initiative abandonnée par les archevêques et évêques de la France du sud. Ses principaux représentants siégeaient à ce conseil, auquel assistait Pons de Méla. Les délibérations viennent d'être closes : la croisade est décidée ; Pierre de Castelnau sera vengé ; Raymond VI expiera sa faiblesse, son impuissance, plus encore peut-être que son hérésie. Arnauld de Citeaux, qui semble lui-même, à l'abbaye de Poblet, avoir retrempé son fanatisme dans le fanatisme espagnol, est sorti de Rome, emportant l'ordre de faire prêcher et de diriger lui-même la croisade. « Avec l'abbé Arnauld » chevauchent l'archevêque de Tarragone, celui de Lérida, » celui de Barcelone ; et devers Montpellier celui de Maguelone, et d'autres d'outre les ports d'Espagne. » (1). A l'exception d'un seul, tous ces prélats sont espagnols. Le sombre génie catholique de l'Espagne pèse sur la France du midi et en réprime les tendances hérésiarques : les évêques d'Espagne ont décidé la croisade ; un moine espagnol dirigera l'inquisition. L'Espagne nous envoie les prêtres de la Castille, les inquisiteurs de la Catalogne et de l'Aragon. C'est l'illustre saint Dominique, grande figure dont on a eu successivement

---

(1) Fauriel, p. 12 ; Mss., f° 2 et 3, p. 4 et 5.
 Ab lui va larsevesques qui es de Terragona,
 E aisel de Lerida e cel de Barsalona.
 E devas Montpeslier aicel de Magalona,
 E dotral Portz dEspanha aicel de Pampalona,
 E levesques de Burcs e cel de Terrasona,
  Cest van tuit am labat.

le tort d'exagérer l'expression sinistre ou de trop adoucir les traits (1). C'est l'inquisiteur catalan Ferrier, qui fut le digne successeur de Guillaume Arnauld, le martyr d'Avignonet, né lui-même à Montpellier, c'est-à-dire un peu espagnol et aragonais. « Ferrier, dit frère Bernard Guy, cité par Percin,
» fut inquisiteur et persécuteur des hérétiques, constant et
» magnanime ; sa verge de fer les broyait, comme un mail-
» let, eux et leurs croyants ; aussi son nom retentit, comme
» un glaive, à leurs oreilles » (2).

En échange de ces implacables destructeurs de sa civilisation, la France du sud donnait à l'Espagne les poétiques représentants de cette civilisation même. Les liens qui rattachaient les uns aux autres les Français méridionaux et les Espagnols du nord, avaient été déjà formés depuis des siècles. La même cause avait plus d'une fois réuni leurs drapeaux et leur héroïsme. La France du midi avait longtemps lutté

---

(1) Pour le juger avec équité, il ne faut pas plus oublier les rigueurs de sa foi intolérante que la ferveur de son zèle apostolique, sa soif du martyre et ces élans de charité mystique, qui se mêlaient aux emportements de son fanatisme et peuvent encore aujourd'hui le faire pardonner. Un manuscrit du monastère de Prouille, rappelé per Percin, lui prête de belles paroles. En mettant le pied dans les villes, où l'appelait sa mission, il s'écriait : « Seigneur, au nom de ta bonté, ne regarde » pas à mes péchés ; et qu'en entrant dans cette ville je n'attire point sur ce peu-» ple, par mes iniquités, les éclats de ta colère vengeresse. » * Eloquente prière, où se trahissent, avec une humilité peut-être voisine de l'orgueil, toutes les saintes angoisses d'une conscience chrétienne.

(2) Percin, *Monumenta historiæ. Conventus Tholosani, FF. prædicatorum (sæculum primum)*, p. 52.

* Percin, *Monumenta historiæ Conventus Tholosani, FF. prædicatorum (sæculum primum)*, p. 5.

contre les Maures ; cette guerre avait été, aux huitième et neuvième siècles, sa guerre nationale et religieuse. Dans cette grande armée chrétienne, dont les lignes s'avançant ou se repliant sans cesse, s'échelonnaient des bords de la Garonne aux pentes de la Sierra-Morena et aux rives du Guadalquivir, la France du sud était une valeureuse arrière-garde ; et quand l'armée tout entière eût été écrasée, foulée, dispersée, l'arrière-garde, tour à tour avec Eudes d'Aquitaine, avec saint Guillaume, le fondateur de Saint-Wilhem du Désert, avec Louis le Débonnaire, qui aurait dû également finir sa vie dans un cloître, soutint vaillamment le choc des armes musulmanes.

Peu à peu, l'Espagne ralliée par don Pelayo, dans les rochers des Asturies, appuyée par quelques comtés francs, que Charlemagne avait jetés au delà des Pyrénées, put rentrer en ligne et commencer contre les Arabes sa croisade de huit siècles. L'arrière-garde alors eut le loisir de respirer ; protégée par les Pyrénées et par l'héroïsme de l'Espagne, elle oublia peu à peu les âpres passions religieuses, qui inspirent toute cette croisade sincère. Assez voisine des Arabes pour recevoir les influences bienfaisantes de leur civilisation, assez éloignée pour ne pas ressentir un fanatisme héroïque sans doute, mais contraire au progrès social, à l'épanouissement d'une vie facile et heureuse, la France du midi envoyait à l'Espagne quelques reflets de ses mœurs brillantes, quelques échos de sa poésie. Mais, même après avoir désarmé, les Français méridionaux n'avaient cessé de suivre, avec un intérêt passionné, les péripéties de cette lutte

séculaire, dont le théâtre reculait sans cesse vers le sud de la péninsule. Ils n'avaient pas oublié que cette guerre avait été autrefois soutenue par leurs aïeux. L'Espagne semblait-elle menacée? le midi de la France se rappelait le rôle, qu'il avait autrefois rempli avec tant de gloire. Lorsque l'invasion almohade vint de l'Afrique ranimer les forces de la domination arabe et souffler un nouvel esprit de conquête dans les cœurs énervés des maîtres de Séville et de Grenade, la voix des troubadours ne resta pas muette. Gavaudan le Vieux exprima les alarmes des hommes du midi. « France, fait-il
» dire aux conquérants africains, à nous appartiennent la
» Provence et tous le pays jusqu'aux Alpes. Empereur, en-
» tendez, et vous roi de France et son cousin, vous le roi
» d'Angleterre, comte de Poitiers, venez au secours du roi
» d'Espagne. Nous qui sommes fermes dans la grande foi,
» n'abandonnons pas nos héritages à quelques noirs d'outre-
» mer; que chacun y songe, avant que le mal nous ait at-
» teints » (1).

Dans une pièce, dont le ton, le sentiment, les idées ont une vérité et une émotion qui manquent souvent aux poésies consacrées à la croisade, le troubadour passionné, Folquet de Marseille, appelait les chevaliers provençaux sous la bannière des rois d'Aragon et de Castille. S'ils ne répondirent qu'en petit nombre aux appels de la poésie et de la religion, s'ils n'eurent pas à la défaite de l'émir Al-Moumenin toute la part que leur passé les obligeait d'y prendre, il

---

(1) *Histoire littéraire*, tome 15, p. 445.

en faut chercher la cause dans les graves événements qui se passaient en deçà des Pyrénées ; la bataille de Muradal précède d'un an à peine le sanglant désastre de Muret ; mais si ces graves préoccupations retenaient dans leurs manoirs et dans leurs villes les vassaux des Raymonds et les populations de la France du sud, elles n'empêchaient pas leur sympathie de franchir les monts ; c'était tout un passé glorieux environné de poésies et de légendes, qui semblait, avec cette grande victoire, évoqué devant les hommes du midi, au moment où leur vie indépendante et distincte allait être étouffée. Il n'est pas nécessaire de donner au poète de la première partie de la croisade une origine espagnole, pour nous rendre compte de ces sentiments qui auraient pu convenir à un *infanzone* d'Aragon ou à un *caballero* de Castille. Ce poëme, écrit par un Espagnol vivant en France et partageant son attention entre les événements qui se passent tour à tour sur les deux versants des Pyrénées, est lui-même un témoignage vivant des relations qui existaient entre les deux pays.

Ce n'étaient pas seulement le secours de ses armes, les chants de ses troubadours, les sympathies de son zèle religieux que la France du midi donnait à l'Espagne du nord ; l'hérésie s'étendait aussi au delà des Pyrénées. La Catalogne et l'Aragon, la patrie de Servet, étaient agités et traversés par le même courant d'idées que la France du midi. Les lois terribles de Pierre d'Aragon n'avaient pas refréné l'esprit de résistance et de révolte contre Rome. En 1244, comparaissait comme témoin, devant l'inquisition, l'hérétique parfait

Arnaud de Bretos, catalan d'origine (1) ; il était allé à Montségur, le refuge des hérétiques ; il y avait vu Bertrand Martin, leur évêque ; il y avait été consolé par ce même Bertrand Martin et par ses compagnons hérétiques ; il alla ensuite prêcher et se faire adorer dans la Catalogne ; Bernard Narbonnès reçut plusieurs fois le témoin dans sa maison auprès de Tarragone.

Au commencement du treizième siècle, l'Aragon et les pays, qui formèrent plus tard le Languedoc, présentaient un aspect uniforme ; les historiens espagnols Lucas, diacre de Tuy, Tarifa, Roderic, archevêque de Tolède, et même Raphaël Volaterran, ne se trompaient qu'à demi, lorsqu'ils rattachaient le Languedoc à l'Espagne appelée *Citérieure*. Il faut, pour combattre leurs prétentions, tout le zèle du patriotisme monarchique de Catel (2). Mais avant de s'élever dans le champ de l'érudition et de l'histoire, la question de savoir si le Languedoc devait être espagnol ou français s'était déjà posée dans le domaine des faits et de la réalité. On est, au premier abord, porté à voir dans la solution de cette grave question un des résultats de la guerre des Albigeois, une des conséquences heureuses d'un fait désastreux. Il semble que ce soient les violences de cette inique croisade qui aient rattaché à la France du nord la France du sud, qui flottait entre les Etats de la maison de Barcelone et ceux des Capétiens ; espagnole par les idées, les senti-

---

(1) Collection Doat, tome 24, f° 186.
(2) Catel, *Histoire des comtes de Toulouse*.

ments, les traditions, les souvenirs ; française par la position géographique. Ne serait-ce pas la main brutale de Simon de Montfort qui aurait violemment rattaché au pouvoir royal ces parties du royaume, trop éloignées du centre pour en subir l'attraction? Faut-il, sinon amnistier, du moins excuser les excès de la croisade, en songeant qu'elle a hâté, facilité l'unité de la nation française? C'est un grave problème ; nous ne prétendons pas le résoudre ; recueillons seulement les éclaircissements que peut, sur cette question, nous donner le poëme de la croisade ; rapprochons-les des principaux faits qui, empruntés à d'autres sources, marquent les relations de la France du sud avec la France du nord, et commentons-les réciproquement les uns par les autres.

Une remarque doit précéder ces investigations. — L'influence du fait géographique ira toujours croissant, à mesure que les barrières artificielles, élevées par la féodalité le long des grandes et belles voies de communication entre les deux moitiés de la France, s'abaisseront sous l'action du pouvoir royal plus fort et mieux obéi. Dans ces temps de morcellement, de division, d'anarchie, ces frontières naturelles, ces murailles élevées par la Providence, pour renfermer chaque nation dans la place qui lui est assignée, n'ont pas, dans l'histoire des peuples, l'importance qu'elles acquièrent à des époques de civilisation plus avancée ; partout il n'y a que frontière, barrière, obstacle ; ainsi isolées les unes des autres par l'avarice et l'égoïsme des seigneurs, les populations n'entrent en relations qu'avec celles qui les avoisinent ; la seule considération qui détermine ces rapports, c'est celle du voisinage. Qu'importe aux habitants du midi la nécessité de franchir les ports des Pyrénées pour faire le commerce avec la Catalogne et l'Aragon ? N'est-ce pas encore plus facile que de se frayer un passage de Montpellier aux foires de Champagne, à travers tous les péages et toutes les exactions des *burgraves* du Rhône ? Plus tard la royauté assurera, autant que possible, à ces routes suivies par le commerce, la liberté et la sécurité ; les barrières intérieures tomberont, les frontières artificielles seront abaissées et l'on mesurera, avec découragement, les hauteurs à peine accessibles de ces grandes chaînes de montagne ; repoussé par cette digue, trouvant d'autre part une pente facile et sans obstacle, le courant des échanges portera les populations du midi de la France à la rencontre de celles du nord.

L'histoire du midi, telle que nous la retrouvons dans Catel et dom Vaissète, porte l'empreinte de l'époque, dans laquelle elle a été écrite, et reflète les idées et les opinions des hommes qui l'ont rédigée : on y trouve les inspirations de l'esprit unitaire et monarchique qui distingue la France de Louis XIV et de Louis XV ; la riche et profonde science du conseiller à Toulouse et du laborieux bénédictin ne les a peut-être pas toujours assez préservés de quelques vues difficiles à justifier, d'une certaine tendance à exagérer la part qui revient à la royauté française dans l'histoire du midi au douzième et au treizième siècle : leur zèle monarchique leur a peut-être fait illusion ; ils n'ont pas assez montré ce qu'il y avait dans la vie des hommes du midi, de distinct, de particulier, d'original. Une énergique réaction s'est manifestée, au commencement de ce siècle, contre l'histoire officielle, qui sacrifiait la vérité, la vie, la couleur à de certaines opinions arrêtées et convenues d'avance. Une libérale protestation contre les mensonges historiques, accumulés à plaisir dans la charte de 1814, fut le point de départ des beaux travaux d'Augustin Thierry sur le tiers état et les communes. S'étendant de proche en proche, la réaction s'est attaquée à des ouvrages qui étaient avant tout l'œuvre d'une savante et laborieuse patience ; on a cru retrouver un caractère officiel à l'histoire de Languedoc ; on ne s'est pas assez rappelé que la vraie science ne peut pas plus être officielle que la vraie littérature. Prenant pour épigraphe une pensée d'Augustin Thierry : « La France n'a pas d'histoire nationale, » M. Mary-Lafon a vu dans l'histoire du midi celle d'un peuple entièrement distinct de la France du nord ; peu s'en est fallu qu'il ne l'ait appelé aux armes pour recouvrer une autonomie indignement ravie.

Sans doute, lorsque l'unité absolue plane, comme elle fait de nos jours, dans le domaine des faits politiques, effaçant devant elle toutes les pittoresques nuances de la vie locale, c'est un devoir de l'historien de rechercher les traces de cette antique diversité de mœurs, de coutumes, de traditions. Il est presque permis d'exagérer un peu les traits de cette image qui ne doit être vue qu'à distance ; mais il ne faut pas non plus négliger les faits qui nous montrent l'unité à côté de la diversité ou plutôt la diversité au sein de l'unité.

— Dom Vaissète a beaucoup moins exagéré dans son sens que

M. Mary-Lafon dans le sens contraire, et au fond peut-être l'opinion du vieil historien est-elle plus libérale et contient-elle implicitement un blâme sévère pour la croisade, qu'elle prive de sa seule excuse ?

En arrivant dans la France du sud, cette croisade affiche hautement l'intention de rendre dans ce pays la domination de la royauté plus étroite et plus forte : le poëme, qui raconte ses exploits, nous fait connaître sa pensée à cet égard. Parmi les conditions que l'Eglise impose dans le concile d'Arles à la société méridionale et à son chef, une des plus expresses est la soumission absolue aux volontés et décrets du roi de France : « Sur tous points, disent les Pères du con- » cile, ils en passeront par le bon plaisir du roi de France » (*Pel lau del rei de Fransa de trastot passaran*) (1). On sait quel accueil cette charte reçut des populations. Le comte de Toulouse n'eut qu'à la leur présenter pour leur mettre les armes à la main. Dans ce soulèvement universel des hommes du midi, pour combien faut-il compter la crainte de se voir livrés à la merci du roi de France et l'indignation que provoquait la seule pensée d'un pareil traitement ? Après avoir, quelque temps, lutté en champ clos, l'Eglise et la société du midi essayaient de vider leurs différends à l'amiable ; cette tentative donna lieu à une étrange méprise : ce fut son seul résultat. L'Eglise voulut traiter son adversaire comme un adversaire vaincu et désarmé ; elle lui offrit les conditions les plus dures et le renvoya ensuite aux pieds du

___

(1) Fauriel, p. 100 ; Mss., f° 18, p. 36.

roi de France, comme les chevaliers de la Table Ronde imposaient aux ennemis, dont ils avaient triomphé, l'obligation de se rendre à la cour du roi Arthus et de se soumettre à ses arrêts souverains.

C'était une cruelle humiliation ; ne devait-elle pas rendre à la chevalerie méridionale le courage avec le sentiment de sa force et de sa dignité ? Néanmoins, à consulter le poëme de la croisade lui-même, ce ne fut pas la condition qui blessa plus vivement la fierté et l'indépendance des méridionaux. Ils repoussaient plus énergiquement l'oppression de l'Eglise que la domination des rois de France ; d'ailleurs, s'ils rejetaient loin d'eux le pouvoir royal, absolu, despotique, tel que l'Eglise le concevait, tel que la société féodale ne pouvait l'accepter, s'ensuit-il qu'ils fussent également opposés à ce même pouvoir modéré, tempéré, dans les mains d'un suzerain faisant respecter ses droits et respectant ceux de ses vassaux et de ses sujets ? Ce n'était pas la royauté française qui était odieuse au midi ; c'était son entrée dans le pays à la suite de la croisade ; c'était l'attitude oppressive et tyrannique que l'Eglise aurait voulu lui faire prendre dans ces contrées qu'elle lui livrait. « Le roi, disait le comte, » à l'approche de Louis VIII, serait mon seigneur s'il était » juste pour moi, et je lui serais à jamais loyal et fidèle » (1). S'autoriser de l'irritation, que cette condition, mêlée à bien

---

(1) Fauriel, p. 630 ; Mss., f° 117, p. 237.
Lo reis er mos senher sil me fos dreiturers,
Ez ieu forzlh ja sempre leyals e vertaders.

d'autres, excite dans la France du sud, pour conclure la répulsion que cette France pouvait éprouver à l'égard de celle du nord, à l'égard du roi lui-même, ce serait tirer de notre poëme une fausse induction, ce serait faire dire au poëte ce qu'il ne dit pas : — on ne peut bien le commenter qu'en se rappelant les relations, que la suite des événements avait formées entre les deux moitiés de la France. Si le midi n'avait pas encore été obligé d'en passer par le bon plaisir des rois capétiens, plus d'une fois pourtant ces princes avaient fait sentir leur action dans le sud de leur royaume.

De profondes différences existaient entre le midi et le nord de la France ; mais de ce fait évident, certain, a-t-on le droit de conclure qu'il n'y avait aucun point de contact, et que des liens ne tendaient pas à se former entre ces deux pays ? Pour exprimer l'antagonisme de ces deux moitiés de la France, on a souvent répété une phrase de l'hagiographe du roi Robert ; on connaît la stupeur du moine Radulphus Glaber (1), en présence des hommes du midi, qui avaient accompagné Constance, fille du comte de Toulouse, la nouvelle épouse du saint roi, et les plaintes du pieux et austère chroniqueur sont restées presque aussi célèbres que les paroles de Charles le Chauve, établissant, dans le concile de Piste, la distinction des pays de *droit écrit* et des pays destinés à être régis par le droit coutumier (2). Il ne faudrait pourtant pas exagérer la portée de ce texte d'une chroni-

---

(1) R. Glaber, cité par Mary-Lafon, tome 2, p. 112.
(2) Savigny, tome 1er, p. 125.

que : peut-être ne doit-on pas y chercher l'expression de l'antipathie du nord contre le midi ; dans Radulphus Glaber, je vois bien plutôt un moine scandalisé qu'un homme du nord indigné : le sentiment de ses compatriotes fut tout différent du sien : « A ces exemples pervers, nous dit-il lui-
» même, la nation des Francs, honnête entre toutes, s'atta-
» che avec une ardeur dévorante. » Quoi qu'il en soit d'ailleurs, nous sommes ici vers le milieu du onzième siècle ; nous sortons à peine de l'époque la plus sombre, la plus barbare du moyen âge ; les relations entre la France méridionale et la France du nord, dans cette triste période, ne permettent pas de préjuger celles qui existeront entre les deux mêmes pays, plus d'un siècle et demi plus tard.

A la fin du douzième siècle et au commencement du treizième, ces deux moitiés du royaume se sont déjà bien rapprochées l'une de l'autre ; le mariage a réuni les deux puissantes maisons, qui règnent sur chacune d'elles. Vers 1140, la force et un droit contesté furent sur le point de soumettre à une seule et même domination, la France du nord et la France du midi (1). La tentative de Louis VII, qui avait épousé la petite-fille de Guillaume IX, échoua devant l'habileté d'Alphonse et le dévouement que le comte de Toulouse sut inspirer à son peuple ; mais le temps, des intérêts communs, des relations continues, empreintes de bienveillance et d'amitié, semblaient devoir mener à bien une œuvre, dont la violence n'avait pas su venir à bout.

(1) Dom Vaissète, édition Du Mège, tome 4, p. 108 et 109.

Malgré l'hommage rendu, en 1173, à Henri II et à Richard son fils, comme ducs d'Aquitaine, Raymond V et plus tard son fils Raymond VI restent presque toujours les alliés des roi de France. Ils ont, les uns et les autres, un même ennemi, le roi d'Angleterre. Henri Plantagenet épouse Eléonore d'Aquitaine, et vient, en 1159, faire valoir, les armes à la main, les droits que, dix-neuf ans auparavant, revendiquait le roi de France (1). Sous ses drapeaux, les routiers, dont les ravages allaient, pendant tout le cours de ce siècle, désoler ces malheureuses contrées, entrent pour la première fois dans le midi; grand était le nombre de ces soldats mercenaires ; Cahors fut enlevé; déjà presque tout le comté de Toulouse était au pouvoir du duc d'Aquitaine; « mais, nous dit le
» chroniqueur, il ne voulut point assiéger Toulouse, par res-
» pect pour le roi de France qui avait fortifié cette ville con-
» tre le roi Henri d'Angleterre, et qui la gardait nuit et jour,
» voulant porter secours à son beau-frère. »

Raymond V avait, en effet, épousé la sœur de Louis VII, Constance, dès l'année 1154 (2) ; et à partir de cette époque, la maison de Toulouse apparaît presque toujours unie à la maison de France. Les Etats de Raymond V étaient, de toutes parts, menacés par deux puissantes familles, qui unissaient contre lui leurs armes et leurs efforts. C'était d'abord la maison de Barcelone, récemment appelée à régner sur l'Aragon, par le mariage de Raymond Béranger IV avec la fille du roi

---

(1) *Historiens de France*, tome 13. Robertus de Monte, p. 302.
(2) Dom Vaissète, tome 4, p. 161.

moine Ramire (1). La possession de la Provence mit aux prises son fils Alphonse avec Raymond V, qui avait inutilement épousé la veuve de Raymond Béranger de Provence, Richilde. A cette lutte, entre l'Aragon et Toulouse, se mêlait la vieille querelle jamais vidée, toujours renouvelée, entre Toulouse et Poitiers. Les périls de Raymond V ramenaient une seconde fois, en 1179, le roi Louis VII sous les murs de Toulouse.

Toute la féodalité de cette contrée était elle-même profondément agitée par ces guerres qui ne laissaient en paix aucun coin du midi et troublaient vivement l'imagination populaire. Lors de la première expédition d'Henri II dans le domaine de Raymond V, tous les principaux seigneurs du midi s'étaient joints à lui : c'était Raymond Béranger, comte de Barcelone, c'était le vicomte de Trencavel, c'était Guillaume de Montpellier qui s'armaient à la fois contre Raymond V (2). Bien des éléments de guerre existaient dans ce pays. Flottant entre la suzeraineté de l'Aragon et celle de Toulouse, le vicomte de Béziers soutenait volontiers la cause du suzerain qui était le moins rapproché de ses domaines et le moins inquiétant pour sa puissance ; peut-être même l'irritation du comte de Toulouse contre un vassal qui avait abandonné sa bannière et violé un serment, prêté quelques années auparavant, ne fut-elle pas étrangère au meurtre de Raymond Trencavel dans l'église de la Madeleine (1166). Le récit du prieur

---

(1) *Hist. de France*, tome 13. Gulielmus Neubrigensis, p. 206.
(2) *Hist. de France*, tome 13. Robertus de Monte, p. 304.

du Vigeois laisse planer de graves soupçons sur la complicité de Raymond : les habitants de Béziers avaient juré de lui livrer un seigneur qui les opprimait (1).

Menacé par l'Aragon, inquiété par l'Angleterre, entouré d'un cercle de fer par les barons du midi, ligués contre sa puissance, Raymond V avait son recours naturel auprès du roi de France : il était dans le midi le représentant des intérêts et le champion du parti français contre la maison de Barcelone et contre celle des Plantagenets. L'intervention de Louis VII avait, à deux reprises, sauvé le comte de Toulouse des mains d'Henri II; en 1163, elle forçait Trencavel à faire la paix avec Raymond V (2).

Ces relations de Toulouse avec Paris ne cessèrent pas avec la vie des princes qui avaient formé ces liens. Tandis que le comté de Barcelone rompait définitivement avec la France (3), celui de Toulouse était par la force des choses maintenu plus étroitement tous les jours sous la suzeraineté protectrice des Capétiens. En 1188, violant le traité qui venait d'être conclu entre les rois de France et d'Angleterre, Philippe et Henri II, Richard avait envahi les terres de Raymond V, et lui avait pris Moissac et plusieurs autres châ-

---

(1) *Hist. de France*, tome 12, p. 440.
(2) Dom Vaissète, édition Du Mège, tome 4, p. 195.
Le vicomte de Béziers écrivait au roi de France : « Ayant considéré ce que les » membres doivent à leur chef, j'ai fait incessamment la paix pour l'amour de » vous avec le seigneur Raymond, comte de Toulouse. »
(3) Dom Vaissète, édition Du Mège, tome 4, p. 118.
En 1180, le concile de Tarragone abolissait l'usage, conservé jusqu'alors par les Catalans, de faire mention, dans leurs chartes, du roi régnant en France.

teaux (1). A cette nouvelle, le comte de Toulouse envoie ses messagers au roi très-chrétien Philippe. Aussitôt le roi de France fond sur les terres des ducs d'Aquitaine et ramène la guerre en Normandie.

Il ne se borne pas à secourir le comte de Toulouse, il lui fait des largesses ; il étend son pouvoir ; il lui donne, à lui et à ses héritiers nés et à naître, la garde du château de Figeac avec tous les droits et tout le domaine qu'il y possède (2). L'affection, que Philippe-Auguste portait à son très-cher et féal cousin, ne fut pas le seul mobile qui le décida à accroître la puissance de l'illustre comte de Saint-Gilles. La politique ne dut pas avoir une moindre part à cette libéralité ; l'habile souverain n'aurait pas confié son château à un vassal dont des intérêts communs ne lui auraient pas garanti la fidélité. Quoi qu'il en soit, les rapports entre les rois de France et les Raymonds se resserrent encore, et le testament de Raymond VI, déposé à l'abbaye de Saint-Denis, au moment même où s'ouvre la guerre des Albigeois (1209), prouve que les voies pacifiques pouvaient insensiblement aboutir à l'union de la France du midi et de la France du nord (3).

(1) *Hist. de France*, Rigord, tome 13, p. 26.
(2) *Cartulaire de Raymond VII*, p. 61, Dom Vaissète, édition Du Mège, tome 5, p. 39.
(3) Dom Vaissète, édition Du Mège, tome 5, p. 135, preuves, 571.
Raymond VI déclare Raymond, son fils légitime, son héritier, tout en réservant quelques legs en faveur de son frère. Si Raymond meurt sans laisser d'enfants légitimes, le comte Baudoin est appelé à lui succéder ; enfin, si Baudoin lui-même n'a pas d'héritiers, tout ce que le comte de Toulouse possède dans le royaume de France doit rester au roi.

Le poëme de la croisade complète, étend et justifie les inductions, qui ressortent de ces faits. Pour obtenir justice contre les attaques de Montfort, le comte de Toulouse s'adresse au roi de France, comme à son seigneur légitime et à son ancien protecteur. Le roi lui fait bon accueil, et toute la féodalité du nord montre, à l'égard du malheureux chef de la féodalité méridionale, des dispositions qui ne ressemblent point à ces haines de race, dont on a fait, à tort peut-être, le mobile dominant des croisés armés contre les Albigeois. Elles s'étaient singulièrement affaiblies : témoin la sympathie dont Raymond VI fut l'objet aux cours de Champagne, de Bourgogne et de Nevers. « La comtesse de Champagne,
» au cœur courtois et preux, le reçut bien, ainsi que moult
» autres barons, tels que le preux duc de Bourgogne, qui
» lui offrit de nombreux présents ; et le comte de Nevers
» lui montra beaucoup d'affection et lui fit maint bon ac-
» cueil » (1). L'abîme n'était donc pas aussi profond qu'on se plaît à le croire entre la France du midi et la France du nord, et pour le combler, il n'était pas nécessaire d'y précipiter tant de ruines. Déjà d'un bord à l'autre il avait été jeté plus d'une planche fragile, qui pouvait, avec le temps, devenir un pont indestructible.

Ce n'était pas avec le seul comte de Toulouse que les

---

(1) Fauriel, p. 70 ; Mss., f° 13, p. 25.
    La comtessa de Campanha qui es corteza e pros,
    Sela los receub ben e motz dautres baros,
    El pros dux de Bergonha quelh presenta mans dos,
    E lo coms de Nivers li fo mot amoros,
        El fe mant bo ostal.

rois de France avaient des relations dans le midi : les autres représentants de la féodalité ne pouvaient pas mettre, en tête de leurs chartes, comme vers la fin du dixième siècle, ces mots si dédaigneux pour la naissante royauté des Capets : en *attendant un roi*. En 1171, le vicomte de Béziers épouse Adélaïde, fille de Raymond V et de Constance (1). Comme cadeau de noces, le roi lui donne la mouvance du château de Minerve. Ainsi, non-seulement la royauté apparaît dans le midi, mais son action pénètre jusqu'aux degrés inférieurs de la féodalité ; le roi de France a pour vassaux directs de simples châtelains, les seigneurs de Minerve. Ce n'était pas uniquement par des donations que la royauté rappelait son existence aux méridionaux. Elle avait des droits réels et tendait à augmenter les points d'appui de son autorité dans la France du sud. Un instrument de l'an 1198 contient le dénombrement des droits de juridiction que le roi possède au lieu de Floran (2). En juillet 1206, Philippe-Auguste se fait céder en échange, par Jourdain de Cabaret, le château de Sallèles (3).

Déjà l'idée de l'unité du royaume est présente à l'esprit des rois de France ; ils veulent étendre au midi et au nord les mêmes lois et les mêmes coutumes. Cette pensée anime toute la lettre que Louis VII adresse, en 1163, à la vicomtesse

---

(1) Dom Vaissète, édition Du Mège, tome 4, p. 322.
(2) Doat (tome 254, f° 377. — Invent. des archives du roi dans le château de la cité de Carcassonne). Cité par Mahul, *Cartulaire et archives*, tome 1er, p. 323-324.
(3) Mahul, tome 2, p. 52.

Ermengarde de Narbonne ; il lui accorde le droit de rendre la justice que lui refusent les lois romaines en usage dans la Provence impériale (1).

Le roi parle en maître aux hommes du midi ; et, comme le remarque M. Bouttaric (2), on retrouve chez eux un certain respect pour la royauté capétienne, qui paraissait, à leurs yeux, environnée d'un prestige, dont elle ne jouissait pas dans les pays plus rapprochés du centre de sa puissance. Ecoutons Sicard de Puylaurens et les deux seigneurs de Saint-Paul, faisant leur soumission au roi Louis VIII, qui approche à la tête d'une nouvelle croisade ; et, quand nous aurons tenu compte de la crainte inspirée par cette grande armée, qui se presse sur les bords du Rhône, de l'abaissement des caractères, suite inévitable des souffrances, des misères et des terreurs du midi, sous les coups de cette perpétuelle croisade de vingt années, quand nous aurons reconnu l'inspiration cléricale de ces humbles protestations de

---

(1) Dom Vaissète, édition Du Mège, tome 4, p. 197.

« Vous nous apprenez, par l'abbé de Saint-Paul et Pierre Raymond, vos en-
» voyés, qu'on décide chez vous les procès conformément aux lois des empereurs,
» qui défendent aux femmes de rendre la justice. La coutume de notre royaume
» est beaucoup plus indulgente ; elle permet aux femmes de succéder à défaut des
» mâles, et d'administrer elles-mêmes leurs biens. Souvenez-vous donc *que vous*
» *êtes de notre royaume et que nous voulons que vous en suiviez les maxi-*
» *mes ;* car, quoique vous soyez voisine de l'Empire, vous ne devez pas suivre ses
» lois et ses usages sur cet article. Rendez vous-même la justice, et examinez les
» affaires avec attention ; quoique vous ne soyez qu'une femme, nous ordonnons,
» par notre autorité, qu'il ne soit permis à personne de décliner votre juridic-
» tion. »

(2) Org. judiciaire du Languedoc. *Biblioth. de l'école des chartes*, 1re série, tome 1er, p. 202.

dévouement, nous retrouverons ce fonds de respect et cette vénération, que M. Bouttaric prête aux barons du midi.

Mais dans ces contrées de la France du sud, c'était surtout le clergé qui tournait souvent ses regards vers ces rois de France, protecteurs naturels de l'Eglise, lorsque leur intérêt ou les exigences de leurs finances ne les poussaient pas à la persécuter. Les archevêques, évêques, abbés, ne cessent d'appeler l'intervention royale de leurs prières et de leurs vœux. En 1173, c'est l'archevêque de Narbonne qui implore la protection de Louis VII dans une lettre des plus pressantes (1). Au milieu des tempêtes qui agitent la nacelle de saint Pierre, il n'a d'autre recours que le roi de France. Il faut que le pieux souverain s'arme du *glaive de la foi* et du *bouclier de la justice*; lui seul peut conjurer le double péril qui alarme l'archevêque : l'hérésie et les mouvements que le duc de Normandie se donne pour gagner les peuples à force d'argent.

Le clergé est français, il veille comme une sentinelle dévouée sur les intérêts de la royauté capétienne, menacée dans le midi par l'ambition des Plantagenets. A leur tour, les rois de France se déclarent institués par Dieu pour protéger les églises, les maintenir dans leurs dignités, et réprimer l'impiété des tyrans. De sérieuses libéralités appuient ces belles paroles. Il serait long de rappeler ici les bienfaits de Louis VII et de ses successeurs. Il faudrait dérouler toute une série de

---

(1) Dom Vaissète, tome 3, édition in-folio, p. 33, 34. *Gallia christiana*, tome 5.

diplômes, entre autres ceux de l'année 1156 en faveur de l'église de Maguelone, en faveur de l'église d'Uzès, et de Raymond, son évêque, en faveur des églises de Nîmes, de Narbonne, de Lodève, dont l'évêque reçut, dit-on, du roi, les droits régaliens sur son diocèse (1). Aussi, dans l'esprit des hommes d'Eglise, se développe de bonne heure, dans le midi, l'idée d'une France considérée comme un même royaume, presque comme une patrie commune. Des chartes qui dataient soit du temps des Carolingiens, soit de cette époque de transition entre la royauté tous les jours plus allemande des descendants de Karl le Grand et la royauté nationale et française des Capet, rappelaient sans cesse au clergé méridional une unité qui, factice et artificielle autrefois, allait renaître aujourd'hui réelle et vivante. Les abbés de la Grasse (2) avaient, au fond de leur cartulaire, une charte octroyée, en 870, par le roi Eudes à l'abbé Sunifried de Sainte-Marie de l'Orbieu, et une charte de Charles le Chauve, en 899, qui confirmait à l'abbaye la possession de ses biens et le privilége d'élire son abbé. Ne pensons pas que ces parchemins restassent ensevelis dans le cartulaire des abbayes, et que ces vieux souvenirs ne fussent plus conservés, dans l'esprit des abbés et des moines, que par une vaniteuse érudition.

Les dangers dont les maisons religieuses furent menacées, à la fin du douzième et au commencement du treizième siècle,

---

(1) Dom Vaissète, édition Du Mège, tome 4, p. 108 et 109.
(2) Mahul, *Cartulaire et archives*, tome 2, p. 216 et seq.

les usurpations qu'elles eurent à repousser, les empiétements dont il fallut se défendre, rajeunirent ces titres poudreux ; les puissants de l'Eglise du midi y trouvaient comme un engagement réciproque contracté entre les rois de France et les monastères ou chapitres ; les uns promettent protection et sécurité, les autres reconnaissance et dévouement. Le monastère de Moissac n'avait pas eu à se louer de la conduite des croisés ; l'abbé écrivit à Philippe-Auguste ; il commença par rappeler au roi régnant la fondation de l'abbaye par ses ancêtres (1). « Nous lisons que vos aïeux ont fondé
» ce très-antique monastère qui a nom Moissac ; ils l'ont de
» toutes parts environné d'un large cercle de possessions. Du
» reste, le couvent acquitte sa dette de reconnaissance en-
» vers ses bienfaiteurs. Que votre sublimité sache que nous
» prions constamment le dispensateur de toutes choses pour
» votre salut et pour la prospérité du royaume, et particu-
» lièrement en votre honneur et en celui des vôtres brûlent
» sans relâche deux cierges devant le grand autel. » L'Eglise ne se contentait pas d'appeler de ses vœux le pouvoir royal dans le midi, elle prétendait l'y installer par la force et la violence ; témoin le poëme de la croisade, témoin le vers que nous avons cité plus haut, et qui rappelle un des articles de la charte présentée à Raymond au nom des prélats du concile d'Arles.

Mais le clergé avait-il dans le sud de la France une grande influence ? et ses idées inspirées par des intérêts d'ordre et

---

(1) Dom Vaissète, édition Du Mège, tome 5, p. 587.

de caste, pouvaient-elles se répandre en dehors de l'Eglise? Sans doute, si l'on consulte Guillaume de Puylaurens, si l'on interroge les archives de l'abbaye de Montolieu, si l'on en croit les sirventes des troubadours, on voit le clergé méprisé et se méprisant lui-même au point de cacher ses insignes; mais un fait général n'a jamais dans l'histoire une rigueur exclusive et absolue; c'est une vérité qui souffre de nombreuses exceptions; étudiée de près, la société du midi, à la fin du douzième siècle, nous montre encore un clergé actif, influent, balançant, en plus d'un endroit, la puissance féodale et dirigeant celle des communes. En 1209 Nîmes se soulève (1); les habitants se lient par serment, en dépit de la défense du comte, de Guiraud Ami, son connétable, et d'Etienne Audemart, viguier de Nîmes. Ce malheureux viguier est massacré, le palais comtal pillé, les gens du comte repoussés, et l'entrée de la ville refusée au comte lui-même, tandis qu'on y introduit ses ennemis. L'initiative de ce soulèvement appartient-elle à l'évêque? L'histoire ne saurait l'affirmer, mais c'est du moins dans le palais et sous la présidence de l'évêque qu'est proposée, arrêtée, rédigée, en présence de tous les consuls, de tous les conseillers et d'une foule immense de chevaliers et de bourgeois, la nouvelle constitution communale, qui réunit dans un seul et même consulat celui de la ville et celui du château des Arènes (2). Une assez grande part était faite à l'évêque dans ces institutions muni-

---

(1) Mesnard, *Hist. de Nîmes*, tome 1er, p. 258.
(2) Id., tome 1er, preuves, p. 42.

cipales étendues, élargies, renouvelées. Les huit consuls de la cité et du bourg ne peuvent être élus sans son assentiment.

A Toulouse se passaient ou allaient se passer des événements qui rappellent ceux dont Nîmes vient d'être le théâtre. Le clergé est l'instigateur de la lutte civile qui déchire la cité des Raymonds, partagée entre la confrérie blanche et la confrérie noire. Le poëme de la croisade nous permet d'apprécier le rôle de l'évêque, de l'abbé dans le conflit de ces factions, armées l'une contre l'autre par le fanatisme religieux et le zèle patriotique : « les croyants des hérétiques » vont répétant que l'évêque, l'abbé et le clergé les mettent » aux prises entre eux, pour que l'un follement détruise l'au- » tre ; car s'ils se tenaient ensemble, tous les croisés du » monde ne leur pourraient causer de dommage » (1).

Ce fut également à la voix des clercs que la Provence tout entière se leva contre Toulouse, ceignit ses reins, et dressa ses doigts à la bataille. C'est encore le poëme de la croisade qui nous fait connaître le retentissement des prédications du clergé au sein de la Provence, lorsque plus tard, sondant les consciences des Provençaux, le poëte nous montre les regrets, presque les remords de ces vassaux du comté de Toulouse, abusés par des sermons, dont la perfidie égalait

---

(1) Fauriel, p. 76 ; Mss., f° 14, p. 27.
   Li crezen dels eretges.....
  Van dizen que lavesques, labas e la clercia
  Les fan mesclar ves lor e per aital folia
  Que lus destrua lautre ; car qui essems se tenia,
  Tuit li Crozat del mon dan tener nols poirian.

le fanatisme. A en juger par les indications de la geste, la Provence était alors, comme elle l'a toujours été, comme elle l'est encore aujourd'hui, dévouée, jusqu'au fanatisme, à la religion et au clergé catholiques (1). Les statuts municipaux des villes d'Avignon et d'Arles attestent la puissance de l'influence cléricale. Ceux d'Arles, qui donnaient à l'archevêque d'assez vastes prérogatives (2); entre autres celle de prendre part aux délibérations des consuls et du petit conseil sur les changements à faire, les améliorations à introduire dans la constitution municipale, sur les guerres à décider, les impôts à lever, sur la monnaie dont il fallait autoriser le cours, sont empreints d'une juste sévérité morale et d'un rigorisme d'orthodoxie, dont ne pourrait pas s'accommoder la conscience moderne : toute femme de mauvaises mœurs était chassée de la ville; toute épouse qui abandonnait son mari et s'attachait à un autre homme, était frappée de la même peine ; un hérétique et un vaudois étaient mis sur le même rang qu'un voleur ou un brigand. Tout blasphème contre Dieu, la bienheureuse Marie et contre les saints qui avait pu échapper dans un jeu, était passible d'une punition. Le seul témoignage de l'accusateur, appuyé de celui du partenaire, suffit pour entraîner la condamnation du prévenu. N'est-ce pas là une inquisition en germe? Ces dispositions ne sont-elles pas l'œuvre du clergé? N'a-t-il pas marqué de son sceau cette charte organique de la cité d'Arles?

---

(1) Fauriel, p. 286; Mss., f° 57, p. 104.
(2) Giraud, *Hist. du droit français*, tome 2, p. 128 et seq.

L'intérêt, l'espoir d'échapper aux mains longues et avides de la féodalité, groupaient souvent autour des monastères des populations *amphibies*, qui appartenaient à la fois au clergé et à la société laïque. Ecclésiastiques par la tonsure, laïques par le genre de vie qu'elles menaient, livrées au commerce et aux occupations mécaniques, elles s'abritaient contre l'impôt derrière les priviléges des maisons religieuses. Les rois de France durent prendre plus d'une mesure contre cet abus. Une enquête, faite par Raymond d'Alsonne, sur les clercs artisans, en 1283, établit que dans les seuls lieux de Montolieu et de Sainte-Eulalie on en comptait plus de deux cent seize qui essayaient de frustrer le fisc royal (1). Sous la domination féodale, les artisans ne se rassemblaient pas sans doute en nombre moins considérable à l'ombre de ces abbayes dont ils prenaient la livrée? Les exigences du roi n'étaient pas plus vexatoires à coup sûr que celles des seigneurs, armés de leurs droits de justice dont le savant travail de M. Championnière (sur les cours d'eau) nous a fait connaître la nature et la portée. Ainsi les abbayes qui, au point de vue temporel, gravitaient autour du trône des rois de France, entraînaient après elles, comme autant de satellites, ces populations qui, au milieu de la tourmente féodale, trouvaient auprès d'elles ordre, sécurité, protection.

Ce n'étaient pas seulement les hauts représentants de la féodalité méridionale, ce n'était pas seulement le clergé qui avaient noué des relations avec le roi de France ; c'étaient

(1) Mahul, *Cartulaire et archives*, tome 1er, p. 130.

les communes elles-mêmes, c'étaient les membres du conseil de la ville et des faubourgs de Toulouse, qui, écrivant à Louis VII, l'appelaient leur seigneur, leur défenseur et leur libérateur (1).

Le poëme de la croisade fait faire un pas de plus à cette grave question. Les textes que nous avons assemblés jusqu'à présent, nous ont montré des rapports plus ou moins étroits entre la royauté et les hommes du midi ; d'un côté le roi, de l'autre tout un pays. Un passage curieux de notre épopée historique nous fait pressentir la rencontre des populations du nord et de celles du midi sur la grande voie fluviale du Rhône et de la Saône. Les villes des bords du Rhône, Tarascon, Beaucaire, Avignon apparaissent, dans le récit du poëte, entourées d'une splendeur et d'une puissance, qu'elles doivent à leur commerce et à leur marine fluviale sans doute. Du concours qu'elles prêteront au jeune Raymond dépendra le succès de la lutte qu'il va entrepren-

---

(1) Dom Vaissète, édition Du Mège, tome 4, p. 189.

« Que votre altesse ne soit pas surprise, notre cher seigneur, si nous vous
» écrivons souvent. Après Dieu, nous avons recours à vous, comme à notre
» bon seigneur, notre défenseur et notre libérateur, lorsque nous sommes mena-
» cés de quelque chose de sinistre, ayant une entière confiance en votre bienveil-
» lance. Vous nous avez demandé, par vos lettres, de vous informer de tout ce
» qui se passerait ici d'intéressant : nous avons appris par nos amis que le roi
» d'Angleterre se prépare, cette année, à nous faire la guerre. Vous pouvez en
» être instruits plutôt que nous, parce que vous êtes voisins de ce prince, et nous
» le faire savoir, pour que nous ne soyons pas surpris par ses attaques. Toute notre
» espérance est dans votre protection. Le souvenir des promesses que vous nous
» avez faites, nous rassure et nous cause une joie extrême. Nous rendons grâces à
» Dieu et à vous de ce que nous possédons votre sœur pour notre dame. Adieu :
» le Seigneur tout-puissant conserve longtemps votre personne et votre royaume. »

dre pour arracher la Provence à Simon de Montfort. Tel est le sens des conseils que Raymond VI, partant pour l'Espagne, adresse à son fils : « Vous aimerez de tout temps les barons » d'Avignon et vous leur donnerez largement l'amour et la » richesse, et si vous avez la Provence, c'est avec leur se- » cours que vous en ferez la conquête; aux hommes de Mar- » seille vous rendrez grand merci. A ceux de Tarascon vous » obéirez de tout temps, et si vous recouvrez Beaucaire, vous » leur devrez cette conquête; au pied du rocher se tiendront » les vaisseaux » (1).

On comprend, du reste, tous les ménagements et les égards que le comte de Toulouse conseille à son fils à l'égard de ces puissantes villes du Rhône, lorsqu'on a entendu les promesses, qu'Avignon a faites à Raymond et qu'elle se dispose à tenir avec un héroïque dévouement. « Nous occuperons tous les » passages du Rhône et nous mettrons tout le pays à feu et » à sang, jusqu'à ce que vous ayez recouvré Toulouse » (2). De tels engagements ne pouvaient être pris que par une cité qui avait véritablement conscience de sa force. Toute cette

(1) Fauriel, p. 274 ; Mss., f° 49, p. 98.
Els baros dAvinho per totz temps amaretz :
E lamor e laver largament lor daretz,
Que si avetz Proensa, ab lor la conquerretz
Els omes de Maselha grandas merces renletz.....
E lor de Tharasco totz temps obeziretz......
Que si cobratz Belcaire ab lor lo cobraretz
E al pe de la rocha estara lo navetz.
(2) Fauriel, page 266 ; Mss., f° 48, p. 96.
E nos tindrem de Rozer totz lo pas el pasatge,
E metrem per la terra la mort el carnalatge
Tro que cobretz Tholoza ab lo dreit eretatge.

marine si importante, ces vaisseaux qui étendront sur tout le cours du Rhône une sorte de blocus, n'indiquent-ils pas un grand mouvement commercial, qui remontait jusqu'à Lyon, peut-être même pénétrait dans la Saône et atteignait de proche en proche les grands centres commerciaux du nord, les foires de la Champagne et de la Brie ?

Ces échanges, ce commerce, ces rapports devenus plus nombreux et plus étroits avec les progrès de la civilisation dans les deux moitiés du royaume, plus faciles avec les conquêtes de l'autorité royale, auraient, peut-être mieux que la guerre la plus sanglante, préparé et hâté la fusion du midi et du nord de la France. Trois traités signés successivement par les consuls de Montpellier avec Arles (18 novembre 1237), avec Avignon (24 octobre 1273), avec les seigneurs de Montélimar (1265) (1), marquent le passage du commerce montpelliérain sur cette grande route du midi vers le nord de la France. Il est même probable que ce ne sont pas là ses premiers pas sur cette longue et belle voie de communication. Cette cité, où, dès le milieu du douzième siècle, le rabbin juif Benjamin de Tudela trouvait des hommes de tout pays et de toute race (2), depuis les Arabes du Garb et les marchands de la Syrie et de l'Egypte jusqu'à ceux de la Lombardie, de Rome, de Gênes et de Pise, jusqu'à ceux de l'Espagne et de l'Angleterre, n'attendit sans doute pas le

---

(1) Germain, *Hist. de la commune de Montpellier*, tome 2, p. 43. *Hist. du commerce de Montpellier*, tome 2, p. 36.

(2) *Benjamini Tutelensis itinerarium*, p. 15. *Lettres d'Innocent III*, Baluze, tome 2, p. 525.

milieu du treizième siècle pour prolonger les ramifications de son commerce jusqu'au fond du nord. Avant la fin du siècle précédent, la richesse de Montpellier était déjà proverbiale dans le nord de la France. Le roman de Raoul de Cambray, l'épopée historique publiée sous le nom de *Chanson d'Antioche*, parlent maintes fois de l'or de Montpellier (1).

Au commencement du treizième siècle, l'Eglise veille sur la sécurité de la navigation du Rhône. Le concile d'Arles (1210) et l'abbé de Cîteaux avaient lancé une sentence d'excommunication contre Silvius de la Crète, Alasias de la Roche, le prévôt de Valence, Artaud de Roussillon, son frère, à cause des péages injustes qu'ils osaient lever, des exactions et autres iniquités, qu'ils commettaient sur *les fleuves et les voies publiques*. Une lettre d'Innocent III, adressée à Arnaud de Cîteaux et à l'évêque d'Uzès, confirme cette sentence et ordonne de la faire exécuter sans appel (2).

Placés sur les bords du Rhône, nous assistons à ce grand va-et-vient d'hommes et de marchandises sur les eaux de ce fleuve. Transportons-nous à l'une ou à l'autre des deux extrémités de cette longue ligne; nous y verrons arriver les hommes et les choses, partis de l'extrémité contraire. — Les

---

(1) Roman de Raoul de Cambray. — Entretien de Raoul et de sa mère :
    Raoul l'oï : le sens quida changier,
    Et jure Dieu, qui tot a a jugier
    Qu'il » el feraet por l'or de Montpeslier.
(*Romans des douze pairs*, p. 44).

(2) Baluze, *Lettres d'Innocent III*, tome 2, p. 545.

idées ne s'échangeaient pas moins que les denrées entre le nord et le midi de la France.

Il y a deux façons de s'expliquer la propagation des doctrines cathares ; on trace de deux manières non-seulement différentes, mais opposées, l'itinéraire qu'elles ont suivi. — L'opinion la plus ancienne, adoptée par M. Schmidt, fait naître cette hérésie, dans la Bulgarie et la Croatie, d'un mélange des anciennes superstitions païennes avec un christianisme corrompu : de ces pays elle est descendue peu à peu sur les rivages de l'Adriatique ; elle est arrivée en Lombardie ; de là, franchissant les Alpes, elle s'est disséminée dans la France du sud, a remonté dans le nord, a surtout dominé dans la Champagne, où un de ses principaux foyers a été le château de Montwimer, dans le diocèse de Châlons-sur-Marne (1). Cette grande communauté a subsisté jusqu'en 1239, où l'inquisiteur général pour la France, le dominicain frère Robert, la découvrit, malgré la prudente obscurité dont elle s'était environnée : en présence des prélats, des abbés du diocèse de Reims, du comte Thibaut et d'une foule de chevaliers de la Champagne et de la France, cent quatre-vingt-trois hérétiques montèrent sur les bûchers dressés au pied du château de Montwimer (2). Peut-on supposer que cette société hérétique, si violemment détruite, soit restée sans relations avec la France du sud? N'est-elle pas, au contraire, comme un rejeton du grand arbre de l'hérésie méridionale

---

(1) Schmidt, *Hist. des Cathares*, tome 1er; p. 32.
(2) Id., t. 1er, p. 366.

transplanté dans le nord? Ne suivons-nous pas, comme à la trace, aux idées anti-catholiques qu'ils sèment sur leur passage, la marche des hommes du midi vers les contrées septentrionales de la France?

En présence de l'hypothèse de M. Schmidt, s'est placée une conjecture nouvelle, tout aussi acceptable, si elle n'est pas plus voisine de la vérité. Dans un article publié dans la Bibliothèque de l'école des chartes, M. Cucheval-Clarigny déplace le berceau de la secte cathare, et donne à l'hérésie une origine française et champenoise (1). Le château de Montwimer, de l'aveu même de M. Schmidt, est son plus ancien siége et foyer dans la France ; c'est de là qu'elle aurait gagné de proche en proche les contrées méridionales. L'ancien point d'arrivée des idées cathares devient ainsi leur point de départ ; mais leur propagation ne prouve que plus nettement les relations de la France du nord et de la France du midi. En descendant vers le sud, ce courant de croyances hérétiques se grossit, à la hauteur de Lyon, d'un nouveau courant d'idées anti-catholiques, qui coula sans cesse parallèlement au premier ; leurs eaux ne devaient se confondre que bien plus tard ; les doctrines vaudoises accrurent encore les rapports de la Bourgogne avec les pays qui, au siècle suivant, s'appelleront le Languedoc.

Nous ne connaissons pas de textes qui nous permettent d'établir, au commencement du treizième siècle, l'existence de ces rapports; nous conjecturons seulement, mais nos conjec-

---

(1) *Biblioth. de l'école des chartes*, 2ᵉ série, t. 3, p. 80-90.

tures peuvent, sur ce sujet, avoir la force de véritables preuves, et ce n'est pas céder complaisamment à une erreur volontaire que de prêter une valeur rétrospective à un curieux passage des archives de l'inquisition de Toulouse, recueillies par Limborch (1). C'est la singulière histoire d'un prêtre bourguignon, Jean Philibert, traîné, en 1319, devant l'inquisition de Toulouse, qui devait le condamner comme relaps.

Né à la Chapelle, il était resté quelque temps auprès de Saint-Laurent du Rocher, dans le diocèse de Besançon ; il s'était ensuite établi à Castelnau de Barbazens, près de Mazères, dans le diocèse d'Auch ; c'est là que vint le surprendre, en 1311, l'ordre de comparaître devant l'inquisition : vingt-huit ans auparavant, il avait été envoyé de Bourgogne, avec des lettres de l'inquisiteur, à la recherche d'un vaudois fugitif appelé Ruste Jaubert ; il vint dans le diocèse d'Auch. Ensuite il retourna en Bourgogne, vers ceux qui l'avaient envoyé ; peu de temps après, de son propre mouvement, il revenait en Gascogne ; il resta plusieurs années dans le diocèse d'Auch ; quelques Bourguignons, qu'il nomme, le mirent en rapport avec des Vaudois, dont il ne tarda pas à devenir l'ami intime ; bientôt après, il était promu dans la secte au rang de parfait. Ainsi, voilà un prêtre bourguignon qui arrive dans la Gascogne à la poursuite d'un hérétique bourguignon et trouve, dans le pays, des Bourguignons pour le convertir aux idées vaudoises. Une destinée aussi étrange pouvait bien n'avoir pas eu de nombreux précédents ; mais

---

(1) Limborch, *Liber sententiarum*, p. 252, 253.

les rapports de la France de la Garonne avec celle de la Saône, n'avaient sans doute pas attendu, pour naître, la fin du treizième siècle et le commencement du quatorzième siècle.

Bien avant les doctrines religieuses, sans doute, la poésie avait établi entre le midi et le nord des relations intellectuelles : c'étaient les mêmes types, les mêmes héros, les mêmes souvenirs, les mêmes légendes. M. Fauriel a voulu trouver, dans la France du sud, le germe et les premiers épanouissements des grandes chansons de gestes du cycle carolingien et du cycle d'Arthus. Les inductions de sa subtile sagacité, appuyées sur un fonds inépuisable de science, pouvaient faire illusion ; mais des travaux récents ont démontré, d'une manière péremptoire, que les Provençaux devaient renoncer à cette prétention (1). D'ailleurs, plus modeste au treizième siècle que de nos jours, le midi n'hésitait pas à reconnaître la supériorité du roman du nord pour la composition de ces rudes épopées. « La langue française, » dit le troubadour Raymond Vidal, dans son art de trouver » (la dreita maniera de trovar), vaut mieux pour faire ro- » mans et pastorales ; mais celle du Limousin est préférable » pour faire vers, chansons et sirventes » (2). Le poëme de la croisade, surtout dans la première partie, peut servir de commentaire à cette assertion si précise du grammairien limousin. La langue de cette chronique rimée reproduit les formes grammaticales, les expressions, les termes même,

---

(1) *Hist. littéraire de la France*, tome 24, discours sur l'état des lettres au quatorzième siècle, p. 436.

(2) *Biblioth. de l'école des chartes*, 1re série, tome 1er, p. 190.

légèrement modifiés, des chansons de gestes du nord. Le roman du midi, appliqué à ces récits épiques, imite et calque le roman d'outre-Loire.

Si la France du sud n'a pas vu naître ces poëmes, elle ne les a pas moins connus et étudiés. La geste de la croisade nous montre la poésie provençale empruntant à la littérature du nord ses créations les plus originales et se les appropriant autant que possible. Il est certaines épopées dont l'origine ne peut pas être douteuse : tel est l'âpre roman de Raoul de Cambray. C'est un roman du nord : le théâtre des événements, le fond historique de la fiction, la violence d'une inspiration toute féodale, l'absence de toute galanterie, surtout dans la première partie, indiquent assez qu'il n'a pas été composé dans la patrie des troubadours ; néanmoins, il n'y resta pas inconnu ; il semble même y avoir été admiré ; le poëme de la croisade fait allusion à l'une des scènes les plus dramatiques de cette farouche chanson de gestes. En présence de Béziers s'abîmant dans les flammes, le poëte songe à l'incendie qu'allume Raoul de Cambray : « Ainsi Raoul, celui de Cambray, brûla et incendia une riche » cité qui est près de Douay ; puis sa mère Adelaïde l'en » blâma fort ; aussi pensa-t-il la frapper au visage » (1). —

---

(1) Fauriel, p. 38 ; Mss., f° 7, p. 14.
   Aisi ars e rumet Raolf, cel del Cambrais,
   Una rica ciutat, que es pres del Doais ;
   Poichas len blasmet fort sa maire nAlazais,
   Pero el lan cujet ferir sus en son cais.

Une scène exactement analogue à celle dont le troubadour fait ici mention ne se

Une citation aussi brève ne pouvait faire impression que sur des lecteurs ou des auditeurs qui connaissaient Raoul de Cambray? Ce roman devait être devenu classique dans le midi. Les violences de ce baron du nord figuraient sans doute parmi les *dits et gestes des hommes illustres du temps présent et du temps passé*, dont la connaissance était indispensable à l'éducation d'un troubadour. La réputation, dont jouit dans le midi ce roman du nord, pourra plus tard nous guider dans l'étude des mœurs de ce pays. Qu'il nous suffise, pour le moment, d'en retirer la démonstration évidente du fait qui nous préoccupe : les relations étroites de la poésie du nord et de celle du midi et les emprunts que l'une faisait à l'autre.

Ces emprunts étaient rendus plus faciles par les ressemblances de la langue du midi avec celle du nord. C'étaient plutôt deux dialectes que deux langues. Qui entendait l'un devait avoir facilement l'intelligence de l'autre. Les limites respectives de la langue française et de la langue lémosine n'étaient pas nettement tracées. Malgré les péages des riverains du Rhône, les hommes du nord allaient au-devant de ceux du midi, et ceux du midi au-devant de ceux du nord. — Les barrières que la nature, les habitudes de la vie sociale et politique avaient élevées entre la pensée de la France

---

trouve pas dans le roman de Raoul de Cambray, tel que nous le possédons aujourd'hui. — Adélaïde ne vient pas reprocher à son fils Raoul l'incendie du moûtier d'Aurigny ; d'autre part, Raoul, en présence de sa mère, est grossier et brutal dans ses paroles ; il ne s'oublie jamais jusqu'à la menacer. Le troubadour a-t-il été trahi par sa mémoire, ou bien avait-il sous ses yeux une rédaction de ce roman différente de celle qui nous est restée?

du nord et celle de la France du sud, s'abaissaient sous la communauté des traditions et des souvenirs : de même les règles, arrêtées par le purisme grammatical, n'empêchaient pas les mots de la langue française de passer sur le domaine de la langue lémosine, et un Français aurait sans doute, à la même époque, accusé, en sens inverse, les empiétements dont se plaint Raymond Vidal. « Tous ceux qui di-
» sent *amis* pour *amics* et *moi* pour *mei*, se trompent : se
» trompent de même tous ceux qui disent *retenir*, *mainte-*
» *nir*, *contenir* : ces mots sont français, et on ne les doit
» pas mêler avec ceux de la langue lémosine, ni ceux-là ni
» aucun mot qui soit équivoque » (1). Ne croyons pas que les troubadours de la seconde partie du treizième siècle fussent seuls à commettre cette confusion. Raymond Vidal la reprend chez Pierre Vidal. Ici le grammairien commente le poëte ; il est dans son rôle, et le fait qu'il signale est la conséquence naturelle de ce rapprochement des deux pays, de ce mélange des deux littératures, sur lequel le poëme de la croisade a attiré notre attention.

Les indications du poëte, les faits et les textes qui lui ont servi de commentaires, ne sont ni assez nombreux ni assez significatifs pour autoriser une conclusion absolue et rigoureuse : elle ne s'appuierait peut-être pas sur des arguments assez forts pour heurter en face les opinions généralement acceptées, qui peuvent bien après tout n'être que des préjugés : toujours croyons-nous avoir acquis le droit de ne pas

---

(1) *Biblioth. de l'école des chartes*, tome 1er, 1re série, p. 203.

les accepter comme des axiomes, qui s'imposent par leur évidence : il est permis de les soumettre à l'examen, à la critique. Sans doute la France du midi n'était pas la France du nord ; elle avait sa puissante et vigoureuse originalité ; les hommes du midi n'étaient pas encore prêts à vivre d'une vie commune avec ceux du nord ; néanmoins des points de contact existaient entre ces deux pays ; des liens commençaient à se former, et auraient été chaque jour plus étroitement serrés ; l'idée d'une seule et même France féodale sous un seul et même suzerain suprême, n'était pas étrangère aux vassaux des Raymonds, même aux barons qui, en deçà des Pyrénées et sur la rive droite du Rhône, faisaient hommage aux princes de la maison d'Aragon-Barcelone. C'est une chimère que de refaire l'histoire après coup ; mais on a le droit de se demander si l'unité de la France ne pouvait sortir que de l'horrible bouleversement qui porta à ces contrées du sud un coup dont elles ont mis si longtemps à se relever. Un mariage, ou toute autre combinaison politique, aurait pu rattacher au trône des Capets la France du midi, qui s'avançait au-devant d'eux ; elle aurait été française, sans perdre sa vie personnelle, originale : elle eût, comme la Bretagne, avec ses libertés locales, échappé aux abus de cette concentration excessive de pouvoir qui, même sous l'ancien régime, fut un des malheurs de notre pays, et dont M. de Tocqueville a dénoncé les abus avec la sobre précision d'un style qui rappelle celui de Montesquieu.

Si l'on veut trouver une des premières causes de ce mal, dont la science cherche encore aujourd'hui le remède, il faut remonter jusqu'au treizième siècle ; il faut en grande partie en faire retomber la responsabilité sur la guerre des Albigeois ; au cours lent et régulier des choses, elle a substitué la violence et la force ; elle a, sans doute, abouti à l'unité de la France ; mais de toutes les voies qui pouvaient conduire à ce grand résultat, elle a été la plus mauvaise. Si la croisade a brutalement brisé quelques-uns des obstacles qui séparaient l'une de l'autre des deux moitiés de la France, elle en a fait naître de nouveaux, de plus difficiles à surmonter. Elle a mis au cœur des Français du midi une haine profonde pour ceux du nord. Il faut voir les qualifications injurieuses que, dans le poëme de la croisade, les méridionaux appliquent aux Français oppresseurs de leurs cités, spoliateurs de leur noblesse. — Leur conduite, leurs fautes, leurs excès sont jugés sans pitié, condamnés sans merci. Le grand héros du cycle carolingien, dont les salles des châteaux féodaux avaient plus d'une fois entendu, dans le midi même, retentir les louanges, apparaît sous un aspect tout nouveau aux regards irrités des vassaux des Raymonds ; il leur est odieux comme un homme du nord ; il a les vices d'un conquérant français ; ce sont ses excès et non les perfidies de Ganelon, qui ont causé sa perte en Espagne ; une sorte de patriotisme méridional, qui ne semble dater que des horreurs mêmes de la guerre albigeoise, s'est emparé du cœur des défenseurs du midi ; ils acceptent la solidarité des massacres accomplis par les Sarrasins et les Vascons dans les ports des Pyrénées ; ils semblent continuer leurs sanglantes représailles. « Le Français, par nature, commence

» par conquérir, et il conquiert tant qu'il monte plus haut
» qu'un épervier ; et quand il est au sommet de la roue, il
» est si plein d'outrecuidance, qu'il détruit, brise, et ren-
» verse l'escalier sous lui ; et il tombe et trébuche, rede-
» vient ce qu'il était, et il perd ce qu'il gagne ; car il n'est
» pas bon terrier ; et pour leur orgueil et leurs chétifs dé-
» portements périrent, en Espagne, Olivier et Roland » (1).

Ce texte emprunte à ceux que nous avons déjà rappelés une haute et pleine signification et projette lui-même une singulière lumière sur cette révolution opérée dans les idées et les sentiments des méridionaux, à la suite de la conquête française et catholique. — La France du sud est violemment rejetée vers l'Espagne.

Suivre ce mouvement des esprits à travers tout le treizième et jusque dans les premières années du quatorzième siècle, ce serait écrire un des plus curieux chapitres de l'histoire du midi ; ce serait, en même temps, faire le seul commentaire complet et satisfaisant de ces vers du poème de la croisade. — Il faudrait interroger les interprètes naturels des idées et des passions du midi, les troubadours ; tels que ce Bertrand

---

(1) Fauriel, p. 472 ; Mss., f° 87, p. 174.
   E Frances per natura deu conquerir primers,
   E conquier tant que puia pus aut cus esparvers,
   Et cant es en la rota, es aisi sobrancers,
   Que lorgolhs franh e brisa e baicha lescaliers,
   Es el cai e trabuca et rema i engaliers,
   E pert so que gazanha, car no es bos terriers,
   E per lorgolh de Fransa e pels faitz menudiers
   Foron mort en Espanha Rotlans e Oliviers.

de Rovenac, qui fait, à deux reprises, appel aux rois d'Angleterre et d'Aragon, Henri VIII et Jayme Ier (1). Il faudrait, dans les accusations calomnieuses, dirigées contre Bernard de Saisset, chercher un indice des sentiments et des passions qui agitaient sans doute l'âme des méridionaux, dans le temps où l'on croyait perdre l'évêque de Pamiers, en les lui prêtant. Il faudrait enfin étudier de près le curieux procès de frère Bernard Délicieux (2), ce courageux franciscain, ce tribun héroïque, qui déclara ouvertement que *les bienheureux Pierre et Paul ne pourraient pas se défendre d'une imputation d'hérésie,* se fit le protecteur et l'avocat de ces malheureuses populations, foulées par l'oppression religieuse, porta leurs plaintes devant le trône de France, devant le saint-père, renouvela soixante et dix fois de suite, à la cour de Rome, ses accusations contre les inquisiteurs, brava toutes les excommunications, dédaigna toutes les calomnies, s'efforça de soulever contre la domination française les communes d'Alby et de Carcassonne, négocia avec Fernand, le roi de Majorque, de concert avec les consuls, fut sur le point de lui livrer le bourg de Carcassonne, et commit un de ces actes de haute trahison, qui sont inspirés par de trop généreuses passions, pour que l'histoire puisse les juger sévèrement. Il faudrait apprécier ce mouvement dont ce moine fut l'âme, et, sans reconnaître dans cette agitation toute locale une manifestation d'esprit national, sans y voir, comme

---

(1) Raynouard, *Poésie des troubadours*, tome 4, p. 203.
(2) Limborch, *Liber sententiarum*, p. 268 et seq.

M. Schmidt, *l'effet d'un dernier appel à une nationalité presque éteinte* (1), nous pourrions au moins constater cette tendance à se rejeter vers l'Espagne, à demander aux rois d'au delà des monts une justice et une protection qui ne descendaient pas du haut du trône de France. Peut-être serions-nous amenés à cette conclusion, que les excès de la guerre albigeoise et ceux de l'inquisition, plus odieux encore, ne détruisirent pas une nationalité qui semble n'avoir jamais existé; ils firent naître contre les oppresseurs un sentiment d'antipathie et de haine qui eut quelques-uns des traits et des caractères du sentiment national. Mais cette étude serait beaucoup trop vaste; nous sortirions du cadre, que nous nous sommes tracé et qui ne cède que trop sous la pression des idées et des faits.

(1) Schmidt, tome 1er, p. 352.

CHAPITRE II.

L'esprit national dans le midi, avant, pendant et après la croisade.

Avant la guerre des Albigeois, le midi se laisse assez facilement pénétrer par l'action de la royauté et ne semble pas éprouver pour les hommes du nord cette aversion qu'on lui a peut-être prêtée trop gratuitement. Au lendemain de cette conquête, au milieu de ses efforts pour repousser de son sein des étrangers et des spoliateurs, il est saisi d'une de ces répulsions profondes, dont le temps n'amortit que peu à peu la douloureuse énergie. A ces deux faits moraux de l'histoire de la France du sud correspondent deux autres faits qui se rattachent aux premiers par les liens d'une étroite corrélation. Avant la guerre, on chercherait en vain dans le midi les traces d'esprit national; tout est morcelé, divisé, local; l'antipathie n'est peut-être pas moins vive d'un bourgeois de Toulouse à un citoyen d'Avignon que de ce même bourgeois des Raymonds à un habitant de Paris; c'est là, suivant M. Bouttaric, une des causes qui se sont le plus activement opposées à la formation d'une royauté méridionale, sous le sceptre des Raymonds (1). — Peu à peu cependant, le be-

(1) *Biblioth. de l'école des chartes*, tome 1er, 1re série, p. 102.

soin de la défense, des souffrances communes, un même ennemi à combattre, une même oppression à secouer, rapprochèrent les unes des autres les populations échelonnées des bords du Rhône à ceux de la Garonne; une sorte de patrie méridionale commença à se former vaguement, au moment même où l'existence indépendante et distincte des hommes du sud allait être anéantie, à la suite d'un suprême et glorieux effort. C'est le poëme de la croisade qui nous fait assister aux diverses phases de cette révolution morale, inévitable contre-partie de celle que nous venons d'étudier.

Rappelons ici, avec le troubadour de la première partie, la composition de la grande armée croisée qui vint, en 1209, fondre sur le midi. « Il y eut, dit le poëte, des hommes de
» tout le monde, du Poitou, de la Gascogne, du Rouergue,
» de la Saintonge; là est toute la Provence et tout le pays de
» Vienne, avec tous les hommes des contrées qui s'étendent
» des ports de Lombardie jusque là-bas à Rodez; ils vinrent
» tous ensemble, à cause du grand pardon qui leur était pro-
» mis » (1). La moitié du midi conquiert, pille, saccage et détruit l'autre; l'une va, aux dépens de l'autre, s'assurer les biens de la terre et le salut dans le ciel. Le fanatisme religieux suffit-il à rendre compte d'un fait aussi grave? Oui, si l'on en croit le poëme de la croisade. Ne nous dit-il pas

---

(1) Fauriel, p. 22; Mss., f° 5, p. 9.
    De tot le mon ni ac Alamans e Ties,
    Peitavis e Gascos, Roergas, Centonges.....
    Lai es tota Proensa e trastotz Vianes
    Dels Portz de Lombardia tro aval a Rodes.
    I vengro tug essems pel perdo que grans es.

que toutes ces populations s'ébranlent pour avoir leur part du pardon promis à tous les *romieux ?* Peut-être cependant y aurait-il quelque danger à accepter ainsi les assertions du poëte ; la vérité historique est souvent, surtout dans les récits contemporains, cachée sous un certain tissu de faits, d'événements, d'idées, qui ne sert qu'à la voiler ; c'est comme un rideau de théâtre, richement peint et décoré, qui resterait baissé, tandis que derrière se jouerait le drame auquel nous sommes venus assister. Il ne faut pas s'arrêter à la surface de ces indications : les renseignements qu'elles nous donnent sont comme une porte entrebâillée ; ouvrons-la toute grande et franchissons le seuil. — Sans doute, dans cette lamentable époque, nous ferons au fanatisme toute la part qui lui est due : et malheureusement elle n'est que trop grande ; mais aurait-il eu la même prise sur un pays, où les esprits auraient été fortement unis les uns aux autres par un puissant instinct de patriotisme ? Dans ce sinistre ébranlement de peuples du midi, se levant en armes les uns contre les autres, ne faut-il pas, à côté de l'inspiration des passions religieuses, reconnaître l'effet de profondes antipathies locales ?

Pour se les expliquer, il suffit de promener les yeux sur l'aspect géographique du midi. De toutes les parties de la France, il n'en est pas de plus variée, de plus accidentée ; les contrastes y sont brusques, les transitions n'y sont pas ménagées.

Même en ne comprenant, sous la dénomination de midi, que les contrées qui s'étendent des Pyrénées aux monts d'Auvergne, et des limites orientales du bassin de la Garonne aux bords du Rhône, on confond sous le même nom trois régions bien distinctes ; d'abord le versant océanique, qui pourrait se diviser lui-même en trois zones diverses ; puis, sur l'autre revers de la chaîne de partage, une région toute féodale dont le centre est à Carcassonne ; et à côté, au contraire, une troisième et dernière région, toute commerçante, toute municipale, un peu espagnole, très-italienne, s'étendant jusqu'au Rhône, dépassant ce fleuve et comprenant même les villes de Provence, le plus activement mêlées aux grands événements de l'histoire de la France du sud, au commencement du treizième siècle.

Quand on parcourt encore aujourd'hui les différentes parties du midi, on est frappé de la variété ou de la différence des dialectes patois. Est-ce là un des effets de la décadence de la langue romane ou lémosine, abandonnée, sans règle, aux caprices et aux fantaisies de l'instinct populaire ? Trop belle, trop ample, trop régulière, cette langue des troubadours s'est-elle, pour ainsi dire, morcelée en plusieurs patois, parce que les populations n'étaient pas capables de la conserver dans toute son intégrité, parce que chacune d'elles a voulu l'accommoder aux besoins d'une existence assez bornée, et dans ce tissu aux mille reflets, se tailler les lambeaux qui lui étaient nécessaires pour revêtir sa maigre et mesquine pensée ? Admettons que telle ait été, en effet, la destinée de cette langue, proscrite par les conquérants, frappée d'anathème par l'Eglise et condamnée à quitter les hautes classes, pour se réfugier auprès du peuple, les châteaux, pour chercher un abri dans les cabanes et les maisons d'ouvriers. Ce triste destin ne prouverait pas moins la diversité des populations locales qui, une fois maîtresses de cette langue du midi, y ont introduit des différences si fortement accusées. — Mais peut-être n'est-il pas exact de voir dans les patois actuels le résultat de la décomposition du langage des troubadours ; peut-être ces patois sont-ils eux-mêmes aussi anciens ; peut-être ont-ils coexisté sous une forme qui, suivant toute apparence, n'était pas exactement celle sous laquelle ils se présentent à nous.

Il est, sans doute, difficile aujourd'hui de saisir la trace de ces patois méridionaux du treizième siècle, qui, probablement, comme ceux de nos jours, variaient de pays à pays, de région à région. Ce langage plébéien est fugitif et insaisissable ; il se parle et ne s'écrit pas. Même, lorsqu'ils voulurent composer pour les filles du peuple, des chansons, qu'elles pussent répéter à la fontaine (1), les troubadours ne durent pas exprimer leurs pensées dans ces dialectes locaux et populaires. Le peuple n'aurait pas accepté, comme de véritables poésies, des chansons écrites dans la langue vulgaire de la vie de tous les jours. Les ornements du rhythme, de la cadence, de l'harmonie, semblaient exiger, comme

---

(1) Raynouard, Lexique roman, tome 1er, p. 377 (Giraud de Borneilh).
« Il n'a pas valeur entière, le chant, qui ne peut pas être accessible à tous ; on
» peut s'en fâcher ; je n'en aime pas moins à entendre répéter, à l'envi, mon
» chant clair et net, à l'entendre porter à la fontaine. »

un complément nécessaire, l'élégance aristocratique du langage littéraire. Ne voyons-nous pas encore nos paysans adapter aux airs qu'ils chantent, des paroles françaises? — Si les patois se glissaient dans les *cansos* des troubadours, ce n'était qu'à l'insu de ces poëtes ; l'analyse la plus subtile, pour ne pas dire la plus téméraire, pourrait seule dégager dans leurs couplets, composés avec tant d'art, d'effort et de contention d'esprit, cet élément accidentel et fortuit.

La langue du poëme de la croisade est plutôt celle des troubadours que celle du peuple. Les défectuosités, que ce texte présente, doivent, sans doute, être imputées pour la plupart à l'inexpérience du copiste ; pourtant on y peut de loin en loin reconnaître comme l'invasion d'un dialecte populaire dans le dialecte consacré à la poésie épique et lyrique. Parmi les épithètes injurieuses, que la haine des bourgeois des villes du Rhône donne au prince des Baux, se trouve un mot que le lexique roman n'explique pas, mais que l'on reconnaît facilement, lorsqu'on a l'habitude du patois de l'Albigeois (*el goutz e avairos*). *Goutz* est la forme populaire du mot *gotz*, et signifie chien. Dans ce même poëme, nous rencontrons plusieurs autres expressions qui n'appartiennent pas non plu à l'idiome poétique et savant des troubadours : tel est le mot *acorajtjatz* dans le discours du légiste Bernard : il ne figure pas dans le savant lexique de M. Raynouard ; on peut le ranger parmi les barbarismes, ou bien plutôt parmi ces mots particuliers à tel ou tel langage local ; il en est de même de la désinence *or* pour *ont* ou *on* dans le sens de l'adverbe de lieu *où*. — « Nos compagnons, dit le légiste Bernard, iront à la Toussaint pour louer des cavaliers et nous savons bien où » (*e nos sabem be or*) (1). Il en est de même encore des mots *omens* (hommes), *fomens* ou *faments* (femmes), *echermens* (sarments). Toutes ces expressions ont comme un parfum du terroir.

Ces différents textes ne nous font-ils pas pressentir, à côté et au-dessous de la langue poétique et régulière, une langue populaire qui se rapproche plus ou moins sans doute de notre patois actuel?

Les assertions formelles du grammairien Raymond Vidal, dans le traité intitulé *la Dreita maniera de trobar* (2), confirment ces inductions, et justifient le caractère savant que nous sommes portés à prêter à la langue des troubadours dont il expose les règles. Leurs poésies ne sont pas toujours faciles à comprendre, et ce sont sans doute les obscurités du langage, non moins que celles de la pensée, qui arrê-

---

(1) Fauriel, p. 468; Mss., f° 86, p. 171.
Peut-être ces remarques faciliteront-elles la traduction d'un vers qui a arrêté M. Fauriel. Simon de Montfort veut justifier ses violences envers Toulouse et met en avant les embarras de sa position; il n'a point de quoi payer ses troupes : *car leu non ai quels pagues, ni no sai dire dor*. — M. Fauriel traduit : « Je n'ai pas de quoi les payer et je ne sais pas parler d'or. » La traduction est peu nette. Donnons à *or* le sens de l'adverbe de lieu ; nous avons une expression analogue à l'expression latine *(non habeo unde solvam)* et assez conforme au génie de la langue romane, cette fille aînée du latin. Avec cette traduction nouvelle, la pensée du poëte est rendue avec concision, mais avec clarté : « Je n'ai pas de quoi les payer et je ne sais point dire d'où je tirerai de l'argent. »

(2) En 1858, M. Guessard a publié une seconde édition de ce traité et lui a donné le titre de *Rasos de trovar*, qui seul est autorisé par les *manuscrits*.

tent l'auditeur inexpérimenté : « Je vous dis que tout
» homme qui veut trouver et entendre, doit avoir familier
» le parler du Limousin, et après il doit connaître les lois
» de la grammaire, s'il veut finement trouver et entendre.
» — Les auditeurs qui n'entendent rien, quand ils ouïs-
» sent un bon chant, font semblant d'entendre et n'en-
» tendent pas ; car ils croiraient qu'on les tînt pour pires
» qu'ils ne sont, s'ils avouaient qu'ils ne comprennent
» pas » (1).

Les deux langues existent simultanément et comme super-
posées ; l'une vivante, populaire, subissant les influences
locales, réfléchissant les caractères divers des différentes
populations qui la parlent ; l'autre régulière, savante, uniforme et maintenue dans son uniformité par des règles aussi
sévèrement respectées que le permettent les exigences du
rhythme et de la rime ; mais cette langue, par la richesse
et la diversité de ses formes, accuse elle-même la diversité
des dialectes populaires auxquels elle a sans doute fait plus
d'un emprunt ; il serait difficile de s'expliquer autrement,
surtout pour la conjugaison des verbes, ces terminaisons si
nombreuses, ces formes si flottantes et si multiples. La première personne du présent de l'indicatif du verbe substantif
a trois formes : *sui, soi, son*. Le *Donatus provincialis* fait
une observation analogue sur les verbes de la seconde, troisième et quatrième conjugaisons : « Ces verbes, nous ap-

---

(1) *Biblioth. de l'école des chartes*, tome 1er, 1re série, p. 191. Raymond
Vidal : *la Dreita maniera de trovar*.

prend-il, sont moult divers ; ainsi l'on dit également (*eu escriu ou escrivi, tu* escrius *ou escrives; — cel escri ou escriu ; — eu dic, o dici, tu dis, o dises*) » (1).

Qu'était-ce donc que cette langue des troubadours ? Etait-ce une langue artificielle, résultat d'une sorte de combinaison de différents dialectes, empruntant à chacun d'eux ses mots les plus sonores et les plus poétiques, ses tournures les plus propres à seconder le mouvement de la pensée, à en donner l'expression la plus élégante et la plus harmonieuse? Considérer la langue des troubadours comme une langue créée et développée par l'art, ce serait la placer en dehors des conditions ordinaires de toutes les créations de l'esprit, de toutes les manifestations de l'intelligence. Elle a dû être le dialecte naturel d'une partie du midi déterminée et assez limitée. Des troubadours, nés dans d'autres contrées, durent se l'approprier, et, tout en la conservant dans sa pureté, lui donner la vie, le mouvement et la croissance, en y introduisant tel ou tel mot, telle ou telle expression, telle ou telle tournure, pris dans le vocabulaire de leur dialecte maternel.

Le berceau de cette langue littéraire, appelée aussi *langue lémosine*, fut, suivant toute probabilité, dans les pays qui lui ont donné son nom. Au treizième siècle, le dialecte lémosin conservait encore une supériorité incontestée sur tous les autres dialectes voisins ou contemporains. Raymond Vidal l'affirme en termes qui ne laissent aucun

---

(1) *Biblioth. de l'école des chartes*, 1re série, tome 1er, p. 179.

doute (1). Cette langue poétique s'était profondément implantée dans les pays soumis plus particulièrement à l'influence lémosine; dans l'Auvergne, avec laquelle les comtes de Poitiers eurent de nombreuses relations ; dans le Quercy, qui couvre les pentes opposées à celles sur lesquelles s'étendent les contrées du Limousin. Comme le remarque M. Guessard, les troubadours, auxquels Raymond Vidal emprunte ses exemples, appartiennent tous au Limousin, au Quercy, à l'Auvergne, ou du moins ces poëtes, qui eux-mêmes ne trouvent pas grâce devant la sévère critique du grammairien, sont les seuls dont les expressions soient citées à l'appui des règles formulées dans l'art de trouver : ce sont Bernard de Ventadour, Giraud de Borneilh, Peyrols, etc. Cette langue, dont Raymond Vidal étudie, avec un peu de pédantisme, les caractères et les lois, semble avoir été importée dans la Provence par ce fils bâtard du fameux Guillaume IX, qui épousa la comtesse de Die, et établit au nord de la Provence une cour poitevine (2). Dans tous ces pays, elle s'allia promptement aux dialectes locaux, dont les nuances, les différences même, difficiles à distinguer aujourd'hui, se réfléchirent à leur tour dans le langage savant et littéraire des troubadours. — Ainsi s'explique ce texte curieux emprunté à la *Dreita maniera de*

---

(1) *Biblioth. de l'école des chartes*, tome 1er, 1re série, p. 130 : *la Dreita maniera de trovar* (Raymond Vidal).

Et per totas las terras de nostre lengage so de major autoritat li cantar de la lengua lemosina que de neguda autra parladura.

(2) Dom Vaissète, édition Du Mège, tome 4, p. 165.

trovar : « Tout homme qui veut trouver et entendre, doit
» premièrement savoir qu'il n'y a dans notre langage de dia-
» lectes naturels et réguliers que ceux du Limousin et de
» Provence, de Quercy et d'Auvergne. Et tout homme qui
» est né dans ces contrées, a le parler droit et naturel,
» excepté lorsqu'il modifie son langage pour les nécessités
» de la rime ou tout autre motif » (1).

La langue littéraire, la langue poétique, la langue lémosine
n'aurait donc été parlée d'une manière naturelle et régulière
que dans une partie assez limitée du midi ; et même dans
cette région elle ne semble pas avoir existé comme un idiome
uniforme, mais plutôt comme une réunion de dialectes également autorisés, également légitimes et, si l'on peut ainsi
parler, également classiques.

Les coutumes différaient dans le midi comme les dialectes.
Sans doute, comme dit M. Bouttaric, les principes généraux
des coutumes languedociennes étaient ceux du droit romain (2) ;
mais s'ensuivait-il rigoureusement que tous les pays dépen-
dant des comtes de Toulouse dussent avoir des lois uniformes ?
Les principes du droit romain étaient modifiés par les circonstances, les traditions, les besoins locaux, même, si l'on
en croit M. Laferrière, par la persistance du vieil esprit cel-
tique et gaulois.

La coutume de Toulouse, qui accorde la plus grande indépendance aux femmes, libres même de déshériter leurs en-

---

(1) *Biblioth. de l'école des chartes*, loco citato.
(2) *Biblioth. de l'école des chartes*, 4e série, tome 1er, p. 202.

fants (1), n'est pas la coutume de Provence, qui les maintient dans une position inférieure, en défendant aux filles dotées par leurs parents, à l'époque de leur mariage, de réclamer leur part à la mort de ces derniers, et qui attribue l'héritage des frères décédés sans testament à leurs autres frères, à l'exclusion des sœurs (2).

Les populations des différentes parties du midi avaient souvent les unes à l'égard des autres un esprit d'antipathie et un sentiment de mépris qui peuvent expliquer le succès obtenu auprès d'elles par les prédicateurs de la croisade. Les notices et extraits du recueil des miracles de Notre-Dame de Rocamadour, analysés dans la Bibliothèque de l'école des chartes, donnent un singulier exemple des dispositions des méridionaux les uns envers les autres. M. G. Servais, l'auteur de l'article, s'étonne du mépris avec lequel le vieux chroniqueur est disposé à parler des populations presque voisines (3). Une femme du pays des Goths a-t-elle, dans la joie d'une guérison inespérée, montré une blessure que la décence lui faisait un devoir de cacher ; il est prêt à accuser de cynisme tous les gens du pays de cette pèlerine : elle manquait « de pudeur, dit-il ; c'est l'usage chez cette gent qui porte braies. »

N'est-ce pas là un indice du peu de sympathie qu'éprou-

---

(1) Laferrière, *Hist. du droit français*, tome 5, p. 317.
(2) Suarez, *Mss. Latins de la Bibl. imp.*, n° 8971, f° 44. Laboulaye, *Hist. de la propriété foncière.*
(3) *Biblioth. de l'école des chartes*, 4e série, tome 3, p. 44.

vaient les uns pour les autres les habitants des diverses parties du midi ? Le sentiment d'une solidarité patriotique leur
faisait complétement défaut.

Il n'y avait pas de nationalité méridionale. Existait-il une
société méridionale ?

A la fin du treizième siècle, elle s'était formée.

En ce moment, nous voyons les dialectes locaux et populaires disparaître de plus en plus sous l'uniformité envahissante de la langue lémosine. Ce fait philologique est l'indice
d'un grand fait social ; nous sentons que des relations plus
étendues viennent de se former entre les hommes de la
France du sud. Ce résultat tient à plus d'une cause : d'abord
les grandes guerres féodales, prenant une large extension
dans la seconde moitié du douzième siècle, ont mis en présence presque tous les représentants de la féodalité méridionale sous les bannières des princes d'Angleterre, comtes de
Poitiers, d'Alphonse d'Aragon et de Provence, et de Raymond V, comte de Toulouse. Ensuite les troubadours, voya-
geant de cour féodale en cour féodale, ont répandu partout
les mêmes idées, les mêmes aspirations ; enfin, une allusion du poëme de la croisade, habilement expliquée par
M. Fauriel, reporte notre pensée sur ces cours du Puy et
sur la nombreuse affluence des barons ; chevaliers et mar-

chands qui s'y rendaient. Cette brillante réunion était un des signes de ces relations nouvelles, comme elle en avait été une des causes les plus actives. Les indications de l'histoire de la croisade sont commentées par les renseignements que nous fournit la biographie du moine de Montaudon. Nous l'avons vu investi de la seigneurie de cette cour et de l'honneur de donner l'épervier. Comme toutes les grandes institutions du moyen âge, ces fêtes avaient eu d'abord un but et un caractère religieux ; ce grand concours de barons et de peuples avait été un saint pèlerinage accompli en l'honneur de la bienheureuse Marie, chaque année au mois d'août, à l'Assomption (1). Peu à peu le pèlerinage n'avait été plus que le prétexte, et dans ces assemblées on allait chercher l'occasion de ces libérales prodigalités, où se plaisait si fort la vanité méridionale (2). La foule des princes n'était égalée que par la foule des marchands ; c'était un grand marché où la ville du Puy et tous les environs s'enrichissaient ; — c'était un centre où se ralliaient les membres épars et hostiles de la féodalité méridionale. L'image de ces pompeux spectacles, qui frappaient si vivement les hommes du midi, se présente d'elle-même à l'esprit du poëte attristé par les sombres tableaux qui passent sous ses regards. Ainsi la féodalité contribuait à donner au midi une certaine unité ; elle l'acheminait vers cette unité que l'administration de la royauté devait lui faire brusquement atteindre.

(1) Rigord, *Hist. de France*, tome 18.
(2) *Hist. de France*, tome 13, p. 705. Chroniqueur anonyme de Laon.

Elle l'avait conduit à moitié chemin, au moment où s'ouvre le grand drame de la guerre albigeoise : la société méridionale existe ; sous l'impulsion de la terrible crise, qui va s'ouvrir, cette société deviendra-t-elle une nation, un peuple? Les antipathies et les haines locales s'effaceront-elles devant la grandeur du péril, les menaces de la conquête, les souffrances de l'oppression? Découvrir les premiers germes de l'idée nationale et patriotique dans le midi, en suivre les développements, marquer les progrès qu'elle a faits au milieu de ces hommes, surexcités par la présence et les vexations de l'étranger, c'est une des études les plus curieuses et les plus attrayantes, dont l'histoire de cette époque puisse être l'objet. Elle est singulièrement facilitée par le poëme de la croisade, qui nous en fournit toutes les données.

En arrivant sur les bords du Rhône, la croisade voit devant elle une société divisée, morcelée, partagée en plusieurs groupes isolés les uns des autres, hostiles les uns aux autres, aveuglés par des passions locales, par des préjugés mesquins.

Malgré les nobles instincts de son âme généreuse, Raymond Roger lui-même ne put s'élever jusqu'à l'oubli des misérables rivalités, qui divisaient Toulouse et Béziers : tant l'idée d'une guerre nationale, soutenue pour la défense d'une patrie commune, était alors étrangère aux esprits même les plus élevés! Disons-le cependant, à la gloire de Raymond VI. Au milieu de ses faiblesses et de ses humiliations, après les vaines démarches tentées auprès du légat, à Aubenas, il eut un moment, si l'on en croit le poëme de la croisade, la pen-

sée de se mettre à la tête des champions du midi, rassemblés sous ses bannières ; il confia ce projet à Raymond-Roger. Au lieu de réchauffer de son juvénil héroïsme cette mâle résolution dans l'âme vacillante de son oncle, le vicomte de Béziers glaça cette courageuse ardeur par une froide réponse et un refus dédaigneux. « Raymond prie et conjure le vi-
» comte, son neveu, de ne point lui faire la guerre, de ne
» point soulever de querelle contre lui : que tous les deux
» concourent à la défense, de manière à ce que ni eux-
» mêmes, ni le pays, ne tombent en destruction. Le vicomte
» ne lui répond pas oui ; il lui répond non : ils se sont mal
» séparés. Le comte s'en va, plein de colère, vers Arles,
» vers Avignon » (1).

(1) Fauriel, p. 16 ; Mss., f° 3, p. 6.
  Lo vescomte son bot merceia e somon
  Que no guerrei ab lui, ni nolh mova tenson
  Et que sian amdui a la defension,
  Quilh ni pais no caian en mala destruction ;
  El no li dig anc doc, enan li dig de no,
  E son se mal partit, el coms sen vai felo
  E vai sen en Proenza, az Arle e az Avinhon.

Le sens de ces vers nous paraît d'une évidente simplicité ; l'ensemble de la phrase l'indique d'une manière nette et précise. Ce n'est qu'en violant les lois les plus élémentaires de la grammaire et de la syntaxe provençales, qu'on arrive à l'interprétation directement opposée, que proposent Lacurne de Sainte-Palaye et M. Fauriel. Ces deux savants érudits, dont l'autorité est très-grave, intervertissent les rôles du comte et du vicomte. Peut-être se sont-ils trop laissé guider l'un et l'autre, dans le choix de leur version, par la chronique provençale en prose. Nous avons déjà appris à nous défier de l'exactitude de ses récits : l'histoire y côtoie la légende. Or, il n'est pas étonnant que la légende ait prêté au poétique héros du midi une pensée généreuse, qu'elle ne pouvait pas laisser au timide Raymond VI. L'histoire ne doit pas accepter aveuglément le témoignage de la tradition, lors même que ce témoignage est plus séduisant pour notre imagination, plus

Son inquiétude et son irritation durent s'augmenter encore, lorsqu'il eut à repousser les attaques de son imprudent neveu. Tous les ennemis des Raymonds suivirent ce funeste exemple. Le comte de Toulouse se jeta de désespoir dans les bras de la croisade. « Il voit, dit le vieux troubadour, que
» le vicomte, son neveu, lui est contraire, et que tous ses
» ennemis lui veulent faire la guerre; il sait que les croisés
» ne tarderont guère » (1).

Ce redoublement d'hostilités, ce nouveau déchaînement de passions féodales sont attestés par une lettre d'Innocent III aux abbés de Perseigne et du Pin. Le pontife croyait que, pour mettre un terme à ces désordres, ce ne serait pas trop de l'intervention armée de Philippe-Auguste et de Jean d'Angleterre (2).

Cependant Béziers succombe; la trahison livre aux croisés le seul champion de la cause méridionale; les premiers frémissements de la haine contre les Français ont, dans l'hiver de 1209-1210, traversé le cœur des méridionaux; et la

---

vraisemblable même. — Ce n'est pas sans hésitation et sans regret, que nous nous sommes décidé à adopter une traduction qui enlève un de ses plus beaux traits à la figure historique du vicomte de Béziers.

(1) Fauriel, p. 18; Mss., f° 3, p. 6.
  Cant le coms de Tolosa, de cui era Belcaire,
  Vit quel vescoms sos botz li era a contraire
  E tug sei enesmieg li volon guerra faire
  Be sap que li Crozat ja no tarzaran gaïre.

(2) *Historiens de France*, tome 19, p. 501.

« Après le meurtre de frère Castelnau de sainte mémoire, nous dit le pape, la
» détestable hérésie et la fureur de la guerre ont pris de tels accroissements,
» qu'après la puissance de la vertu divine, l'accord de ces rois peut seul en réprimer les excès. »

conquête, aussi violente que mal affermie, a, le lendemain même de la prise de possession du pays par Montfort, provoqué une vigoureuse réaction. On s'est battu sous les murs des châteaux de Thermes et de Minerve ; de démarche en démarche, le comte de Toulouse a perdu un temps qu'il aurait pu mieux employer à la tête de ses vassaux. Les conditions inacceptables, que les Pères du concile d'Arles ont mises à sa réconciliation, l'ont enfin décidé à en appeler aux armes ; mais cette tardive initiative vient moins du suzerain que des peuples impatients de se ranger sous la croix de Toulouse ; ces vassaux, chevaliers ou bourgeois, lui mettent l'épée à la main ; l'instinct patriotique se développe ; d'abord il se manifeste dans le cercle resserré de la cité municipale ; dans les luttes civiles de Toulouse, dans les conflits journaliers de la confrérie blanche et de la confrérie noire, je veux bien reconnaître les effets des passions religieuses, mais la faction que le poëte qualifie d'hérétique, montre dans ses paroles les inspirations d'un patriotisme qui, renfermé d'abord dans la ville, s'étendra bientôt à toutes les contrées avoisinantes. Ce sentiment nouveau, sous la pression des événements, gagne de proche en proche les sujets des Raymonds. L'Eglise a porté atteinte aux traditions, aux usages de la société du midi, et de cette société elle a fait un peuple. Les mœurs, dont elle a voulu comprimer la liberté, sont devenus le lien qui a resserré étroitement ces populations, dispersées, sans un centre commun, autour duquel elles pussent se rallier : le cri d'indignation avec lequel tous les vassaux de Raymond VI accueillent la charte signée par les

prélats du concile d'Arles, ressemble à une explosion de patriotisme : « Les habitants de la terre du comte, chevaliers
» et bourgeois, quand ils ont ouï la charte qui leur est lue,
» disent qu'ils aimeraient mieux être morts ou pris ; car, à
» ces conditions, ils seraient tous serfs, vilains ou paysans.
» Les bourgeois de Moissac et ceux d'Agen dirent qu'ils s'en-
» fuiront par eau jusqu'à Bordeaux, ou iront s'établir, si le
» comte le veut, avec lui en une autre terre, là où il lui
» plaira. Et le comte, quand il les eut entendus, leur dit
» grand merci » (1).

Cet esprit nouveau grandira au fur et à mesure que se dérouleront les événements. Le glorieux exemple donné par Toulouse, qui vient de repousser Montfort et l'armée croisée appuyée par de nombreux auxiliaires, le désir et l'espoir de prendre sur la croisade une éclatante revanche, rassemblent, sous les bannières de Raymond VI, des populations entières ; nous avons rappelé les paroles du comte de Foix à ses hommes d'armes ; le courageux défi jeté à tous ces pays étrangers, qui envoient tous les ans leurs pillards et leurs pénitents sur les contrées dévastées de la France du sud, est une mâle ex-

---

(1) Fauriel, p. 100-102 ; Mss., f° 18, p. 36.
Li casat de la terra, cavaler e borzes
Cant auziron la carta, que legida lor es,
Dizon que mais voldrian estre tuit mort o pres.....
Doncs serian tuit sers o vila o pages.
Li borzes de Moichac e sels de Agenes
Dizon cans fugirian per laiga en Bordales.....
O sen iran estar, si lo coms o volgues,
Ab lui en autra terra, onque a lui plagues.
E lo coms, cant o au, lor ne ret grans merces.

pression d'une fierté toute patriotique. Mais naissant à peine, ce patriotisme subira, lors de la bataille de Muret et pendant l'oppression qui suivra cette bataille, de rudes épreuves, qui en retremperont la vivace énergie. C'est à la rude école de la tyrannie étrangère que s'élèvera cette patrie méridionale, qui n'avait pas, quelques années auparavant, conscience de son existence. Au lendemain du concile de Latran, elle a singulièrement accru sa puissance et reculé ses limites : elle s'étend déjà du Rhône à la Garonne ; ces deux moitiés du midi, que la maison de Saint-Gilles, placée comme une intermédiaire naturelle entre Toulouse et la Provence, n'a pas réussi à rapprocher, se rejoignent d'elles-mêmes. Les barons d'Avignon tendent la main à ceux de Toulouse ; Raymond entre dans Avignon aux cris mille fois répétés de Toulouse ! Toulouse (1) ! Comme pour sceller la réconciliation de la Provence et du pays toulousain, des chevaliers des bords de la Garonne se jettent dans Beaucaire, entre autres Raymond de Montauban, *le vaillant*, *le prisé*. Dans la première entrevue de Raymond et des bourgeois d'Avignon, une expression nous frappe : le comte, en témoignant sa reconnaissance à ses auxiliaires dévoués, leur assure qu'en prenant sa défense, en restaurant joie, *prouesse* et *noblesse*, ils deviendront les hommes les plus glorieux de toute la chrétienté et de leur *langue* (2). Ce mot de *langue* ne semble-t-il pas ici synonyme de celui de patrie ?

---

(1) Fauriel, p. 268 ; Mss., f° 48-49, p. 96-97.
(2) Fauriel, p. 266 ; Mss., f° 48, p. 96.

Toulouse frémissante, sous la pesante domination de Montfort, tourne vers la Provence des regards pleins d'une sollicitude passionnée. — Montfort s'irrite de ce sentiment nouveau qui réunit ses ennemis, autrefois faciles à vaincre parce qu'ils étaient divisés; la complicité patriotique de Toulouse et de Beaucaire ne lui échappe pas; il n'a pas pu frapper Beaucaire, il va châtier Toulouse : entendons-le au moment où, couvert de ses armes, il rencontre les chevaliers et bourgeois de Toulouse venus au-devant de lui :
« Barons, dit le comte, que cela vous déplaise ou non, dé-
» garni ou en armes, en long ou en large, j'entrerai dans
» la ville, et je vois bien ce qui en est; car cette fois vous
» avez commis félonie envers moi; vous m'avez enlevé Beau-
» caire que je n'ai pu conquérir, le Venaissin, la Pro-
» vence et tout le Valentinois; plus de vingt messages m'ont
» appris dans un mois que vous vous étiez contre moi engagés
» par serment; et, par la vraie croix, où fut mis Jésus-Christ,
» je ne quitterai mon haubert, ni mon heaume de Pavie,
» jusqu'à ce que j'aie reçu des otages des meilleures qui sont
» ici, et je voudrais bien savoir s'ils me seront refusés » (1).

(1) Fauriel, p. 348; Mss., f° 63, p. 136.
    Baro, so ditz lo coms, o vos plassa o vos pes,
    Desgarnitz o garnitz, o en lonc o en tes,
    Intrarei en la viala, e verei ben qui es.
    Car, aquesta vegada, mavetz a tort comes.
    Vos mavetz tout Belcaire, per so car no lai pres,
    Veneisi e Proensa e tot Valentines,
    Que mais de xx. mesatjes nai agut en I. mes,
    Que contra mi vos eratz de sagrament empres.....
    E per la vera croiz on Jeshu Crist fo mes,
    Nom toldrai mon ausberc, ni lelme Pabies.

A de telles menaces, bientôt suivies d'effets, les bourgeois de Toulouse répondent par une émeute victorieuse; leurs sentiments, longtemps comprimés, éclatent; au milieu de la noise, du tumulte, du retentissement des trompettes, les bourgeois en armes répètent : Toulouse, Beaucaire et Avignon (1) ! Le mot d'ordre de cette insurrection aussi glorieuse qu'inutile est un cri de patriotisme.

Cependant cet orage passe ; Raymond VI est rentré dans Toulouse, et Montfort accourt en toute hâte pour anéantir une ville qu'il croyait avoir *brisée jusqu'aux os*. La résistance ne fut pas seulement municipale; peut-être serait-ce exagérer aussi que de lui prêter un caractère national; néanmoins il est impossible de n'être pas frappé de ce concours unanime de chevaliers et d'hommes d'armes qui venaient protéger les murs à moitié détruits de Toulouse ou s'ensevelir sous ses ruines. Ils arrivaient des extrémités les plus lointaines du midi, du Quercy, du Limousin, du pays au milieu duquel s'élève le sanctuaire de Rocamadour. Un jour de vifs transports d'allégresse saluaient l'arrivée de Bernard de Casnac. Ce n'étaient sans doute pas les pures et nobles suggestions du patriotisme qui conduisaient à Toulouse ce châtelain du Quercy. Il avait vu l'armée des pèlerins s'acharner après les solides murailles de son château de Montfort, jusqu'à ce qu'elle n'eût plus laissé pierre sur pierre. Un profond sentiment de vengeance devait animer l'âme de ce fier châtelain. Avec

Tro quieu n'aia ostatges del mielhs que lains es.
E volrai ben conoisser si mi seran defes.

(1) Fauriel, p. 354.

quel empressement n'allait-il pas répondre à l'appel que Toulouse adressait à tout ce qui était fort et vaillant, à tous ces chevaliers proscrits, qui n'attendaient que ce signal pour sortir des bois, des montagnes et des lieux déserts ! Dans ces âmes irritées, aigries, le patriotisme n'était que haine et vengeance. Souvent de tels sentiments en sont comme la première ébauche ; — impurs, grossiers, égoïstes, ils se purifiaient, s'ennoblissaient, devenaient plus larges, moins personnels au sein de la grande cité : l'esprit municipal est sans doute étroit ; mais il est lui-même une sorte de patriotisme ; il reconnaît un intérêt supérieur à l'intérêt privé ; la liberté de la cité est plus impersonnelle que la liberté du château. Ces barons féodaux, ces hommes d'armes, venus du dehors, quittant leurs retraites solitaires, ne devaient-ils pas être entraînés par ce courant de généreuses passions qui traversait les cœurs des bourgeois de Toulouse ; ils durent mêler leur voix à ces cris de triomphe qui saluèrent la première victoire remportée sur Montfort par cette gent à moitié morte ; « Toulouse ! Toulouse qui a maté les superbes,
» la croix chérie a abreuvé le lion de sang et de cervelles
» nouvellement mélangés ; et les rayons de l'étoile ont en-
» flammé les ténèbres ; c'est pourquoi prouesse et parage
» recouvrent leur dignité » (1).

---

(1) Fauriel, p. 440 ; Mss., f° 81, p. 161.
    E dins cridan : Toloza que los matz a matatz,
    Car la crotz escarida al leo abeurat
    De sanc e de cervelas novelament temprat,
    E lo rays de lestela a lescur alumnat,
    Perque pretz e paratges cobra sa dignitat.

Il y avait dans ce patriotisme une largeur, qui dépassait les vues ordinaires de l'esprit municipal : des chevaliers ; des barons, tous les hommes de la féodalité pouvaient en comprendre et en partager les aspirations ; et ces aspirations elles-mêmes étaient précisées et vivifiées par le patriotique enthousiasme d'une ville, qui secouait, avec une si fière énergie, les ruines sous lesquelles on la croyait ensevelie. Les chevaliers apportaient au secours de Toulouse leur vieille épée de bataille, le seul bien peut-être que ces faidits eussent pu soustraire aux défiances vexatoires de l'Eglise victorieuse et conquérante ; et Toulouse, en revanche, communiquait à leur âme un sentiment qui la régénérait. Cet échange se faisait tous les jours, à chaque instant, au conseil et sur les remparts, où légistes et chevaliers, capitouls, comtes et vicomtes rivalisaient de sagesse et de courage. Les populations bourgeoise et féodale se confondaient dans un héroïque pêle-mêle. Les intérêts de l'une devenaient les intérêts de l'autre, elles étaient liées par les liens d'une étroite solidarité (1). « A bon
» entendeur, dit le chevalier Dalmace de Creissil, dans un con-
» seil de barons, de chevaliers, de bourgeois, tenu au petit

---

(1) Fauriel, p. 464 ; Mss., f° 86, p. 171.

..... Ab bo entendedor
Deu tom bos cosselhs dire e quen prengal millhor.
Pos Dieus nos a rendut nostre capdel maior ;
Ben devetz vos nos amar per bona amor ;
Car o mais desta vila nous cal aver paor ;
Car totz los enemics em ben defendedor ;
Eu vengui de me terra per venjar mo senhor,
E estarai en la vila, que non irai alhor,
Tro quen levetz lo seti o quen cobretz millhor.

» Saint-Sernin; à bon entendeur on doit donner de bons con-
» seils, afin qu'il prenne les meilleurs; puisque Dieu nous a
» rendu notre haut suzerain, bien devez-vous nous aimer
» d'un amour sincère; désormais sur cette ville il ne vous
» faut pas avoir de craintes : contre tous les ennemis, nous
» sommes vos loyaux défenseurs. Je suis venu de ma terre
» pour venger mon seigneur et je resterai dans la ville jusqu'à
» ce que le siége soit levé » et votre état plus prospère. »

Ainsi, au milieu des généreux entraînements d'une héroïque défense, les chevaliers des pays voisins devenaient presque les citoyens d'une grande cité qui, élargissant son enceinte, devenait à son tour une grande patrie. — Le comte de Foix parle comme pourrait parler un capitoul; il exalte la gloire de Toulouse, il la prévient contre les trahisons : « Barons de Toulouse, écoutez ce conseiller ; grande
» joie vous devez avoir, car tous vos ancêtres furent bons
» et loyaux envers Dieu et envers leur seigneur ; vous les
» avez honorés, vous vous êtes honorés vous-mêmes ; car vous
» avez nouvellement épandu une fleur telle que son éclat
» fait rayonner l'obscurité et briller la lumière; toute no-
» blesse et tout parage avez amenés à splendeur, eux qui
» s'en allaient à travers le monde, sans asile et sans re-
» fuge ; et parce que vous étiez des hommes preux, vous en
» avez fait maint pleur. S'il y a parmi vous un arbre, qui
» ait mauvaise racine, arrachez-le et le jetez dehors : et
» vous pouvez bien connaître où tend ce proverbe : Que ja-
» mais il n'y ait ni traître ni homme portant masque. — Le
» comte de Montfort nous menace et fond sur nous : aussi

» avez-vous besoin de chercher ailleurs des chevaliers » (1).

De plus en plus, la bannière des comtes de Toulouse devient l'étendard patriotique, autour duquel se rangent tous ceux que la croisade a dépouillés, tous ceux qu'elle poursuit, tous ceux qu'elle menace. Au moment d'engager la bataille de Baziége, le brave Roger Bernard peut promener un regard plein de joie et d'espérance sur ces chevaliers du pays de Carcassonne, qui se mêlent, sous les mêmes drapeaux, aux hommes d'armes de Toulouse : « Tout mon cœur s'éclaire,
» dit l'héroïque fils du comte de Foix ; — car je vois qu'ici se
» trouve la fleur de cette terre et de tout le Carcassés » (2).

Ce fut un grand et beau mouvement que ce soulèvement patriotique du midi. Au moment de finir tristement, l'histoire de la France du sud s'éclaire d'une soudaine lueur ; néanmoins, ces grandes évolutions des peuples ne sont im-

(1) Fauriel, p. 464 ; Mss., f° 85, p. 170.
        Baros, vos de Toloza, entendetz est auctor.
        Gran gaug devetz aver, car tuit vostre ancessor
        Foron bo e leial vas Dieu e vas senhor,
        E vos avetz ondratz vos meteises e lor,
        Car avetz espandida novelament tal flor,
        Per que lescurs salumpna a pareis la clavor,
        Que tot pretz e paratge avet trait a lugor,
        Ques menava pel segle e no sabia or,
        E car vos etz prosome, en avetz fait mant plor,
        Si a entre vos albre caia mala sabor,
        Prendetz ne la razitz e pois gitatz la por,
        E podetz ben conoiser est proverbis on cor
        Que jamais sa no aia mascarat ni trachor.
(2) Fauriel, p. 608 ; Mss., f° 113, p. 225.
        Trastotz lo cors mesclaira, car vei quen aissi es
        La flors daquesta terra et de tot Carcasses.

posantes et majestueuses, que lorsqu'on les regarde à une certaine distance ; vues de près, elles ne présentent plus cet ensemble, cet accord, cette spontanéité de mouvements qu'on se plaît à leur prêter. A côté des grandes causes, on en voit surgir qui sont petites, étroites, mesquines.

Nous voulons bien croire, avec le poëte, que le dévouement aux comtes de Saint-Gilles, une réaction courageuse du sentiment national, armèrent les barons d'Avignon et les habitants de toute la Provence en faveur du jeune Raymond VII ; mais la haine que ces grandes cités des bords du Rhône portaient à ce Guillaume d'Orange qui menaçait leur liberté, inquiétait le commerce, pillait leurs navires, ne fut peut-être pas étrangère à l'accueil qu'elles firent aux deux grands proscrits du midi. Pour marquer le degré auquel était montée, dans ces villes de la marche de Provence, l'exaspération contre ce burgrave du Rhône, il suffit de rappeler l'horrible supplice qu'il subit dans Avignon : il fut écorché vif. Le troubadour semble s'être inspiré de cette haine implacable, lorsqu'il a qualifié de *chien et d'avare*, ce prince des Baux (*que lo Baus lo guerreia, el goutz et avairos*) (1). Du reste, cette passion locale n'exclut pas le sen-

---

(1) Fauriel, p. 270; Mss., f° 49, p. 98.

On pourrait encore trouver une preuve de cette haine dans les cris qui saluent l'entrée du jeune comte à Beaucaire, si l'on se décidait à traduire, comme M. Fauriel, les deux vers suivants :

Intra per mieg la vila el gautz esperitaus
Coimais noi remandra Frances ni Barraus *.

* Fauriel, p. 276; Mss., f° 50, p. 100.

timent national de l'âme de ces champions brillants et dévoués de la cause méridionale : elle ne fait que le limiter. Les liens, qui unissent à Toulouse Avignon et Beaucaire, ne sont peut-être pas aussi étroits qu'on le pourrait penser. Ce sont bien plutôt des républiques indépendantes, liguées pour combattre un ennemi commun et pour atteindre un même but, que ce sont les villes d'un seul et même État, mues par un sentiment uniforme et agissant sous une même impulsion.

Si, à la fin de la guerre, la patrie est constituée, il semble que ce ne soit que pour compter de nombreuses défections, et être témoin de luttes civiles. Si un grand nombre de chevaliers du Carcassés se sont rangés autour de Raymond VII, il peut en revanche découvrir, parmi les bannières françaises, celles des hommes du pays : « Seigneur, dit-il » au comte de Foix, il me semble que je vois croître pour » vous l'honneur et le bien ; nous aurons aujourd'hui vrai-

« Dans la ville est entrée la joie de nos âmes : il n'y restera bientôt plus de » Français ni de don Barral. » Ce don Barral ne serait autre que le prince des Baux. Mais cette traduction nous inspire quelques doutes ; ce n'est pas la première fois que l'expression *Frances e barraus* se présente à nous dans le cours du récit ; nous l'avons déjà trouvée dans la première partie (vers 1115). La charte dictée par les Pères du concile d'Arles vient d'être lue aux habitants d'Agen et de Moissac.

   Dizon cans fugirian per laiga en Bordales
   Que sian lor senhor ni barrau, ni Franses *.

Dans ce passage, M. Fauriel donne à ce mot de *barraus* le sens de *clerc*, et telle nous semble la véritable acception de ce terme emprunté sans doute au langage populaire. Il est bien probable que ce sont également ces Français et ces clercs que les habitants de Beaucaire voient fuyant déjà devant la bannière du jeune comte.

* Fauriel, p. 102; Mss., f° 18, p. 36.

» ment bataille avec les Français : je connais les bannières
» et les étendards d'orfroi : voici dom Foucaud, dom Alain,
» dom Hugues de Lascy, voici Sicard de Montaut avec ceux
» de ce pays, qui sont accourus pour nous combattre » (1).

Ces dernières paroles pourraient être données, comme épigraphe, à un triste chapitre de l'histoire du midi, ce serait celui des défections. Si, ne craignant pas de sortir de notre sujet, nous nous laissions aller à l'écrire, nous pourrions, à la mort de Simon de Montfort, opposer à la joie des Toulousains la tristesse affectée des habitants de Limoux (2). Il faudrait aussi montrer plus d'une fois le sentiment national en lutte avec le fanatisme religieux et vaincu dans cette lutte. En 1219, le comte de Rodez se joignait à Amaury de Montfort et au futur Louis VIII, qui assiégeaient Toulouse ; il se préparait par cette sainte expédition au grand pèlerinage d'outre-mer (3). Soit l'effet de cette cause, soit l'effet d'une autre, les défections furent nombreuses, plus nombreuses qu'on ne le voudrait ; mais n'étaient-elles pas inévitables dans un pays, si morcelé à la veille encore de la guerre des Albigeois, et qui avait reçu, du choc même de ces événements, une unité plus improvisée pourtant que factice?

(1) Fauriel, p. 606-608 ; Mss., f° 112-113, p. 224-225.
    Senher coms, aram sembla queus creish honors e bes,
    Que nos aurem batalha veramant ab Frances
    Quieu conosc las senheiras els senhals els aurfres,
    Quen Folcautz, en Alas, en Ugues de Lasses,
    En Sicartz de Montaut ab lor de cest paes
    Per nos autres combattre par ques sian empres.
(2) Dom Vaissète, édition Du Mège, tome 5, p. 602.
(3) Dom Vaissète, édition Du Mège, tome 5, p. 289.

CHAPITRE III.

La féodalité méridionale. — Rôle qu'elle joue dans le poëme de la croisade. — Son origine plus romaine que germanique. — Les conditions dans lesquelles elle s'est développée; les éléments dont elle se compose expliquent l'état des relations féodales attesté par le poëme. — Les alleux. — Leur influence sur les fiefs. — L'organisation féodale moins forte dans le midi que dans le nord. — La féodalité moins séparée du reste de la société. — Divisions et subdivisions des fiefs. — Accroissement de la population féodale. — Les chevaliers dans les villes et dans les bourgs. — Texte précieux du poëme, commentaires. — Les châteaux du midi. — La plupart tendent à se constituer sur le modèle des grandes communes.

Nous avons déjà apprécié les ressources que l'histoire de la société méridionale peut puiser dans le poëme de la croisade, elle y recueille surtout des allusions : claires et facilement saisissables pour des contemporains, elles n'offrent pas toujours un sens aussi net aux lecteurs du dix-neuvième siècle; la signification en est comme enveloppée : pour la dégager, pour la mettre dans toute sa lumière, il faut souvent un long travail de commentaire; le poëte ne nous montre pas successivement et en détail, comme un complaisant *cicerone*, tout ce que le théâtre des événements, racontés dans son épopée, peut offrir de curieux, de neuf et d'intéressant; il éveille notre curiosité, il excite notre pensée : il nous engage à chercher nous-mêmes; il nous faut souvent de longs détours avant que nous puissions pénétrer au cœur de sa pensée ; il ne s'agit pas de prendre, telles qu'elles se présentent dans son poëme, les indications qu'il nous fournit et de les déposer tout simplement dans notre mémoire ; ce serait mettre dans notre esprit des mots et non des idées. — Du reste, la difficulté que nous rencontrons ici, n'est point particulière au poëme qui nous occupe ; elle tient à une cause générale et se représente toutes les fois que l'on veut étudier l'histoire au moyen de la poésie ; la poésie, c'est l'image fidèle de la vie ; l'histoire, au contraire, comme toute science d'ailleurs, cherche à se rendre compte des conditions particulières dans lesquelles cette vie se produit ; la poésie est pour l'imagination et pour le cœur ; l'histoire, pour l'esprit et pour l'intelligence ; l'analyse seule peut faire sortir l'histoire de la poésie. Tous les textes du poëme ne demandent pas un commentaire aussi long, aussi développé ; quelques-uns rappellent des faits parfaitement connus de l'histoire sociale du midi ; ils méritent néanmoins d'être recueillis parce qu'ils nous font voir, mues de ce mouvement, que la vie communique à toutes choses, ces institutions dont nous avons pu ailleurs étudier les ressorts ; l'histoire concrète et synthétique doit achever, compléter, vivifier l'histoire abstraite et analytique.

Ces observations préliminaires étaient indispensables, sur le point de pénétrer plus avant dans l'étude de la société méridionale, avec le poëme de la croisade pour guide. Ses indications sont plus nombreuses, plus détaillées, plus complètes sur l'état intérieur du midi que sur ses relations extérieures. Le poëte dépeint surtout, comme l'a fait remarquer avec raison M. Fauriel, le côté chevaleresque de cette civilisation ; la féodalité méridionale et ses principaux représentants tiennent une grande place dans son poëme ; la guerre des Albigeois est, à son point de vue, un duel entre la chevalerie et les idées de la chevalerie d'une part, l'Eglise et les idées de l'Eglise de l'autre. Il serait trop long de réunir ici les nombreux passages du poëme, qui pourraient justifier cette assertion. Il suffit de nous rappeler un entretien que nous avons déjà analysé, celui du jeune comte et de Gui de Cavaillon ; Raymond VII est venu pour restaurer et remettre en splendeur parage, qui s'en allait de par le monde, couvert de honte et chargé d'ignominie. Dégagée de toutes les métaphores, dont l'environne le poëte, que signifie cette pensée, si ce n'est le rétablissement dans ses droits, dans ses domaines de la noblesse féodale du midi ? C'est elle qui est au premier plan dans les récits du troubadour. Les idées qu'elle répand exercent un grand empire dans cette société, telle que le poëte nous la décrit.

Cette manière de nous la représenter n'est pas d'accord avec l'idée que nous nous en faisons d'ordinaire. On oppose volontiers le midi municipal et le nord féodal. L'opposition est juste, si toutefois on ne lui demande pas une grande vigueur. Pour justifier l'infériorité de la féodalité méridionale, en présence du municipe gallo-romain, on invoque quelquefois les données de l'expérience, plus souvent l'autorité d'arguments *à priori*. On admet, comme une vérité démontrée, que la féodalité est d'origine germanique ; que le germe de ce grand arbre, qui a couvert l'Europe de ses rameaux entrelacés, a été transporté des forêts de la Germanie sur les terres de l'empire; d'autre part, l'histoire à la main, on nous montre le peu de durée et de consistance de la domination germanique dans la France du sud ; les traditions romaines, directement opposées à la féodalité, n'ont pas pu lui laisser prendre un grand empire dans les contrées où elles dominaient; et la loi romaine, « contrebalançant l'esprit germanique, » n'a pas permis aux institutions d'outre-Rhin de pousser de profondes racines (1). Sans doute, il est très-vrai que la loi romaine a subsisté dans le midi depuis les derniers jours de l'empire jusqu'au moment où l'école de Bologne a rendu une nouvelle impulsion aux études juridiques. Des exemples, cités par Hauteserre et M. de Savigny, ne laissent pas de doute sur cette persistance du droit romain (2). Les lois barbares ne purent guère se maintenir en présence des lois impériales, si profondément implantées dans le sol de la Provence, bien que celle des Wisigoths ait peut-être duré plus qu'on ne semble le penser (3).

Non-seulement on peut supposer quelques restrictions à cet empire absolu, que les champions du franc alleu prêtent à la loi romaine dans le midi, mais même il faut reconnaître que les coutumes vinrent ajouter au vieux fonds du

---

(1) Laboulaye, *Hist. de la propriété foncière en Occident*, p. 308-309.
(2) Hauteserre, *Rerum aquitanarum libri quinque*, liv. 3. — Savigny, *Hist. du droit romain*, tome 2, p. 69-80.
(3) Hauteserre, *Rerum aquitanarum*, etc., liv. 3, p. 198.
Peut-être, malgré l'opinion contraire de M. Hauteserre, est-ce cette dernière loi dont les Septimaniens réclamèrent le maintien auprès de Louis le Débonnaire.

droit romain des dispositions qui le mettaient en harmonie avec des situations et des besoins nouveaux. Avec cette puissance irrésistible, que prennent à certains moments certaines institutions, la féodalité gagnant de proche en proche, au dixième et au onzième siècle, pénétrait tous les coins du midi, et donnait un caractère particulier à toutes les relations sociales.

Il ne faut pas arriver jusqu'au moyen âge, pour voir la législation romaine en conflit avec des faits nouveaux, qu'elle essaie en vain de combattre; la féodalité n'a pas une origine uniquement germanique; des travaux récents et approfondis, tels que le beau livre de M. Championnière sur les cours d'eau, nous ont appris à ne plus chercher exclusivement au delà du Rhin les premiers germes de la féodalité; elle est en grande partie un legs fait à la société du moyen âge, par la société romaine sur son déclin. Les deux ordres de faits, dont elle est comme la résultante, ont leur point de départ dans des abus que l'administration romaine a tolérés ou qu'elle a été impuissante à réprimer.

Agitée et remuée par les convulsions sociales qui marquent la transition du monde romain au monde barbare, la France du midi réunissait les conditions nécessaires pour voir pousser sur son sol l'arbre féodal, lors même que les Germains ne seraient pas venus inoculer une greffe barbare à ce rejeton du vieux tronc romain. Mais en présence de la loi romaine qui en surveille, qui même quelquefois en dirige le développement, les institutions de la féodalité prennent, dans ce pays, un caractère tout particulier. La propriété romaine s'y maintient le plus souvent libre et indépendante ; le nom n'est plus le même ; les *latifundia* sont des *alleux*, mais, au fond, le mode et la nature de la propriété ne changent pas. La loi des empereurs, que M. Laboulaye, après Hauteserre, appelle la mère des alleux (*allodiorum parens*) (1), protége la liberté des terres et des hommes. Hauteserre, dont l'érudit et ingénieux opuscule (*Rerum aquitanarum libri quinque*) semble un premier essai du bel et savant ouvrage, auquel M. de Savigny donnera sa forme définitive, suit les différentes vicissitudes de la propriété romaine dans le midi. Il en retrouve les traces sous la domination wisigothique et sous la domination franque. Un passage de la biographie de Gérard d'Aurillac, nous montre l'expression germanique d'*alleux* et l'expression latine de *latifundia* (2), employés indifféremment tour à tour. Au neuvième siècle, des Goths fugitifs d'Espagne et dotés par les Carolingiens de terres et d'immunités dans la Gaule méridionale (3), vinrent accroître le nombre des alleutiers dans ces contrées ; mais le dixième siècle, l'époque la plus sombre et la plus douloureuse de tout le moyen âge, voit une foule d'alleux enrichir le domaine des églises (4).

---

(1) Laboulaye, *Hist. de la prop. française*, p. 308-309.
(2) Hauteserre, p. 224-225.
(3) Championnière, p. 285.
(4) Que l'on parcoure le cartulaire de l'abbaye de Montolieu pendant le dixième siècle, on le trouve rempli de chartes, de donations ou de ventes d'alleux en faveur de ce monastère *. Elles se continuent même pendant le onzième siècle. En 1011, c'est Oddon, surnommé le moine, qui, avant d'aller en pèlerinage en

* Mahul, *Cartulaire et archives*, tome 1ᵉʳ, p. 79.

Si, dans le douzième et le treizième siècle, ces alleux semblent tenir une place beaucoup moins importante dans la société du midi, qui prend un aspect beaucoup plus féodal, ne croyons pas cependant qu'ils aient disparu ou qu'ils soient tous entiers passés aux mains des églises. On les voit à plusieurs reprises figurer dans le cartulaire de Raymond VII (1).
— En 1239, Ademar, comte de Valence, possédait encore, à titre d'alleux, le château de Brais, et un grand nombre d'autres châteaux avec les fiefs qui en dépendaient (2). En 1244, le comte de Comminges se déclara le vassal du comte de Toulouse ; les terres dont il fait hommage ont été jusqu'alors des alleux (3). Le moine de Montaudon, asservi par l'amour, compare son destin à celui d'un homme, qui naguère maître indépendant sur son alleu, se serait fait le vassal d'un seigneur sans merci : « Comme celui qui a été sans
» seigneur, franc de toute sujétion, en paix, qui jamais né

terre sainte, fait à la maison de Saint-Jean de Mallast le don d'un alleu appelé Kanouellas *. — Il en est de l'abbaye de la Grasse comme de celle de Montolieu ; dans tout le dixième et le onzième siècle, elle engloba de nombreux alleux, qui lui furent donnés, concédés ou vendus, dans ses vastes possessions, qui, gagnant de proche en proche, s'étendaient dans les comtés de Carcassonne, de Narbonne, de Toulouse, de Foix, de Fenouillet, dans le Roussillon, et sans s'arrêter aux Pyrénées, pénétraient jusque dans la Catalogne et l'Aragon **.

(1) *Cartulaire de Raymond VII*, Biblioth. impériale, Mss. latins, n° 6009, p. 162.

La charte de la vente, que Hugues Jean fit au comte de Toulouse de ses droits et de ses propriétés dans sa ville de Cépet, mentionne des alleux des chevaliers (*allodia militum*).

(2) Cazeneuve, p. 110.
(3) Id., p. 110.

* Id., tome 2, p. 220-230.
** Id., p. 207.

« donna et ne dépensa rien, si ce n'est par amour, ne con-
« nut d'autre loi que celle de sa volonté, et maintenant est
« contraint par dur et mauvais seigneur, ainsi je fus moi-
« même pendant longtemps ; jamais je ne faisais rien par
« ordre d'autrui ; et maintenant j'ai seigneur auprès duquel
« merci ne me vaut rien ; c'est l'amour qui m'a mis en tel
« point que je n'ose point dire ni faire connaître mes dis-
« positions, et je chercherai en vain à me départir de
« lui » (1). — Ce texte, aussi curieux que significatif, nous
dispense de rappeler les autres preuves que Cazeneuve invoque en faveur de la persistance de l'alleu dans le midi. —
Le moine de Montaudon ne pouvait prendre son terme de
comparaison que dans la vie commune, dans des circonstances, des incidents, des faits qui se reproduisaient tous
les jours. L'allusion ne devenait qu'à cette condition claire et
précise.

Souvent sans doute, à l'époque où ce joyeux prédécesseur
de Rabelais présidait déjà la cour du Puy et en faisait les
honneurs, on voyait des barons vivre sur leurs alleux, libres,
indépendants, ne recevant d'ordres que d'eux-mêmes, ne
subissant de contrainte que celle qu'ils s'imposaient ; soudain un jour, en présence d'un ennemi dont ils redoutent
l'attaque, ils abdiquent cette liberté, dont ils étaient si justement fiers ; et les voilà soumis aux devoirs de la féodalité ;
mais ils ne peuvent pas apporter dans ces relations nouvelles
cet esprit de fidélité et de déférence qui devait animer le

(1) Le moine de Montaudon, cité par Cazeneuve, p. 118.

vassal à l'égard de son seigneur. Dans plus d'un vassal, on devait reconnaître l'ancien alleutier. Ces alleux qui, tardivement et sous la pression de la nécessité, entraient dans les cadres de la féodalité, ne devenaient pas complétement des fiefs : ils étaient dans un état mixte et intermédiaire, qui rappelait plus encore, peut-être, leur ancienne indépendance, que la sujétion nouvelle qu'ils venaient de contracter. Cette conquête de la féodalité était plus apparente que réelle. Ces alleutiers acceptaient la suzeraineté d'un seigneur, mais en repoussaient les exigences : ils faisaient fléchir les lois féodales. Les anciens alleux conservaient quelquefois leur nom : quelquefois ils prenaient celui de fiefs francs ou *honorés* ; les deux dénominations sont synonymes (1).

Dans le cartulaire de Raymond VII, on peut suivre la transformation d'un alleu en fief honoré. Le comte de Valence fait hommage au comte de Toulouse du château de Brais et de ses dépendances, il les possédait comme alleu : il les tiendra de son suzerain, à titre de *fief honoré* (2).

Ce n'est pas seulement en les pénétrant que les alleux

---

(1) Une charte de Bertrand de Montlaur, de l'année 1274, citée par Du Cange au mot *allodium*, prouve la synonymie des deux expressions, et montre la nature et le caractère des rapports qui liaient le possesseur de l'*alleu* ou fief honoré avec son seigneur. « A titre d'alleu, libre, franc, et absolument exempt de
» toute charge, après avoir néanmoins pris l'avis de don Pedro, roi d'Aragon,
» seigneur de Montpellier, de qui tous les biens énoncés ci-dessus sont tenus en
» fief et à titre de fief honoré, sans aucune prestation de cens, usage, et sans
» aucune servitude tant réelle que personnelle, et de quel genre que ce soit, je
» vends et je livre, par suite de vente, tout ce que j'ai et crois avoir dans le terri-
» toire de Thermes, soumis aux dîmes ecclésiastiques. »

(2) *Cartulaire de Raymond VII*, p. 454.

troublent les relations féodales ; ils agissent sur elles par leur simple contact ; le fief est modifié par la seule existence de l'alleu placé à côté ; la terre libre devient, sous l'empire de circonstances difficiles, la terre féodale ; en revanche, la terre féodale se rapproche le plus ou s'éloigne le moins possible des conditions de la terre libre. Aussi, rattachant à la loi romaine la franchise des hommes et des terres, M. Laboulaye a pu dire avec raison : « Cette loi, contrebalançant » l'esprit germain, força ce qu'il y eut de fiefs dans le midi » à se prêter aux formes et à l'esprit de la législation romaine » (1). La coutume de Toulouse consacrait, dans les rapports des vassaux avec les seigneurs, des principes favorables à la liberté civile, que l'on aurait vainement cherchés dans les autres coutumes de la France du moyen âge (2).

C'est surtout dans les assauts qu'elle eut à soutenir contre la fiscalité royale, qu'il faut voir se déployer, au sein des relations féodales, la vieille liberté méridionale. Lafaille et Cazeneuve nous ont conservé les principaux monuments de cette lutte sourde, sans éclat, dans laquelle la royauté dut battre souvent en retraite devant les énergiques réclamations

---

(1) Laboulaye, *Hist. de la prop. française*, p. 308-309.

(2) Le défaut du service des obles ou redevances n'entraînait point la *commise* ou la confiscation du fief* ; il y avait seulement obligation de payer les redevances arriérées. La même coutume du Toulousain n'accordait pas au seigneur direct le droit de prélation, en d'autres termes, le retrait *féodal* et *censier*, qui formait l'usage général de la France. Le seigneur n'avait plus le droit, une fois le marché conclu, de se mettre au lieu et place de l'acquéreur, et, remboursant quelquefois le prix d'achat, de retirer le fief pour le joindre à son domaine direct.

* Laferrière, *Hist. du droit français*, p. 279.

des hommes du midi. Ils déclaraient avoir le droit d'aliéner librement, à un titre quelconque, des fiefs ou des parties de fiefs, de les transmettre à des ecclésiastiques ou à des personnes non nobles, et le roi ne pouvait exiger la moindre redevance de ces clercs ou de ces roturiers (1) ; ce droit, ajoutaient-ils, remontait aux temps les plus reculés. Si, au commencement du quatorzième siècle, le midi défendait ainsi, contre les prétentions de la royauté, ce qu'il appelait ses droits et franchises, de quel esprit ne devait pas être animée la noblesse féodale de ces contrées, lorsque, à la fin du douzième et dans les premières années du treizième siècle, elle était dans toute son énergie ? Cet esprit d'indépendance dut sans doute empêcher la féodalité de s'organiser dans le midi, d'une manière aussi forte et régulière que dans le nord ; on y aurait vainement cherché les degrés de cette savante hiérarchie, le long desquels le pouvoir montait et descendait sans cesse. La plus grande part restait au bas de l'échelle, aux mains des seigneurs inférieurs.

Les coutumes nous ont fait comprendre la liberté dont jouissaient l'alleutier sur son alleu, le feudataire sur son fief. Nous avons le côté obscur et souterrain de ce fait ; c'est au poëme de la croisade, appuyé, commenté au besoin par d'autres productions littéraires, à nous en montrer l'autre face. Il nous fera voir le seigneur suzerain, peu craint, peu obéi (2). C'est sur son impuissance que le comte de Foix se

(1) Cazeneuve, p. 122.
(2) Roger de Béziers savait se faire aimer, mais non se faire respecter de ses vassaux.

rejette pour répondre aux accusations de Folquet et se justifier aux yeux du pape d'avoir laissé élever, avec le château de Montségur, un asile et un refuge pour les hérétiques. « Quant au Puy de Montségur, le droit est clair : jamais » mon autorité de seigneur n'y fut reconnue » (1). Le comte de Toulouse n'était guère plus maître dans ses domaines. L'hérésie, dont ils s'étaient faits les protecteurs, donnait une nouvelle puissance à ses vassaux et fournissait à Raymond V un prétexte pour appeler sur cette féodalité indisciplinée et turbulente les forces de la royauté (2). L'autorité de son fils n'était pas moins contestée ; l'esprit de révolte, qui ne lui laissait pas un instant de trêve, justifiait en partie, auprès de Guillaume de Puylaurens, le prince qui souffrait l'humiliation de l'Eglise et déchaînait les routiers sur ses propres domaines (3). L'héroïque Jeanne d'Angleterre, fille d'Henri II, veuve de Guillaume, roi de Sicile, femme de Raymond VI, digne sœur de Richard Cœur-de-Lion, digne mère de Raymond VII, mourut victime de ces rébellions et de ces luttes féodales (4).

L'anarchie régnait dans cette féodalité ; elle présentait un contraste saisissant avec celle du nord, qui, placée plus directement sous la main de la royauté, se pliait déjà à l'ordre et à la discipline. — Au commencement du treizième siècle,

---

(1) Fauriel, p. 234 ; Mss., f° 42, p. 84.
    Del pog de Mont Segur es lo dreg esclarzitz,
    Car anc non fui .i. jorn senher poestaditz.
(2) Dom Vaissète, édition Du Mège, tome 4, p. 273-4. Lettre de Raymond V à l'ordre de Citeaux.
(3) Guillaume de Puylaurens, tome 19, p. 199.
(4) Id., p. 198.

les liens féodaux s'étaient de proche en proche plus fortement tendus..... « L'hommage-lige, nous dit Brussel, prévalut alors » sur tous les autres hommages » (1). — L'ordonnance royale de 1209, abolissant le droit de frérage, déclara que la partie démembrée du fief par succession d'héritiers ou tout autre mode de division, devait être tenue immédiatement et sans intermédiaire du chef seigneur (2).

A côté de la féodalité réelle, telle qu'elle résultait du développement historique des faits, se plaçait une féodalité théorique, dont les principes secondèrent les accroissements de la royauté, qui sut les appliquer habilement. Peu à peu cette féodalité théorique devint une réalité dans la France du nord et restreignit la part de cette première féodalité inquiète, indisciplinée et violente.

Dans le midi, au contraire, l'ancienne indépendance féodale, restée presque sans limites, laissait une grand initiative aux passions et aux sentiments personnels dans les rapports du vassal avec le seigneur. — La mobilité du caractère méridional, semble, à côté de la tradition et de la loi romaine, avoir eu sa part d'influence sur les relations féodales dans ces contrées. Flottants et relâchés d'ordinaire, quelquefois même prêts à se rompre, ces liens étaient soudain renoués plus étroitement que jamais : il suffisait d'une vive impression faite sur les âmes, d'une émotion profonde éveillée dans les cœurs.

(1) Brussel, *de l'Usage des fiefs*, tome 1er, p. 115.
(2) Laferrière, tome 4, p. 451-2.

Vaincu, proscrit, dépouillé, Raymond VI dut trouver une puissante consolation dans l'héroïque dévouement de ses vassaux. — Réfugié auprès du comte de Comminges, il épiait l'occasion de marcher sur Toulouse ; mais fidèle à sa nature toujours vacillante, il hésitait ; quelques seigneurs rassemblés autour de lui l'entraînent. « Nous » aurons tous assez de terres, si vous rentrez dans votre » héritage, dit le comte de Comminges. — ..... Je ne veux » point avoir de terres, si vous n'en avez pas. Seigneur » comte, partez; vous ne serez pas plus tôt à Toulouse, que » j'y serai aussi » (1).

Ces tumultueuses inspirations d'une fougueuse ardeur, pouvaient enfanter des actions éclatantes, mais non constituer fortement la féodalité méridionale et la rendre capable de résister à la bourgeoisie, appuyée sur une puissance, qui tendait à prendre tous les jours un plus grand empire : l'argent ; ses rangs sont peu serrés ; le réseau féodal se déchire en plus d'un endroit, et ces larges déchirures laissent passer les terres et les idées : — les unes tombent au pouvoir des riches habitants des communes (*de lors grans manentias don eran enriquit*) ; les autres deviennent populaires et font partie du domaine commun.

La féodalité ne disparaît pas ; loin de là, le nombre de ses

---

(1) Fauriel, p. 396 ; Mss., f° 72, p. 144.
 Que pro aurem tuit terra, si vos etz eretatz.....
No volh aver ni terra, si vos non aviatz.
 ..... Senher coms, enantatz
Car ieu i serai sempre aisi cum i siatz.

représentants augmente ; l'usage de partager les fiefs inférieurs ne semble pas avoir été particulier à la France du midi ; l'ordonnance de 1209 nous le montre régnant dans les pays d'outre-Loire ; nous le retrouvons en Germanie, comme le prouvent des vers de Gunther cités par Hauteserre dans son traité *de Ducibus et de comitibus* (1) : « Les marches, les
» comtés, les duchés doivent rester indivisibles : les autres
» possessions féodales peuvent être partagées entre un grand
» nombre de feudataires, pourvu que chacun rende fidèle-
» ment au seigneur les devoirs qu'il lui doit, et tienne les
» engagements qu'il a pris. » Les mœurs de la société méridionale, l'amour de la vie mondaine et chevaleresque, qui retenait loin de l'Eglise tout ce qui était *gai, jeune et beau*, multipliaient ces partages. La propriété féodale se divisait et se subdivisait à l'excès.

Le prieur du Vigeois, promenant ses regards sur toute la France du sud, s'inquiète et s'alarme de ces morcellements croissants : — « Chaque frère, dit-il, se hâte de
» prendre femme ; aussi l'héritage paternel est-il divisé en
» quatre parties ou en un plus grand nombre. La gé-
» nération actuelle atténue et réduit à rien les domaines
» des anciens princes » (2). — Du temps du prieur du Vigeois, on allait encore à Jérusalem, et les ordres des Hospitaliers et des Templiers étaient un déversoir par où s'écoulait ce trop plein de la féodalité ; mais peu à peu la foi reli-

---

(1) Hauteserre, p. 333.
(2) Le prieur du Vigeois, *Hist. de France*, tome 12.

gieuse s'affaiblit, les pèlerinages diminuent; on ne donne plus que son cadavre aux frères de l'Hôpital et du Temple. Les rangs de la chevalerie deviennent sans cesse plus épais et plus serrés, et Guillaume de Puylaurens, continuant avec plus d'amertume les plaintes du prieur du Vigeois, reproche aux chevaliers de ne point faire entrer leurs fils dans le clergé (1).

Il n'était pas rare de voir un château partagé entre deux seigneurs, comme le château de Thermes et le fief attaché à ce château, que possédaient simultanément, en 1163, deux frères, Raymond de Thermes, et Guillaume de Thermes, dont Raymond Trencavel avait bien de la peine à concilier les prétentions rivales; quelquefois les seigneurs d'un château formaient un véritable clan, comme les châtelains de Mirepoix, dont les noms remplissent un long paragraphe au commencement d'une charte de l'année 1207 (2).

Ce partage des fiefs entre les différents membres d'une même famille devenait souvent la source de violentes querelles et donnait lieu à de sanglantes tragédies domestiques, comme celle dont fut témoin le château de Lavaur; ou à de longues guerres, comme celle que Bertrand de Born a soutenue et chantée. Le vaincu alla plus d'une fois chercher asile dans les compagnies de routiers; c'était comme une écume ensanglantée flottant à la surface de ce monde féodal, si profondément agité. — Là est peut-être une cause de l'extension et du progrès de ces

---

(1) Guillaume de Puylaurens, *Hist. de France*, tome 19, p. 197.
(2) Dom Vaissète, édition Du Mège, tome 5, p. 566.

compagnies ; la féodalité de la France du sud prenait soin de les recruter ; elle se fournissait, par ses violences, les instruments, dont elle avait besoin pour accomplir ses violences mêmes. Dans son excellente étude sur les routiers, publiée dans la Bibliothèque de l'école des chartes, M. Géraud n'a pas accordé à ce fait toute l'attention que semble mériter son importance. On est étonné qu'il ait pu nous montrer Constantin de Born dans les bandes de Mercadier, sans être frappé de l'omission que présente son savant article (1). Ne nous a-t-il pas rappelé, d'après Mathieu Paris, que les trois grands routiers Mercadier, Algaïs et Louvart étaient trois Provençaux, sanguinaires bandits pour qui le meurtre, le pillage et l'incendie n'étaient que jeux et bagatelles? (2)

Il ne faut pas néanmoins regarder cette population féodale comme sans cesse occupée à se détruire ; ces chevaliers n'étaient pas des soldats de Cadmus, s'entretuant, à peine venus au jour ; un instinct supérieur à cette brutale cupidité, dont on ne trouve encore que trop de vestiges dans le midi, l'impossibilité de vivre seul et isolé sur un domaine trop petit pour fournir de l'argent et des hommes en quantité et en nombre suffisants, le désir de jouir des plaisirs de l'existence mondaine, qu'il fallait aller chercher à la cour d'un suzerain ou demander aux ressources de la vie commune, lorsqu'on n'était pas riche soi-même, un certain esprit de sociabilité, qui semble avoir été un des traits particuliers du

---

(1) *Bibliothèque de l'école des chartes*, 1re série, tome 3, p. 420.
(2) Mathieu Paris, p. 244.

midi gallo-romain, rassemblaient dans les mêmes enceintes, cités, villes ou châteaux, de véritables communautés de seigneurs ou de châtelains ; ils étaient unis le plus souvent par les liens du sang et de la parenté, comme les seigneurs de Mirepoix ; ils habitaient l'enceinte agrandie d'un vieux manoir héréditaire : ils formaient une famille, presque une petite tribu. D'autres fois aussi, c'était le seul besoin de se grouper, de trouver un même abri derrière une même muraille et les mêmes créneaux qui les retenait dans un de ces châteaux dont l'étendue rappelle plutôt de petites villes. Rabastens renfermait toute une population de seigneurs et de chevaliers, qui ne semblaient avoir entre eux d'autres rapports que ceux qui résultaient d'une vie commune ou d'intérêts semblables. La charte des libertés ou plutôt des garanties accordées à cette ville (1), grâce à l'intervention de Raymond VI, porte une foule de noms appartenant tous aux châtelains ou chevaliers qui résident dans ses murs. — Encore ceux qui ont souscrit cette charte ne sont-ils que des délégués, prenant des engagements au nom des absents. Dans le château de Bernis, le poëme de la croisade nous montre une réunion de chevaliers, injustement détruits par Montfort. En 1229, le château de Fanjaux était partagé entre treize chevaliers qui se déclarèrent vassaux du comté de Toulouse, lui firent hommage et s'engagèrent à lui rendre tous les devoirs féodaux (2).

(1) *Cartulaire de Raymond VII*, p. 145.
(2) *Cartulaire de Raymond VII*, p. 205-206.

Le partage des fiefs groupait ainsi, autour de différents centres, une véritable population féodale. En dehors de ces causes, toutes circonstancielles, ne pourrait-on pas, dans cette tendance à la vie commune, retrouver l'influence persistante du vieil esprit romain et municipal ? La noblesse inférieure appartenait en grande partie à la race gallo-romaine, tandis que la haute féodalité était germanique d'origine. C'est du moins le résultat des curieuses recherches auxquelles s'est livré M. Mary-Lafon (1). Quelle que soit l'explication que l'on doive donner de la présence de ces nombreux barons, chevaliers et damoiseaux dans une même localité, il faut la constater. Les coutumes de Pamiers nous montrent dans cette suzeraineté exercée en commun par une réunion de seigneurs vivant ensemble, un des traits particuliers de la féodalité méridionale (2).

C'est surtout le poëme de la croisade qui nous fait connaître ce trait caractéristique de la société méridionale. La pré-

---

(1) Mary-Lafon, *Hist. du midi*, tome 2, p. 153-154.

(2) Martène et Durand, *Thesaurus novus anecdotorum*, tome 1er, p 832. L'article auquel nous faisons allusion est consacré aux plaintes que les vassaux des seigneurs et chevaliers d'un château peuvent adresser au comte sur les exactions dont ils sont victimes. Le comte mande ces seigneurs et ces chevaliers, s'entend avec eux pour fixer le taux de la taille, de manière à ce qu'il soit raisonnable et modéré ; au besoin même, il peut les contraindre à renfermer leurs exigences dans des limites convenables ; évidemment, le texte ne peut désigner que les seigneurs et les chevaliers *(dominos et milites)* d'un même bourg ou d'une même ville. Il est difficile de supposer que cette aggravation des tailles, cette tyrannie des seigneurs et ces plaintes des vassaux deviennent tout d'un coup un fait général ; d'ailleurs, l'expression de *(domini et milites)* s'applique d'ordinaire à ces sortes de tribus ou *clans féodaux* que l'on remarque dans la France du sud.

sence de ces populations guerrières au sein des villes, inquiète l'Eglise ; elle n'accordera sa grâce au comte Raymond, qui l'implore, que le jour où ces chevaliers, s'exilant des villes et lieux fermés, vivront en plein champ : c'est là une des conditions expresses imposées aux méridionaux par le concile d'Arles : « Ils détruiront tous les châteaux et forte» resses ; jamais chevalier ne se tiendra dans les villes, » mais vivra dehors dans les champs, comme les autres ma» nants » (1).

Un texte curieux de la collection Doat semble la paraphrase des trois vers de la geste. Il est emprunté à la déposition de Bernarda de Lamotte, cette hérétique courageuse et dévouée dont la vie tout entière ne fut qu'un long apostolat. Il nous retrace quelques épisodes de ses pérégrinations. Après un long séjour à Toulouse, Bernarda de La-

---

(1) Fauriel, p. 100 ; Mss., f° 18, p. 35.
Los castels e las forsas trastot derocharan,
Ni jamais cavalers no estara en plan,
Mas de fora els camps, co li autre vilan.

Ni jamais cavalers no estara en plan. — Le sens de ce vers, qui ouvre sur les conditions de la vie sociale dans le midi un jour si curieux, n'est pas très-clair. Nous adoptons l'interprétation que donne M. Fauriel, et ne croyons pas devoir accepter celle que propose M. Raynouard. Le sens de ce vers est assez indiqué par le sens de celui qui le précède et de celui qui le suit; d'ailleurs, on pourrait ici commenter le poëme par le poëme lui-même. La préoccupation des conquérants et des dominateurs du midi a été d'éloigner de toutes les villes les chevaliers ; témoin les mesures prises par Montfort après l'émeute de Toulouse. Il est vrai que l'on ne saurait guère trouver dans le mot *en plan* le sens de *dans les villes;* mais cette expression provençale pourrait bien désigner la place d'armes où les chevaliers se réunissent, dans l'intérieur des villes ou châteaux, pour exécuter leurs évolutions. La place d'armes ou esplanade du château de Fayet, où le comte de Toulouse, marchant sur Lavaur, passe la revue des chevaliers qui l'accompagnent, est appelée *planum castri.*

motte et ses compagnes furent conduites par Pons Saquet de Toulouse et Alaman de Roaix dans le pays de Lantar (1); où ces deux citoyens de Toulouse avaient leur famille et leurs domaines ; ces hérétiques habitèrent longtemps dans la manse de Pons Saquet, le chevalier de Lantar ; elles vécurent pendant trois ans dans cette manse, et elles y subsistaient des largesses et des libéralités de ce chevalier (2). Sous le même toit, habitait Pons Saquet avec sa famille ; mais sa vie n'avait rien de féodal. Les hôtes de ce chevalier le quittèrent ensuite, pour chercher un asile dans la ferme d'Alaman de Roaix (3). Nous voyons que ces chevaliers Alaman de Roaix, Pons de Saquet n'ont point de châteaux, mais de simples fermes : ils se retirent ensuite l'un à Toulouse où il habite, l'autre à Lantar où il possède une maison dans les faubourgs (*in barrio*) (4). C'est là encore dans cette maison qu'il donne l'hospitalité aux hérétiques. L'Eglise aurait voulu que l'un sortît de Toulouse, que l'autre ne remît plus les pieds dans Lantar ; elle leur aurait laissé leurs manses et leurs fermes ; ils y auraient, suivant l'expression même de la charte, vécu comme des manants ou comme des vilains.

On comprend maintenant l'intention des Pères du concile ; dispersée dans la campagne, la féodalité inférieure du midi est impuissante et désarmée ; chacun de ces chevaliers n'a pas un château à lui ; il est bourgeois ou habitant d'un grand

---

(1) Collection Doat, tome 23, f° 17.
(2) Id., f° 19.
(3) Id., f° 21.
(4) Id., f° 43.

château ou d'une ville du voisinage, qui est son asile et celui de ses compagnons d'armes ; il l'habite, il le défend ; bientôt il va prendre sa part de l'administration publique, s'il ne l'a déjà prise. Il faut que les menaces de l'Eglise se réalisent en partie ; il faut que plus d'un chevalier soit forcé de quitter le château ou la ville, où s'élève sa demeure féodale ; il faut que plus d'une de ces grandes forteresses ait déjà croulé, soit sous le fer des assiégeants, soit sous le marteau des démolisseurs, pour que les fugitifs, qui ne peuvent pas toujours se réunir et se bâtir une nouvelle ville, comme Cordes, songent à élever des châteaux particuliers, qui vont s'implanter sur ce sol bouleversé, comme les éclats des grands châteaux détruits et ruinés de fond en comble. Les simples fermes se hérissent de fortifications : le concile de Toulouse, réuni en 1228, en prend l'alarme. « Nous ordonnons, dit un » des décrets du concile, nous ordonnons qu'on ne bâtisse » pas de nouveaux châteaux, à côté d'une ferme, ou sous » prétexte de la construire ; nous défendons de relever les » fortifications détruites » (1).

Il ne faut pas prendre de tous les anciens châteaux du midi, l'idée trop étroite que l'on serait peut-être, sur de vagues indices, disposé à s'en faire. Au nord et dans le centre, c'est une épaisse forteresse, une lourde caserne où loge le seigneur avec ses hommes d'armes, et au-dessous, un petit village, toujours tremblant sous l'épée du seigneur, grelottant, mourant de faim, épuisé par les corvées : le châ-

(1) *Vide* Du Cange, au mot *bovaria*.

teau et le village sont séparés l'un de l'autre par toute la déclivité de la colline, que couronne la massive construction féodale, distance infranchissable qui semble l'image symbolique de celle qui sépare le vilain du seigneur, le serf de son maître ! Dans le midi les distances s'effacent ; les maisons des vilains, des bourgeois, des chevaliers, se pressent les unes contre les autres. L'enceinte s'élargit, pour recevoir et renfermer pêle-mêle les unes et les autres.

Au sommet de la hauteur, s'élève l'habitation du seigneur ou du châtelain. A Avignonet, le palais du comte de Toulouse commande toutes les habitations rangées autour de lui. — Les chevaliers et sergents, armés contre les inquisiteurs, entrent d'abord dans le château ; ils y trouvent Raymond d'Alfaro, un écuyer attaché d'ordinaire à frère Guillaume Arnaud et à ses compagnons et quinze hommes d'Avignonet, munis de haches et de bâtons (1). Ils sont dans l'enceinte de la ville ; c'est là que se forme le sinistre cortége ; ensuite, Raymond d'Alfaro, revêtu de son pourpoint blanc, en tête, ils marchent sur le palais comtal, où gisaient les inquisiteurs, en brisent les portes et égorgent les frères endormis. Dans la même déposition, le palais seigneurial (*salla comitis*) est aussi appelé la tête du château (*caput castri*). Tout autour de la demeure seigneuriale se réunissent, en s'étageant, les maisons des chevaliers. Une enceinte commune les enveloppe et les protége ; à ce mur s'adossent extérieurement les cabanes, les chaumières des hommes qui habitent les fau-

---

(1) Collection Doat, tome 24, f° 163.

bourgs, et qui sont le plus souvent des ouvriers, des vilains ; la déposition de Bertrand d'Alaman (1244) distingue nettement, dans la population de Caraman, les chevaliers et les habitants du faubourg (*milites et barrianos*) et les oppose les uns aux autres (1).

Il ne faut pourtant pas s'imaginer que tous les châteaux du midi fussent construits sur un modèle unique et que la population fût distribuée partout avec la même régularité. Le midi était par excellence le pays de la diversité, du mélange et de la confusion. Le mur d'enceinte n'a pas toujours élevé, entre les chevaliers et les bourgeois, une barrière infranchissable. N'avons-nous pas vu le chevalier Pons Saquet habiter dans le faubourg de Lantar? De même, l'enceinte propre du château s'ouvrit plusieurs fois à des habitants qui n'étaient pas tous hommes d'armes. Les hommes de Rabastens, qui, en 1220, ne peuvent pas être encore appelés bourgeois, habitent bien dans l'intérieur du château (2).

D'ordinaire, le village s'est formé autour de la forteresse féodale qui lui a servi de noyau ; le midi offre quelques exceptions à ce fait général ; ce n'est pas toujours le donjon qui étend sur la ville naissante sa rude et égoïste tutelle ; c'est quelquefois la ville ou le village qui se forme d'abord et qui semble ensuite appeler la féodalité dans son sein. En 1175,

---

(1) Collection Doat, tome 23, f° 69-70.

(2) *Cartulaire de Raymond VII*, p. 145.

Les seigneurs et chevaliers de ce lieu s'engagent à ne pas saisir, à ne pas faire saisir un homme ou une femme du château, du bourg et du faubourg *(aliquem vel aliquam de Castro de Rabastenguis vel de Burgo, vel de Barris).*

Roger, vicomte de Carcassonne, permet aux habitants de Moussoulens de transférer leur village sur une élévation, et d'y construire une forteresse (1). Ces bourgeois et ces vilains disposaient leur asile de manière à pouvoir y recevoir des chevaliers et des hommes d'armes. Ce village, transformé en fort, devait attirer ces représentants déshérités de la féodalité, qui n'avaient qu'une faible partie d'un petit manoir paternel, offraient leur épée à qui la voulait payer, se mettaient quelquefois à la solde des villes, et gardaient leurs châteaux (2). Tout en faisant à ces hôtes de haut parage les honneurs de la ville dont ils confiaient la défense à leur courage, les habitants ne la leur abandonnaient pas tout entière, ne se retiraient pas devant eux, et n'allaient pas s'établir hors des murs qu'ils avaient eux-mêmes bâtis. Ils devaient vivre à côté les uns des autres, tous les jours rapprochés plus étroitement par cette existence commune, par des intérêts de plus en plus confondus.

Demandons-nous à la poésie une peinture de l'intérieur de ces châteaux du midi : l'image, qu'elle nous en trace, rappelle celle dont nous rassemblons les traits épars, à l'aide de chartes et de documents. Entrons, avec Jauffre, dans le château de Montbrun, et regardons autour de nous. « Le châ-
» teau renferme un grand nombre de chevaliers et de mé-
» nétriers, de bourgeois et de jeunes hommes courtois qui
» tout l'an sont remplis d'allégresse, et maintiennent joie et

---

(1) Mahul, *Cartulaire et archives*, tome 1er, p. 151.
(2) Statuts d'Arles, Charles Giraud, *Essai sur l'hist. du droit romain*, tome 2, p 216.

» réjouissance; il y a des jongleurs de mille sortes, qui tout
» le jour, à travers toutes les rues, dansent et folâtrent. Le
» château a sept portiers, et chacun d'eux a sous ses ordres
» mille chevaliers, et quand on leur fait la guerre, tous sont
» réunis » (1). Non-seulement ces chevaliers et ces bourgeois
vivent renfermés dans les mêmes murailles, ils s'associent
dans tous leurs actes, dans toutes leurs manifestations.
« La vigie de la tour a fait entendre son signal, et lors la
» gent se lève par la ville; chacun se plaint, crie, se la-
» mente, et les chevaliers et les bourgeois mènent un deuil
» étrange, inconcevable » (2). Quelque temps après, le poëte
nous conduit dans un autre château; ce n'est plus le spectacle de cette magnificence, de cette splendeur féodale, que
nous offrait le château de Montbrun; ici tout est abandonné,
tout est désert; la brutale tyrannie de Taulat de Rugimond
a chassé la vie; mais l'imagination s'empare des détails que
présente la description du poëte; elle reconstruit ce château
pièce à pièce, elle y ramène les habitants effarouchés : il
nous apparaît dans la peinture du troubadour, comme une
nouvelle Pompéï, exhumée sous nos regards; le seul aspect
des maisons sans habitants évoque l'image complète de ce
château animé, vivant, peuplé de ses chevaliers et de ses
bourgeois : — « Dans le château, Jauffre est entré, et il a
» regardé tout à l'entour; il a vu mainte belle maison et
» maint beau plancher bien ouvragé; mais il n'y a trouvé

---

(1) Raynouard, Lexique roman, tome 1er, p. 80.
(2) Id., p. 90.

» ni homme ni femme, ni créature vivante, si ce n'est en
» peinture ; et puis il a regardé devant lui, à l'un des coins
» du palais, et il a vu une porte bien ouvrée avec des fleurs
» et peinte de maintes couleurs » (1).

Cette réunion de chevaliers et de nobles dans une même enceinte devait imprimer un caractère particulier à la vie de cette féodalité inférieure. Plus que les cours d'amour et toutes ces institutions, dont la mention est maintenant une banalité dans l'histoire du midi, elle a contribué à développer, dans ces contrées, l'instinct de sociabilité qu'elles avaient hérité de la civilisation romaine. Des besoins communs, des décisions à prendre, des intérêts analogues à sauvegarder exigeaient de fréquentes délibérations ; il fallait se consulter et agir ; sous l'influence de cette double nécessité, ces communautés nobles s'organisèrent comme les communautés démocratiques et plébéiennes qui s'agitaient autour et au-dessous d'elles. M. Mary-Lafon nous montre le gouvernement consulaire établi dans la ville de Brignoles, entièrement peuplée de nobles (2). Les chevaliers des Arènes avaient leurs consuls, tandis que de leur côté les bourgeois de Nîmes avaient les leurs (3).

Dans les châteaux du Toulousain, du Lauragais, de l'Albigeois, les populations féodales qu'on y rencontre, n'ont pas une égale importance et l'on ne voit pas d'aussi bonne heure et d'une manière aussi complète s'organiser une sorte de

---

(1) Id., p. 104.
(2) Mary-Lafon, *Hist. du midi*, tome 2, p. 293.
(3) Mesnard, *Hist. de Nîmes*, tome 1er, preuves, p. 42.

pouvoir délibératif et de pouvoir exécutif; les germes en doivent néanmoins exister; et ces chevaliers se façonnent ainsi, sans s'en douter eux-mêmes, aux devoirs et aux formes de la vie civile et municipale. Le jour où les châtelains et chevaliers de Rabastens se sont décidés à accepter l'intervention du comte de Toulouse, à donner à leurs hommes des libertés et garanties qu'ils leur ont octroyées, le jour où ils ont nommé des représentants et des délégués pour conclure cette transaction (1), n'a-t-il pas fallu délibérer et agir ensemble? La communauté aristocratique s'est constituée en assemblée consultative, et ce conseil a sans doute rappelé, par ses formes, le conseil supérieur ou petit conseil des grandes communes de la France du sud.

Des habitudes semblables à plus d'un égard, des institutions analogues, une administration à peu près identique, durent singulièrement favoriser, sur plus d'un point, le rapprochement des chevaliers et des bourgeois, des châtelains et de leurs vassaux. Mais ce rapprochement n'était possible qu'à une condition, c'est qu'il n'y eût pas une trop grande distance entre les classes destinées à s'unir. Supposez, en présence les uns des autres, d'une part, des châtelains ou des chevaliers, de l'autre, des vilains peu riches, courbés sous le poids des corvées, penchés sur le sol, encore éloignés de ces positions, qui éveillent fatalement dans les cœurs l'amour et le besoin de la liberté et donnent les moyens de la conquérir. — Ces communautés nobles et aristocratiques

---

(1) *Cartulaire de Raymond VII*, p. 145.

seront peut-être encore plus oppressives que ne l'est le simple seigneur isolé dans son manoir. Elles étendront sur la pauvre commune rurale, à peine naissante, un réseau de fer, comme pour l'empêcher de grandir. Les concessions, que les seigneurs et chevaliers de Rabastens font aux hommes du château du bourg et du faubourg, permettent d'apprécier la situation misérable, que ces concessions tardives viennent améliorer. La liberté de leurs personnes leur est garantie ; les seigneurs n'exerceront et ne laisseront exercer aucune exaction ou violence à leur égard. Ils ne leur enlèveront point leur argent, ils ne mettront la main sur aucun de leurs biens, meubles ou immeubles. Ils en prennent le solennel engagement devant Dieu, la bienheureuse Marie et le comte de Toulouse.

Toutes ces libertés sont précieuses ; sans la sécurité qu'elles donnent, tout progrès est impossible ; tout déploiement d'activité, arrêté; toute énergie, paralysée. Mais elles ne sont que les premiers instruments d'affranchissement mis aux mains des hommes de Rabastens ; il faut qu'ils fassent encore de grands pas, il faut qu'ils soient bien plus puissants, bien plus libres pour voir leurs représentants, drapés dans la robe rouge des consuls, marcher à côté de ceux de leurs seigneurs. Néanmoins, en attendant ce moment, les hauts seigneurs de Rabastens et le peuple ne vivent pas aussi séparés les uns des autres que la différence de leur condition le pourrait faire supposer. — Qu'un danger menace Rabastens : qu'une armée s'avance contre ce château ; qu'il faille traiter ; les chevaliers et les bourgeois ou vilains paraîtront également dans ces transactions ; les députés envoyés au-devant de l'ennemi parleront au nom des seigneurs, des chevaliers et des hommes de Rabastens. En 1204, la commune de Toulouse marchait contre Rabastens, en armes, bannières déployées, consuls en tête. Rabastens ne voulut pas affronter les hasards de la lutte ; elle offrit satisfaction aux griefs de Toulouse ; deux négociateurs, Pelfort et Salvanhac, viennent apporter aux capitouls la soumission de Rabastens : ils étaient les délégués non-seulement des seigneurs et des chevaliers, mais même de tous les hommes de Rabastens qui s'humiliait devant la puissante cité (1). Avec le temps, ces relations deviendront plus étroites. En 1288, une charte datée de Paris montre le consulat institué dans Rabastens (2). La population bourgeoise, la population féodale se partagent les honneurs de consulat. Les consuls sortant de charge élisent, avec tous les habitants, douze bourgeois et quatre nobles ; le sénéchal, de son côté, ou son lieutenant choisissent six bourgeois et deux nobles.

Partout où il n'y a plus de vilains, mais des bourgeois ; partout où une population non noble s'est haussée au niveau des chevaliers vivant dans la même enceinte, le rapprochement se fait de lui-même sur le terrain neutre du consulat, et de l'administration municipale. Les nobles et ceux qui ne le sont pas, fournissent également des noms à la liste des consuls. Dans la petite ville ou château du Pont de Sorgue,

---

(1) Lafaille, *Annales de Toulouse*, tome 1er, p. 54.
(2) Compayre, *Etudes inédites sur l'Albigeois*, p. 442.

les chevaliers et les bons-hommes étaient indifféremment élus (1). Ces charges leur étaient disputées par les seigneurs de la ville, qui voulaient renouveler et affermir leur pouvoir féodal par l'exercice de ces dignités municipales.

Cette union des chevaliers et des bourgeois était encore cimentée par les périls auxquels la société méridionale était exposée. Dans une déposition déjà rappelée, Doat d'Alaman nous fait connaître l'état intérieur du château de Caraman (2) ; ses déclarations ont pu être satisfaisantes pour l'inquisition ; elles ne le sont pas au même degré pour notre curiosité ; nous voudrions savoir si le consulat était partagé entre les chevaliers et les hommes du faubourg ; on peut le supposer, on n'a peut-être pas le droit de l'affirmer ; mais ce qui n'est pas douteux, c'est que les uns et les autres étaient, dans les occasions graves, appelés à prendre part aux décisions qui intéressaient le salut de leur château commun. — Des habitants de Caraman avaient arraché deux hérétiques des mains de ceux qui les conduisaient prisonniers à Toulouse ; un tel acte semblait appeler un terrible châtiment ; les hommes de Caraman prirent peur, et d'un commun accord, *chevaliers et bourgeois* supplièrent Doat d'Alaman d'intercéder pour eux auprès du bailli de Caraman et auprès de Pons Guillaume ; les deux baillis promirent de ne pas détruire le château, mais il fallut leur payer la somme qui leur avait été proposée. Les hommes de Caraman s'exécutèrent ; Bernard Gazainier, Pons

---

(1) Suarez, Mss. latins, Biblioth. impériale, n° 8991, f° 61.
(2) Collection Doat, tome 29, f° 69-70.

Fogascet et les consuls du château recueillirent la rançon : tous, chevaliers et gens du faubourg, payèrent leur contribution. Les chevaliers suivent le sort commun, partagent les craintes, concourent à la délivrance des habitants non nobles du château. Peut-être même les consuls de ce bourg exercent-ils une autorité qui, dans certains cas, s'étend sur les chevaliers comme sur les bourgeois (1). En 1245, les seigneurs et les autres habitants d'Estanhac se mettent sous la protection armée (*capitennium*) du comte de Toulouse et lui promettent de lui payer chaque année, à Pâques, la somme de cinquante deniers toulousains, comme prix de la sécurité qu'ils devront à son protectorat (2). La résolution des seigneurs et des bourgeois peut bien être annoncée séparément au comte de Toulouse par les uns et par les autres; elle a dû être arrêtée en commun.

Lors de la prise de possession du comté de Toulouse par la royauté (1270), l'union entre les deux ordres est aussi intime dans les châteaux du Toulousain que dans ceux du Venaissin ou du marquisat de Provence. La commune de Vilamur présente un élément aristocratique assez considérable. Parmi les consuls qui prêtent serment à Philippe le Hardi,

---

(1) Sur ce point, l'on peut conserver des doutes ; la somme à remettre aux bayles est perçue par les consuls, puis par deux autres collecteurs. Le texte de la déposition ne dit rien sur le rang, sur la naissance, le rôle de ces deux hommes ; mais ne seraient-ils pas désignés pour recevoir les contributions des chevaliers, comme les consuls recevaient celles des bourgeois ? Ce n'est qu'une supposition ; rien n'en démontre l'exactitude ; le fait n'est que probable, mais il est très-probable.

(2) *Cartulaire de Raymond VII*, p. 265, et Du Cange, au mot *capitennium*.

on compte deux damoiseaux, Bertrand de Saint-Michel et Bertrand de Royales (1) : dans la commune réunie à cette occasion solennelle, figurent également des damoiseaux et des chevaliers : le chevalier don Arnaud d'Hélias ; Aimery de Tauriac, damoiseau ; Pons de Malac, damoiseau. Castelnaudary compte également parmi ses consuls des chevaliers ou du moins des représentants de la féodalité : les chevaliers don Bernard, Pierre Aimery de Castelnau, et les deux damoiseaux Bernard Olric et Guillaume du Puy (2).

La présence de ces chevaliers et damoiseaux nous montre dans cette noblesse inférieure une remarquable aptitude à vivre de la vie civile et municipale ; elle se rapproche du peuple, de la bourgeoisie, et n'hésite pas à en défendre les intérêts et les libertés, contre les prétentions ambitieuses de la féodalité supérieure. Les chevaliers du Pont de Sorgue n'ont-ils pas ouvertement soutenu les hommes de cette ville contre leurs seigneurs communs ? (3)

La grande cité municipale est le modèle que la plupart des châteaux féodaux s'efforcent de reproduire ; c'est le terme des transformations successives, qu'ils subissent à travers le douzième et le treizième siècle ; ils perdent de plus en plus le caractère féodal, et prennent chaque jour davantage l'aspect, les mœurs, les institutions d'une commune. Ce fait ne peut, sans doute, pas être érigé en loi générale dans l'histoire du midi ; il rencontrerait devant lui un trop grand

---

(1) Lafaille, *Saisimentum comitatus Tolosani*, p. 35.
(2) Id., p. 39-40.
(3) Suarez, *loco citato*.

nombre d'exceptions, mais il faut aussi accuser cette tendance, qui s'est fait sentir sur plusieurs points de la France du sud, surtout dans le voisinage des antiques municipes gallo-romains. Chacun d'eux semble exercer autour de lui une véritable attraction. Le courant des faits nous porte pour ainsi dire dans les grands centres, où nous pourrons étudier de plus près, et sur une plus grande échelle, la rencontre des deux classes bourgeoise et chevaleresque. Le château n'est que la fraction, l'ancien municipe est l'unité. Dans cette étude, que nous avons essayé de préparer par ces recherches préliminaires, le poëme de la croisade fournira toujours le point de départ de nos investigations. Nous revenons à ce texte, dont nous ne nous étions du reste écartés qu'en apparence.

CHAPITRE IV.

Les grandes communes du midi de la France ; comparaisons avec les cités lombardes ; — union, au sein de ces antiques municipes, des classes féodale et bourgeoise. — Avignon. — Population et gouvernement municipal de Toulouse.

En suivant, avec le poëte, le mouvement de révolte contre la domination française, qui va gagnant de proche en proche de l'est à l'ouest, de la Provence à Toulouse, du Rhône à la Garonne, nous pourrons saisir, sous ses différents aspects, avec ses modifications diverses, le régime municipal des principales communes de la France du sud. Le poëme de la croisade nous montrera le fait dominant et caractéristique de la constitution de ces grandes cités : l'union, dans leur sein, de la chevalerie et de la bourgeoisie. Les grandes républiques lombardes avaient donné, dès la seconde moitié du siècle précédent, un exemple frappant. Ce rapprochement des simples citoyens ou plébéiens et des nobles (*capitanei* ou *vavasseurs*) est, en Lombardie, le résultat de la force et la suite d'une victoire remportée, d'une contrainte exercée par ces puissantes villes sur les feudataires du voisinage. Ce fut une absorption violente de la féodalité par la commune. « Presque toute cette contrée, nous dit Othon de Freysin-

» gen, est partagée en cités; chacune d'elle a forcé les hom-
» mes de son diocèse à demeurer dans ses murs; à peine
» trouverait-on un noble ou un homme puissant qui ne fût
» pas soumis à la domination de la ville dont il est ci-
» toyen » (1). Muratori, dans ses Antiquités italiennes, nous
montre des *capitanei* s'engageant, par des chartes dont il nous
a conservé la teneur, à devenir citoyens et vassaux des
villes. C'est ainsi que les Basii jurèrent, en 1156, d'habiter
Modène un mois pendant la paix et deux pendant la guerre.
— En même temps, la cité municipale contracte des relations féodales : elle reçoit l'hommage des Basii.

Du reste, une opinion qui flattait trop l'orgueil et justifiait
trop bien les prétentions envahissantes de ces cités municipales, pour ne pas trouver un grand crédit auprès de leurs
habitants, faisait de ces feudataires d'anciens citoyens, qui
avaient abandonné leur ville : leur établissement dans les
fiefs où ils se prétendirent indépendants, avait privé de ses
principaux défenseurs la cité où ils étaient nés. L'auteur
anonyme de la chronique de Milan se fait l'écho de cette tradition, dont la vérité, quoique très-probable, n'est pas démontrée. Quoi qu'il en soit, la cité municipale vengea et
répara les pertes et les affaiblissements de la cité féodale. En
rappelant violemment dans son sein les nobles qui l'avaient
abandonnée, elle acquit un nouvel élément de force, de
puissance : le cercle de l'administration municipale s'élargit.

---

(1) Othon de Freysingen, liv. 2, chap. 13, p. 708-709. — Muratori, *Scriptores rerum italicarum* (tome 6).

Chacun des trois ordres qui se partageaient la ville, capitanei, vavasseurs, plébéiens, fut représenté au consulat.

Que des faits analogues se soient passés derrière les Alpes, dans la Provence, qui est comme la préface de l'Italie, ni le poëme de la croisade, ni les documents que nous pouvons invoquer à l'appui de ses assertions trop synthétiques, ne le prouvent : constatons seulement la part que les chevaliers d'Avignon prennent à l'administration et au gouvernement de la ville, et le caractère de grandeur, d'indépendance et de fierté que cette étroite alliance des bourgeois et des chevaliers, renfermés dans ses murailles, imprime à tous ses actes. M. de Savigny a dit, en parlant des républiques lombardes : « L'ancien régime municipal donna à la communauté nou- » velle sa forme et sa stabilité ; et la noblesse lombarde lui » communiqua son orgueil violent, son esprit belliqueux et » indépendant » (1).

Ces paroles pourraient s'appliquer aux cités provençales des bords du Rhône : rappelons-nous l'accueil qu'elles firent au comte de Toulouse ; le poëme de la croisade nous en retrace l'émouvant récit ; l'attitude des hommes d'Avignon est plus grande, plus noble, plus fière que ne saurait l'être celle des bourgeois d'une commune du nord. L'imagination du troubadour a sans doute grandi la réalité ; mais la réalité reste grande encore, lorsqu'on a fait la part de l'exagération poétique.

L'orateur des Avignonnais, Henri d'Audigier, montre à

(1) Savigny, *Hist. du droit romain au moyen âge*, tome 3, p. 82.

Raymond VI une nombreuse chevalerie municipale, impatiente de venger les malheurs de l'illustre proscrit : « Mille
» chevaliers de parfaite bravoure et cent mille autres hom-
» mes vaillants et de noble cœur ont, dit-il, fait serment
» de poursuivre la réparation de toutes vos pertes. Vous
». jouirez en Provence de tous vos droits: rentes, cens, char-
» rois, péages ; nul ne parcourra les chemins s'il ne paie le
» droit de guide » (1). Répondant aux Avignonnais, le comte
leur parle comme à des vassaux du plus haut lignage, comme
il parlerait aux comtes de Foix ou de Comminges : « Sei-
» gneurs, dit-il, si vous prenez ma défense, vous ferez chose
» noble et courtoise, et vous serez les hommes les plus glo-
» rieux de nos contrées et de la chrétienté, si vous restaurez
» ainsi joie, prouesse et courtoisie » (2). Les habitants d'Avignon sont des barons : et cette dénomination, qui semble ne convenir qu'aux chevaliers de cette ville, s'étend à tous les bourgeois, qui leur empruntent sans doute les fières inspirations de leur courage féodal. Ces chevaliers et ces hommes

(1) Fauriel, p. 266 ; Mss.; f° 48, p. 96.
   M. cavalers valens, complitz de vasalatge,
   E c. M. omes dautres valens de bon corage,
   E an fait sagrament e plevit per ostatge,
   Coimais demandaran tot lo vostre dampnatge,
   E tindretz en Proenza tot vostre dreituratge
   E las rendas, els ces, el traut el peatge,
   E non ira camis, si no da guidonatge.
(2) Fauriel, p. 266; Mss., f° 48, p. 96.
   Senher, so ditz lo coms, cauziment et barnatge,
   Faitz, si men amparatz, e auretz lavantatge
   De tot crestianesme e del vostre lenguatge,
   Car restauratz los pros e joia e paratge.

d'Avignon relèvent les premiers la bannière proscrite des Raymonds; les premiers, ils dressent la croix de Toulouse en face du lion affamé de sang. Leur secours est précieux à ces nobles faidits; la reconnaissance de Raymond VI et les conseils qu'il donne à son fils, au moment de lui laisser tout le soin de la guerre de la Provence et de partir lui-même pour l'Espagne, rehaussent singulièrement la ville et les hommes qui en sont l'objet.

Avignon était, en effet, moins une commune, qu'un petit Etat, avec les différents éléments qui le composent. Sa constitution, heureux mélange d'aristocratie et de démocratie, bien équilibrées, rappelle celle des républiques italiennes. Les statuts sont rédigés sous la direction de l'évêque Gaufred, et sous celle d'habitants d'Avignon, tant chevaliers que bourgeois : les relations féodales subsistent, nettement accusées, au sein de la ville municipale. Les statuts de 1154 (1) reconnaissent aux seigneurs le droit d'exercer la justice sur leurs vassaux : « Les droits du seigneur ne doivent
» en rien être diminués. Ceux qui tiennent des honneurs
» des chevaliers avignonnais, doivent soumettre leurs pro-
» cès à leur juridiction ; à leurs seigneurs le devoir de leur
» faire rendre justice ou de les contraindre à donner satis-
» faction à ceux qu'ils ont lésés. » Parmi ces nobles d'Avignon, plusieurs sont suzerains des villes ou des châteaux voisins. Les seigneurs, dont les chevaliers et les autres hommes du Pont de Sorgue repoussent les prétentions, sont des

(1) Suarez, tome 1er, fo 44.

citoyens d'Avignon (1). C'est le seigneur évêque Wilhem, c'est Wilhem Raymond d'Avignon, avec Béranger son frère. — Le jugement, qui termina ce procès, fait ressortir le caractère aristocratique que, dans les idées des Avignonnais, devaient revêtir ces magistratures municipales. L'évêque, les consuls d'Avignon, le juge, un grand nombre de chevaliers et de prud'hommes observèrent que, dans la cité d'Avignon, une coutume antique et invétérée appelait au consulat les plus puissants et les meilleurs.

Néanmoins, ces tendances aristocratiques étaient contenues dans de justes limites par une habile et sage application des principes démocratiques ; et à côté des relations féodales se développent les traditions et les mœurs de la vie civile. — Le consulat n'est pas aussi aristocratique que les déclarations de l'évêque, des consuls, des chevaliers et des bourgeois, dans l'affaire du Pont de Sorgue, pourraient le faire croire. La charte, octroyée par l'évêque Raymond, en 1150 (2), accorde les pouvoirs judiciaires, administratifs et politiques à un consulat composé de douze consuls : quatre chevaliers, quatre bourgeois, deux marchands et deux citoyens de la campagne. Les statuts de 1154 assignent aux consuls les rémunérations qu'ils doivent recevoir ; ils ne mettent en présence que deux classes de consuls : les consuls chevaliers, qui ont chacun cent sous de traitement, et les consuls bourgeois, auxquels on ne donne

---

(1) Suarez, tome 1er, f° 62.
(2) Mary-Lafon, tome 2, p. 285. Giraud, *Essai sur l'hist. du droit romain*, tome 2, p. 3.

pas plus de cinquante sous (1). Leur élection n'est pas confiée au suffrage populaire, mais abandonnée au sort. La juridiction consulaire, tout en respectant le droit des seigneurs justiciers, tempère les rigueurs, corrige les excès ou répare les iniquités de la justice féodale. Si les seigneurs font peser sur leurs vassaux des charges plus lourdes que celles qu'ils ont le droit de leur imposer, les vassaux opprimés peuvent recourir à la justice des consuls. La vengeance des injures et des affronts reçus n'est plus abandonnée à la force individuelle. Les consuls interviennent, jugent et condamnent l'agresseur à une amende, dont le montant est proportionné à la qualité de la personne injuriée. Cette amende est remise à la partie lésée ; les consuls, comme droit de justice, en retiennent le tiers.

La charte organique d'Avignon témoigne, dans cette disposition, d'un effort sérieux du législateur ou plutôt des législateurs municipaux pour comprimer les violences féodales ; il fallait bien aussi leur faire des concessions : nul ne donnera de sauf-conduit à celui qui se sera porté à des voies de fait sur la personne d'un habitant d'Avignon ou qui lui aura causé du dommage, sans l'avis ou le consentement du citoyen outragé ou lésé. Si cette défense est méconnue, il est permis de se venger soi-même ou de prendre des gages sur son ennemi. Malgré cette concession à l'esprit de la féodalité, qui se trouve également dans la charte organique de Montpellier (2), les traditions et les tendances de la vie civile mo-

(1) Suarez, tome 1er, fo 44.
(2) *Histoire de la commune de Montpellier*, tome 1er, p. 77.

difient heureusement, à Avignon, les relations féodales, qui s'adoucissent singulièrement : la seigneurie, que quelques habitants de cette dernière ville ont sur leurs concitoyens, ne peut être vendue, sans l'avis de ceux sur lesquels cette seigneurie s'exerce.

Toutes ces différentes lois nous montrent cet heureux tempérament de démocratie et d'aristocratie, qui a peut-être été une des principales causes de la puissance d'Avignon : l'esprit féodal et l'esprit municipal se contenaient l'un par l'autre ; l'un fier, belliqueux, violent, sachant donner à la cité républicaine ces généreuses et héroïques impulsions, comme celle qui la pousse au-devant des Raymonds proscrits ; l'autre réglant les mouvements désordonnés et fougueux de cette féodalité, la soumettant à la règle, la formant à la discipline, et, sans rien enlever à son énergie première, l'habituant à plus d'équité, de justice et d'humanité. Avignon peut être présenté comme le type des villes municipales de la Provence. Les statuts d'Arles ne sont, avec une nuance cléricale un peu plus tranchée, que la répétition de ceux d'Avignon (1) ; on y voit également des consuls ayant leur bannière de famille ; une charte de 1152, destinée à régler les différends, qui s'étaient élevés entre les seigneurs de Simiane et la ville d'Apt en Provence, nous montre également des chevaliers à la tête de la commune et du parti de la commune (2).

Mais en nous attardant au milieu de la Provence, nous nous écarterions du théâtre des événements que raconte le

---

(1) Giraud, *Essai sur l'hist. du droit romain*, tome 2, p. 231 et seq.
(2) Id., p. 128.

poëte de la seconde partie de la geste : la scène vient de changer ; le siége de Beaucaire est levé ; une soudaine lueur a éclairé Toulouse ; elle a recouvré son seigneur légitime ; Simon est accouru sous ses remparts, sombre, terrible, impénétrable. C'est aux pieds des murs de cette ville à moitié ruinée, que va se dénouer le second acte du grand drame de la guerre albigeoise. C'est au cœur même de la grande capitale qu'il faut pénétrer, à la suite de Raymond VI ; conduits et dirigés par le poëme de la croisade, nous pourrons y surprendre les principaux secrets de la vie municipale dans le midi.

Des chartes, des statuts nous présentent comme un tableau synoptique des institutions d'Arles et d'Avignon : nous pouvons embrasser d'un seul regard l'ensemble de leur existence municipale. Pour Toulouse, les renseignements sont dispersés dans des documents malheureusement trop peu nombreux. Ses franchises et ses libertés ne datent point d'une époque fixe ; et la commune du moyen âge semble se relier, sans interruption, au municipe gallo-romain. Déjà, au neuvième siècle, un historien accusait l'esprit d'indépendance des Toulousains, et parlait de leur habitude de disputer la ville à leurs comtes (1). Cette antiquité mystérieuse, dans laquelle se perdent les commencements et les premières manifestations de la vie communale de Toulouse, ne nous permet guère d'en étudier l'histoire, d'en suivre les développements successifs, d'en marquer les traits principaux. Le poëme de la croisade répand un jour tout nouveau, tout inattendu

---

(1) Raynouard, *Hist. du droit romain*, tome 2, p. 200.

sur l'état de Toulouse, au commencement du treizième siècle ; il donne de l'unité aux détails, que nous retirons d'une manière indirecte des différents actes ou monuments de l'époque ; ces traits dispersés se réunissent, se fondent dans un tableau vivant et animé. Nous n'avons pas eu sous les yeux des statuts ou des chartes, mais nous avons vécu plusieurs mois au milieu de Toulouse ; nous avons vu tour à tour s'agiter devant nous les différentes classes d'hommes, qui en composaient la population ; nous les avons vues se rapprocher, s'unir dans les efforts d'un commun héroïsme ; nous les avons accompagnées sur les remparts et au conseil, sous les voûtes du petit Saint-Sernin : nous avons écouté les harangues des légistes ; nous avons vu élire les consuls et nommer le viguier.

Comme Avignon, comme les autres grandes villes de Provence, Toulouse renferme, à côté d'une puissante démocratie, une grande aristocratie municipale ; aux assemblées communales viennent se joindre des chevaliers, des nobles qui leur communiquent cet esprit de fierté, ce sentiment jaloux de leur liberté et de leur dignité, que les chevaliers de comté, en Angleterre, répandaient dans la chambre des communes. C'est un fait sur lequel l'attention ne s'était peut-être pas assez arrêtée : le poëme de la croisade le met en pleine évidence. Toulouse est habitée par des chevaliers, des dames, des barons de haut parage : une émeute victorieuse vient d'apprendre à Montfort que la cité des Raymonds n'est pas aussi brisée qu'il a pu le penser ; il veut l'affaiblir, la priver de toute la force, de toute l'énergie, de toute l'initiative qui

lui restent. Les emprisonnements, les confiscations se multiplient ; les otages et les prisonniers s'entassent dans les basses-fosses du château Narbonnais ; ces rigueurs sont inspirées par la vengeance ; ce sont les représailles du satanique orgueil de Montfort ; voici une mesure que lui a suggérée son ombrageuse et tyrannique prudence. Il commande aux hérauts d'aller criant par la ville que les chevaliers et les dames, tous les défenseurs de la cité, de noble naissance ou de noble cœur, sortent de ses murs et s'enfuient ailleurs. Ces violences ne sont pas approuvées par tous les chevaliers français et croisés ; il y avait, dans la suite de Montfort, des esprits modérés, qui auraient voulu ménager une réconciliation, un accommodement entre leur comte et les citoyens de Toulouse. Ils le savent : ni la sagesse, ni l'humanité ne feront fléchir Montfort ; Montfort ne s'inclinera, ne s'abaissera jamais ; aussi ces conseillers hausseront-ils les Toulousains jusqu'au niveau de son orgueil ; Montfort pardonnant aux citoyens de Toulouse, ce n'est pas un baron faisant grâce à des vilains, ce n'est pas le haut et puissant seigneur de Montfort, vicomte de Béziers, comte de Toulouse, transigeant avec les gens d'une bonne ville. Ces bourgeois sont des barons ; ce sont des hommes dont la naissance et la place, qu'elle leur assure dans la hiérarchie féodale, commandent le respect et méritent les égards du comte de Leicester :
« Ils sont gentilshommes, dit le comte Alain, vous les devez honorer » (1).

(1) Fauriel, p. 372 ; Mss., f° 68, p. 136.
E car son gentil ome, a ondrar los aurets.

Les déclarations du poëte sont précises ; elles nous donnent le vrai sens de plusieurs chartes conservées par Catel ; et ces chartes, interprétées par le poëme, expliquent, développent, étendent, commentent les assertions de la geste. Elles contiennent plusieurs actes ou règlements qui furent arrêtés par Raymond VI, avec le concours des consuls ou capitouls et du commun conseil de la ville. Ces actes, peu nombreux, font pressentir l'histoire intérieure de Toulouse. La guerre civile en divise les habitants, vers la fin du douzième siècle (1181-1188) ; l'importance et la gravité de ces querelles sont mal dissimulées par les mots de rixe et de sédition (*rixa et seditio*). Le comte ne plane pas au-dessus de ces partis, il y est mêlé, il a contracté des engagements avec l'un d'eux, et les consuls qui, dans cette circonstance, apparaissent avec l'autorité et la gravité d'un pouvoir modérateur et suprême, exigent la remise de ces pactes. En 1188, le comte de Toulouse (1), Raymond VI, déclare à tous les hommes de Toulouse, présents ou futurs, qu'ils peuvent avoir confiance en lui comme en leur bon seigneur. — Jamais il ne sera complice des atteintes qu'un homme ou une femme de la cité et du bourg de Toulouse porteront à la vie ou à la propriété d'un autre homme ou d'une autre femme de Toulouse ; jamais il ne prendra d'engagement ou ne fera de pacte avec un homme ou une femme de Toulouse contre un autre homme ou une autre femme, pour motif de lutte ou de sédition ; et si ces engagements

---

(1) Catel, *Hist. des comtes de Toulouse*, p. 216.

ont été consignés dans des chartes, que ces chartes à l'avenir n'aient plus de valeur. La rupture de ces engagements réciproques intéresse hautement la tranquillité et la sécurité de la ville.

Ce règlement de 1188 fut quelques mois après suivi d'un second règlement (1), qui en répète les injonctions presque textuellement : ces pactes séditieux doivent être rompus : le comte ne peut plus rien exiger d'aucun homme ou d'aucune femme de Toulouse, et réciproquement le comte est à l'abri de toute réclamation. Les chartes d'engagement devront être, dans trois jours, remises aux consuls. L'évêque Fulcrand excommuniera tous ceux qui garderont dans leurs mains ces actes abrogés.

En pressant ces deux chartes, en les forçant de rendre tout le sens qu'elles contiennent, on trouve, dans les expressions de ce texte, l'indication d'une véritable aristocratie urbaine. Toulouse devait, à cette époque, renfermer dans ses murailles des hommes puissants et de grandes familles. Non-seulement le comte fait un pacte avec quelques habitants de la ville, mais ce pacte est signé, ce pacte est une charte. La solennité du pacte, la haute dignité de l'un des contractants, supposent une véritable importance sociale aux hommes avec lesquels Raymond VI n'hésitait pas à s'unir par des liens aussi étroits. Il ne s'agit pas ici d'une grande association, comme la commune du Vélay, par exemple, qui avait été l'alliée du comte de Nevers. Le texte de la charte

---

(1) Catel, *Histoire des comtes de Toulouse*, p. 217.

(*cum aliquibus hominibus hujus villæ*), désigne évidemment des chefs, des meneurs, des hommes marquants; ils traitent d'égal à égal avec Raymond VI. Il faut que l'arrêt consulaire protége la sécurité du comte contre les revendications de ses anciens alliés. Les juges ou arbitres de ces querelles sont, avec l'évêque et les consuls, deux hommes qui appartiennent à l'aristocratie : un Tolet (*Toletus*) de la famille des Toulouses, et un Aimery de Castelnau (1).

Du reste, nous n'en sommes pas réduits aux inductions et aux conjectures pour établir l'existence, dans Toulouse, de puissantes familles seigneuriales; on peut citer leur nom; il a eu un assez grand retentissement dans les annales de la cité municipale. Lafaille a écrit, dans des vues très-exclusives, un traité de la noblesse des capitouls; ce n'est pas une large étude des conditions et des caractères principaux de la vie municipale dans Toulouse ; ces investigations ont un but pratique et intéressé qui en restreint l'étendue et en diminue la portée. Le docte conseiller quitte volontiers le champ de l'histoire pour rentrer dans le domaine des préoccupations du moment ; il ne veut que justifier les familles de Toulouse, qui semblent devoir leur noblesse au capitoulat, de tout soupçon d'anoblissement ; néanmoins, ces consciencieuses recherches jettent un certain jour sur l'état intérieur de Toulouse pendant le treizième siècle. Lafaille nous donne des détails importants à recueillir sur ces familles, moitié féodales, moitié bourgeoises, passant tour à tour de

---

(1) Catel, *Histoire des comtes de Toulouse*, p. 216.

la cour du comte de Toulouse au Capitole et du Capitole à la cour du comte.

C'étaient d'abord les Roaix, qui étaient seigneurs de Belpech, et possédaient à Toulouse des rentes ou censives considérables. Leur maison, qui prêta leur nom à l'une des places de Toulouse, servit de refuge à Raymond VI, lorsque le château Narbonnais fut remis en gage aux mains de l'évêque Foulques (1). — L'hôte du comte de Toulouse fut sans doute cet Alaman de Roaix, qui possédait, dans le pays de Lantar, une manse à côté de celle du chevalier Pons Saquet. C'est dans cette manse qu'il accueillait et protégeait les hérétiques; aussi, en 1237, frère Guillaume Arnauld, assisté de l'évêque de Toulouse, de l'abbé de Moissac, dom Raymond, et de frère Jean, ministre des Frères mineurs dans la Gascogne, condamna, comme hérétique, Alaman de Roaix, inutilement cité devant le tribunal de l'inquisition; l'anathème fut prononcé contre tout homme qui l'aiderait ouvertement ou en secret (2). Mais Alaman de Roaix n'était pas un proscrit ordinaire : à l'anathème de l'Eglise il répondit par des violences, telles qu'un seigneur féodal ou un bandit en peut seul commettre. Toutes les routes des environs de Toulouse sont inquiétées par ce vassal de Raymond VI. Les clercs et religieux sont enlevés, dépouillés de leurs biens, forcés à se racheter, accablés d'injures et de coups; tous les catholiques zélés, qui se joignent aux clercs, sont mutilés. Les églises et les ecclé-

---

(1) Lafaille, *Traité de la noblesse des capitouls*, p. 48.
(2) Doat, tome 21, f° 144.

siastiques ne cessent d'éprouver les effets de ses terribles représailles (1). Ne faut-il pas, dans cet implacable faidit, reconnaître un baron féodal plutôt qu'un simple bourgeois ; néanmoins Alaman de Roaix est citoyen de Toulouse ; les capitouls lui tendent la main et le soutiennent jusqu'à se faire excommunier pour lui. Malgré la persécution qui s'est attachée à l'un de ses membres, cette famille des Roaix était encore appelée à de longues et brillantes destinées. Percin, dans le dix-septième siècle, décrivait leur tombeau placé dans l'église des Frères prêcheurs, et lisait sur la pierre qui recouvrait les cendres de ces preux, cette inscription latine tronquée, qui attestait la noblesse de cette antique famille :

Hic requies terrena viris, quos calcar avorum
Militiæque genus tollet ad astra (2).

Les haines et le ressentiment d'Alaman de Roaix étaient partagés par Raymond Roger de Toulouse (3), qui avait une même injure à venger ; Raymond Roger était un chevalier ; en 1239, il vint à Montségur (4), accompagné d'un écuyer (*scutifer*), qui pourrait bien n'être que le brave Aragonnais Domingo qui, dans le récit du poëme de la croisade, se distingue par son agilité et son intrépidité, en allant au secours

---

(1) Doat, tome 21, f° 147.
(2) Percin, *Monumenta historiæ conventus Tholosani.* Opusc. — *Cœmeterium*, p. 2£9.
Ici reposent des hommes que les éperons de leurs aïeux et la gloire de leur race de chevaliers porteront jusqu'aux astres.
(3) Doat, tome 22, f° 135.
(4) Id.

d'une des tours du pont isolée par l'inondation. Peu de temps après la condamnation d'Alaman de Roaix, l'inquisition frappait également un citoyen de Toulouse qui était chevalier : c'était Raymond Arnauld de Villeneuve (1). De cette famille était issu Pierre de Villeneuve, sénéchal du comte Raymond le Jeune. Deux Villeneuve sont nommés comme capitouls dans deux chartes, l'une de 1147, l'autre de 1181 (2).

Presque toutes les grandes familles de Toulouse fournirent des victimes à l'inquisition ; et les archives de ce sombre tribunal pourraient compléter l'arbre généalogique des patriciens de la grande cité municipale : avec Alaman de Roaix était condamné, comme hérétique, Sicard de Toulouse, coupable d'avoir assisté les faidits, ses compatriotes (3). Les Toulouses possédaient les terres de Mervila, de Quint, de Deyme, de Fourquevaux et autres lieux (4). Des titres de la trésorerie de Toulouse nous apprennent que le comte Raymond V donna, en 1158, à Guillaume de Toulouse, son filleul, certaines albergues ou autres droits considérables. En 1271, un membre de la famille des Toulouses était capitoul ; avant la réunion du comté de Toulouse à la couronne, le nom de ces seigneurs avait plus d'une fois figuré sur les listes de consuls.

Il serait long d'énumérer successivement toutes les grandes familles qui formaient une aristocratie moitié féodale, moitié bourgeoise au sein de Toulouse. Nous ne pouvons pas passer

---

(1) Doat, tome 21, f° 172 et 3.
(2) Lafaille, *Traité de la noblesse des capitouls*, p. 115.
(3) Doat, tome 21, f° 147.
(4) Lafaille, *Traité de la noblesse des capitouls*, p. 48.

sous silence celle des Maurands, qui s'est transmis, comme un honneur héréditaire, la participation aux dignités municipales et qui est restée également célèbre dans les fastes de l'hérésie ; elle était déjà puissante avant la fin du douzième siècle. Lorsque le cardinal Pierre, du titre de Chrysogone, entra dans Toulouse (1178), accompagné de l'abbé de Cîteaux, Henri, bientôt après évêque d'Albano, il eut à juger comme protecteur et fauteur de l'hérésie, Pierre Maurand, surnommé *Jean l'évangéliste* (1) ; ce bourgeois de Toulouse possédait deux châteaux, l'un dans l'intérieur, l'autre en dehors de la ville. Cité devant la commission ecclésiastique, que Raymond V appuyait de toute son autorité, il refusa de suivre les appariteurs envoyés contre lui. Les prières du comte, l'intercession de ses amis purent seules l'amener devant les légats.

A la famille des Maurands était assez étroitement unie celle des Gorgas ou des Jeans, dont le tombeau, au temps de Percin, se voyait dans le chœur de l'église des Frères prêcheurs (2). Hector Jean était chevalier en 1180, c'est-à-dire noble et vassal du comte de Toulouse (3). Ces Jeans étaient seigneurs d'une partie de la ville de Cépet, et la charte de la vente que, en 1247, Raymond Jean fit de ce domaine, nous montre dans ce petit-fils du chevalier Hector Jean, un véritable baron exerçant les droits féodaux dans toute leur éten-

---

(1) Roger de Hoveden, p. 327.
(2) Percin, *Monumenta historiæ*, etc., p. 261.
(3) Id., p. 262.

due (1) ; il a sous sa mouvance des fiefs et des alleux de chevaliers ; néanmoins l'exercice de leurs droits et de leurs devoirs de suzerains ne leur faisait pas oublier les intérêts de la grande cité à laquelle ils appartenaient. Raymond VI marchait sur Toulouse ; craignant d'être découvert, il s'était caché au fond d'un bois ; il vit venir à lui deux citoyens envoyés par Toulouse ; ces deux députés devaient lui présenter l'expression des sentiments dont les Toulousains étaient animés à son égard ; l'un de ces deux hommes était Hugues Jean (2).

Ainsi, ce n'est pas le patriotisme municipal du poëte qui s'est plu à rassembler dans Toulouse toute une population de barons et de chevaliers ; — les chartes et les archives justifient ses assertions : il serait facile de citer encore d'autres noms ; mais cette énumération, en se prolongeant, n'apporterait aucune donnée, aucun fait nouveau à l'étude que nous poursuivons, d'après les indications du poëme.

Quelles étaient les origines de cette noblesse que l'on trouve établie dans la ville des Raymonds, et dont l'histoire est mêlée à l'histoire municipale de Toulouse ? — Elles étaient diverses, sans doute, et l'antiquité de ces familles aristocratiques présentait des degrés divers. C'était d'abord un groupe de chevaliers qui, d'après M. Du Mège, se rattachaient aux anciens *cohortalès* des municipes gallo-romains. Cette descendance est possible, mais n'est pas prouvée :

---

(1) *Cartulaire de Raymond VII*, p. 161.
(2) Fauriel, p. 402.

toutefois, des chartes, qui datent déjà d'une époque assez ancienne, nous les montrent habitant une partie déterminée de Toulouse et formant peut-être une communauté, comme les chevaliers des Arènes de Nîmes. L'une de ces chartes figure dans le cartulaire de Saint-Sernin (1). Des dispositions de cette charte, appuyées par des arguments dont la force, il est vrai, n'est pas irrésistible, Catel conclut que le bourg était la demeure des nobles et hommes d'armes de Toulouse. Le cimetière de Saint-Sernin était, au temps du docte conseiller, appelé encore le cimetière des nobles.

S'il est peut-être difficile de suivre la filiation de l'ancienne noblesse gallo-romaine, et de faire voir dans les curiales du quatrième et du cinquième siècle les ancêtres des chevaliers du douzième et du treizième siècle, il n'est pas moins certain que la liberté des terres, protégée par la loi et la tradition romaines, maintint, à l'ombre des antiques municipes, toute une classe de propriétaires affranchis des servitudes féodales : libres sur un domaine exempt de redevances, ils se trouvèrent les égaux des barons du voisinage, lorsque les jours les plus sombres et les plus mauvais du moyen âge furent passés. Les alleux servirent de base au pouvoir, à l'indépendance de toute une aristocratie urbaine, qui était bien plutôt gallo-romaine et municipale que germanique et féodale. En effet, les alleux se conservèrent surtout aux environs des grandes cités. On les voit

---

(1) Catel, *Mémoires de Languedoc*, p. 135-136.

rayonner tout autour de Toulouse. Le cartulaire de Raymond VII en mentionne un grand nombre. Nous en trouvons dans le territoire de cette ville de Cépet, vendue par Hugues Jean à Raymond VII (1), dans les dépendances de la forteresse de Lugan, que le même comte achète aux tuteurs de Guillaume Unauld, dans le château et le pays de Caraman, dans le château et le pays de Sainte-Gavelle, dans le pays et la ville de Launac. Mais lorsqu'on quitte le rayon même de Toulouse, les alleux diminuent progressivement ; dans le diocèse d'Auch, il n'est pas question d'alleux ; dans le Rouergue, le cartulaire n'indique aucun alleu. — Ils se massent, ils se groupent sous les murs de l'ancien municipe : ces terres, sur lesquelles la servitude n'a pas passé ; ne devaient-elles pas donner à ceux qui les possédaient, un rang au moins égal à celui des détenteurs des terres féodales ?

Ces terres mêmes ne devaient pas toujours rester aux mains des barons. Les traditions et l'esprit persistant de la loi romaine maintenaient dans les transactions du midi une liberté qui s'étendait aux fiefs eux-mêmes. Cette liberté favorisait l'essor que prenaient ces puissantes familles bourgeoises, et leur ouvrait toutes grandes les portes du monde féodal. Plusieurs des noms, qui figureront plus tard dans la noblesse de Toulouse, tiennent encore à la bourgeoisie, au commencement et vers le milieu du treizième siècle ; les familles qui les portent sont, à cette époque même, en voie

(1) *Cartulaire de Raymond VII*, p. 161 et seq.

de progrès et de transformation ; elles s'élèvent vers la féo-. dalité, elles exercent des droits de suzeraineté, elles ont sous leur dépendance des censives, des fiefs, des châteaux, et néanmoins elles ne se détachent pas de l'antique cité municipale ; elles lui fournissent toujours des bourgeois, des magistrats ; on ne peut pas adresser à leurs membres le reproche que le chroniqueur anonyme de Milan faisait aux *capitanei* des villes lombardes (1) ; ils n'ont pas abandonné leur ville pour les fiefs qu'ils peuvent avoir reçus des seigneurs du voisinage ; ils n'ont pas décliné les devoirs et les droits de citoyens ; leur nom est encore celui des notables bourgeois. Tels étaient les Maurands. On les appelait encore, en 1247, des *hommes de bien*, bons hommes ou prud'hommes (*probi homines*) (2) : et en même temps ils ont déjà leur place et leur rang à côté des barons féodaux ; ils auraient pu, s'ils avaient voulu, exercer sur la ville de Cépet, ces droits de suzeraineté que, de leur plein gré, ils ont cédés à Raymond Jean. Bertrand Maurand et Raymond Maurand prennent le titre de seigneur (*dominus*). En 1235, le comte de Toulouse achetait à Aimery de Rochefort tous les droits que ce seigneur possédait dans la ville de Saint-Romain (3). C'était une transaction toute féodale. Raymond Maurand y assistait comme témoin avec Pierre de Toulouse, Aimery de Barravi et Etienne de Pérelle.

(1) Muratori, *Antiquités italiennes*, tome 4, p. 161.
(2) *Cartulaire de Raymond VII*, p. 168. — Charte de la cession que les Maurands font à Raymond Jean de la part qui leur revenait dans la ville de Cépet.
(3) *Cartulaire de Raymond VII*, p. 327.

Bourgeois et seigneurs, bons hommes et barons, les Maurands nous représentent toute une classe d'hommes qui dépassent le niveau de la bourgeoisie et servent de transition entre elle et la féodalité; ils resserrent les liens entre ces deux ordres sociaux, les rapprochent; ils font mutuellement passer de l'un à l'autre, les idées qui dirigent l'un d'eux, les sentiments qui animent l'autre. Actifs, ardents, énergiques, comme tous ceux qui grandissent, ils font face à leur double position; ils remplissent les doubles devoirs qu'elle leur impose, exercent les doubles droits dont elle les investit. Ils communiquent à leur cité ce mouvement et cette vie, qu'une ambition heureuse, et sans cesse ranimée par le succès, répand autour d'elle; ils soulèvent et entraînent après eux tout le vieux municipe gallo-romain; ils l'exhaussent, ils le grandissent.

Toulouse réunissait, au moyen âge, les meilleures conditions pour se faire une place dans les cadres de la féodalité; c'est une commune aristocratique : « Toulouse et parage iront » désormais toujours de pair, dit le légiste Bernard » (1). — Toulouse n'était pas, comme Montpellier, un grand entrepôt de commerce, elle n'était pas le rendez-vous de tous les peuples de l'Europe, de l'Asie, de l'Afrique. Le commerce n'était pas la seule voie ouverte pour parvenir aux charges et aux dignités municipales (2); — ce n'était pas non plus une de ces laborieuses cités, toujours agitées par l'activité

---

(1) Fauriel, p. 564; Mss.; f° 104, p. 208.
(2) Germain, *Hist. du commerce de Montpellier*, t. 1ᵉʳ, p. 26-27.

fiévreuse de l'industrie, comme ces noires fourmilières des Flandres. — La population toulousaine était surtout agricole; elle devait sa richesse aux fertiles campagnes dont cette ville est environnée. Quelques dispositions de la charte, rédigée en commun en 1188 par le comte, les capitouls et le commun conseil de la ville de Toulouse, ont été déjà rappelées (1); cette charte renferme des allusions assez évidentes aux querelles qui divisaient la commune, des allusions plus claires encore au caractère particulièrement agricole de ses habitants. Tous les dommages dont les citoyens de Toulouse, dans leurs luttes intestines, sont tour à tour les auteurs et les victimes, frappent la campagne; ce sont les vignes ravagées, les moissons incendiées, les arbres coupés, les animaux égorgés.

Placée au centre d'un large et riche bassin, Toulouse absorbait les produits de la vallée de la Garonne; toutes les denrées qui descendaient avec les affluents de ce grand fleuve des pentes des Pyrénées et le long des vallées, que les Cévennes dirigent vers son cours, affluaient vers la cité aux murailles de briques (*coctilibus muris*), comme l'appelle Ausone (2). Toulouse était alors comme une sorte de grand lac sans écoulement. La propriété foncière était la principale richesse de ses barons. La nature de cette richesse, le genre de vie qu'elle suppose ou facilite, ont de bonne heure sans doute donné aux bourgeois de Toulouse ce caractère qui de-

---

(1) Catel, *Hist. des comtes de Toulouse*, p. 206.
(2) Ausone, *de Claris urbibus*.

vait faire des principaux d'entre eux les égaux des châtelains du moyen âge et leur mériter la dénomination toute féodale que l'histoire et la poésie leur ont conservée.

Le poëme de la croisade complète les indications trop sommaires de ces chartes pourtant si précieuses ; il justifie les conclusions que nous en avons tirées. Quels sont les biens qui ont pu être ravis par Montfort aux hommes de Toulouse ? Ce sont leurs terres et leurs honneurs ou fiefs. — Lorsque le comte Alain veut ménager une réconciliation entre le comte de Montfort et ses vassaux ou bourgeois, encore tout consternés de leur propre audace : « Il s'écrie : Seigneur comte, » vous leur rendrez avec bonté leurs terres et leurs hon- » neurs. » Sur ces terres, sur ces honneurs, ils ne travaillent pas, ils ne conduisent pas eux-mêmes la charrue ; ils ont des serfs assujettis à une rude servitude, qui rappelle l'esclavage romain ; ils se contentent de recueillir les rentes de leurs domaines.

Un des textes les plus curieux du poëme de la croisade, c'est le discours où Foucauld de Brézy propose d'élever en face de Toulouse une nouvelle cité et d'engager entre les deux villes un duel à mort : « Faisons une nouvelle ville » avec de nouveaux bâtiments, nouvellement munie de » nouvelles fortifications, avec de nouvelles clôtures, de » nouveaux retranchements, où nous trouverons de nou- » velles demeures : il y viendra un nouveau peuple et de » nouvelles gens, et ce sera une nouvelle Toulouse avec de » nouveaux serments; et jamais si grand marché ne fut » conclu ; car au milieu des lambeaux de chair, au milieu

» des glaives et des armures ensanglantées, lutteront, sans
» relâche, notre ville et la leur; et je crois bien que l'une
» portera dans l'autre la flamme ardente » (1).

Décrivant ce que sera la Toulouse française, Foucauld de Brézy décrit la Toulouse romaine et municipale : montrant les tributs à venir qui enrichiront cette ville encore imaginaire, il énumère les tributs réels, payés aux besoins et à l'opulence des vassaux et des bourgeois des Raymonds. Nous y voyons arriver les vêtements et les draps que Toulouse ne tisse pas; les différents tissus venaient de l'autre versant de la chaîne de partage : d'Alzonne, où l'on fabriquait la toile; de la ville de la Grasse, dont les tisserands, à l'ombre et sous la minutieuse tutelle du monastère, se livraient à la confection des draps (2); peut-être même de Montpellier, où cette industrie, avec celle de la teinture écarlate, avait alors pris les plus grands développements (3). Avec ces produits manufacturés, avec les denrées de l'Orient, le poivre, le girofle, et les piments, nous voyons surtout affluer vers Toulouse,

---

(1) Fauriel, p. 448; Mss., f° 82, p. 164.

    Fassam novela vila ab novels bastimens,
    Novelament garnida de novels firmamens,
    Ab novelas clausuras e novels talhamens,
    Si quels novels estatges estem novelamens,
    E vindra novels pobles e la novela gens
    Ez er Tholoza nova ab novels sagramens.
    E anc mais no fo faitz tan rics mercadamens,
    Car entre carn e glazi e sanc e garnimens,
    La lor vila e la vostra sira tant contendens,
    Eu cre que luna a lautre portaral foc ardens.

(2) Mahul, *Cartulaire et archives*, tome 1er, p. 80; tome 2, p. 467.
(3) Germain, *Hist. du commerce de Montpellier*, p. 18.

tous les produits des campagnes voisines ; les Français veulent intercepter au passage les cens, rentes ou redevances apportées aux bourgeois et citoyens de Toulouse. « De notre » côté, dit Foucauld de Brézy, sera une croissante prospé- » rité. Vers nous viendront de la campagne les hommes et » les femmes, le pain, la viande, le vin et le froment, les » *deniers* et les rentes » (1).

C'est dans Toulouse que le bourgeois attend les revenus de ses terres, que les serfs lui envoient, dont ses colons ou *métayers* lui font part ; sa vie diffère peu de celle d'un seigneur féodal. Possesseur de censives nombreuses, peut-être même d'alleux, il pourra, lorsqu'il le voudra, acheter des fiefs nobles.

L'argent met à sa disposition une meilleure puissance qui attire dans ses mains les terres des chevaliers. La féodalité du midi, besoigneuse, malgré sa vaniteuse opulence, cachait mal, sous une splendeur affectée, un réel appauvrissement.

Des chartes fréquentes, vers la seconde moitié du douzième siècle et dans les premières années du treizième, nous montrent de nombreuses terres, données comme gages de sommes prêtées. La bourgeoisie s'éleva et grandit sur les débris de ces vieilles fortunes ; le poëme de la croisade ne nous laisse pas ignorer cette grave révolution sociale survenue dans la

---

(1) Fauriel, p. 448 ; Mss., f° 82, p. 164.
  Mas de la nostra part er lo milhoramens
  Quens vindra de las terras los omes els *foments*.
  E lo pas e la carns, e lo vis el fromens,
  Els deniers e las rendas.....

France du midi : jetant un rapide regard sur cette société que la guerre va frapper, le troubadour nous montre les bourgeois destinés à perdre, dans ce terrible naufrage, les grands biens fonds dont ils étaient enrichis.

> ..... Enpaubrezit
> De lors grans manentias don eran eriquit (1).

Les Juifs ont frayé la voie et donné l'exemple. — Ils ont acquis dans le midi une influence croissante. Ils peuvent bien l'avoir due en partie à leur science, qui faisait de leurs docteurs les intermédiaires naturels de l'Espagne arabe et de la France du sud (2), à la réputation de leurs écoles, à la pureté de leurs mœurs, au caractère austère et grave de leur vie ; mais leur pouvoir était surtout dans l'argent. C'était là le motif qui les faisait rechercher et protéger des seigneurs. Lorsque Roger, vicomte de Béziers, sort sur son cheval de guerre, pour se réfugier à Carcassonne, les Juifs ne le quittent pas plus qu'il ne les abandonne lui-même (3) ; à Narbonne, le rabbin Benjamin de Tudèle, qui voyageait à travers la France du sud, comme à travers une Palestine nouvelle, trouvait plusieurs de ses compatriotes investis de fiefs (4). L'usure les avait élevés jusqu'au premier rang de la société féodale du midi. — Malgré les efforts, les plaintes, les condamnations, les anathèmes de l'Eglise, la leçon ne fut pas perdue. — A Toulouse et dans toute la vallée de la

---

(1) Fauriel, p. 1 ; Mss., f° 1, p. 1.
(2) *Benjamini Tutelensis itinerarium.*
(3) Fauriel, p. 28 ; Mss., f° 5, p. 10.
(4) *Benjamini Tutelensis*, etc., p. 15.

Garonne, l'usure était profondément passée dans les mœurs ; toutes les prédications de Folquet et de l'abbé de Cîteaux contre ces transactions que l'Eglise condamnait comme un abus et flétrissait comme une iniquité, ne firent qu'exciter les railleries des habitants (1). Supprimer le prêt à intérêt, c'était arrêter la bourgeoisie dans sa marche ascensionnelle et progressive. Les citoyens les plus marquants de Toulouse n'hésitaient pas à porter l'usure à un taux, que les circonstances pouvaient expliquer, mais qui devait être un objet de scandale pour les ecclésiastiques. En 1274, Guillaume de Rosergue comparaissait, comme témoin accusateur, devant l'inquisition de Toulouse. Chargé d'affaires de l'église paroissiale de Mas Saintes-Puelles, il avait, pour le compte de la fabrique de cette église, emprunté deux cent sous toulousains : Pons Barravi les lui avait prêtés ; quatre mois après, Guillaume de Rosergue les lui rendait : les deux cent sous en avaient rapporté quarante d'intérêt (2).

Ainsi, sous l'empire de ces causes diverses, se formait, dans les grands centres du midi, à Toulouse en particulier,

---

(1) Fauriel, p. 74 ; Mss., f° 14, p. 27.
    Anc re que preziquesson no mezon dins laurelha,
    Ans dizon per esquern : ara Roda la belha.

Il nous est difficile de tirer un sens net de la traduction, que M. Fauriel nous donne du dernier hémistiche du second de ces vers (encore Aude la belle!). Nous comprendrions mieux celle que propose Lacurne de Sainte-Palaye (Bibl. de l'Arsenal, copie du poëme de la croisade, Mss. grand in-folio. Belles-lettres, n° 183, f° 14) : Ah! maintenant la belle roue ! — N'y a-t-il pas, entre le mouvement uniforme et monotone d'une roue et ces sermons, qui reviennent sans cesse sur le même sujet et tournent continuellement dans le même cercle d'idées, une de ces analogies, que l'imagination populaire se plaît à saisir et à noter ?

(2) Doat, tome 25, f° 37.

cette classe d'hommes qui, sous le nom de bourgeois, se distinguent fortement des marchands et des gens de métier. Il est un moment où le poëme de la croisade fait défiler devant nous toute la population de Toulouse, rangée hiérarchiquement : entraînés par un même enthousiasme, les comtes, les chevaliers, les bourgeois, les riches marchands, les hommes et les femmes courent aux remparts à moitié détruits (1). La charte du consulat d'Avignon appelle à la dignité consulaire quatre bourgeois, deux marchands (2). — Cette distinction n'est pas moins nettement accusée dans la pièce pédante et scolastique, où Giraud Riquier fait le dénombrement des cinq classes ou plutôt des cinq castes entre lesquelles il distribue toute la société du midi. « Vous savez,
» dit ce troubadour, que les hommes sont répartis en diver-
» ses classes ou conditions; ils sont tous hommes, voilà leur
» genre : mais il y a parmi eux des clercs, des chevaliers,
» des bourgeois, des marchands, des gens de métier, des
» paysans : voilà leurs espèces : quant aux bourgeois, les
» uns s'adonnent aux armes, les autres à la chasse. Ils doi-
» vent se faire considérer par de beaux faits, se livrer à la
» galanterie, vivre de leurs rentes sans exercer ni métier,
» ni commerce ». (3).

(1) Fauriel, p. 410 ; Mss., f° 75, p. 150.
   Lai obran li comte et tuit li cavaler,
   E borzes e borzezas e valent marcadier
   Ellh home et las femmas els cortes monedier
   E li tos e las tozas el sirvent el troter.
(2) Giraud, *Essai sur l'hist. du droit romain*, tome 2, p. 3.
(3) Mary-Lafon, p. 264 et seq.

La condition sociale de ces bourgeois des grands municipes du midi était un acheminement vers la vie féodale et chevaleresque ; bien des représentants des communes ne devaient pas s'arrêter à ce degré transitoire et intermédiaire : le même flot montant, qui élevait au rang de bourgeois les marchands et les artisans enrichis, exhaussait les bourgeois jusqu'au niveau des chevaliers et des barons féodaux. Nulle part peut-être plus qu'à Toulouse, l'intervalle qui séparait la chevalerie de la bourgeoisie ne fut aussi souvent et aussi facilement franchi. Il n'y avait pas dans le midi, à la porte de ce monde féodal, ces préjugés qui, dans d'autres contrées de l'Europe, en défendaient l'accès à tout homme étranger ou nouveau. Le souffle de cet esprit libéral, qui animait les républiques italiennes, était passé dans les grandes cités de la France du sud : « Les républiques lombardes, » dit Othon de Freysingen, donnent le ceinturon de che- » valier et confient des grades à des jeunes gens de condi- » tion inférieure, même à ceux qui appartiennent aux arts » mécaniques et méprisables et que, à ce titre, on repousse, » comme un fléau, des fonctions nobles et honorables. Aussi » l'emportent-elles en puissance et en richesse sur toutes » les autres cités du monde » (1).

Tous ces nobles ou chevaliers, que nous voyons figurer à Toulouse, dans les dramatiques événements retracés par le poëme de la croisade, n'étaient pas sortis du sein de l'antique cité gallo-romaine : plusieurs étaient venus s'établir dans son

(1) Othon de Freysingen, *Scriptores rerum italicarum*, tome 6, p. 770.

enceinte, cédant à l'attraction qu'exerçaient autour d'eux ces grands foyers de vie féodale et municipale. Tels étaient les Castelnaus, branche puînée des anciens seigneurs de Caraman (1); ils possédaient plusieurs terres dans les environs de Toulouse. L'hérétique Bernarda de Lamotte, dans le cours de ses longues pérégrinations apostoliques, fut accueillie à Toulouse dans la maison de Guilabert de Bosquet. C'était un chevalier de Lantar qui s'était fixé dans la capitale des Raymonds.

Plusieurs de ces nobles chevaliers pouvaient bien être dans Toulouse au même titre que ces barons féodaux, que les communes italiennes forçaient à habiter dans leurs murs. Véritables suzeraines, elles imposaient à ces seigneurs, devenus leurs vassaux, l'obligation féodale de garder leurs murailles (2). Toulouse suivit l'exemple que lui donnaient les républiques lombardes : et parmi les chevaliers, auxquels Montfort intime l'ordre de quitter cette ville, hier révoltée et victorieuse, aujourd'hui soumise et domptée, on peut reconnaître ces barons étrangers venus au secours de la cité municipale, et rendant à leur suzeraine le devoir féodal du service militaire. Ne serait-ce pas ces chevaliers que le poëte désigne sous le nom d'*hommes auxiliaires* (*om valedors*) (3); il leur donne aux uns la noblesse de la naissance, aux autres celle du courage. Pourquoi le fait, dont nous n'avons

---

(1) Lafaille, *Traité de la noblesse des capitouls*, p. 50.
(2) Muratori, *Antiquités italiennes*, tome 4, p. 163.
(3) Fauriel, p. 384; Mss., f° 70, p. 140.

maintenant, il est vrai, qu'un exemple unique, conservé par Lafaille dans les *annales de Toulouse*, ne se serait-il pas reproduit plusieurs fois dans les fastes de cette ville? En 1204, les capitouls dictaient la paix à Bernard d'Orbessan (1). Ce chevalier avait à se faire pardonner les nombreux méfaits dont son père et lui-même s'étaient rendus coupables. Il promettait de s'abstenir désormais de toute violence à l'égard de tous les hommes et de toutes les femmes de Toulouse ; mais cette promesse ne suffit pas aux capitouls. Il faut que l'adversaire de Toulouse en devienne le soldat. Toutes les fois que les consuls voudront faire la guerre pour leur compte, ils le manderont à Bernard d'Orbessan : avec quatre chevaliers il se joindra à leur armée. Il en a pris par serment le solennel engagement. Voilà la chevalerie marchant sous la bannière consulaire.

Si l'on se représente l'image de Toulouse, telle que le poëte nous la dépeint, on reconnaît sans peine une grande cité féodale, composée de châteaux juxtaposés. Au commencement du treizième siècle, le voyageur, arrivant à Toulouse, devait éprouver une impression semblable à celle qu'avait ressentie Benjamin de Tudela entrant dans Pise (2) ; c'était aussi une grande ville et, comme à Pise, peut-être plus de dix mille tours hérissaient le front des maisons. Cette Toulouse féodale n'apparaît qu'un moment dans les vers du poëte, et ce moment est celui où, au milieu des larmes, des plaintes,

---

(1) Lafaille, *Annales de Toulouse*, tome 1er, preuves, p. 56.
(2) *Benjamini Tutelensis itinerarium*, p. 18.

du deuil de tous ses habitants, elle tombe sous le marteau des démolisseurs de Montfort. « Là donc vous verriez abattre » les planchers et les tours, les murs, les salles, les grands » créneaux. On renverse les toits et les boutiques, les ga- » leries, les chambres couvertes de peintures, les portails, » les voûtes, et les piliers élancés » (1). La disposition de ces demeures n'offre-t-elle pas une image symbolique de ce mélange de bourgeoisie et de féodalité, de peuple et de noblesse, qui constitue l'état social des grandes cités de l'Italie, du nord et de la France du sud. La guerre et le travail ne sont-ils pas là, l'un à côté de l'autre, sous le même toit, dans le même asile? Etrange rapprochement de deux sociétés, de deux civilisations un moment unies par le patriotisme municipal !

Cette description trop sommaire de Toulouse, nous rappelle l'image, que le roman de Jauffre nous trace du château de Taulat de Rugimond : dans la cité des Raymonds, comme dans les demeures désertes, qui se pressent autour du farouche ennemi de Jauffre, ce sont les mêmes ornements; ce sont ces mêmes fresques, dont l'usage semble avoir été général dans le midi et se retrouve peut-être encore aujourd'hui dans les grossières peintures qui couvrent les murs des vieux quartiers des villes italiennes. C'était un commen-

---

(1) Fauriel, p. 384; Mss., f° 70, p. 140.
    La doncs viratz abatre los solers e las tors
    E los murs e las salas et los dentelhs majors,
    E dentrencan li ome els tetz els obradors,
    Els ambans e las cambras complidas de colors
    Els portals et las voutas et los pilars ausors.

cement d'art dans nos villes méridionales ; ce goût, ou plutôt cet instinct d'un luxe, que le poëte semble si fort admirer, n'atteste pas seulement l'accroissement des fortunes, mais cette aisance et cette liberté d'esprit qui n'est guère compatible avec la rude austérité d'une existence vouée au travail, au commerce, à l'industrie. La ville aristocratique et féodale se trahissait dans l'élégance maladroite, peut-être même sans goût, qu'elle cherchait à donner à ses maisons.

Ainsi donc, au moment où la capitale des Raymonds va être le théâtre des saisissantes péripéties du second acte de la guerre albigeoise, nous trouvons, au sein de cette ville, une noblesse prête à se grouper autour du comte rentré dans son château Narbonnais. Les origines de cette noblesse sont diverses; les racines de l'arbre généalogique de ces différentes familles sont plus ou moins enfoncées dans le sol. Cette noblesse prend-elle part, comme les chevaliers avignonnais, au gouvernement municipal? Quelle part y prend-elle? Jusqu'à quel degré s'associe-t-elle à la bourgeoisie? Ces deux classes supérieures concentrent-elles tout le pouvoir dans leurs mains? Quel est le rôle du peuple, de la plèbe, de la multitude? Ce sont autant de questions délicates que l'absence d'une charte, réglant d'une manière générale la distribution des pouvoirs dans Toulouse, rend difficiles à résoudre. Quelques textes épars dans dom Vaissète, des indications précieuses, données par la savante érudition de Catel, telles sont ou du moins telles étaient, avant l'édition du poëme de la croisade, les seules sources où l'on pût aller puiser des renseignements. Le poëme a répandu de véritables lumières sur toutes les institutions municipales de Toulouse ; il nous a permis de les saisir dans leur vivante énergie.

Le pivot de tout le système municipal de Toulouse, c'était le consulat ou capitoulat. Devenu comte de cette ville, par la grâce de Dieu, Montfort l'opprime d'autant plus qu'il la redoute davantage, et il la redoute d'autant plus qu'il l'opprime plus durement. Il ne se contente pas d'en chasser toute la population noble ; il supprime du même coup toute vie municipale ; le consulat est aboli, et le premier soin de Raymond rentrant dans Toulouse, c'est de le rétablir : les consuls sont nommés, c'est le comte et les chevaliers de sa suite qui les ont désignés. « Le comte et les autres chefs
» délibèrent ; ils ont choisi des capitouls ; il en est grand
» besoin pour gouverner la ville, et améliorer la situa-
» tion » (1).

Le caractère exceptionnel d'une élection, faite dans un pareil moment, ne permet pas de conclure que l'exercice de ce droit fût toujours aux mains du comte ; en ce moment tout est troublé, désorganisé ; la cité se remet à peine ; elle attend tout de Raymond VI ; lui seul est son salut, son étoile ; est-il étonnant qu'il ait pris la plus grande initiative dans le rétablissement du gouvernement municipal et fait lui-même le choix des consuls ? Il les nomme, non comme les représentants d'une autorité rivale de la sienne, mais comme des

---

(1) Fauriel, p. 410; Mss., f° 75, p. 150.
       E lo coms saconselha et lautre capdaler
       E an triat Capitol, car i a gran mester,
       E, per sos dreitz defendre an elegit viguer.

magistrats qui doivent le seconder dans son œuvre réparatrice. — Cependant la nature du pouvoir qu'ils vont exercer, aura sur leur conduite plus d'influence que la manière dont il leur a été confié. Chefs de la commune, ils la gouverneront, ils la protégeront, ils en revendiqueront les droits et priviléges, même en face du comte qui les a investis de leur dignité consulaire. La commune s'emparera aussitôt de ce gouvernement municipal que lui a rendu Raymond VI; elle attirera vers elle ces magistrats, que le comte vient de nommer. C'est dans les conseils réunis à plusieurs reprises, pendant le siége de Toulouse, qu'il faut entendre ces capitouls; ils ne tiennent pas leur autorité de l'élection populaire, mais qu'importe? Comme ils sont dévoués à la ville! avec quel orgueil ils parlent du consulat! avec quelle libérale fierté ils reçoivent les éloges que les barons et les chevaliers du dehors prodiguent au courage et à l'initiative des hommes de Toulouse! Dans une de ces grandes assemblées délibérantes, le légiste et capitoul Bernard, docteur sage et éloquent, s'écrie : « *Seigneurs, grâces et merci du bien et de l'honneur que vous dites de la ville* » (1). Le comte, du reste, en les appelant au gouvernement de la cité, sait bien qu'il ne se donne pas des agents; mais sa conduite est à la fois libérale et intelligente; la ville était ou semblait si faible, elle paraissait avoir si grand besoin d'une tutelle; le comte pouvait être tenté de retenir dans sa main ce pouvoir qu'il vient d'arracher aux oppresseurs français; il s'en dessaisit : il pressent,

---

(1) Fauriel, p. 466; Mss., f° 86, p. 171.

il sait que la liberté, en laissant la cité aux fécondes inspirations d'un ardent patriotisme, lui donnera promptement une force qu'on aurait vainement demandée à la dictature la plus absolue, exercée avec le plus d'énergie et d'habileté possibles. « Le comte se contente, pour assurer le maintien » de ses droits de seigneur, de nommer un viguier, bon, » sage, vaillant, adroit et agréable » (1).

En élisant des consuls, le comte de Toulouse n'a fait que donner le branle à une machine dont les pièces démantelées se sont aussitôt rejointes, dont les ressorts ont repris à l'instant leur élasticité et leur vigueur. La facilité même avec laquelle cette impulsion, partie d'en haut, s'est transmise de proche en proche, montre combien les traditions, les usages et les pratiques de la liberté étaient familiers aux barons de Toulouse. Ainsi, le poëme lui-même commente le poëme, et nous empêche de prêter à un fait isolé une portée qu'il ne peut pas avoir. La nomination des capitouls par le comte et ses conseillers n'a été qu'un accident dans l'histoire municipale de Toulouse. Si des doutes à ce sujet étaient possibles, s'il fallait, pour les résoudre, sortir du cercle même

---

(1) Fauriel, p. 410; Mss., f° 75, p. 150.
    E per sos dreitz defendre an elegit viguer,
    Bo e valent e savi, adreit e plazentier.

La chronique provençale ne pouvait donner aucune idée nette et juste de ce rétablissement du gouvernement municipal dans Toulouse; elle paraphrase le texte du poëme avec la plus grande gaucherie, et commet de lourds contre-sens, qui sont en même temps de graves erreurs historiques. Ce fut alors, dit le chroniqueur, que l'on créa le premier viguier qui fut jamais dans Toulouse. Il est fait mention d'un viguier de Toulouse dans une charte de 1127.

des indications du poëme, nous n'aurions qu'à parcourir une charte de 1222 relative à l'élection des consuls. « Nul ne » doit appeler au consulat de Toulouse son père, son fils, ou » une personne restant dans sa maison » (1).

Nous forcerions le cadre de ces études, si nous voulions suivre les vicissitudes auxquelles a été exposé, pendant le treizième siècle, le droit des Toulousains d'élire leurs consuls. Le fait, dont le poëme de la croisade nous rend témoins, a peut-être eu des précédents, ou du moins il en a créés. En 1247, le comte Raymond, en abandonnant aux habitants du bourg et de la cité de Toulouse la pleine possession du consulat et la libre élection des consuls, semble se désister d'un droit, dont il aurait pu revendiquer l'exercice. Ce sont sans doute quelques interventions isolées du comte dans l'élection des consuls, qu'Alphonse de Poitiers transforme en une loi générale et absolue ; — c'est sur ces faits qu'il se fonde, pour réclamer le prétendu droit où son prédécesseur Raymond VII avait toujours été de nommer les capitouls de Toulouse (2).

Quelle que fût la source d'où émanait le pouvoir consulaire, il était réparti entre vingt-quatre capitouls, douze pour la cité, et douze pour le bourg (3). — Le poëme de la croisade indique et rappelle plusieurs fois ce partage de Toulouse en deux villes distinctes ayant leur administration spéciale. Le légiste Bernard exhorte les seigneurs et chevaliers à courir sus à la gate de Simon de Montfort, à l'incendier.

(1) Dom Vaissète, édition in-folio., tome 3, preuves, p. 73.
(2) Dom Vaissète, édition Du Mège, tome 6, p. 100.
(3) Catel, *Mémoires de Languedoc*, p. 142.

« Si vous ne le faites pas, dit-il, le bourg et la cité ont pris
» la ferme résolution d'y courir ensemble » (1). Cette division de Toulouse était-elle simplement topographique, ou avait-elle aussi une signification politique et sociale? Etaient-ce seulement deux villes en présence l'une de l'autre? ou bien étaient-ce aussi deux populations distinctes, deux classes d'hommes diverses qui les habitaient? Le bourg était-il à la ville de Toulouse ce que le château des Arènes était à la ville de Nîmes? Cette distinction était peut-être réelle vers la fin du onzième siècle et dans les premières années du douzième; peut-être avait-elle laissé des traces faciles à saisir dans la suite de l'histoire municipale de Toulouse; peut-être les souvenirs, qui en étaient restés dans les esprits, ravivaient-ils l'antipathie et l'hostilité que l'on voit à plusieurs reprises armer le bourg contre la cité et la cité contre le bourg? Il est permis de le croire, mais néanmoins le mélange des deux populations s'était en grande partie opéré au moment de la guerre albigeoise. L'une de ces deux moitiés de la ville ne devait pas avoir, plus que l'autre, le privilége de renfermer dans ses murs toute la population aristocratique.

La ville, comme le bourg, était divisée en six parties ou régions : pour chacune de ces régions, on devait élire deux consuls : ce qui faisait douze consuls pour la cité et autant pour le bourg. Des questions, dont la solution intéresserait

(1) Fauriel, p. 562; Mss., f° 104, p. 208.
E si vos non o faitz, lo borcs e la ciutatz
Son aissi tuit essems danar acoratjatz.

plus la curiosité qu'elle ne projetterait un véritable jour sur l'histoire philosophique du midi, se présentent au sujet de l'administration municipale de Toulouse. Le régime consulaire de la cité était-il l'exacte reproduction de celui du bourg, et celui du bourg était-il l'image fidèle de celui de la cité? Ces deux consulats s'étaient-ils établis simultanément, ou bien l'un avait-il devancé l'autre? Lequel des deux avait servi à l'autre de type et de modèle? L'érudition pourra peut-être résoudre ces problèmes que nous ne saurions trancher dans ce moment; la discussion même de ces points douteux nous entraînerait trop loin de notre sujet.

Ce caractère aristocratique, que le poëme de la croisade prête au gouvernement municipal de Toulouse, se retrouve dans les listes de consuls conservées à partir de l'année 1147. La moitié des capitouls devra, chaque année, être choisie parmi les patriciens. Raymond VII le déclare positivement dans la charte de 1247, qui règle d'une manière définitive l'organisation du consulat de Toulouse (*quorum medietas sit majorum et alia medietas mediorum*). Cette ordonnance ne fait qu'ériger en loi un fait consacré depuis longtemps, sans doute, par les habitudes et les mœurs politiques de Toulouse. En 1181, en 1188, la famille des Castelnaus donne, au capitoulat, deux de ses représentants (1). Les Roaix et les Toulouses figurent également parmi les magistrats municipaux. Les Palais, seigneurs de Carabel, Audars et autres places, fournissent, en 1192, un capitoul à la commune.

---

(1) Lafaille, *Traité de la noblesse des capitouls*, p. 50.

Plusieurs autres noms, également célèbres dans l'histoire de la noblesse de Toulouse, sont de même inscrits dans les archives du consulat et montrent que, même au plus fort du moyen âge, les hautes dignités municipales étaient recherchées avec cet empressement qui frappera, plus tard, Blaise de Montluc; de là, l'importance qu'elles ne tardèrent pas à prendre, en même temps qu'elles multipliaient les relations de la bourgeoisie avec la féodalité, qui comptait plus d'un représentant dans le sein même de Toulouse.

Les capitouls formaient la cour du comte ou du moins se joignaient à la cour du comte (1). La haine, que les hommes de Toulouse portaient à Simon de Montfort, ne tenait pas tout entière aux violences et aux spoliations dont cet étranger était l'auteur et Raymond VI la victime. Leur fierté municipale, blessée et froissée, aiguisait leur ressentiment. Ils se voyaient avec colère exclus de la cour de leur comte ; peut-être se seraient-ils habitués à la domination de leur nouveau seigneur, si la morgue aristocratique et féodale de Montfort eût, à l'exemple des Raymonds, consenti à traiter, à honorer les barons de Toulouse comme de véritables barons. « Je vais vous indiquer, dit le comte Alain au comte de Lei- » cester, le moyen de les gagner. Vous joindrez ensemble » votre cour et la leur » (2). Il fallait qu'Alain fût bien con-

---

(1) Bouttaric, *Organisation judiciaire du Languedoc. Biblioth. de l'école des chartes*, tome 1er, p. 228. Laferrière, tome 5, p. 175.

(2) Fauriel, p. 372 ; Mss., f° 68, p. 135.

E ieu sai vos ben dire com la gazanharetz,
La lor cort e la vostra essems ajustaretz.

vaincu de la puissance et de l'efficacité de ce moyen, pour le proposer dans cette circonstance. Il fallait que l'attachement des Toulousains à un usage qui flattait leur orgueil et leur assurait en même temps de précieuses garanties, fût bien profond pour les ramener, en ce moment, à Montfort, si Montfort avait eu assez de sagesse pour se résigner à cette salutaire concession. Montfort, de son côté, s'opiniâtrait et voulait que les habitants de Toulouse vinssent faire droit à ses griefs dans sa propre cour. Tout espoir de réconciliation fut perdu ; et Toulouse tourna ses regards vers son vieux comte, errant sur les pentes des Pyrénées. Avec lui seul pouvait revenir la liberté, lui seul pouvait restaurer parage. Lui seul réunirait autour de lui les barons de Toulouse avec ceux qui seraient venus du dehors. Et les bourgeois pourraient encore statuer, par appel ou par voie de recours, sur les causes féodales nées dans la viguerie de Toulouse.

Autour des consuls, chefs de la bourgeoisie et de toute la commune, intermédiaires naturels entre le comte et la cité, se groupaient deux conseils. C'était d'abord le conseil juré (*concilium juratum*) (1). Le poëme de la croisade ne nous le montre que rarement ; c'est qu'en effet tous les événements, retracés dans cette époque historique, sont de la plus haute gravité ; toutes les décisions à prendre exigeaient le concours de toute la population de Toulouse ; ce conseil secret ou petit conseil est cependant indiqué une ou deux fois dans les vers de la seconde partie de la geste. A la veille

---

(1) Catel, *Hist. des comtes de Toulouse*, p. 34.

de la bataille de Muret, les capitouls transmettent au *conseil principal* les ordres de Pierre d'Aragon (1). Il était composé des capitouls, de chevaliers et de bourgeois. — Pendant le siége de Toulouse, il élargissait le cercle de ses délibérations, pour recevoir dans son sein les comtes ou vicomtes accourus au secours de Raymond VI. — Le grand conseil n'était que le petit conseil, auquel se joignait toute l'assemblée du peuple, toute la communauté, comme disait le poëme de la croisade. La démocratie et la féodalité, le peuple et la chevalerie se donnent alors la main par-dessus les barrières que le moyen âge élevait entre eux. C'est au lendemain de la révolte de Toulouse contre Simon de Montfort. Les habitants sont effrayés de la situation dans laquelle les a placés un accès d'audace et de désespoir. Ils ont commis la félonie de se soulever contre Montfort, la félonie plus grande encore de le vaincre : il faut prendre un parti : toute la ville délibère ; les chevaliers de Toulouse ne séparent pas leur cause de celle des bourgeois. Aux premières lueurs de ce jour néfaste pour la malheureuse cité, ils se sont rendus au palais municipal. « A l'aube du jour, quand paraît la clarté, dans
» la maison commune, il y en a un grand nombre des meil-
» leurs citoyens de Toulouse, des puissants et des honorés,
» chevaliers et bourgeois, et toute la communauté » (2).

---

(1) Fauriel, p. 212; Mss., f° 38, p. 75.
(2) Fauriel, p. 362; Mss., f° 66, p. 131.

Pla a lalbor del dia cant parec la clartatz
Lai de dins la maizo cominal nac assatz
Dels milhors de la vila dels rics e dels ondratz
Cavaler e borzes e la cominaltatz.

Comme les cités d'Italie et de Provence, comme Milan et Avignon, Toulouse présente l'aspect d'un état complet dans ses étroites proportions et dans ses limites resserrées. Elle renferme une véritable aristocratie active, intelligente, qui ne s'isole pas dans une vaniteuse et stérile fierté. Elle se mêle au mouvement des affaires de la cité ; elle agit : elle répand autour d'elle l'influence salutaire de cet esprit audacieux, indépendant, belliqueux, qui est l'apanage de ces classes militaires. Elle ne se renferme pas derrière ces barrières que les préjugés, les coutumes élèvent d'ordinaire entre les nobles et ceux qui ne le sont pas. Les fiefs, librement vendus et achetés, donnent au riche et vaillant bourgeois accès dans les rangs de la féodalité et de la chevalerie. Entre cette féodalité et cette bourgeoisie urbaines, il y a un échange perpétuel d'idées, de sentiments, d'opinions, qui prête à cette grande commune une force, une puissance, une dignité dont on se ferait difficilement l'idée. De là l'initiative que la commune et le capitoulat savaient prendre dans l'administration intérieure et dans les relations extérieures de Toulouse. La bourgeoisie apportait au gouvernement municipal un esprit d'ordre, de règle, de discipline ; la noblesse ou la chevalerie inspirait à ce même gouvernement la hardiesse et la décision ; la noblesse devait peut-être recevoir pour l'administration de la ville des leçons de la bourgeoisie, et elle les lui rendait à son tour, lorsqu'il fallait marcher en armes, châtier un voisin insolent, venger les bannières municipales outragées.

La répartition du pouvoir législatif et judiciaire entre la

cité et le comte, fait songer à la distribution du même pouvoir dans les monarchies constitutionnelles ; d'un côté, le comte avec une certaine initiative, avec une part convenable, bien que limitée, dans les projets à discuter, les décisions à prendre, les règlements à promulguer, les coutumes à fixer ; de l'autre, la cité avec ses trois étages, comme toutes les sociétés modernes bien constituées, noblesse, bourgeoisie et peuple ; la bourgeoisie toujours portée à s'élever au-dessus de son propre niveau, et le peuple plus ou moins heureux, plus ou moins libre, plus ou moins appelé à participer à l'exercice du pouvoir. Le rôle des capitouls, véritable comité des députés ou représentants de la cité, grandit encore de toute l'autorité que leur prête la science des légistes, tels que ce Bernard dont le poëte de la deuxième partie de la geste parle avec tant d'éloge, et dont le nom s'est déjà retrouvé sous notre plume, dans le courant de cette étude. C'est aux capitouls, c'est à l'assemblée générale ou commun conseil que revient la responsabilité des plus grandes mesures ; pendant le siége de Toulouse, les plans à exécuter sont proposés, défendus, justifiés par les consuls. Du reste, l'aptitude des Toulousains à se gouverner n'est pas un mystère pour eux : leurs capitouls ne l'ignorent pas : les Toulousains « sont preux hommes et habiles au gouvernement, dit le » légiste Bernard (1) : moi qui suis du Capitole je vous dis, et

---

(1) Fauriel, p. 468 ; Mss., f° 86, p. 171.

      E car el son prosomes e bon governador,
      Eu qui son de Capitol, dic per me e per lor
      E per tot lautre poble, dal maier tro al menor,

» pour moi et pour eux et pour tout le reste du peuple, pour
» les grands, pour les petits, que chair, sang, force, vigueur,
» avoir, pouvoir, sens et valeur, nous exposerons tout pour
» le comte notre seigneur. » Cette déclaration était solennelle ; c'etait le langage du patriotisme ; un orateur anglais, parlant au nom du parlement dans une crise solennelle, n'en eût point tenu d'autre. Pendant tout le siége, la liberté ne cesse de régner ; la destinée de la ville est sans cesse discutée dans des assemblées délibérantes ; noble et grand spectacle ! La liberté maintient et étend ses conquêtes au milieu même des périls d'une lutte terrible !

Le pouvoir exécutif n'était pas moins partagé que le pouvoir législatif entre les consuls et le comte ; et la part des consuls n'était pas la moindre. Législateurs la veille, les capitouls étaient le lendemain de hardis capitaines, de braves généraux. Le poëme de la croisade, dans une scène, dont l'histoire doit étudier les données autant que la critique littéraire peut en admirer les beautés, nous montre l'attitude des capitouls à la tête de l'assemblée publique transformée en armée. Le comte de Toulouse a découvert, par ses espions, la possibilité d'enlever la ville de Pujol par un coup de main ; mais l'host communal ne peut pas s'ébranler sans l'ordre des capitouls : « Raymond a dit aux capitouls et leur a exposé
» son projet : sans hésiter ils ont répondu : pensons à l'exé-
» cution, et ils le font promptement crier par la ville que

> Que la carn e la sanc, la forsa e la vigor,
> El aver, e poder, el sen e la valor
> Metrem en aventura pel comte mo senhor.

» tous sortent par la voie de Malvar ; au pré de Montaudran
» ils les font rassembler. Le comte alors prend la parole :
» Seigneurs, dit-il, je vous ai fait mander pour ceci : sei-
» gneurs, j'ai fait ici près épier les ennemis ; ils pensent faire
» diversion et nous empêcher de prendre de ce côté nos
» campements d'été : ils sont ici près de vous deçà
» Lantar » (1). Le comte n'ordonne pas, il sollicite le consentement du peuple ; nous n'avons pas encore une armée devant nous ; c'est une assemblée qui délibère ; mais la délibération sera courte ; on répond par un seul cri qui s'échappe à la fois de toutes les poitrines : « Seigneur, dit le peuple,
» allons les envelopper : vous avez assez de troupe si Dieu
» veut nous aider. Et puisque nous sommes tous couverts de
» nos armes, pensons à agir avant qu'ils aient vent de notre
» attaque, avant qu'ils s'en puissent retourner ces vilains
» taverniers » (2). C'est encore ici l'image de la liberté ; aucune contrainte, rien que les inspirations fécondes et spontanées du patriotisme. Raymond consulte son peuple ; mais c'est un noble peuple digne de sa liberté ; la fierté et

---

(1) Fauriel, p. 200 et seq. ; Mss., f° 36, p. 71-72 et seq.
..... Pessem del acabar
E fan viasament per la vila cridar,
Que tuit ni escan ades per la via Molvar
Els prats de Montaldran los an fait ajustar.
« Senhors, so ditz lo coms, per sous ei faits mandar ;
» Mos enemics ei faitz aisi prop espiar,
» Que nos cujan distriure ens volo destrigar,
» Que no puscam ongan desta part estivar. »

(2) Senhors, so ditz lo pobles, anem los enserrar,
Que pro avetz companhs, si Dieus vos vol aidar.

l'audace féodales qui animent les chevaliers de Toulouse se communiquent à ces bourgeois, à cette plèbe, qui les secondent avec un mâle entraînement. Les chevaliers s'avancent les premiers, faisant peut-être flotter les bannières de leur famille à côté de la bannière de Toulouse : ils accourent aux ordres des capitouls. « Le peuple de Toulouse venait
» en toute hâte, chevaliers, bourgeois et toute la commu-
» nauté » (1).

Le comte de Toulouse est présent ; le comte de Foix et son fils, le preux Roger Bernard, vont combattre aux premiers rangs de l'*host communal :* le comte de Comminges s'est joint à eux ; ce n'est pas néanmoins l'un de ces puissants chefs féodaux qui commande. L'initiative est venue du comte ; mais les capitouls semblent s'être chargés de l'exécution. C'est l'un d'entre eux, c'est un légiste qui la dirige ; et nul, parmi ses barons, chevaliers ou bourgeois, ne résiste à l'autorité de ses conseils. Les chevaliers, de leur côté, excitent les combattants, et leur communiquent leur impétueux courage. L'ennemi paraît-il chanceler ? Ils sont les premiers à s'en apercevoir. « Sus à eux ! s'écrient-ils, sus à eux, bour-
» geois ! les voilà domptés ! » (2)

Les capitouls réunissent en eux cette prudence bourgeoise et cette hardiesse chevaleresque, qui faisaient la force des armées municipales de Toulouse. Pendant les longues opéra-

---

(1) El pobles de Tholoza, que venc tot e viatz,
      Cavaler e borzes e la cuminaltaz !
(2) Quel cavaer de Tholosa an cridat autament :
      Donem ab lor, borzes ! que vel vos recrezens !

tions du siége, qui suit le retour des Raymonds, ils agissent avec un courage qui ne se dément pas, une énergie qui ne s'affaiblit jamais, et une autorité qui grandit avec les qualités mêmes que ces magistrats déploient pour la mériter et la justifier. Lorsque l'inondation a rompu l'un des ponts de Toulouse et isolé, au milieu des eaux, les tours qui le commandaient, ce sont les capitouls qui vont les ravitailler : « Les capitouls hardis et vaillants se sont aventurés à travers » l'eau profonde, ils ont muni la tour » (1). A l'approche de la grande armée que conduit Louis VII, ce sont les consuls de Toulouse qui préparent la défense, distribuent aux barons et aux chevaliers les postes qu'ils doivent défendre. « Les » consuls de la ville avec les barons présents, chevaliers et » bourgeois, tous ensemble et convenablement remettent » les portes de la ville aux plus sages et aux plus généreux » des barons qui donnent leur avoir. Les barbacanes et les » nouveaux bâtiments, ils les livrent aux comtes et aux » barons soldés » (2).

Lorsqu'on a vu, dans le poëme de la croisade, le rôle actif,

---

(1) Fauriel, p. 520; Mss., fº 96, p. 191.
 Mas emperol capitols, valens e fazendiers,
 Permeg laiga prionda foron aventuriers,
 Can la tor establida e tornon a vivers.
(2) Fauriel, p. 634; Mss., fº 118; p. 236.
 Els cossols de la vila, ab los baros prezens,
 Cavalers e borgues ben acesmadamens
 Las portas de la vila lhivran als baros dens,
 Als milhors, al pus savis ez als melhs entendens,
 E pueish las barbacanas els novels bastimens
 An lhivradas als comtes ez als baros prendens.

énergique, glorieux, dévolu aux magistrats municipaux, lorsqu'on a vu s'exercer l'influence de l'élément aristocratique et féodal, renfermé dans les murs de Toulouse, on s'explique sans peine les relations de la grande commune avec les châteaux et les châtelains du voisinage. On comprend qu'elle n'ait pas eu besoin de l'intervention du comte de Toulouse pour exiger de Pierre d'Orbessan, des chevaliers, châtelains et hommes de Rabastens, des seigneurs, chevaliers et hommes d'Hauterive le redressement des justes griefs qu'elle avait contre eux. La cité municipale, en vengeant ses injures les armes à la main, exerçait collectivement un droit qu'une charte de Raymond VI reconnaissait à tous les citoyens de Toulouse (1). L'un d'eux avait-il subi quelque tort ou quelque dommage? un messager du comte, du viguier ou des consuls devait se rendre auprès des seigneurs du château ou de la ville où s'était retiré l'auteur du méfait. Si le larcin n'était pas restitué, si le seigneur ne voulait pas faire droit aux réclamations du plaignant devant la cour du comte, c'est-à-dire devant celle des capitouls, la vengeance personnelle était permise ; on pouvait prendre, comme gage, tous les hommes de ce château ou de cette ville, même chevaucher contre ce château ou cette ville. Le pillage des biens, le ravage des terres, la destruction des bestiaux, la mort des hommes ne pouvaient jamais devenir un sujet d'accusation contre les citoyens réduits par la brutalité de leurs adversaires à cet appel à la force. Quelquefois le comte agit

---

(1) Catel, *Hist. des comtes de Toulouse*, p. 228.

plus directement, mais jamais comme juge, toujours comme partie, comme champion du bourgeois, de l'homme de Toulouse lésé (1).

Ces chartes, rapportées par Catel, tracent autour du pouvoir des Raymonds de bien étroites limites. Cette impuissance du comte était une source d'anarchie, mais en même temps elle permettait à l'énergie individuelle de prendre dans Toulouse les plus grands développements ; la cité municipale s'emparait de toutes ces forces vives, excitées sans cesse par les nécessités de la défense personnelle, leur laissait la plus grande mesure de liberté, les contenait sans les restreindre, les disciplinait sans les affaiblir. En face de leurs voisins inquiets et turbulents, sous un seigneur suzerain dont le pouvoir était souvent méconnu, les bourgeois de Toulouse se retrouvaient, comme champions de leur cité, dans la position même où ils étaient, comme possesseurs de terres souvent menacées, détenteurs de fiefs souvent exposés au pillage.

Quelle ne devait pas être la jalouse et ombrageuse indépendance des hommes élevés à cette rude, mais virile école, de la liberté individuelle et de la liberté municipale! Comme le souffle féodal devait aisément faire tressaillir ces cœurs ! — Le comte, dans ses relations avec les citoyens de Toulouse, avait besoin de nombreux ménagements. Dans sa capitale, il était leur hôte, quelquefois leur protecteur, jamais leur maître ! — Son entrée à Toulouse devait être une fête : l'appareil guerrier devait être écarté. Simon de Montfort arrivait

---

(1) Catel, *Hist. des comtes de Toulouse*, p. 229.

de Beaucaire, couvert de son haubert, son heaume de Pavie sur la tête, son épée à la main. Les habitants de la ville sortent deux à deux : ce sont les meilleurs chevaliers et les plus puissants bourgeois de Toulouse. L'aspect de Montfort, revêtu de ses armes, sur son cheval bardé de fer, les trouble, les déconcerte, les irrite; ils expriment leurs sentiments à voix basse, avec des paroles dont la douceur cachait mal les alarmes et la colère qu'ils éprouvaient : « Vous devriez entrer, » seigneur, avec vos palefrois, sans armure, sans armes, » avec jupes d'orfroi, chantant, couronné de guirlandes, » comme un vrai seigneur » (1).

Les susceptibilités libérales des hommes de Toulouse durent plus d'une fois, sans doute, les mettre aux prises avec leurs seigneurs. Les chartes, dont Catel nous a conservé une copie, nous ont déjà fait entrevoir ces luttes civiles; le poëme de la croisade nous en donne une image vivante, et le spectacle, auquel nous assistons, est une révélation de l'histoire antérieure de Toulouse. Montfort a répondu par des menaces aux observations des bourgeois, et ces menaces s'accomplissent aussitôt ; ses écuyers et ses sergents forcent les coffres, emportent les richesses des Toulousains, joignent l'insulte au brigandage. Une grande douleur se répand par la ville, les femmes et les enfants vont pleurant dans les rues. « Soudain, de tous les côtés de Toulouse, un même

---

(1) Fauriel, p. 348 ; Mss., f° 63, p. 136.
    Vos i degratz intrar, senhor, ab vostres palafres
    Desgarnit, senes armas, ab las jupas dorfres,
    Cantant ab las garlandas, cum sel que senher nes.

» cri a retenti : Barons, aux armes : voici le moment où il
» faut se défendre du fer et du lion. Mieux vaut mourir
» d'une mort honorable que de rester en prison ! » (1) Cette
résolution fiévreuse, désespérée, qui s'empare de tous les
cœurs, ces chevaliers, ces sergents, ces bourgeois, qui saisissent à l'instant toutes les armes qui leur tombent sous la
main, ces barricades, que père et fils, dames et demoiselles
élèvent en un moment jusqu'à la hauteur des balcons, cette
résistance qui s'improvise, intrépide, héroïque, invincible,
cette triple attaque déjouée, ne sont-ce pas les différentes
scènes d'un tableau vivant et animé? L'histoire n'a pas moins
que la poésie d'intérêt à trouver dans ce dramatique épisode
de la guerre albigeoise. Nous assistons à une de ces émeutes
qui tenaient une grande place dans l'histoire municipale des
villes du midi. La résistance est organisée avec trop de rapidité et de bonheur, pour qu'on ne soupçonne pas aux habitants de Toulouse une habitude invétérée de défendre
leurs droits, les armes à la main et derrière une barricade.
Dans de pareils moments, les chevaliers ne devaient pas
abandonner leur poste ; et l'ordre, que leur intima Montfort
de sortir de Toulouse, prouve assez la part qu'ils prirent à
cette courageuse rébellion.

Les comtes de Toulouse étaient étroitement surveillés dans

---

(1) Fauriel, p. 354; Mss., f° 65, p. 129.
  Mas per tota la vila escridan en un so :
  Baros, prendam las armas : car vezem la sazo,
  Que nos er a defendre del fer e del leo !
  Car mais val mort ondrada que remandre en priso.

leur capitale par les instincts et les besoins de liberté qui animaient les citoyens de cette grande ville. Voulaient-ils sortir de l'étroite sphère où leur action était renfermée ? ils trouvaient devant eux les coutumes et les traditions de la cité. Prétendaient-ils passer outre ? ils trouvaient l'émeute.

Malgré l'indépendance dont jouissaient les citoyens de Toulouse et qu'ils auraient, au besoin, défendue de leur sang, malgré l'initiative qu'ils étaient habitués à prendre, ils n'étaient pas, comme ces républicains d'Italie et de Lombardie, capables de se suffire à eux-mêmes. Ils avaient besoin de sentir leur comte au milieu d'eux. Le jour où il était parti pour Rome et pour l'exil, il avait emporté avec lui la force et la vertu de ses bourgeois. Tout leur courage ne devait rentrer dans leurs âmes qu'au moment où Raymond VI reparaîtrait, avec sa bannière flottante, dans les murs de son antique cité. Jusqu'à cet instant, qu'ils appelaient de leurs vœux et de leurs prières, ils pouvaient bien éprouver un de ces accès de colère et d'indignation dans lequel on dresse des barricades, on se bat comme des héros ; ils ne pouvaient pas prendre une de ces fermes et stoïques résolutions, qui relèvent un drapeau foulé aux pieds et restaurent une cause perdue. — Au lendemain de l'émeute qui eut une si triste issue pour Toulouse, pourquoi cette soumission empressée ? Pourquoi ce courage, si ardent la veille, est-il tombé le lendemain, comme un de ces grands vents d'orage qui ne durent pas ? Qu'est-ce qui a empêché cette émeute de se transformer en une révolution, cette révolte, de devenir la première victoire du patriotisme ? Quand on cherche les causes de ce découragement presque pusillanime, on n'en trouve qu'une : l'absence du comte ; tout semblait promettre une heureuse issue à cette tentative si brillamment commencée ; le désespoir l'avait suggérée ; un courage calme et rassis pouvait en poursuivre le cours. La ville n'est pas encore démantelée, comme elle le sera, lorsque le comte Raymond, de retour dans sa cité glorieuse, passera sous les portails voûtés. Folquet n'a pas encore donné le conseil de détruire toutes les fortifications ; l'on n'a pas encore vu tomber les créneaux et les tours, les murs, les salles d'armes et les galeries (1). La population de Toulouse est encore nombreuse et forte : les chevaliers, les hommes de parage et de vaillance habitent dans son sein : au besoin, on trouvera encore des armes ; n'en a-t-on pas trouvé la veille, lorsqu'il a fallu repousser toute une armée, lorsqu'il a fallu en un instant passer des supplications aux menaces, de la prière à la révolte ? Ne pouvait-on pas, dans ces maisons crénelées, hérissées de tours, comme de véritables châteaux, dans ces rues barricadées, organiser une résistance invincible, une de ces luttes terribles qui réunissent tout ce que la guerre féodale a de force, d'engins, de ressources, et tout ce que les soulèvements populaires ont de fougue, d'entraînement, de passion. Sans doute Montfort est sous les murs de Toulouse ; mais c'est Montfort vaincu, Montfort ruiné. Ce qu'il vient chercher dans sa capitale, c'est de l'argent, ce sont les soldats qu'il ne peut pas avoir sans argent. Son armée, que

(1) Fauriel, p. 384 ; Mss., f° 70, p. 140.

l'enthousiasme et le fanatisme ne recrutent plus, ne sera pas disposée à attendre le paiement d'une solde, pour laquelle elle se bat depuis longtemps en vain. Elle ne voudra pas endurer de nouveau les souffrances et les fatigues d'un siége, qui sera peut-être aussi long, aussi pénible que celui de Beaucaire. Simon ne sera pas dans un danger moindre que celui où il fut jadis sous les rochers de Thermes. Que Toulouse se soulève sur la Garonne, comme Avignon s'est soulevé sur le Rhône, elle verra, elle aussi, les faidits sortir des bois, ne plus redouter tempête ni orage. Ne sent-elle pas autour d'elle un sourd frémissement de colère, d'impatience et de haine contre l'oppresseur ? Elle n'aura pas longtemps à soutenir seule le poids de la guerre. Caché dans les gorges des Pyrénées, le vieux Raymond épie l'occasion de rentrer dans sa ville. Vainqueur en Provence, le jeune Raymond peut voler au secours de son père et de ses vassaux ; comme Montfort, en trois jours de marche, il en fera cinq. Toulouse aura rétabli ses comtes dans leur cité ; elle se sera rendu à elle-même la liberté ; et s'épargnant une dernière épreuve, elle aura, dans un élan de fureur, continué par la constance d'une calme bravoure, *restauré parage*.

Ces raisons de persister dans la révolte ne frappèrent pas les hommes de Toulouse, comme elles nous frappent aujourd'hui, à une si grande distance des événements accomplis. Ils mollissent, ils se laissent prendre à la glu de l'onctueuse et perfide homélie de Folquet ; leur trouble les jette, tête baissée, dans le piége tendu à leur bonne foi. N'accusons pas néanmoins Toulouse de timidité, surtout à la veille des efforts héroïques par lesquels elle va reconquérir son indépendance. La présence du comte a seule fait défaut à un soulèvement anticipé, qui, sans lui, n'a été qu'une émeute. La cité municipale était en même temps une cité féodale ; ses bourgeois étaient aussi des vassaux ; en vain Toulouse aurait reconquis toutes ses franchises, toutes ses libertés; tout le système municipal, fonctionnant sans gêne, sans entrave, n'eût pas été complet, sans la présence du suzerain ; la cité n'eût point retrouvé son équilibre ; le lien féodal semblait porter une ancre à son extrémité. Tant qu'il ne sera pas renoué, Toulouse sera vacillante, inquiète, alarmée ; — tant que le suzerain ne sera pas rendu à son vassal, le citoyen ne sera pas rendu à lui-même ; aussi l'attente redouble ; Toulouse attend, appelle sans cesse le comte ; il reparaît ; on l'a annoncé ; un bruit court que Jorris a vainement essayé d'arrêter, au passage de la Garonne, la poignée de héros qui précèdent Raymond VI. Deux citoyens de Toulouse s'avancent au-devant de lui : « Seigneur, s'écriait » l'un d'eux, je vous dis la vérité. Ici, vous êtes espéré » comme le Saint-Esprit. Vous nous trouverez vaillants et » hardis, et jamais en nul temps ne perdrez seigneurie » (1).

Le comte approche ; le comte entre dans Toulouse : aus-

---

(1) Fauriel, p. 404 ; Mss., f° 74, p. 145.
        Ditz en Ramons Berniers : Senher vertat vos ditz ;
        Caisi etz esperatz coma sant Esperitz
        Tant trobaretz nos autres valens e enarditz
        Que jamais ne seretz nulhs temps dessenhoritz.

sitôt tous les cœurs sont ranimés, tous les courages retrempés; la seule présence du comte a tout changé. Quels transports d'allégresse ! quelle régénération subite ! « Le comte a
» recouvré Toulouse, cette ville si fort désirée. Mais il n'y
» a plus ni tour, ni salle, ni galerie, ni étage, ni haut
» mur, ni bretèche, ni créneau, ni porte, ni haubert, ni
» armure, ni garniment complet; mais les habitants ont
» reçu le comte avec tant d'allégresse, que chacun, dans
» son cœur, croit sentir s'élever un olivier. Toulouse !
» s'écrient-ils, désormais nous serons vainqueurs : Dieu
» nous a rendu notre seigneur légitime, et si les armes et
» l'argent nous manquent, nous recouvrerons du moins la
» terre et son loyal héritier » (1).

La joie des Toulousains est bien plus encore celle de vassaux recevant leur suzerain que celle de sujets voyant leur prince rentrer parmi eux. Leurs sentiments sont ceux qui remplissent le cœur de tous les barons féodaux ; les uns et les autres les expriment par les mêmes paroles : « Voici,

---

(1) Fauriel, p. 406; Mss., f° 74, p. 148.
  Lo coms receubt Tolosa, car na gran desirier,
  Mas noi a tor, ni sala, ni amban, ni soler
  Ni aut mur, ni bertresca, ni dentelh batalhier,
  Ni portal ni clauzura ni gaita ni portier
  Ausberc ni armadura ni garniment entier ;
  Pero ilh lo receubro ab tant gran alegrier :
  Que cascus ins el cors cuja aver olivier ;
  E escridan : Tolosa : oimais siran sobrier,
  Pos Dieus nos a rendutz lo senhor dreiturier,
  E si nos son falhidas las armas nilh diner
  Nos cobrarem la terra el lial eretier.

» s'écriaient les Toulousains, en saluant l'entrée du comte
» de Toulouse, voici notre seigneur, notre sage seigneur.
» Prouesse et parage, qui étaient ensevelis, sont vivants et
» restaurés, sains et guéris, et notre lignage en sera pour
» tout temps rendu plus puissant ». (1). Le comte de Foix
parle-t-il autrement? « Vous avez, disait-il aux Toulousains,
» ramené à la splendeur tout prix et tout parage qui s'en
» allait de par le siècle, proscrit et sans asile » (2). Dans les
cris et les exclamations des Toulousains, dans les discours
du comte, c'est toujours la même pensée, la même préoccupation ; toujours cette image de *parage* qui se relève, se
ranime, revient à la lumière. Sans doute, le poëte nous fait
voir dans les Toulousains les citoyens de la ville municipale ;
mais dans cette seconde partie, entraîné par le cours des
événements, il nous montre plutôt les vassaux des Raymonds. Dans un poëme, qui raconte ou chante le retour du
comte dans sa ville natale, son rétablissement dans ses domaines confisqués, les vassaux doivent naturellement tenir
le premier rang.

Les relations féodales des Raymonds avec les citoyens et
chevaliers de Toulouse, offrent le même caractère que celles

---

(1) Fauriel, p. 404, fº 74, p. 147.
  Caiso es nostre senher que sol estre peritz
  Per que pretz e paratges, qui era sebelhitz
  Es vius e restauratz e sanatz e gueritz
  E totz nostre linatge per totz temps enriquitz.
(2) Fauriel, p. 464; Mss., fº 85, p. 170.
  Que tot pretz e paratge avet trait a lugor
  Ques nanava pel segle e no sabia or.

du comte avec les autres barons de ses domaines : de la fierté, de l'indépendance, une grande mesure de liberté répartie à chaque bourgeois ou chevalier en particulier, à tous les citoyens réunis en corps de commune ; — un jaloux attachement à des droits et des prérogatives imprescriptibles, une susceptibilité facilement blessée, quelquefois même de la licence ; mais si d'ordinaire ces liens sont lâches, ils peuvent se tendre sous l'empire d'un grand événement. Le dévouement des citoyens de Toulouse à leur comte a de ces élans spontanés et chaleureux, que nous avons admirés dans les paroles du comte de Comminges, ouvrant à Raymond VI les chemins de sa patrie. Les Toulousains ne supporteront pas un ordre ; mais ils mettront leurs biens, leur vie, leur intelligence au service de leur comte, qui aura su s'attacher leur affection. Ils obéiront, mais il faut que cette obéissance ne fasse pas ombrage à leur liberté, ne porte pas atteinte à leur fierté. Tel est le sens des paroles qu'ils adressent à Montfort, lorsqu'ils lui retracent l'appareil pompeux et pacifique dans lequel le seigneur de Toulouse doit se présenter aux portes de sa ville : « Alors, lui disent-ils, à tout
» ce que vous commanderiez, nul homme ne mettrait obs-
» tacle » (1).

Cet accord dans la conduite, les idées et les sentiments entre les citoyens de Toulouse et les barons étrangers, créait des rapports plus étroits, plus intimes entre cette grande cité et

---

(1) Fauriel, p. 348 ; Mss., f° 63, p. 136.
So que vos mandessatz om no contradiches.

ceux qui étaient accourus dans ses murailles pour venger et défendre leur comte. De ce côté, l'enceinte du vieux municipe s'élargissait. L'accueil que Toulouse faisait aux hommes et aux idées de la féodalité, était digne de la capitale du midi. Sans doute, son gouvernement communal pouvait bien avoir des tendances étroites, exclusives, égoïstes même, brutales et violentes. Nous reconnaîtrons volontiers, avec M. Bouttaric, que tel était souvent le caractère de la justice des capitouls (1); nous ne contesterons pas tout ce qu'avaient d'odieux les abus qu'il leur reproche ; sans doute, en les faisant disparaître, l'administration royale se montre bienfaisante ; mais ces magistrats municipaux de Toulouse ne pourraient-ils pas trouver l'excuse de leur étroite et inique partialité dans l'état même de la société méridionale ? Tout était si divisé, si morcelé. Toulouse formait un tout complet, un véritable Etat. Ses relations avec les villes ou les seigneuries qui gravitaient autour d'elle, étaient celles que l'on contracte avec des étrangers ou des ennemis ; elle ne pouvait guère revendiquer ses droits qu'en recourant à la force ; s'étonnera-t-on maintenant que la justice des consuls fût dure et inéquitable ? qu'elle ait souvent accordé au citoyen de Toulouse sur l'étranger une faveur incompatible avec les premières notions de droit ? Puis, lorsqu'on aura fait voir ces circonstances atténuantes, ne devra-t-on pas détourner l'attention de ces vices inhérents à toute administration muni-

---

(1) Bouttaric, *Organisation judiciaire du Languedoc. Biblioth. de l'école des chartes*, 4e série, tome 1er.

cipale, surtout en plein moyen âge, et l'appeler sur les qualités et les mérites du gouvernement consulaire, qui pouvaient, sinon effacer ces taches, du moins les couvrir. Re-
gardez l'enceinte extérieure de Toulouse ; d'une part vous
voyez une poterne étroite et basse ; l'étranger n'en franchit
le seuil qu'en se courbant ; de l'autre, c'est une grande et
large porte, toujours ouverte ; elle voit s'écouler sans cesse
un double courant d'hommes qui entrent, d'hommes qui
sortent ; citoyens et hommes du dehors se confondent ; de ce
côté, la cité n'a plus de limites, et c'est sur ce côté que le
poëme de la croisade attire nos regards.

Ce poëme nous retient le plus souvent au milieu des hautes classes de la société de Toulouse ; nous sommes avec les
chevaliers et les bourgeois ; mais néanmoins, dans la seconde
partie, le troubadour n'a pas pour le peuple des villes ce
mépris hautain que l'on retrouve si souvent dans les écrivains ou chroniqueurs du moyen âge. Il n'oublie pas la part
qui, dans la défense de la capitale des Raymonds, revient
aux corporations d'ouvriers ; il ne craint pas de faire paraî-
tre, à côté des chevaliers, revêtus de leurs éclatantes armures, ces rudes travailleurs transformés en fiers soldats :
relégués aux derniers rangs des légions féodales, ils forme-
ront un jour la savante aristocratie de nos armées modernes ;
dans les vers du poëte, leur nom est accompagné d'épithètes,
qui les placent au-dessus du rang que leur assigne d'ordinaire la société du moyen âge. L'esprit de liberté municipale,
fécondé par un souffle féodal, descendait jusqu'aux degrés
inférieurs de la cité. Les nautes de Toulouse prennent en

face du comte l'attitude la plus fière ; ils forment, à leur tour, comme une cité dans la cité (1) ; ils ont la libre navigation de la Garonne et de l'Ariége, sur une grande partie de leur cours : ils sont exempts de la justice du comte, excepté pour les cas de félonie et d'effusion de sang réservés à la juridiction seigneuriale. Ils traitent avec les Raymonds sur le pied de la plus parfaite réciprocité ; ils s'engagent à faire par eau les charrois du comte, depuis Martres sur la Garonne et Hauterive sur l'Ariége jusqu'à la pointe de Moissac ; mais en revanche, à l'époque de ces transports, le comte ou ses lieutenants doivent déposer dans les bateaux tous les vivres nécessaires à la nourriture des nautes pour l'aller et le retour. Rentrés à Toulouse, ils doivent, le jour de leur arrivée, prendre leur repas dans le palais du comte. D'autres priviléges, moins importants ou moins significatifs, ne sont pas à rappeler ici ; ceux que nous avons indiqués suffisent à marquer le caractère des obligations contractées par les nautes. Rien ici ne rappelle la corvée ; c'est un pacte ; ce sont des engagements réciproques ; les nautes ne sont pas contraints de remplir les charges que leur impose le comte ; ils peuvent s'y soustraire, si toutefois ils ne craignent pas de se priver des avantages que leur contrat avec Raymond VI leur assure, comme prix des services rendus.

Ce n'était pas seulement dans les devoirs de la vie municipale et féodale que la bourgeoisie et la noblesse se réunissaient au sein des villes ; elles avaient la même manière de

(1) *Cartulaire de Raymond VII*, p. 315 et seq.

vivre, les mêmes occupations, les mêmes plaisirs. L'union entre ces deux classes est bien plus intime que ne voudrait le faire croire M. Mary-Lafon (1). Il établit entre les mœurs bourgeoises et féodales un contraste profond; d'un côté, la sévérité austère, presque spartiate, d'une république antique, des lois somptuaires; de l'autre, toute la volupté molle et relâchée d'une nation vieillie et fatiguée; peut-être dans ce parallèle M. Mary-Lafon a trop cédé à la pensée systématique qui lui fait retrouver dans les barons féodaux, les anciens nobles gallo-romains. Peut-être aussi dans les ordonnances municipales, dont il fait mention, ne tient-il pas assez compte de la date à laquelle elles ont été rendues.

Tout ce que les chroniqueurs nous apprennent de la société méridionale, efface les lignes profondes de démarcation, que M. Mary-Lafon voudrait tracer. Le poëme de la croisade nous montre les bourgeois et les chevaliers unis dans leurs protestations contre l'existence sévère et monacale que le concile d'Arles prétendait imposer au midi.

Arnauld de Marueil n'a pas sans doute emprunté à ses sympathies et à son imagination tous les principaux traits dont il peint les bourgeois. Les vers de ce troubadour doivent être, comme une légende explicative, placés au-dessous du tableau à grands traits composé par le poëte de la seconde partie de la geste. « Les bourgeois également ont
» prix à titre divers; les uns sont de parage et accomplis-
» sent de beaux faits; les autres sont loyaux et font tout

---

(1) Mary-Lafon, tome 2, p. 320.

» avec la même loyauté ; il en est d'autres de moult preux,
» courtois, francs et joyeux ; ils savent là, où l'avoir man-
» que, dire des choses qui réjouissent. En cour, ils ont l'esprit
» présent et sont en outre pleins de grâce ; ils savent galan-
» terie, danse et joute, et entre les connaisseurs ils ornent
» noblement le poëte qui les a charmés ; ils sont tous revêtus
» de courtoisie, ils sont d'une belle société » (1). Le poëte s'ex-
primerait-il autrement, s'il parlait de barons ou de chevaliers ?

Non-seulement les bourgeois partageaient les plaisirs des
barons et des seigneurs, ils en adoptaient le costume. Avec
cette attention minutieuse qui semble particulière aux hommes d'Eglise, le prieur du Vigeois a remarqué que les bottes,
portées jadis par un petit nombre de nobles, étaient devenues d'un usage commun même parmi les plébéiens (2) ;
peut-être ce détail a-t-il plus d'importance qu'on ne serait
disposé à le croire ; et la diffusion des modes n'est-elle que le
signe de la diffusion des idées ? Ce sont ces conditions de la
vie sociale de midi qui expliquent la différence de ton, que
M. Villemain remarque entre les troubadours et les trouvères (3) ; ils sont également libres les uns et les autres ; mais
la liberté des trouvères n'offre pas le même intérêt que celle
des troubadours ; elle n'a pas cette vivacité hautaine et
poétique, cette hardiesse éclatante, qui forme un singulier
contraste avec l'oppression féodale; elle a, dans ses médi-
sances, quelque chose de sournois.

(1) Raynouard, *Poésies origin. des troubadours*, tome 4, p. 414.
(2) Le prieur du Vigeois, *Hist. de France*, tome 12, p. 420.
(3) Villemain, *la Littérature au moyen âge*, p. 289.

CHAPITRE V.

Nature des idées, des tendances et des passions chevaleresques dans le midi. — La chevalerie méridionale n'est que la féodalité arrivée à un certain degré de civilisation ; elle en conserve tous les instincts et résiste à l'influence de l'Eglise. — Inductions tirées des chants lyriques des troubadours et confirmées par le poëme de la croisade.

Idées, mœurs, traditions, usages, coutumes, vie politique, vie sociale, tout dans la France du sud, au commencement du treizième siècle, tend à rapprocher, à unir, à confondre deux classes qui, dans les autres contrées de l'Europe, sont, à ce même moment, séparées l'une de l'autre par un abîme. La féodalité est moins forte, moins puissante que dans le nord ; le fait a été depuis longtemps reconnu, constaté, peut-être même exagéré ; mais l'on n'en a pas assez fait ressortir une des conséquences les plus directes et les plus importantes ; moins la féodalité est limitée, moins elle est distincte du reste de la société qui l'entoure, l'enveloppe, l'envahit, moins elle forme un tout complet, homogène, impénétrable ; plus ses idées, ses principes, ses passions se répandent, se communiquent de proche en proche ; — le midi de la France ne renferme pas dans son sein une féodalité organisée, comme celle du nord ; mais le midi lui-même est tout féodal, bien qu'il soit, après l'Italie, le pays traditionnel des libertés municipales. Les idées féodales ont perdu peut-être un peu de leur rigueur exclusive ; mais au fond leur caractère n'a guère changé ; c'est le propre des hautes classes d'imposer promptement leur manière de vivre, de penser, de sentir, à ceux qui pénètrent au milieu d'elles ; la rapidité avec laquelle quelques-uns se prêtent à cette transformation, est parfois burlesque.

Quels étaient le caractère, la nature, la portée de ces idées issues des sommets les plus abruptes de la féodalité, descendant dans les régions plus basses de la société, établissant entre ces populations, échelonnées à diverses hauteurs, une facile et continuelle communication, et se perdant au sein des masses les plus épaisses du peuple, comme certains fleuves se perdent dans les sables? Jusqu'à quel point les courants contraires, partis des côtés opposés, venaient-ils modifier leur direction et leur cours? Nous voudrions obtenir une réponse définitive à ces graves questions ; malheureusement le poëme de la croisade reste, à ce sujet, dans des termes dont M. Fauriel a justement regretté la vague généralité. N'en faisons pas un reproche au poëte ; les indications que l'histoire lui demande aujourd'hui le plus particulièrement, sont celles qu'il pouvait le moins songer à nous donner. Il écrit pour ses contemporains ; ses lecteurs ou ses auditeurs savent, aussi bien que lui, le sens précis des mots qu'il emploie.

Tout l'ensemble d'une civilisation se résume d'ordinaire dans une de ces expressions synthétiques, pleines de sens (*prægnantia verba*), parfaitement claires pour ceux qui ont vécu sous l'empire de cette civilisation même, presque inintelligibles pour ceux qui veulent plus tard évoquer ces temps passés et en pénétrer les plus intimes secrets. Tels sont, dans le poëme de la croisade, les mots de *pretz e parage*. Nous voyons l'Eglise s'acharner après *parage*; elle le poursuit de ses anathèmes; les hommes du midi le défendent de toute la puissance de leur courage. Pour nous, ce sont des mots et rien que des mots; la vivante réalité nous échappe; ces mots sont l'algèbre de l'histoire; tant que nous n'en avons pas pénétré le sens, tant que nous n'avons pas développé les idées qu'ils renferment, l'histoire reste pour nous une lettre close. Ce sont des définitions de mots; mais ces définitions, en se déployant, nous laissent voir les faits les plus intimes, les plus profondément cachés de la vie morale et politique des sociétés.

Toute civilisation se compose d'idées et de faits : les idées servent aux faits de types, de modèles, elles les dominent tout en changeant et se modifiant comme eux. Elles prennent le plus souvent naissance dans les faits; mais elles ne tardent pas à se dégager au-dessus de la réalité. Elles ressemblent à la tige de la plante qui s'élève dans les régions de l'air et de la lumière, tandis que les racines vont pousser dans le sol leurs obscures ramifications. Les idées, qui planaient au-dessus de l'état social du midi à la fin du douzième et au commencement du treizième siècle, étaient l'épanouissement de la vie féodale, le libre développement de tous les germes qu'elles renfermaient. Toute cette civilisation, que des métaphores usées et vieillies nous représentent comme une fleur délicate, était une pousse forte et vigoureuse, nourrie par une séve riche et abondante.

Les poésies du troubadour, où l'on sent le plus de talent et d'inspiration originale, sont l'écho de la passion féodale par excellence, la passion de la guerre. M. Villemain l'a remarqué avec une rare finesse. Peu de chants lyriques, éclos sous le ciel de la Provence, ou sous celui du Limousin, pourraient se comparer au beau cri de guerre de Bertrand de Born : *Be me platz la dous temps de Pascor* (1). — L'inspiration est si vraie, si ardente, si sincère, si éclatante, que plusieurs traits de cet hymne de guerre semblent des traits de génie. L'imagination du poëte s'enflamme, comme au milieu de la bataille ; plusieurs tableaux vivants, complets, achevés se succèdent dans cette courte poésie ; l'on est ébloui, entraîné ; on entend les cris des combattants ; le signal de l'attaque retentit, comme un éclat de trompette, au milieu des chocs d'armures.

Toutes les fois que le troubadour a demandé ses inspirations au baron féodal, il a été réellement poëte; aussi le plus turbulent, le plus fier, le plus hardi de tous les chevaliers méridionaux, Bertrand de Born, a-t-il fait passer dans sa mâle poésie les accents les plus éloquents, les plus beaux, les plus fiers. Sans cesse, les images de la guerre ébranlent sa fiévreuse imagination : « Je suis en tout temps » soucieux, comment je pourrais trouver des carreaux, des

---

(1) *Les Poëtes français*, tome 1er, p. 82.

» dards, des heaumes, des hauberts, des chevaux, des
» épées, voilà ce qui me plaît; et ce qui me met en joie, ce
» sont les assauts, les tournois, les plaisirs de l'amour et de
» la galanterie » (1). Il faut entendre le châtelain de Hautefort, lorsqu'il accuse le courage languissant des barons qui l'entourent. « Je fais un sirvente des mauvais barons;
» et jamais plus d'eux ne m'entendrez parler; je leur ai brisé
» plus de mille aiguillons, et je ne puis pas forcer l'un d'eux
» à courir et à trotter, mais ils se laissent tous déshériter
» sans réclamer. Dieu les maudisse ! Et que pensent-ils donc
» faire nos barons? Il n'en est pas un seul que vous ne
» puissiez tondre et raser comme un moine, ou sans effort
» ferrer des quatre pieds » (2).

Vivement accusée dans cette dernière strophe, la nuance féodale est encore plus fortement tranchée dans un sirvente contre le jeune roi (*el rey jove*). Après ses luttes avec son père et son frère, Henri Court-Mantel a été dépouillé; il a dû se résigner à vivre d'une pension servie par son père. « Puisque le roi Henri, s'écrie Bertrand de Born, ne tient,
» ni ne peut plus donner de terres, qu'il soit le roi de
» déshonneur. Car il fait chose mauvaise celui qui vit en-
» tièrement à ration, à crédit, à promesse. Roi couronné
» qui reçoit pension d'autrui ressemble mal à Arnaud, mar-
» quis de Bellanda, au preux Guillaume, qui conquit le
» donjon de Miranda; tant ils furent prisés ! » (3)

(1) Raynouard, tome 4, p. 144.
(2) Id.
(3) Id., p. 148.

Les contestations décidées par les plaidoiries, les procès tranchés par décision juridique étaient contraires à la tradition, à l'esprit, à l'honneur même de la féodalité, qui ne consacrait, que pour les laisser dans l'oubli et le dédain, les principes d'une juridiction régulière. Les armes étaient la seule manière noble de terminer un conflit. C'est ce sentiment tout féodal que Bertrand de Born exprime dans son sirvente : (*Pus li baro*) (1). L'Eglise s'était jetée courageusement entre Richard Cœur-de-Lion et Philippe-Auguste, prêts à s'entr'égorger. Une trêve est signée. Les barons féodaux la maudissent par la bouche de Bertrand de Born ; le troubadour flétrit ceux qui l'ont conclue. Les clercs ont arraché les armes aux mains des deux adversaires ; Bertrand de Born remettra à chacun d'eux l'épée qu'ils ont laissée tomber. L'antagonisme entre l'Eglise et la féodalité ne saurait être plus flagrant.

Ainsi, les passions et les sentiments féodaux étaient comme la séve qui alimentait le génie méridional. Interrogeons maintenant la langue lémosine. Le langage d'un peuple est sa poésie la plus intime et la plus spontanée. Il reflète aussi bien, peut-être mieux encore que toute autre poésie, les sentiments, les caractères, les passions, en un mot, la vie morale de ce peuple même. Si je trouve dans la langue romane des expressions pleines, sonores, si elle renferme de ces sons qui sont l'écho de ce qu'il y a de plus fier au fond de l'âme humaine, si elle a ce caractère aristo-

(1) Raynouard, t. 4, p. 170.

cratique, noble, presque héroïque, qui semble avoir surtout appartenu à la langue espagnole, je pourrais conclure que le courage, l'audace, la fierté chevaleresque, l'héroïsme même tenaient une grande place dans la société féodale du midi ; la langue sera une protestation contre le caractère efféminé, poli jusqu'à l'excès, que l'on prête à cette civilisation. Les désinences en *or* sont en grand nombre, et il est impossible de ne pas trouver dans les mots, qu'elles terminent, quelque chose de mâle et de fier.

Cette féodalité, qui s'est chantée elle-même, avait, comme toutes les féodalités, des instincts jaloux, dédaigneux, exclusifs : elle a souvent des cris de colère et d'indignation contre le vilain qui monte, qui grandit, qui s'enrichit. « Moult me plaît, s'écrie Bertrand de Born, quand je vois
» dolente la mauvaise gent riche, qui avec parage meut
» content, et me plaît, quand je les vois défaire tous les
» jours vingt ou trente, quand ils s'en vont, tout nus, sans
» vêtement, mendier leur pain, et si je mens, que ma maî-
» tresse me mente. — Vilain à costume de truie, qui s'en-
» nuie de gentiment vivre, quand il monte en grande
» richesse, l'avoir le fait tomber dans la folie ; — c'est
» pourquoi on doit, en toute saison, lui tenir la trémie
» vide ; on doit dépenser du sien et lui faire souffrir vent et
» pluie. — Qui n'épuise pas son vilain, l'affermit en dé-
» loyauté ; aussi bien est fou qui ne l'affaiblit pas, quand il
» le voit s'élever ; — car vilain, quand il s'établit en si
» ferme lieu, n'a pas son pareil en malice ; il dévaste tout
» ce qu'il peut atteindre. — Vilain ne doit-on pas plaindre,

» si on le voit se casser bras et jambes et manquer de quel-
» qu'une des choses dont il a besoin ; car vilain, si Dieu
» me protége, a ce qui peut le plus lui convenir; par plainte
» et par sympathie, on ne doit pas le secourir ; le profit doit
» alléger ce qu'il souffre. — Race vilaine, perfide, pleine
» de tromperie et d'usure, d'orgueil et d'outrecuidance, on
» ne peut supporter leurs faits : de Dieu, ils n'en ont cure ;
» ils le rejettent ainsi que loyauté et droiture. Ils croient con-
» trefaire Adam. Dieu leur donne male aventure ! » (1)

Il y a dans ce sinistre sirvente une haine qui déborde;
— c'est du dépit, de l'irritation, de la fureur; mais ces sentiments de vengeance, de rancune et de haine n'étaient pas nécessaires pour donner aux barons cette humeur impitoyable, qui se plaît aux cris du paysan épouvanté. « Il est
» beau, chante Bernard-Arnaud de Montcuc, il est beau de
» voir le bouvier et le berger s'en aller si marris qu'ils ne
» savent où ils vont » (2). C'est la violence féodale, s'exaltant, se glorifiant elle-même. — La féodalité méridionale, avide de plaisirs, sachant admirer et récompenser le talent, admettait souvent dans ses rangs, plébéiens et bourgeois : elle leur ceignait l'épée, mais n'oubliait pas leur origine et ne leur épargnait, au besoin, ni les traitements cruels, ni les mordantes allusions. Le moine de Montaudon, ce gentilhomme d'Orlac, dans cette galerie burlesque où il a rangé les principaux troubadours, n'a pas épargné, dans Pierre Vidal, le

---

(1) Raynouard, tome 4, p. 260.
(2) Id., p. 254.

fils du *pelletier*, qui n'a pas ses membres entiers, le vilain qui aurait grand besoin d'une langue d'argent, et qui jamais, depuis qu'il fut fait chevalier, *n'eut souvenance ni sens* (1). Ainsi, ce siècle des troubadours, que l'on s'est plu à se représenter comme une sorte d'âge d'or au milieu du moyen âge, ressemblait aussi, à plus d'un égard, à un véritable âge de fer.

Nous ne prétendons pas nos plus exagérer les côtés sombres de cette société; le choc des épées, le bruit des hauberts heurtant l'arçon de la selle, ne couvraient pas toujours les sons plus doux de la lyre; les chevaliers méridionaux quittaient parfois leur armure; la guerre, toujours active, fiévreuse, sans cesse renaissante, n'était pas leur unique occupation. La vie féodale avait deux aspects; nous les retrouverons tous deux dans l'histoire de la France du sud; d'un côté, la guerre, les paysans en fuite, les châteaux croulants, les hauts faits d'armes; de l'autre, les émotions plus douces, la chevalerie, l'amour, la galanterie, les fêtes, les largesses, les libéralités; — ces deux ordres de faits correspondent étroitement l'un à l'autre : ils se complètent mutuellement : c'est le même courant d'idées et de passions.

La chevalerie se rattache directement à la féodalité, elle n'est même que la féodalité atteignant un certain degré de culture et d'humanité; elle est le résultat naturel de la civilisation des *classes féodales*, a dit avec raison M. Fauriel. — D'abord la passion du pillage, l'avidité, la convoitise fu-

---

(1) Raynouard, tome 4, p. 369.

rent les seuls instincts qui poussèrent les seigneurs aux armes. Longtemps la possession de l'objet convoité suffit aux grossiers instincts de leur âme barbare. Peu à peu le jour se fit, non-seulement dans la société du moyen âge, mais jusque dans le cœur des barons ; — des sentiments plus nobles s'éveillèrent dans leur conscience; l'avarice assouvie ne satisfit plus leur âme agrandie; il leur fallut la louange, la gloire, l'honneur.

L'Eglise essaya de détourner, au profit de l'ordre et de la civilisation, ces premiers tressaillements de la vie morale ; mais dans le midi elle n'eut que peu d'influence sur les développements de la vie féodale et chevaleresque ; la féodalité méridionale trouva en elle-même toutes les excitations, qui devaient hâter ses progrès, tous les ressorts qui devaient la soulever jusqu'au degré de civilisation où la croisade albigeoise la trouva parvenue. La gloire fut répartie à ses chevaliers par les dames ; — le désir de plaire et de se faire aimer, était un des plus puissants mobiles pour ces hommes vifs, légers, dont les sens et l'imagination étaient si facilement émus. — On connaît l'anecdote caractéristique racontée par Guillaume de Puylaurens avec une gravité doctorale. Une lettre chevaleresque et passionnée, que Pierre d'Aragon écrivait à une dame du voisinage, tombe aux mains de Simon de Montfort, et le rassure sur l'issue d'une lutte engagée avec l'amant d'une *courtisane* (1). « Cinq cents d'entre » nous n'attendent que vos ordres, disait Savary de Mau-

---

(1) Guillaume de Puylaurens, p. 210, *Hist. de France*, tome 19.

» léon à la comtesse Eléonore de Toulouse, un signe de vous
» et nous voilà sur nos destriers : ils sont déjà sellés » (1).
Sans doute, nous ne nous laissons pas abuser par ces propos
chevaleresques ; la légèreté méridionale n'est souvent qu'à la
surface, elle recouvre une véritable gravité ; mais le chant
de Savary de Mauléon, la lettre de Pierre II, les sentiments
qui inspirent l'un et qui animent l'autre, nous donnent une
idée d'un des caractères principaux de cette société méridionale et nous marquent le rôle qu'elle assignait à la femme.

Passionnés pour la guerre, épris de la gloire, la poursuivant avec une ardeur fiévreuse qui ressemblait quelquefois
plus à la vanité qu'à une grande et profonde ambition, excités
par la galanterie (*domneiar*) plutôt qu'enflammés par l'amour,
les chevaliers de la France du sud devaient rechercher tout
ce qui pouvait les entourer d'éclat, de splendeur ; de là les
largesses prodiguées aux poëtes errants qui allaient porter
au loin les noms de leurs bienfaiteurs ; de là les fêtes brillantes, les grands tournois, les coursiers arabes aux longs crins.

Si l'on interroge les troubadours, si l'on recherche les
qualités, les mérites, les vertus dont se compose pour
eux l'idéal du chevalier, on voit que ces qualités, ces mérites, ces vertus sont comme autant de rayons de la vie
féodale. « Maintenant, dit Gaucelm Faidit, en pleurant
» Richard Cœur-de-Lion, maintenant la mort nous a montré
» ce qu'elle peut faire : d'un seul coup elle a ravi ce que le

---

(1) Savary de Mauléon, cité par Hurter, tome 2, p. 424, d'après un manuscrit du Vatican.

» monde avait de meilleur..... D'un seul coup la mort a ravi
» tout honneur, toute prouesse et tout bien..... Il est mort
» le roi ; depuis plus de mille ans, jamais ne fut un homme
» digne de lui être comparé, si large, si preux, si hardi,
» si débonnaire. Alexandre, le roi qui vainquit Darius, ne
» donna ni ne dépensa avec tant de libéralité, je crois.
» Charles et Arthur n'ont pas valu autant que lui. A dire la
» vérité, il se fit redouter d'une moitié du monde et adorer
» de l'autre..... Ah ! seigneur, roi vaillant ! et que devien-
» dront maintenant les armes, les grands tournois serrés,
» les cours brillantes et les belles et grandes largesses, puis-
» que vous n'êtes plus ici, vous qui en étiez le chef » (1).
Chacun de ces traits convient à un baron féodal fier, généreux, loyal, mais rien ne rappelle le chevalier chrétien ; la
piété n'est pas indispensable au héros de la chevalerie méridionale. Richard Cœur-de-Lion n'était pas un saint : il mourut
frappé de la réprobation ecclésiastique ; ses violences contre
les gens d'Eglise et contre les couvents avaient attiré l'interdit
sur sa tête : il resta plusieurs jours sans être inhumé ; ni
prières ni promesses ne purent décider Innocent III à lui accorder la sépulture. Cette permission ne fut arrachée au pape
que par l'adresse de l'ancien chancelier Godefroy de Wine-
seuf ; il composa un poëme où il exaltait la puissance, la bonté,
l'esprit du pape ; muni de ce poëme, il partit pour Rome.
Sa prière fut exaucée, et Richard porté à son tombeau (2).

(1) Raynouard, tome 4, p. 54 et seq.
(2) Hurter, tome 1er, p. 295.

La croisade parlait à l'imagination des méridionaux bien plus qu'à leur foi ; elle n'était pas pour eux un saint pèlerinage ; elle était une carrière ouverte à leurs prouesses ; seulement, au bout de cette carrière, était le salut.

Tous ces sentiments, dont nous trouvons l'expression passionnée dans plus d'un troubadour, jaillissaient des seules profondeurs de la vie féodale ; — en s'éloignant de leur source première, ils se rétrécissaient, s'épuisaient peu à peu ; ils étaient recueillis quelquefois par des poëtes, le plus souvent par des versificateurs ; s'ils tombaient dans un cœur ardent, *capable d'être dominé tout entier par une seule impression*, ils en ressortaient plus vivants, plus impétueux ; mais la plupart de ces poëtes du midi avaient plus d'imagination que de cœur, plus de talent que d'imagination, plus d'esprit que de talent ; ils s'épuisaient en efforts plus ou moins heureux, pour inventer de nouvelles variations sur ces thèmes usés ; et ils rendaient à cette société féodale les sentiments qu'elle leur avait fournis, comme un motif pour leurs chants lyriques ; mais ils les lui rendaient subtilisés, artificiels, embarrassés dans le dédale d'une versification et d'un rhythme trop savants.

Les mœurs des barons du midi les mettaient sur une pente glissante ; au bas étaient la corruption, le désordre, l'anarchie morale ; les biographies provençales des troubadours, tels que Rymbaud de Vaqueiras, Miraval, ne nous laissent guère d'illusion sur l'ardeur platonique des amours dont les châtelaines de la Provence furent l'objet. A la pure inspiration féodale des chants érotiques se mêlait un courant moins pur, qui prenait sa source dans les bas-fonds marécageux de la vieille civilisation grecque et polythéiste. Saint Césaire, évêque d'Arles au sixième siècle, avait combattu pendant toute sa vie contre les superstitions païennes de ses diocésains, danses, saltations, chœurs profanes ; elles lui survécurent, et au treizième siècle, le concile d'Avignon (1209), devait les interdire solennellement (1).

Le contact de cette corruption antique, passée dans les mœurs, se glissant jusque dans les sanctuaires, ne pouvait qu'être funeste à la jeune société méridionale et à la jeune poésie qui exprimait ses sentiments et ses passions ; jeunesse d'un côté, vieillesse et décrépitude de l'autre, tel était l'aspect de cette civilisation du midi. Nous n'insisterons pas sur ce triste revers d'un brillant tableau ; il est déjà connu ; il est facile de retrouver, sous une politesse affectée, sous une courtoisie poussée jusqu'aux plus extrêmes raffinements, la grossièreté et l'intempérance féodales (2).

Tous les troubadours ne se laissaient pas éblouir par l'éclat trompeur d'une société qui les encensait. Il y avait parmi eux des âmes plébéiennes, inquiètes, mécontentes, moroses : tel était le gascon Marcabrus, enfant abandonné, jeté, nous dit son biographe provençal, à la porte d'un homme puis-

---

(1) Père Labbe, tome 11, p. 48.

« Nous ordonnons, disent les Pères du concile, que la veille des fêtes des saints
» on n'exécute, dans les églises, ni danses, ni saltations d'histrions, ni mouve-
» ments obscènes ; que l'on n'y récite pas de chants d'amour, que l'on n'y chante
» pas de chansons ; car les désirs impurs pénètrent dans les esprits des audi-
» teurs ; leurs yeux et leurs oreilles sont souillés. »

(2) Raynouard, tome 5, p. 251.

sant, Aldric de Vilars, qui l'éleva, sans pouvoir corriger, dans cette âme blessée, un fond de misanthropie chagrine et de médisance qui le rendirent redoutable. Sa méchanceté causa sa perte ; il fut tué par les châtelains de Guian, dont il avait dit le plus grand mal. La médisance suffisait ; il n'était pas besoin de recourir à la calomnie pour tracer de la société méridionale les tableaux les plus sombres. La distance était grande entre l'idéal et la réalité. — Le sage et calme Giraud de Borneilh nous permet de la mesurer. Ne cherchons pas dans son curieux sirvente , *Per solatz revelhar*, la distinction que l'histoire du midi nous force à renouveler sans cesse entre le fait brutal et l'idée souvent raffinée, sur laquelle s'exerce le poëte ; cette distinction est relativement moderne ; elle a un caractère philosophique, et l'imagination des troubadours ne pouvait se prêter à cet effort d'abstraction ; l'idéal pour ces poëtes, pour Giraud de Borneilh en particulier, c'est le passé ; les déceptions du troubadour se présentent sous la forme de regrets et semblent plus touchantes ; mais cette illusion poétique ne doit pas nous tromper et nous faire voir une décadence là où elle n'existait pas : ces regrets ne sont que l'expression des sentiments du troubadour, en présence de mœurs si opposées à celles que rêvait son imagination honnêtement chevaleresque : « Je vis, dit-il, mander tournois et accourir gens
» bien armés, et puis des coups les mieux frappés j'entendis
» parler pendant toute une saison ; maintenant c'est une
» prouesse que de voler bœufs, moutons, brebis. Cheva-
» lier est honni, s'il se met à courtiser les dames, plus que

» s'il pousse devant lui maints moutons bêlants et qu'il pille
» églises et voyageurs » (1). Ensuite, avec le fruit de ces rapines, on faisait des libéralités ; on était large, on satisfaisait aux exigences de la vie chevaleresque.

Si les caravanes de voyageurs ne passaient pas à point nommé, si elles se défendaient trop bien, s'il n'y avait point d'églises à saccager, on avait toujours un expédient : on arrachait à ses propres vassaux leur substance, leur vie. « Homme puissant, dit Pierre Cardinal, quand il fait ses
» calendes, ses cours et ses orgies, pourvoit à ses dons, à
» ses réparations, à ses bannières, à ses offrandes, avec des
» maltôtes, des vols et des pillages, et il dépense ses rentes
» en guerres et en plaidoiries..... Riche homme mauvais,
» quand il veut donner fête, écoutez comme il fait sa re-
» quête ; il bat et persécute la gent jusqu'à ce qu'il ne lui
» reste denier ; puis il fait chère moult honnête à celui qui
» ne le connaît pas » (2). Contre cet envahissement brutal du fait, les idées chevaleresques n'étaient défendues que par les troubadours, représentants d'une opinion publique, qui, souvent bravée, souvent dédaignée, n'en conservait pas moins une réelle autorité. Si l'on peut se permettre cette comparaison trop néologique, la poésie des troubadours jouait, dans la société féodale du midi, le rôle que la presse remplit dans nos Etats modernes.

Tel est, d'après les chants des troubadours, l'ensemble des

---

(1) Raynouard, tome 4, p. 290.
(2) Id., p. 356.

idées et des faits qui composaient la vie des hommes du midi. Peut-être, cependant, y aurait-il quelque imprudence à donner aux conclusions de cette analyse une portée trop générale. Le principal et le premier foyer de la poésie appelée à tort provençale, fut dans les pays du Limousin ; le nom de langue lémosine, qui désigne, au douzième et treizième siècle, la langue parlée par ces poëtes de la France du sud, la supériorité incontestée, que Raymond Vidal attribue à ce dialecte sur tous les autres dialectes voisins et contemporains, nous autorisent à chercher dans ces régions du centre le premier retentissement de ces chants féodaux et chevaleresques. « De la terre des Limousins, écrit le marquis de
» Santillane, dans sa fameuse lettre, qui est restée un des
» précieux monuments de l'histoire littéraire de l'Espagne,
» de la terre des Limousins, ces connaissances s'étendirent
» aux Gaulois et à cette dernière contrée de l'Occident qui
» est notre Espagne » (1).

C'est sur ces plateaux et ces montagnes, qui limitent au nord le bassin de la Garonne, qu'agirent, chantèrent, combattirent non-seulement les premiers troubadours connus, mais encore ceux qui eurent, dans l'esprit, le caractère et le cœur, la plus puissante originalité. Un chevalier, un poëte, comme Bertrand de Born, dut imprimer un cachet indélébile à toute création de sa fougueuse pensée, et les mœurs de la plus libre, de la plus fière, de la plus insoumise, de

---

(1) Etudes sur la littérature espagnole, par M. J.-M. Guardia (*Revue germanique*, 16 juillet 1862, p. 177).

la plus turbulente des féodalités, marquèrent d'une forte empreinte ces chants lyriques éclos au milieu d'une vie pleine de passions, de luttes, de fêtes, de souffrances et de plaisirs. Cette poésie se répandit de proche en proche dans les autres contrées du midi, comme la langue même dans laquelle elle exprimait ses inspirations, tantôt mâles, fières, ardentes, tantôt languissantes ou rêveuses. Des poëtes nés dans ces pays du centre allaient faire entendre leurs chants aux riches et opulentes cours du midi. C'était Gaucelm Faidit de Limoges ; c'était Arnaud de Marueil, ce clerc de petite naissance, qui abandonnait le Périgord et le château de Marueil, sa patrie, pour vivre auprès de la comtesse Adélaïde de Burlatz, la sœur du preux comte de Toulouse, la femme du vicomte de Béziers et la mère du malheureux Roger (1).

Ces poëtes, à leur tour, trouvaient des imitateurs et des rivaux dans les troubadours des bords du Rhône et de la Garonne. Que l'on se rappelle maintenant le caractère artificiel et monotone des compositions lyriques du midi, que l'on songe combien l'invention était limitée, combien elle se renfermait dans le détail, dans le choix des expressions, dans la combinaison des mots et des sons, dans ces subtilités de pensée et de langage, dont quelques troubadours n'hésitaient pas à se faire un mérite, et l'on se demandera si dans ces chants qui, au commencement du treizième siècle, retentissent comme autant d'échos sur tous les points

---

(1) Raynouard, tome 5, p. 45.

du midi, les diverses petites sociétés de la France du sud reconnaissent leurs vrais sentiments et leurs passions réelles. N'acceptent-elles pas plutôt, comme une mode, les sentiments et les passions qui font battre, sous le haubert où le pourpoint de soie, le cœur des barons de l'Aquitaine du nord ? Errants et voyageurs pour la plupart, les troubadours se contentent-ils d'épuiser le vieux fond de l'inspiration féodale et chevaleresque d'un Guillaume de Poitiers et d'un Bertrand de Born, ou le renouvellent-ils au contact de la nature et de la réalité vivantes ? En un mot, le retour monotone des mêmes pensées, des mêmes expressions dans les poésies de presque tous les troubadours, est-il l'effet d'une imitation indolente et sans originalité ? ou bien atteste-t-il un fonds commun d'idées et de sentiments régnant dans toutes les parties du midi ? La question n'a jamais été résolue ; elle n'a même pas été posée. Elle est grave néanmoins, et tant que cette solution délicate sera encore à chercher, nous ne pourrons qu'avec défiance interroger les poésies des troubadours. Nous y cherchons l'expression de la société méridionale. Savons-nous si, au lieu d'une image vraie et fidèle, nous ne trouvons pas une fiction ? Avant d'accepter le témoignage de ces poëtes, avant de lui prêter une portée générale qu'il n'a peut-être pas, il le faut soumettre à un sévère contrôle. Ce contrôle, c'est le poëme de la croisade qui nous le fournira ; c'est une production spontanée du pays de Toulouse ; c'est un fruit du terroir ; c'est un poëme ; mais un poëme avec la sévère et précise exactitude de l'histoire ; la réalité y est serrée de près. C'est un précieux monument pour l'histoire des idées du midi. Jusqu'à quel point les pensées et les passions féodales des Bertrand de Born dominaient-elles dans ces pays, qui furent les témoins de la guerre albigeoise? Jusqu'à quel degré s'étaient-elles conciliées avec les progrès de la bourgeoisie et le grand développement des libertés municipales? Le poëme de la croisade répond à toutes ces questions, permet de saisir toutes ces nuances.

L'esprit féodal, qui donne aux sirventes de Bertrand de Born leurs plus vivantes inspirations, anime la société dont le poëme de la croisade nous retrace les traits principaux. Il n'est peut-être pas de roman dont l'inspiration soit plus féodale que le fameux roman de Raoul de Cambray; il est lu, admiré dans le midi; la chanson de la croisade fait à ce poëme une allusion que nous avons eu déjà l'occasion de rappeler. Le plaisir que les méridionaux pouvaient éprouver à entendre raconter les violences et les hauts faits de ce baron du nord, atteste dans leur âme des passions analogues à celles que le trouvère a retracées avec une heureuse énergie.

La vieille tradition des chansons de gestes était encore vivante; les admirateurs de ces rudes poésies semblent avoir formé toute une école, tout un parti. Le troubadour de la seconde partie du poëme de la croisade, même celui de la première, s'étaient sans doute nourris de ces romantiques épopées : la rudesse du langage n'accuserait pas l'ignorance de ces poëtes ou leur basse extraction; elle indiquerait plutôt une imitation, affectée comme toutes les imitations; la langue du poëme de la croisade ne serait pas sans quelque rapport avec celle des principales épopées, traduites dans la langue du midi, Gérard de Roussillon, par exemple. De part et d'autre, les aspirations sont recherchées avec un véritable soin. — Le poëme de la croisade ne reproduit pas seulement la forme, le rhythme, les couplets monorimes, dont ces grandes chansons de gestes offrent le modèle ; il en emprunte le langage.

Le troubadour, qui a écrit la dernière moitié, semble avoir puisé dans l'étude de l'austère poésie de ces chants épiques, un profond dédain pour les accents efféminés des *cansos* amoureuses. Il hait dans Folquet l'évêque violent, fourbe, sanguinaire ; il ne méprise pas moins le chantre de la comtesse de Marseille et d'Eudoxie Comnène. Dans le concile de Latran, le comte de Foix, répondant aux accusations de Folquet, termine son plaidoyer par un vigoureux *argument ad hominem*, qui a presque de l'éloquence. C'est dans cette péroraison que le troubadour ouvre un libre champ à sa critique passionnée : « Et pour l'évêque qui se fait maintenant si fort,
» avec son faux semblant, il a trahi Dieu et nous-mêmes :
» avec ses chansons mensongères, avec ses paroles si pleines
» de flatterie, que l'on ne peut, sans se perdre, les chanter
» ou les dire, avec ses sentences, avec ses proverbes affilés
» et fourbis, avec nos présents qui lui servirent à se faire
» jongleur, et avec sa mauvaise doctrine, il s'est si fort
» enrichi, que l'on n'ose plus contredire rien de ce qu'il
» affirme ». (1). C'est le comte de Foix qui parle ; n'est-il

---

(1) Fauriel, p. 234 ; Mss., f° 42, p. 84.
E dic vos de lavesque que tant nes afortitz
Quen la sua semblansa es Dieus e nos trazitz,

que l'interprète de la pensée du poëte, ou bien exprime-t-il sa propre opinion, son jugement personnel? Le troubadour était le protégé de Roger Bernard ; il pouvait bien ne pas ignorer les appréciations du père de son bienfaiteur, et peut-être le vassal fidèle des comtes de Toulouse partageait-il les sympathies que le talent du poëte et le tour particulier de son imagination inspiraient à Roger Bernard. Ainsi, ces deux héros de la défense méridionale, ces deux champions de *parage*, étaient peut-être deux barons de la vieille roche ; façonnés sur le modèle des antiques preux.

Les vieilles vertus féodales étaient, plus qu'on ne le pense, l'apanage des hommes du midi. Ils étaient vaniteux ; mais ils savaient aussi être fiers. Leur fierté aristocratique ne se révoltait pas moins contre la bassesse des nouveaux seigneurs, faits par la croisade, que leur patriotisme ne se soulevait contre l'oppression des Français. Ce sont les blessures de ce sentiment froissé, que Robert de Pecquerny fait sonder à Montfort. Les justes vengeances de l'orgueil méridional, secondées par la Providence, sont pour le chevalier français, large, preux, courtois, la cause des efforts inutiles tentés et des échecs essuyés par Montfort sous les murs de Toulouse : « Et parce que cette ville a souf-
» fert maintes mortelles vexations ; ce n'est point merveille, si

> Quab cansos messongeiras e ab motz coladitz
> Dont totz hom es perdutz quels canta ni os ditz
> Ez ab sos reproverbis afilatz e forbitz
> E ab los nostres dos, don fo enjotglaritz
> Ez ab mala doctrina es tant fort enriquitz
> Com non auza ren diire à so quel contraditz.

» le comte Raymond a pu la recouvrer : notre comte en fit
» seigneurs des goujats et des truands ; aussi à nous tous
» et au comte en sera-t-il donné telle récompense que tout
» notre lignage se traînera dans des voies pires que celles
» où nous avons marché » (1). En prêtant attentivement
l'oreille, on entendrait peut-être, dans cette société profondément agitée, dont le poëte de la croisade reproduit les émotions passionnées, l'écho des accents énergiques de Bertrand de Born, dans son sirvente contre les riches vilains; mais, dans cet extrême midi de la France, des faits, dont il est impossible de ne pas tenir compte, se sont déjà accomplis ou sont en train de s'accomplir; la bourgeoisie des grandes villes s'est reliée à la grande aristocratie féodale, par cette noblesse urbaine qui participe à la fois de la vie de la cité et de celle du château ; la limite n'a été que déplacée et reculée ; l'aristocratie a étendu le rayon du cer-

---

(1) Fauriel, p. 474 ; Mss., fº 87, p. 174.
  E car sufric Tholoza mans mortal enugers,
  Ges non es meravilha, ses faitz lo recobriers,
  E car ne fe senhors garsos e pautoniers,
  A nos totz e al comte ner donatz tals loguiers
  Que totz nostres linatges pecaran els semdiers.

Ici encore, nous nous trouvons en présence d'un vers, dont le texte altéré ne présente plus aucun sens ; il est difficile de rétablir la véritable leçon ; il est cependant possible d'imaginer que l'étourderie ou la précipitation du copiste ont resserré des mots qui devaient être lus séparément. Ainsi, au lieu de dire : *pecaran els semdiers*, ce qui est inintelligible, nous lirions volontiers : *pieg auran els semdiers*, auront pires les sentiers ; la suite des idées n'est dès lors plus troublée. Robert de Pecquerny arrête sa pensée sur le châtiment réservé au comte de Montfort et à ses compagnons ; son inquiétude ne se borne pas à sa propre existence ; sortant de ce cercle borné, il jette sur la destinée qu'ils préparent à leurs descendants, un regard plein d'angoisse et d'anxiété.

cle qu'elle trace autour d'elle, elle n'a pas effacé la ligne de démarcation ; la bourgeoisie a déjà pénétré dans l'enceinte féodale, mais elle a refermé les portes sur elle et a bientôt partagé l'esprit hautain, exclusif, dédaigneux de la classe supérieure à laquelle elle s'est déjà en grande partie réunie.

Lorsque Raymond fit lire à ses vassaux, à ses sujets, la charte que lui avait remise le notaire du concile d'Arles, le frémissement de colère et d'indignation, qui souleva les énergiques protestations de la fierté méridionale, agita les chevaliers et les bourgeois, mais ne pénétra pas jusqu'aux couches inférieures de la population. « Les habitants de la » terre, chevaliers et bourgeois, quand ils ouïrent la charte, » dirent qu'ils aimeraient mieux être tous morts ou prison- » niers, plutôt que de souffrir une telle chose ; pour rien, » ils ne se soumettraient » (1). Les vilains, les paysans, les serfs restent étrangers à ce mouvement ; il y a solution de continuité dans les anneaux de la chaîne qui devait conduire jusqu'aux derniers rangs du peuple le courant électrique du patriotisme. Ces hautes classes de la société méridionale ont un mépris hautain pour ces rudes populations de travailleurs ; un abîme semble les séparer les unes des autres. Le plus grand malheur pour les chevaliers et les bourgeois serait d'être réduits à l'état de ces serfs, de ces vilains ; c'est

---

(1) Fauriel, p. 100-102 ; Mss., f° 18, p. 36.
  Li casatz de la terra, cavaler e borzes,
  Cant auziron la carta que legida lor es,
  Dizon que mais voldrian estre tuit mort o pres,
  Queli aiso sufrisan ni o fessan per res :
  Doncs serian tuit sers o vila o pages.

à cette crainte que viennent aboutir toutes les répulsions que leur inspirent les conditions proposées par l'Eglise ; c'est cette perspective qui irrite leur cœur et trouble leur imagination ; mourir plutôt que de consentir à un tel abaissement !

La fierté n'était pas le seul ressort que la main violente des légats avait comprimé dans ces cœurs ; les Pères du concile prétendaient imposer aux hommes du midi une existence qui contrastait trop avec les mœurs régnantes dans ces contrées ; toutes les querelles féodales devaient être terminées ; l'Eglise installait dans ces contrées une sorte de ligue ou confrérie, qui était à la fois, dans ses mains, un tribunal et une armée ; c'étaient les *paciarii*, les *paziers*, hommes appelés à maintenir la paix, à la conserver au besoin par la guerre. Les vassaux des Raymonds devaient à la fois payer ce tribunal et solder cette armée : ils donneront, chaque année, quatre deniers toulousains aux pacificateurs du pays, qu'ils établiront ; l'institution d'un tribunal régulier, d'une juridiction presque ecclésiastique déplaisait hautement aux barons de Toulouse ; elle n'aurait guère plus offensé le bouillant courage de Bertrand de Born. Aux plaisirs, au luxe, aux pompes, qui étaient comme le lumineux épanouissement de la vie chevaleresque des vassaux des Raymonds, l'Eglise prétendait faire succéder une sombre et morne uniformité, une tempérance ascétique, un costume monacal, l'absence de toute distinction entre toutes les classes d'hommes, confondues dans une même humiliation, dans une même pénitence : « Jamais plus de deux viandes ils ne mangeront ; » jamais étoffe de parage ils ne revêtiront : ils ne porteront

» que de grosses capes brunes, qui leur dureront plus long-
» temps. Les chevaliers vivront dans la campagne, comme
» les autres vilains » (1).

Dans les mœurs que l'Eglise veut combattre, ne retrouvons-nous pas celles que reflètent les chants des troubadours? C'est bien là cette chevalerie dont les barons du Poitou et du Limousin étaient les types les plus parfaits : chevalerie toute mondaine, ne demandant qu'à elle-même sa propre inspiration et ses excitations les plus ardentes : l'amour, la galanterie remplissent la pensée des hommes d'armes méridionaux, dans les crises les plus graves, au moment où la destinée de leur pays est en jeu. — Raymond VII marche avec son père vers Avignon, qui les appelle dans ses murs. Gui de Cavaillon est à cheval, à côté du fils de la reine Jeanne d'Angleterre. Quel est le sujet de leur entretien dans cette chevauchée ? « Ils parlent d'armes,
» d'amours et de largesses jusqu'à ce que le soir s'abaisse,
» et qu'Avignon les reçoive. Si, disait Gui de Cavaillon à
» l'héroïque neveu de Richard Cœur-de-Lion, si parage ne
» se relève pas, secouru par vous, parage est mort et tout le
» monde rempli de tristesse » (2). Les largesses et les libéralités sont, de tous les actes des chevaliers, ceux que le

---

(1) Fauriel, p. 100; Mss., f° 18, p. 35.
  E mas de doas carns eli no manjaran,
  Ni ja draps de paratge poichas no vestiran
  Mas capas grossas brunas, que mais lor duraran.
(2) Fauriel, p. 268; Mss., f° 48 et 49, p. 96-97.
  E si pretz e paratges non restaura per vos,
  Doncs es ja mortz paratges e totz lo mons enuios.

poëte de la première et celui de la seconde partie de la geste louent le plus volontiers. La généreuse magnificence d'Aimery de Montréal rend le clerc de Tudela indulgent pour la mémoire de cet ami des *hérétiques* et des *ensabbatés*; la pensée du libéral accueil que la dame Giralda de Lavaur faisait à tous les troubadours, lui arrache des regrets, presque un peu de compassion pour cette malheureuse victime des brutalités de la croisade. Lorsque, pendant le second siége de Toulouse, une nombreuse troupe de chevaliers entre dans la ville, le poëte, qui assiste au défilé, sait bien distinguer et nous montrer ceux que leur libéralité recommande à l'attention des troubadours; il ne laisse pas passer inaperçu, confondu dans les rangs de ces braves accourus au secours des Raymonds, dom Bertrand de Pestilhac, dont les présents dépassent toujours les demandes qu'on lui adresse (1).

Nous pouvons donc rassembler, dans le poëme de la croisade, tous les principaux traits qui, suivant les troubadours, composaient l'idéal de la vie féodale et chevaleresque. Dans cette chanson de gestes, comme dans les sirventes et autres productions de la lyre provençale et lémosine, le côté religieux ne semble avoir qu'une médiocre importance. Un des chevaliers, que le poëte de la seconde partie de la geste se plaît à rehausser le plus par ses louanges, c'est le faidit Bernard de Casnac. Pierre de Vaux-Cernay nous a

---

(1) Fauriel, p. 420; Mss., f° 77, p. 154.
NBertrans de Pestilhac, que millhurals demans.

déjà appris à le connaître (1) ; nous croyons, sans doute, que le moine de Vaux-Cernay a calomnié ce baron du Quercy avec toute la sincérité du fanatisme ; mais une calomnie suppose toujours un fond de vérité, qui lui a servi de point de départ ; et si ce châtelain n'a pas commis, avec sa femme, toutes les atrocités que lui prête le chroniqueur monacal, il est permis de soupçonner que son zèle religieux n'était pas des plus ardents, sa foi des plus orthodoxes ; il était un des auditeurs de l'hérétique Bernard de Lamotte (2). Néanmoins, les bruits sinistres répandus sur l'impiété et la cruauté de ce chevalier n'affaiblissent pas l'admiration qu'il inspire au religieux auteur de la seconde partie de la geste. Le patriotisme du troubadour peut bien le rendre indulgent pour un baron qui vient protéger sa cité en péril ; le secours amené par ce châtelain grandit ses vertus et ses mérites aux yeux du poëte ; mais il y a, dans les éloges donnés par le troubadour à Bernard de Casnac, trop d'élan, trop de verve, trop d'entraînement, pour que celui qui en est l'objet ne soit pas, à ses yeux, un vrai type de perfection chevaleresque : « Soudain, voici dans la ville une grande splen-
» deur, qui défend, restaure et remet en couleur tous ses
» défenseurs. Bernard de Casnac est venu, à la Toussaint,
» avec bonne compagnie. Je ne vis jamais son second en
» droiture et en puissance, jamais plus adroit cavalier, plus
» digne de louanges ; il a sens, largesse et cœur d'empe-

---

(1) Pierre de Vaux-Cernay, *Historiens de France*, tome 19, p. 98.
(2) Doat, tome 22, f° 35.

» reur. Il gouverne parage et dirige valeur. Pour restaurer
» droiture et pour briser douleur ; il vient protéger Tou-
» louse et le comte, par un élan spontané de son affec-
» tion » (1).

Est-il possible de reconnaître, dans ce portrait idéalisé, le seigneur que Pierre de Vaux-Cernay nous dépeint sous des douleurs si sombres ? Pierre de Vaux-Cernay calomnie ; mais, dans ses mensonges involontaires, il y a de la vérité ; le poëte de la croisade glorifie ce même baron, et nous connaissons trop l'exactitude sévère de ses appréciations, pour croire qu'il ne s'est plu à rassembler ici que de vagues banalités. Je croirais en partie Pierre de Vaux-Cernay ; j'aurais plus de confiance encore dans les jugements de l'honnête troubadour, qui a écrit la seconde partie de la geste. — Comment concilier leurs assertions contraires ? Rien de plus aisé, si l'on admet que, dans les idées méridionales, le tyran des vilains et des serfs peut être un chevalier plein de sens et de largesse, maudit par ses vassaux, exalté par les troubadours ; il peut être l'effroi des

---

(1) Fauriel, p. 522 ; Mss., f° 96, p. 192.
  Ab tart veus per la vila una gran resplendor ;
  Quels defen e restaura els torna en color,
  En Bernartz de Casnac es vengutz al Santor,
  Ab bona companhia, ab cor defendedor.....
  Anc no vis per dreitura segon de sa rizor,
  Pus adreit cavalier, plus complida lauzor,
  Quel a sen e largueza e cor demperador,
  E governa paratge e capdela valor
  Per restaurar dreitura e per franher dolor,
  Venc amparar Toloza el comte per amor.

églises et des monastères voisins, et gouverner parage et splendeur. — Il ne serait pas difficile de trouver, dans l'histoire du midi, ces deux caractères, contradictoires en apparence, réunis dans un même chevalier. Dans cet idéal chevaleresque, dont Bernard de Casnac semble s'être approché autant qu'il est possible de s'approcher de l'idéal, le sentiment religieux n'est qu'un trait toujours secondaire et le plus souvent effacé.

Cette féodalité est à la fois indifférente et superstitieuse : avec une tolérance qui serait un de leurs plus beaux titres, si elle ne ressemblait pas encore plus à de l'indifférence, les barons confient aux Juifs des charges importantes ; les réclamations de l'Eglise, les interdictions des conciles (concile de Montpellier, 1195) restent impuissantes ; l'Eglise s'irrite, s'aigrit, et le concile d'Arles ordonne au comte de Toulouse de chasser les Juifs de toute sa baillie (1). Les superstitions remplacent auprès de ces barons la foi absente ; elles excitent le dédain de Pierre de Vaux-Cernay, qui en triomphe avec une superbe arrogance. Nous connaissons l'augure que le routier Martin Algaïs tire du vol d'un aigle qui planait au-dessus de Castelnaudary. Comme dans l'ancienne société romaine, des hommes se consacraient particulièrement au métier d'aruspices. En 1277, comparaissait, devant l'inquisition, Pierre Raymond Dupuy de Sorèze (2) : son seul tort avait été de se livrer à ces pratiques païennes ; sa confession

---

(1) Fauriel, p. 98 ; Mss., f° 18, p. 35.
(2) Collection Doat, tome 29, f° 269.

compromit non-seulement des laïques, mais encore plusieurs ecclésiastiques, entre autre le célèbre Gui Falcodius, le futur pape Clément IV. Ces superstitions ne ressemblent pas à celles dont le moyen âge offre tant d'exemples; elles ne se rattachent pas à ce qu'on pourrait appeler la mythologie du christianisme : elles ont une origine toute romaine ; c'est une tradition païenne toute vivante. L'Eglise n'a pu l'étouffer ; elle l'a même acceptée ; elle a toléré bien d'autres abus qui ne sont qu'une trace persistante des antiques polythéismes grec et romain.

Ainsi, le poëme de la croisade nous montre, dans les environs de Toulouse, une société qui rappelle celle dont Richard Cœur-de-Lion fut le héros, et Bertrand de Born le poëte. Ce sont les mêmes idées, les mêmes mœurs, les mêmes aspirations, les mêmes tendances, les mêmes passions, seulement moins exclusives, plus larges, plus libérales : un esprit nouveau semble les pénétrer. Cette civilisation toute féodale, sortie des plateaux et des montagnes du Limousin, a rencontré, sur les bords de la Garonne, une autre civilisation qui doit son éclat à l'industrie qu'elle active, au commerce dont elle étend les relations, à la science du droit dont elle propage les lumières. Bourgeoise et municipale, cette civilisation exotique vient d'Italie, brille surtout dans les grandes villes du littoral de la Méditerranée et crée entre la France du midi et les cités italiennes des rapports nombreux et féconds; ces deux civilisations s'unissent, se mêlent et exercent l'une sur l'autre une influence réciproque qui n'est pas un des traits les moins caractéristiques de l'histoire du midi aux douzième et treizième siècles. La France du sud a son génie dorien tourné vers les armes, se développant dans les montagnes de l'intérieur du pays, et son génie ionien, maritime et commerçant. Toulouse offre un singulier exemple de la fusion de ces deux génies ; elle était pourtant plus féodale que bourgeoise, plus guerrière qu'industrielle, plus agricole que commerçante, plus dorienne qu'ionienne.

Dans cette ville, comme dans la plupart des autres centres de cette société féodale et mondaine, l'Eglise ne doit pas avoir une place considérable; elle est reléguée dans les derniers plans, où son action est à peine sensible. De même, le peuple, dont l'oppresseur peut encore être un héros de ce monde chevaleresque, est aussi un paria : rejeté dans les degrés inférieurs de la société, il y souffre obscurément, mais avec impatience : le moment de la revanche viendra pour lui, comme pour l'Eglise : deux protestations, presque simultanées, quoique parties d'extrémités contraires, s'élèvent contre cette société brillante, frivole, corrompue, fière, dédaigneusement aristocratique : celle du peuple sera l'hérésie ; celle de l'Eglise sera la croisade.

CHAPITRE VI.

L'Eglise : sa situation, ses relations avec la féodalité.

On se plaît d'ordinaire à se représenter la France du midi, au douzième et au treizième siècle, comme une sorte d'Eden, au milieu de la terre du moyen âge arrosée de sueur et de sang. M. Capefigue exagère encore cette nuance déjà trop fortement accusée, dans le poétique tableau de la littérature et de la société provençales, tracé par M. Villemain. « Sous
» le beau ciel du Languedoc, dit l'historien de Philippe-
» Auguste, tout avait pris un aspect de douceur et de gaieté.
» La cour des comtes de Saint-Gilles ou de Toulouse, des
» ducs de Gascogne et de Guyenne, des comtes d'Auvergne,
» de Poitou ou de Provence, pleine de troubadours et de
» nobles dames, offrait l'aspect de fêtes perpétuelles où
» l'amour, la gaieté et le plaisir tenaient leur cour plé-
» nière » (1).

Cette gaieté, ces fêtes et ces plaisirs n'étaient guère qu'à la surface ; les troubadours eux-mêmes nous laissent apercevoir des maux profonds, des souffrances mystérieuses, qui

---

(1) Capefigue, *Hist. de Philippe-Auguste*, tome 5, p. 11.

ne se découvrent qu'à un regard pénétrant et scrutateur. — La violence des passions féodales, l'anarchie au sein de laquelle elles se déployaient librement, les brigandages des auxiliaires que les seigneurs prenaient à leur solde, tels que ces routiers basques, cottereaux, aragonnais, donnaient à ces contrées un aspect de ruine et de désolation, dont on peut prendre une idée dans la lettre d'Etienne, futur évêque de Tournay et alors abbé de Sainte-Geneviève, à Raymond, prieur de la même abbaye (1) : ce ne sont que de vastes déserts où tout retrace la fureur des bandits, et présente l'image de la mort ; ce ne sont que villes incendiées, maisons en ruines ; point de tranquillité ; sans cesse des menaces pour votre vie, des embûches sur votre chemin. Les troubles ne commenceront pas pour le midi avec l'arrivée de la croisade ; déjà, vers la fin du douzième siècle, cette société souffrait d'un vice que les splendeurs de la vie féodale ne réussissaient pas à cacher ; elle n'avait point d'équilibre, surtout au point de vue moral : les idées, les passions féodales avaient pris un empire qu'aucune autre force morale n'était capable de contrebalancer. L'influence s'en faisait plus vivement sentir dans la plupart des grands centres, où des populations nobles vivaient au milieu des populations bourgeoises, qu'elles pénétraient de leur esprit.

L'Eglise, dans le midi, n'avait pas su ou peut-être n'avait pas pu conquérir, en face de la féodalité et de la bourgeoisie, une position digne, fière, indépendante. Le temps,

---

(1) *Hist. de France*, tome 19, p. 211.

l'adoucissement des mœurs avaient fait régner plus d'équité, moins de brutalité dans les rapports des seigneurs avec les prélats. Une bulle d'Innocent II, de l'année 1130, avait donné aux chanoines d'Alby la faculté de vivre *régulièrement* et d'élire librement leur évêque (1) ; — Roger de Béziers avait promis à l'évêque Rigald ou Réginald d'Alby, de renoncer à l'usage, établi par ses prédécesseurs, de s'emparer des dépouilles de l'évêque décédé ; néanmoins, ces garanties, accordées à la liberté ecclésiastique, étaient restées insuffisantes ou incomplètes ; elles n'avaient rendu à l'Eglise ni l'autorité ni la sécurité dont elle avait besoin.

Les prières, ou plutôt les impérieuses sommations que les prélats adressent au pape dans le concile de Latran, trahissent toutes les excitations de la haine, tous les emportements du fanatisme ; mais cette haine et ce fanatisme ne se composent-ils pas en grande partie du souvenir des humiliations souffertes, et de la crainte de voir revenir pour l'Eglise un état social, où sa place était si étroite, sa puissance si limitée ? « Seigneur, s'écrient ces prélats, si tu
» rends la terre (aux anciens comtes), nous sommes tous
» à demi morts, et si tu la donnes à Simon, nous sommes
» guéris et sauvés » (2). Peut-être même l'appréhension, que les légats réussissent à faire partager au pontife, est-elle l'explication de l'inconcevable jugement que le poëte, avec

---

(1) Compayré, *Etudes inédites sur l'Albigeois*, p. 62.
(2) Fauriel, p. 240 ; Mss., f° 43, p. 85.
  Senher, si lor rens terra, nos em tuiz demeg mort,
  E si la datz an Simo, em gueritz e estort.

une intention satirique, met dans la bouche d'Innocent III : le comte est catholique, et se conduit loyalement ; mais que Simon tienne la terre.

Les troubles dans lesquels les luttes féodales plongeaient le midi, l'éloignement de la royauté, dont les interventions, plus nombreuses, peut-être, qu'on ne le saurait penser, étaient encore trop rares, plaçaient l'Eglise dans des conditions fatales à sa puissance, contraires à sa dignité. Société organisée, avec une administration savante et compliquée, elle avait besoin de la paix, de la liberté des communications, qui seule permet au pouvoir de se transmettre et de s'exercer. Les guerres, qui déchiraient les domaines du comte de Toulouse, arrêtaient la circulation de la vie religieuse dans ces larges canaux, qui devaient la distribuer dans tous les rangs hiérarchiques de l'Eglise, et mettaient en communication Saint-Pierre avec les cathédrales archiépiscopales, et ces cathédrales avec les plus humbles paroisses rurales ! Quelle étrange situation que celle d'un évêque vivant comme les deux évêques de Toulouse, Fulcrand et Raymond de Rabastens, dans leur hôtel, ainsi que de simples bourgeois ! — Voulaient-ils faire leur tournée épiscopale ? voulaient-ils visiter leurs paroisses ? il fallait se mettre à la merci de quelques seigneurs féodaux, et sous la protection d'une escorte de chevaliers (1). On comprend maintenant que l'Eglise ait réclamé la paix avec une insistance infatigable. Nous nous expliquons sans peine qu'une des conditions imposées à

---

(1) Guillaume de Puylaurens, *Hist. de France*, tome 19, p. 198.

Raymond VII et aux populations du midi, ait été l'établissement de pacificateurs (*paciarii, paziers*), payés par le pays même.

Le mal le plus grave que les violences féodales et les mœurs développées par ces violences faisaient à l'Eglise, n'était pas cette interruption de relations, qui livrait les évêques et les prêtres aux caprices de leur inspiration personnelle ; c'était aussi l'envahissement des domaines ecclésiastiques, c'étaient les attaques contre les abbayes, contre les maisons d'ordre. C'est un pareil abus, aggravé encore par les ressentiments et l'esprit de vengeance de la chevalerie, que le comte de Toulouse, rentrant dans ses Etats, veut extirper par les plus énergiques mesures : « Par sainte Marie et » par le saint Sauveur, s'écrie le comte de Toulouse, dans » un parlement tenu au petit Saint-Sernin, il n'y a ni ba- » ron, ni comte, ni chevalier, ni comtor, si vaillant et si » puissant qu'il soit, qui, s'il fait du mal à une maison reli- » gieuse ou à quelque pèlerin en chemin, ne soit aussitôt » brûlé, pendu ou jeté en bas de la tour » (1).

Il ne faut pas croire que ces violences ne fussent que des représailles. — Une lettre de Milon à Innocent III nous montre ce que devenaient les églises sous la main envahissante de la féodalité ; auprès d'Arles, un noble, Guillaume

---

(1) Fauriel, p. 462 ; Mss., f° 85, p. 169-170.
 E per santa Maria ni per sant Salvador,
 Noi a baro ni comte, cavalier, ni comdor,
 Que per sa galhardia ni per autra richor
 Fes mal a mazo dorde ni a cami de santor
 Que no larda o nol penda o no saut de la tor.

Porcelet, avait fortifié deux églises et un cimetière dans une île du Rhône, non loin de la cité : « Il avait changé la
» maison du Seigneur en caverne de brigands ; il sortait
» de ce repaire pour commettre des rapines, exercer les
» plus odieuses exactions » (1). Une telle usurpation n'était
pas un fait isolé. Un des premiers articles des coutumes
de Pamiers défend aux laïques de convertir les églises en
forteresses (2).

Une grande partie du sol du midi, surtout des Corbières
occidentales à la Méditerranée, et des Pyrénées à la montagne Noire, aux monts de l'Orbe et aux Cévennes, était possédée par de riches et puissantes abbayes, telles que Montolieu, Villelongue, Sainte-Marie de l'Orbieu, plus tard
abbaye de la Grasse, Saint-Pons de Thomières ; puis, en
remontant vers le nord-est, c'était le fameux monastère de
Saint-Wilhem du désert ; mais le plus riche était celui de la
Grasse ; nous avons déjà rappelé les rapides accroissements
et l'étendue des possessions de cette abbaye : au commencement du douzième siècle, le plus puissant baron de la
contrée, le vicomte de Carcassonne, devait l'hommage à
l'abbé de la Grasse, pour un très-grand nombre de fiefs et
remplissait, envers ce haut suzerain, les devoirs d'un vassal
soumis (3). Cette puissance, étendue et fastueuse, devait s'attirer les attaques de la féodalité, dont elle blessait la fierté
et excitait les passions cupides. La noblesse méridionale se

---

(1) Baluze, *Recueil des lettres d'Innocent III*, tome 2, p. 365.
(2) Marténe et Durand, tome 1er, p. 832.
(3) Mahul, *Cartulaire et archives*, tome 2, p. 341.

trouvait, en présence de ces nombreux domaines ecclésiastiques, dans les dispositions de la noblesse allemande, au commencement du seizième siècle, à l'égard des vastes abbayes, des évêchés, archevêchés, qui se partageaient le territoire de l'Allemagne.

Les empiétements de la féodalité avaient de bonne heure commencé ; elle avait, en face du monastère de la Grasse, de terribles champions, avides, braves, violents, pillards : c'étaient les seigneurs de Thermes ; la dame de Thermes, Rixovende, voulut être reçue sœur de l'abbaye de la Grasse ; elle dut faire un long aveu de toutes les usurpations dont sa famille, ses cousins, elle-même s'étaient rendus coupables sur les terres abbatiales (1). L'acte est de 1208 ; cette fin du douzième siècle et ce commencement du treizième sont une date funeste dans l'histoire de l'église de la France du sud. En parcourant les chartes relatives au monastère de Montolieu, vers cette époque, on peut suivre la trace des faits moraux, politiques, religieux, qui se produisaient dans la société du midi (2). Les donations deviennent très-rares. A peine le recueil Doat (vol. 89, fol. 144, 145-6), en mentionne-t-il deux. — Ces concessions si peu nombreuses n'étaient qu'une faible compensation aux inquiétudes et aux atteintes que l'abbaye éprouvait au milieu de ces temps désastreux. En 1182, des lettres du pape Lucius II placent le monastère de Saint-Jean de Val Singer sous l'autorité de

---

(1) Mahul, *Cartulaire et archives*, tome 2, p. 259.
(2) Mahul, id., tome 1er, p. 86-87.

l'abbé de Saint-Pons de Thomières. Cette mesure, dictée par la dispersion des moines, à la suite des persécutions hérétiques, ne reçut point d'exécution : elle atteste toujours l'état et la nature des relations qui existaient entre l'Eglise et la féodalité des environs. Le monastère ne se défend qu'en opposant la féodalité à la féodalité. Il faut aliéner les églises et les dîmes. — L'abbé Jean de Montolieu concède à Arnauld de Brugairolles l'église de Saint-Julien, située dans Brugairolles, les dîmes et tous les droits attachés à la possession de cette église même. En échange de ces larges concessions, Arnauld de Brugairolles devra assurer l'exercice du culte divin, suivant les rites traditionnels dans la ville dont il est seigneur, et servir une fois l'année, à l'abbé de Saint-Jean de Mallast, l'albergue pour six hommes à cheval. Dans les premières années du treizième siècle, la féodalité devient de plus en plus menaçante ; l'abbaye de Montolieu prend pour abbé un homme d'armes, Isarn II d'Aragon (1) ; il est impossible de reconnaître un abbé ecclésiastique dans cet Isarn, qui est tour à tour qualifié de protecteur et d'abbé : abbé dans un acte de 1213, procurateur dans un acte de 1215. L'incertitude de ses titres ne s'explique que par le caractère extraordinaire de ses rapports avec les moines de Montolieu, et la nature de ces relations n'est justifiée que par la situation anormale faite par les événements aux maisons religieuses.

Dans une société féodale, où la propriété territoriale est

---

(1) Mahul, *Cartulaire et archives*, tome 1er, p. 88.

la condition et la garantie de la puissance, c'était un malheur pour l'Eglise d'être ainsi dépouillée. Peut-être aurait-elle pu se relever par un grand et noble sacrifice ; — ne plus se défendre de ces violentes attaques, abandonner ce qu'elle ne pouvait conserver, chercher dans la puissance morale, grandissant de toute la hauteur du dévouement et de l'abnégation, une compensation au pouvoir temporel perdu, devenir plus pure, plus chrétienne, se réfugier dans cette héroïque pauvreté où saint Dominique va bientôt trouver une force irrésistible, quitter dans ce monde féodal une position d'où elle ne peut se dégager que par de honteuses capitulations, et recommencer dans l'humilité, dans la souffrance, au milieu des persécutions peut-être, une mission apostolique, telle était la seule issue encore ouverte à la situation de l'Eglise dans la France du sud. Des héros ou des martyrs pouvaient seuls s'arrêter à une telle résolution. Peut-être même l'héroïsme du cœur, dont les farouches légats n'étaient pas dépourvus, ne suffisait-il pas ; peut-être fallait-il aussi cet héroïsme de l'esprit, qui, sans s'arrêter aux considérations dignes d'être pesées dans les circonstances ordinaires, sait les rejeter lorsque des intérêts supérieurs le réclament, et va droit au grand but qu'il faut atteindre. Peut-on s'étonner que la seule pensée de ce sacrifice, qui était pour l'Eglise l'occasion d'un éclatant triomphe et d'un glorieux relèvement, ne se soit pas présentée à l'esprit de ses chefs, de ses défenseurs ! La concevoir, la réaliser, c'était, par un immense essor de génie, rompre soudain avec toute la tradition du moyen âge ; — c'était remonter aux premières hauteurs du christianisme naissant; c'était anticiper pour l'Eglise l'avénement de ces jours nouveaux dont encore, au dix-neuvième siècle, nous n'apercevons que la confuse aurore. Ni la société ecclésiastique ni la société laïque n'accomplissent de tels pas; d'ailleurs, quelle immense secousse! quel ébranlement! Les efforts que l'Eglise avait faits depuis des siècles pour fixer solidement sa tente sur le sol du midi, étaient tout d'un coup inutiles. Ces terres, conquises souvent par le travail sur le désert, par la pioche et la charrue sur des landes incultes et sauvages, comme le premier domaine de Sainte-Marie de l'Orbieu (1), ces champs, qui étaient la propriété légitime de ceux qui les avaient ainsi arrachés à une oisive barbarie, devaient-ils être livrés sans résistance à des barons cupides et pillards? — Les moines, les abbés auraient peut-être sacrifié leur vie ; quelques-uns auraient même trouvé dans le martyre une sombre volupté : mais abandonner leurs possessions, impossible! — Ce fier abandon eût été, à leurs yeux, une apostasie. La civilisation en eût elle-même souffert. — Ces abbayes étaient devenues des foyers où se concentraient l'agriculture, l'industrie, comme à Montolieu (2); comme à la Grasse (3); la science, comme à Saint-Pons de Thomières (4). L'Eglise ne devait pas, à un certain point

---

(1) Mahul, *Cartulaire et archives*, tome 2, p. 208-209.
(2) Mahul, tome 1er, p. 130.
(3) Mahul, tome 2, p. 467.
(4) Collection Doat, tome 75, f° 234.

La collection Doat nous a conservé le catalogue de la bibliothèque de cette abbaye; elle est riche, mais désordonnée, confuse, formée des éléments les plus disparates, comme la science même du moyen âge.

de vue, abandonner ses conquêtes et laisser éteindre ses lumières.

Mais pour conserver ses biens au milieu de cette société qui cherchait à la dépouiller, elle devait se résigner à de pénibles tiraillements, à des transactions humiliantes ; elle devait devenir de plus en plus féodale ; la préoccupation de ses intérêts matériels allait l'absorber et la rendre moins propre à repousser le terrible assaut, que l'hérésie préparait contre elle en plein jour. — En 1191, le clergé de Narbonne fait choix de l'aragonnais Bérenger, évêque de Lérida, oncle de Pierre d'Aragon, fils bâtard du comte de Barcelone; les canons ecclésiastiques interdisent l'accumulation sur la même tête de deux dignités épiscopales (1). Le chapitre de Narbonne ne tient pas compte de cette difficulté, le pape l'élude et met en avant le salut de l'église de Narbonne et la nécessité des temps : la guerre qui sévit et l'hérésie qui grandit. Les qualités que l'on demandait au nouvel élu sont celles du prêtre et du baron féodal ; avec un peu de prévoyance, on pouvait deviner sans doute que le baron dominerait l'archevêque.

En 1204, au moment où le légat Jean, cardinal-prêtre de Santa Prisca, arrive dans le midi, la province narbonnaise offre le plus triste aspect. « L'or est obscurci, l'éclat le plus
» vif est terni, les pierres du sanctuaire sont dispersées sur
» le front de toutes les places publiques ; la reine de toutes
» les provinces a été, grâce à l'incurie du clergé, soumise

---

(1) *Gallia christiana*, tome 7, p. 378.

» au tribut; l'insolence des tyrans ne garde plus de me-
» sure dans ses emportements contre les lieux saints ; au
» su de quelques prélats qui font semblant de l'ignorer,
» avec l'approbation des autres, les églises sont, par les
» laïques, converties en châteaux, et de ces fortifications
» les chrétiens exercent contre les chrétiens des rapines et
» des brigandages » (1).

Quelle est, au milieu de cette anarchie, l'attitude de l'archevêque Bérenger? « Son église l'occupe fort peu; bien qu'il
» n'ait pas l'excuse de la maladie, il reste souvent une
» ou deux semaines sans mettre les pieds dans sa cathé-
» drale » (2). Bérenger était, depuis dix ans, sur le siége
archiépiscopal, qu'il n'avait pas encore visité, non-seulement
sa province, mais même son diocèse : aussi, quelques-uns
le regardaient-ils comme hérétique. L'administration de son
église accuse autant de désordre que de négligence; les
chanoines meurent et ne sont pas remplacés; d'autres retiennent encore ces dignités lucratives qu'ils auraient dû
résigner; mais en revanche, Bérenger montre une grande
sagacité et une véritable prudence dans le maniement des
affaires temporelles (*licet in temporalibus sit circumspectus*).
Il faut, au milieu de ces luttes, défendre les terres, les châteaux de son diocèse; l'archevêque ne s'inquiétera pas des
décrets du concile de Latran de 1179. En vain il a été
interdit de favoriser les Brabançons, les Aragonnais, les

---

(1) *Hist. de France*, tome 19, p. 404. *Lettres d'Innocent III*.
(2) Id., p. 463.

Navarrais, les Basques, les Cottereaux ; en vain a-t-il été défendu de prendre à gage ces sanguinaires routiers ; en vain tous ceux qui transgresseront cette interdiction doivent-ils être, les dimanches et jours de fête, excommuniés publiquement dans les églises et frappés du même anathème que les bandits dont ils se sont faits les protecteurs ; l'archevêque établit, comme intendant, dans ses deux châteaux de Cabestang et de Cruscados, Nicolas, chef aragonnais, dévastateur du pays, destructeur obstiné des églises et des monastères, souvent frappé d'excommunication par le prédécesseur de Bérenger.

L'archevêque a maintenant un homme de guerre sous la main ; au premier signal, il aura des soldats ; il lui faut de l'or, la simonie y pourvoira (1). Il rougit de donner gratis ce qu'il a reçu gratis ; faut-il consacrer l'évêque de Maguelone ? Bérenger lui fera payer cinq cents sous pour prix de cette consécration. Tous ces désordres doivent-ils être imputés à l'évêque de Lérida ? Doit-il porter la responsabilité de tous les maux qui affligent la malheureuse province de Narbonne ? Sans doute, une main plus ferme, un cœur plus haut, une âme plus détachée des choses d'ici-bas, auraient pu, sinon mettre une digue à cette anarchie débordante, du moins imposer quelque respect à ces passions sans frein, mais les défauts ou les vices du caractère de l'archevêque de Narbonne ne suffisent pas pour expliquer sa conduite, et les circonstances au milieu desquelles il a administré son ar-

(1) *Hist. de France*, tome 19, p. 402.

chiépiscopat, imprimaient à son gouvernement une impulsion contre laquelle aurait seule pu réagir l'héroïque volonté de Grégoire VII ou d'Innocent III. Les désordres que déplore le pontife dans ses lettres à ses légats, ne sont pas l'œuvre de l'avare prélat ; bien avant son élection, ils désolaient la province de Narbonne. Dans le choix que le chapitre métropolitain avait fait de l'oncle de Pierre d'Aragon, il s'était laissé guider par l'espoir de trouver en lui un archevêque capable de réprimer les excès dont souffrait le pays. Une partie de cette attente ne fut pas trompée. Innocent III reconnaît à Bérenger du zèle, de la vigilance dans l'administration temporelle. Le baron aragonnais remplit ses coffres et donne à ses châteaux des défenseurs ; l'archevêque laisse tomber son diocèse dans la plus étrange confusion et voit, sans protester, les châtelains du voisinage s'emparer des églises de ses paroisses et les couvrir de créneaux et de fortifications. — Il commet une grave méprise ; mais toute l'Eglise la commet avec lui. Attaquée à la fois dans ses possessions territoriales et dans son influence, elle défend ses propriétés autant qu'elle le peut et abandonne son influence ; elle croit, en retenant la terre, dominer les hommes : il eût peut-être été plus sage de s'attacher fortement aux consciences et de sacrifier le reste. — Il eût été plus aisé de recouvrer les vastes domaines ecclésiastiques que de ressaisir l'empire perdu sur les âmes émancipées.

D'ailleurs, sur ce terrain politique et temporel, privée de sa puissance morale, l'Eglise devait rapidement être vaincue et reléguée au second plan. Quelques prélats résistent en-

core, mais la plupart cèdent le pas aux seigneurs féodaux : la faute ou le coupable désir d'avoir voulu maintenir leur puissance temporelle, fait d'eux les complaisants, les iniques flatteurs des puissants. Cette lâcheté inspire au pape des accents d'une vigoureuse éloquence. — Sa fierté pontificale se redresse de toute sa hauteur en présence de cette soumission servile. « Les gardiens de l'Eglise, aveuglés, vrais chiens
» muets, incapables d'aboyer, cachent, comme l'esclave
» inutile, leur talent dans leur mouchoir ; la parole du Sei-
» gneur est comme enchaînée dans leur bouche ; ils ne sa-
» vent point distinguer ce qui est sacré de ce qui est pro-
» fane, ce qui est précieux de ce qui est vil ; mais ils font
» toutes choses en vue d'un gain honteux. Tous, suivant ces
» paroles du prophète, s'adonnent à l'avarice, recherchent
» les présents, s'attachent aux rétributions, justifient l'impie,
» et dépouillent le juste de son droit » (1). S'enchaînant au pas des seigneurs féodaux ou luttant contre eux avec les mêmes armes, ils prennent leurs mœurs ; l'Eglise s'absorbe dans la féodalité.

La vie chevaleresque et mondaine des hautes classes exerce d'ailleurs autour d'elle une irrésistible attraction et la la plupart des soldats de l'Eglise sont entraînés par ce brillant et fiévreux tourbillon. Plusieurs moines ou chanoines réguliers laissent de côté l'habit religieux, cachent leurs insignes, se livrent au jeu, à la chasse (2). — Pour les esprits plus fins

(1) *Hist. de France*, tome 19, p. 404.
(2) Id., p. 462.

et plus distingués, cette société chevaleresque, intelligente et spirituelle, a des séductions plus délicates ; elle fait briller devant eux les palmes de la poésie ; elle excite leur verve, elle prête l'oreille à leurs chants ; et les clercs répondent en foule à ces flatteuses avances. Le synode de Montpellier, présidé par maître Michel en 1195 (1), et les conciles qui se succèdent à peu de distance entre le douzième et le treizième siècle, opposent en vain des barrières à ce courant qui emporte l'Eglise hors de l'Eglise même.

Le clergé, sans influence, sans autorité, semble s'être confondu avec le reste de la société méridionale : aux approches de la guerre albigeoise, il est presque hostile aux légats apostoliques. — L'évêque de Béziers refuse de se joindre aux légats Pierre de Castelnau et Raoul, moines de Fontfroide (2); il ne veut pas aller avec eux porter au comte de Toulouse les griefs et les plaintes de l'Eglise ; les légats l'ont prié d'exhorter les consuls de Béziers à défendre la foi contre les hérétiques; non-seulement il ne se rend pas à leurs prières, bien plus il gêne l'action des légats qui doivent prononcer sa déchéance. Le pape reproche la même indifférence et le même mauvais vouloir à l'archevêque de Narbonne (3). Tous ces prélats s'effacent ; dans le synode qui se réunit à Rome pour décider du sort de la France du sud, on ne voit pas figurer un seul évêque de la Provence et du comte de Toulouse.

(1) *Recueil de conciles*, tome 11, p. 1798.
(2) *Hist. de France*, tome 19. *Lettres d'Innocent III*, p. 456.
(3) Id., p. 456.

Les déguisements ne protégeaient pas les prélats contre les railleries et le dédain d'une population sceptique et moqueuse. « Ils deviennent la fable des laïques, » disait Innocent III, écrivant au cardinal Jean de Santa Prisca (1). La geste de la croisade reflète bien les dispositions de l'esprit public à l'égard de l'Eglise et de ses représentants. — Des huées et des quolibets accueillent les prédications de deux hommes que l'on pouvait haïr, mais que l'on ne devait pas siffler : Arnauld de Cîteaux et Folquet.

Le clergé disparaissait ainsi dans le sein de la société féodale; il s'y cachait, il s'y faisait petit; mais la cause de cet abaissement n'est pas tout entière dans la faiblesse coupable des hommes qui le composaient. Il faut toujours, en exposant les désordres de l'Eglise, en faire remonter la responsabilité à ceux qui doivent la porter. Il n'y avait dans le clergé méridional, ni accord, ni entente, ni unité d'action. A qui donc la faute, si ce n'est à ces barons, dont les luttes divisent le pays et empêchent toute relation régulière et suivie? — Le clergé est dépouillé; ses possessions, sans cesse envahies. Par qui, si ce n'est pas les barons féodaux? — Qui l'avait placé dans cette situation critique où il devait choisir entre sa puissance morale et ses domaines temporels qu'il ne se croyait pas le droit d'abandonner? Qui l'avait ainsi rendu moins capable de résister à cette étrange fascination que les attraits de la vie mondaine et chevaleresque exerçaient sur toute la société du midi? Qui, — sinon la féodalité? Les

(1) *Hist. de France*, tome 19, p. 404.

idées féodales et chevaleresques s'étaient répandues dans toutes les classes supérieures de la société méridionale comme une brillante contagion : l'Eglise les trouvait partout devant elle ; elle se laissa pénétrer par cette toute puissante influence. Innocent III pouvait constater avec douleur la triste désertion qui s'était produite dans l'église du midi. Il ne restait plus que les cadres.

Une telle situation devait nécessairement provoquer une réaction. Au onzième siècle, lorsque la société laïque fut sur le point de disparaître sous le réseau de fer de la féodalité, Grégoire VII parut ; au treizième, l'église du midi était retombée dans l'abaissement d'où la main vigoureuse d'Hildebrand avait retiré le catholicisme : Innocent III veillait ; il avait à sa portée ce puissant moyen d'action qui ne manqua jamais aux papes dans toutes les réformes qu'ils eurent à opérer : l'antagonisme entre le clergé séculier et le clergé régulier. En relation avec la société laïque, le clergé séculier en subit facilement l'empreinte ; plus isolé, le clergé régulier échappe plus aisément à cette influence ; il offre à la papauté des agents dévoués, des serviteurs intrépides, lorsqu'il faut régénérer l'Eglise et la ramener dans les voies véritables. Charlemagne a réformé le catholicisme avec le concours du clergé de Germanie, tout composé de moines et dont le chef lui-même est un moine ; Grégoire VII est encore secondé par les moines dans sa grande œuvre. Innocent III fait appel aux Cisterciens du midi contre ces prélats qui s'engourdissent, s'énervent et cherchent, dans les plaisirs d'une existence facile, un dédommagement à leur autorité perdue. Ce sont des moines tous méridionaux d'origine qui combattent par la parole et par l'épée les ennemis de l'Eglise. Ce sont les frères Raoul et Pierre de Castelnau, de l'abbaye de Fontfroide (1) ; c'est Folquet de Marseille, qui quitta le manteau blanc de Cîteaux pour la chape épiscopale de Toulouse ; c'est Arnauld Amaury qui avait été d'abord moine à Granselve, puis abbé du Poblet, en Espagne, puis abbé à Granselve, puis enfin abbé de Cîteaux. Innocent III rend à leur conduite, à leur courage, à leurs vertus un éclatant témoignage (2) :

Ce sont ces moines qui commencent par la parole la grande réaction catholique que la croisade, pour le malheur de l'Eglise et pour celui de la France du sud, achèvera par l'épée. Avant d'en observer les principaux caractères, tels qu'ils apparaissent dans le poëme, il faut étudier une autre réaction plus populaire, plus spontanée, *l'hérésie*. Pour en trouver le point de départ, descendons jusqu'aux rangs inférieurs de la société : — laissons au-dessus de nous la chevalerie et la bourgeoisie, et arrêtons nos regards sur le peuple, surtout sur celui des campagnes.

(1) *Hist. de France*, tome 19, p. 486.
(2) Id., p. 465.

CHAPITRE VII.

Etat économique, moral, politique et religieux du peuple. — Mouvements et agitations au sein de la plèbe des villes et des campagnes. — L'hérésie tend la main au peuple ; elle est, dans son origine et son principe, toute démocratique, et gagne peu à peu les classes supérieures. — Rôle et mission apostoliques des femmes ; les doctrines et les enseignements de l'hérésie sont une réaction contre les mœurs et les sentiments chevaleresques. — La seconde partie du poëme de la croisade n'accuse pourtant pas l'influence de l'hérésie sur la chevalerie du midi. — Comment faut-il expliquer ce silence ou cette omission ?

Le poëme de la croisade, qui nous donne des détails si précieux à recueillir sur la société féodale et la société bourgeoise, sur leurs rapports mutuels, ne nous dit rien ou presque rien sur la situation morale, politique ou religieuse du peuple. L'édifice social, dont le troubadour nous présente l'image, rappelle ces églises gothiques dont l'intérieur, avec ses colonnes, ses chapiteaux, ses voûtes élancées, semble suspendu dans les airs ; si l'on veut trouver les contre-forts qui soutiennent la poussée de ces arcs aériens et maintiennent le monument sur sa base, il faut sortir de l'enceinte sacrée ; il faut regarder au dehors ; là sont les appuis humbles, mais indispensables, de la féerique cathédrale. Le poëte n'a reproduit avec soin que le vaisseau et le chœur ; avec un dédain d'artiste, il a négligé ces murs extérieurs, bas, sombres, noircis par la pluie et par les intempéries de l'air : à peine quelques vagues coups de crayon en signalent-ils la place ; à nous de les relever par l'imagination, sur les fugitives données du troubadour.

Le peuple apparaît une ou deux fois dans le poëme de la croisade ; mais toujours son nom est accompagné de flétrissantes épithètes. Nous avons déjà remarqué la dure sévérité du poëte de la première partie de la geste pour les vilains qui prêtent main forte au comte de Foix, exterminant les Allemands auprès de Montjoyre. Nous savons quelle répugnance l'existence des vilains et des serfs inspire aux bourgeois et aux chevaliers de Raymond VI. Dans cette population vouée à l'agriculture, le poëme de la croisade distingue trois classes d'hommes : les serfs, les vilains, les paysans (*sers o vila o pages*). — Les serfs étaient les parias de cette société, dont les sommets rayonnaient de la plus radieuse lumière, et dont la base plongeait dans l'obscurité la plus sombre. Le servage, avec ses plus inexorables rigueurs, subsistait aux environs de Toulouse ; le citoyen de cette ville, chevalier ou bourgeois, pouvait avoir des hommes de corps (1). Celui qui avait un serf de corps, en possédait au même titre les enfants, bien qu'ils fussent nés d'une mère libre. En vendant à Raymond VII sa part de la ville de Cépet, Raymond Jean lui vend également Pierre Boème et ses frères Raymond et Guillaume Boème et toute leur postérité, née ou à naître, et tous les hommes et femmes qui sont sa propriété, quel que

---

(1) Laferrère, tome 5, p. 290.

soit l'endroit qu'ils habitent et quelle que soit la vie qu'ils y mènent (1). Le maître avait le droit d'imprimer sur ses serfs le stigmate de l'esclavage romain, le plus ignominieux (2) ; il avait le droit de marquer avec le fer son homme fugitif; *si illum hominem ceperit aut mercabit*, dit la coutume, et le vieux commentateur, Casaveteri, ajoute en note : *cum ferro vel alio instrumento sicut de animalibus*. La servitude de corps règne également sur l'autre versant de la chaîne de partage des eaux. Pierre et Guillaume de Salvetat, Pons et Bernard, ses frères, font à l'abbaye de la Grasse don d'une femme nommée Vienna avec ses fils ou ses filles pour deux sols toulousains (3).

Au-dessus de ces serfs, en remontant les degrés que nous avons descendus, nous retrouvons les vilains ou paysans. A ces deux désignations ne semblent pas correspondre deux classes distinctes dans la hiérarchie féodale ; ce sont deux noms qui conviennent également à une même catégorie d'hommes ; dans le roman de Jauffre, deux damoiseaux qui courent, en l'insultant, après le chevalier de la Table Ronde, s'écrient : « Vilain, fils de lâche paysan ! » (4) Leur position était meilleure que celle des serfs ; ils étaient libres de leur personne ; ils jouissaient de certaines prérogatives qui les élevaient tout doucement au rang de bourgeois. Leurs rede-

---

(1) *Cartulaire de Raymond VII*, p. 161.
(2) Laferrière, *loco citato*.
(3) Collection Doat (vol. 66, f° 243), d'après Mahul, *Cartulaire et archives*, tome 2, p. 250.
(4) Raynouard, Lexique roman, tome 1er, p. 98.
En vilan, fil d'avol pages.

vances payées, ils s'appartenaient à eux-mêmes. — Déjà le métayage, en vigueur dans le midi, les plaçait au-dessus de la condition où ils étaient relégués dans les autres contrées de l'Europe. Olivier de Cuc, chevalier d'Auriac, s'était associé avec l'hérétique Bernard Gast (*nom plébéien*) pour la culture d'un fonds de terre (1) ; le chevalier fournissait la terre, l'hérétique achetait le bétail, et les fruits étaient partagés.

Quelques-uns de ces vilains étaient riches, comme ce bouvier, vassal de Brunissende, qui traita Jauffre avec une si grande libéralité rustique (2). Mais la richesse et le besoin de paix et de sécurité, que faisait naître cette richesse même, leur rendaient plus intolérables encore les vexations des seigneurs, dont Pierre Cardinal nous a retracé la triste image, et les pillages de la guerre dont l'autorité affaiblie de l'Eglise ne suffisait pas à contenir la violence ! Quelques prélats, Bernard, évêque de Béziers, Guillaume-Pierre, évêque d'Alby, interviennent, avec plus de courage que de succès, dans les luttes féodales (3), dont le midi est le théâtre. Quelle devait être la situation de ces laboureurs dans ces contrées dévastées de la France du sud, dont le seul aspect frappait d'épouvante l'imagination d'Etienne, l'abbé de Sainte-Geneviève ! Tantôt poussés en avant par le flot montant qui, soulevant de proche en proche toute la société méridionale, élevait la bourgeoisie des grandes villes au niveau de la féodalité, et les populations rurales à celui de la bourgeoisie, tantôt rejetés brus-

---

(1) Collection Doat, tome 23, p. 182.
(2) Lexique roman, tome 1er, p. 95.
(3) Dom Vaissète, édition in-f° ; tome 3, p. 24 et 82.

quement en arrière par la brutale tyrannie de leurs seigneurs, ils étaient ballotés par un flux et un reflux perpétuels ; ils souffraient d'autant plus vivement de leurs maux présents, qu'ils avaient entrevu un état meilleur ; plus leurs aspirations étaient ardentes, plus la résignation leur devenait difficile ; déjà on sentait courir à travers tout le midi et jusque dans le centre de la France, un premier frémissement de passions démocratiques, un grondement sourd, menaçant présage de l'orage encore lointain de la Jacquerie.

La confrérie de la paix, née au Puy, de la supercherie d'un chanoine, donna lieu à un mouvement, dont on n'a peut-être pas assez observé les tendances populaires. Ce fut une véritable protestation contre les excès de la féodalité (1). Cette association menaçante avait réuni des hommes de tous les points de l'Aquitaine, de la Gascogne, de la Provence, de toutes les conditions, de tous les ordres ; les évêques mêmes y étaient entrés ; mais parmi les membres ecclésiastiques de la confrérie, ils ne formaient qu'une faible minorité, tandis que tous les clercs, des rangs inférieurs, s'empressaient de revêtir le capuchon et de prendre le signe de la paix, qui devait servir de ralliement. Les princes tremblaient à la ronde ; ils n'osaient se permettre, à l'égard de leurs hommes, aucun traitement injuste ; ils se gardaient bien de commettre envers eux quelques exactions ou exiger des rentes autres que celles qui leur étaient dues. Un premier succès, remporté sur un noble du voisinage, exalta

---

(1) *Hist. de France*, tome 18, chroniqueur anonyme de Laon, p. 705.

l'orgueil de cette confrérie, dont le caractère démocratique se dessine de plus en plus dans le récit du chroniqueur de Laon ; il l'appelle *ce peuple sot* et *indiscipliné* (*stultus ille populus et indisciplinatus*). « Les seigneurs, répétaient-ils
» dans leur confiance, n'avaient qu'à montrer plus de mo-
» dération dans leurs rapports avec leurs vassaux : sinon,
» ils sentiraient les effets de leur indignation. » C'est à ces aspirations révolutionnaires que Bertrand de Born fait sans doute allusion dans son implacable sirvente contre les vilains enrichis, lorsqu'il s'écrie : « Ils croient contrefaire Adam » (1). Allusion obscure, qui prend une signification nette, dès que l'on se rappelle l'habitude de ces niveleurs du moyen âge, de se reporter aux premiers temps du monde et d'y chercher la condamnation des distinctions sociales. « Quand
» Adam bêchait et qu'Eve filait, où était alors le gentil-
» homme ? » chantaient en Angleterre, deux siècles plus tard, les compagnons de Wat Tyler.

Les maux des vilains ne s'étaient pas aggravés depuis le neuvième et le dixième siècle, l'époque la plus sombre et la plus douloureuse du moyen âge ; ils s'étaient bien plutôt adoucis, quoique les guerres toujours renaissantes, l'apparition de ces essaims de routiers et de bandits, pillant, dévastant, saccageant, tuant à la suite de ces barons féodaux, en armes les uns contre les autres, les progrès mêmes du luxe dans les hautes classes, ces splendeurs et ces fêtes, auxquelles correspondait un accroissement d'oppression pour

---

(1) Raynouard, *Poésies origin. des troubadours*, tome 4, p. 220.

le serf et le paysan, répandissent sur les campagnes la désolation, le deuil, la misère : nous croyons cependant que ces populations rurales étaient moins malheureuses qu'elles l'avaient été aux époques précédentes : le progrès s'était aussi fait sentir pour elles. Dans ce grand ébranlement de la société, qui avait commencé dès la fin du onzième siècle, les classes inférieures avaient marché moins vite que les classes supérieures; elles avaient pourtant fait quelques pas; leur sort s'était amélioré; mais la souffrance ne se mesure pas à la gravité du mal souffert ; elle dépend du degré de la sensibilité de l'âme qui souffre ; et cette sensibilité elle-même devient plus vive, à mesure que nos idées s'étendent et que l'horizon de notre existence s'élargit. Or, le commerce, qui fait passer sous les yeux des prolétaires du midi les richesses de l'Espagne, de l'Italie, de l'Orient, cette civilisation qui se développe au-dessus d'eux et qu'ils vivifient de leurs sueurs, ces libertés municipales, qui s'étendent et s'affermissent dans les grandes cités, ces villages de grandeur et d'importance médiocres, dont les habitants réclament et obtiennent quelques garanties pour leur personne et leurs propriétés, et dont ils partageront bientôt l'administration avec leurs seigneurs, avaient dû produire une profonde impression sur ces rudes intelligences. D'ailleurs, le vilain n'avait jamais été peut-être aussi durement courbé par l'oppression, dans le midi de la France que dans le nord : il y avait des alleux de paysans, bien que M. Beugnot n'en veuille pas admettre l'existence.

Les sentiments du vilain, dans la France du sud, offraient,

sans doute, un singulier mélange de mécontentement, d'envie, de haine, de fierté comprimée et souffrante. Tous ces traits composent la sinistre physionomie du paysan, qui apparaît dans l'idylle romanesque d'Aucassin et de Nicolette (1).

Cette agitation inquiète et fiévreuve des populations rurales, souffrantes et sentant leurs souffrances, offrait à l'Eglise une force immense, dont elle ne sut malheureusement pas se servir. Dépouillée, opprimée, foulée par la féodalité, elle devait se rapprocher de ce peuple, maltraité comme elle, diriger ses aspirations, contenir ses impatiences, soulager ses misères. — Elle aurait bien mieux, que par les violences de la croisade, recouvré sa puissance perdue. Il y avait un grand rôle tout préparé pour le catholicisme. Dans tout le moyen âge, la religion se mêle à toutes les manifestations de la vie des peuples, à toutes leurs colères, à tous leurs excès ; l'irritation des vilains, des paysans, des serfs, développait dans leur âme des besoins de vie religieuse plus vifs et plus ardents.

Un seul homme peut-être eut assez de grandeur dans les vues et de pénétration dans l'esprit pour comprendre cet état des âmes ; Innocent III eut le sentiment de la tâche que l'Eglise avait à remplir, de l'attitude qu'elle devait prendre au milieu de cette société troublée ; cette appréciation si

---

(1) Fauriel, *Hist. de la poésie provençale*, tome 3, p. 210.
Nous n'avons qu'une version française de ce délicieux roman ; mais l'inspiration en est toute provençale ; et cette nouvelle, si pleine de fraîcheur et de grâce, est évidemment l'œuvre d'un troubadour et non celle d'un trouvère ; malheureusement, le texte lémosin est aujourd'hui perdu.

ferme, si nette des souffrances, des aspirations des cœurs, atteste toute la hauteur de l'intelligence d'Innocent III ; son génie s'élevait au-dessus des sombres et aveugles passions d'une fanatique orthodoxie. « Une faim immense, écrit le
» pontife à l'archevêque de Narbonne, s'est fait sentir dans
» le monde ; les petits vont cherchant du pain, mais per-
» sonne n'est là pour le leur rompre » (1). Pensée grande et profonde ! C'est de la belle et large éloquence ; ce n'est plus cette rhétorique biblique, dont s'enveloppent la plupart des actes de la chancellerie romaine. Malheureusement, ni l'intelligence, ni le courage, ni le zèle du clergé de la France du sud n'étaient au niveau de l'intelligence, du courage, du zèle de Lothaire de Conti ! — Absorbé dans ses intérêts temporels, vivant de la vie féodale, il se détourne de plus en plus du peuple, dont il aurait dû se faire le protecteur, le guide et le consolateur (2).

(1) *Hist. de France*, tome 19, p. 456.
(2) Id., p. 404.
« Si les hommes blasphèment le nom du Seigneur, écrit Innocent III, la res-
» ponsabilité en retombe sur ces gardiens de l'Eglise, qui établissent des lois ini-
» ques, font acception de personnes, se laissent gagner par des présents, hono-
» rent, sur leur tribunal, le visage de l'homme puissant ; ils rendent de faux
» jugements contre l'orphelin, et la cause de la veuve n'a point d'accès auprès
» d'eux ; une condamnation sévère, prononcée suivant les inspirations du divin
» oracle, vient-elle frapper un de ceux qui sont revêtus du pouvoir, et le puis-
» sant coupable souffre-t-il un châtiment proportionné à la grandeur de sa puissance,
» les prélats se hâtent de le flatter ; ils louent les désirs de son âme pécheresse et
» bénissent son iniquité ; c'est à leur conduite que s'appliquent ces paroles du
» prophète : « Malheur à ceux qui placent des coussins sous tous les coudes, et
» étendent, pour séduire les âmes, des oreillers sous toute une génération. » —
» Pour celui qui est faible, point de miséricorde ; la moindre faute d'un pauvre
» est jugée indigne de pardon. »

Innocent III sentait bien le danger que l'aveugle égoïsme des prélats attirait sur l'Eglise ; les classes inférieures avaient soif de consolation et d'espérance, et les pasteurs catholiques n'étaient guère moins durs, moins violents, que les barons féodaux, dont ils subissaient, sans résister, la tyrannique influence ; ils auraient pu conduire cette grande réaction morale, qui aurait retrempé le christianisme à sa source populaire ; ils en laissent échapper la direction ; tout d'abord, elle va se tourner contre eux ; bien plus, avec cette puissance envahissante que seules possèdent les idées, elle pénétrera, sans combat et sans lutte, la noblesse, la féodalité, et réunira contre l'Eglise seule toutes les forces de la France méridionale.

Toutes les fois que les institutions régulières d'une société ne satisfont pas à un besoin impérieux de la nature humaine, ce besoin cherche sa satisfaction dans quelque fait nouveau, qui trouble la régularité de ces institutions mêmes. En se retirant du peuple, en l'abandonnant à lui-même, l'Eglise l'avait livré à l'hérésie ; elle avait laissé se former un grand vide ; l'hérésie s'y était précipitée pour le combler ; là est, sinon son origine, du moins la cause de ses rapides progrès dans la France du sud, durant la seconde moitié du douzième et les premières années du treizième siècle. — Tout, dans les doctrines des deux hérésies vaudoise et albigeoise, dans le caractère de ceux qui les prêchaient, atteste un grand mouvement religieux parti du sein du peuple ; une protestation contre les excès et les vices d'une société livrée tout entière aux voluptés sensuelles.

La doctrine vaudoise avait des tendances bien plus larges, bien plus chrétiennes, bien plus universelles que la doctrine albigeoise ; elle introduisait, ou plutôt elle affermissait dans le christianisme une tradition qui ne devait plus périr (1) ; elle relevait le peuple comme le Christ l'avait relevé ; elle glorifiait la pauvreté en face du luxe de la féodalité, la simplicité et l'humilité en présence du faste et des pompes, dont les barons aimaient à entourer leur vie. Son christianisme était un christianisme humble et pratique : pour se rendre plus accessible aux pauvres de corps et d'esprit, il se fait à leur image ; il s'appauvrit, il abandonne une partie de sa grandeur ; il laisse, pour mieux se faire comprendre, tout un grand héritage de métaphysique, de science et de tradition. L'Eglise catholique mit longtemps une grande différence entre les Albigeois et les Vaudois. Les registres de l'inquisition réservent toujours pour les premiers la dénomination flétrissante d'hérétiques, et appellent les seconds simplement de leur nom (Valdenses, Vaudois).

Les idées albigeoises s'éloignaient beaucoup du christianisme, en apparence du moins ; elles eurent peut-être moins d'adeptes dans le midi, que les enseignements des Vaudois ne firent de disciples ; elles obtinrent néanmoins un grand retentissement (2) ; elles étaient la condamnation sans appel

---

(1) Limborch, *Liber sententiarum*, p. 264.

(2) Nous croyons, sur l'assertion de Guillaume de Puylaurens, que les Vaudois étaient plus nombreux que les hérétiques, appelés plus tard Albigeois ; nous savons que Rome ne confondit pas les uns et les autres dans une même répulsion, dans un même anathème ; nous proclamons hautement la supériorité de la doctrine vaudoise sur l'hérésie manichéenne ; mais nous ne saurions admettre, avec

des mœurs, des idées régnantes dans la société du midi. Tout le monde sensible est l'œuvre du mauvais Dieu (1) : dans cet immense anathème est compris tout ce qui faisait la joie des chevaliers et des bourgeois du midi ; le travail est rehaussé ; la tempérance, portée jusqu'aux jeûnes les plus sévères ; l'extérieur des hérétiques parfaits est celui des moines les plus rigides ; leurs vêtements sont simples et grossiers ; l'austérité de leur vie se peint sur leur visage pâle et fatigué. N'était-ce pas dans les rangs du peuple que ces simples docteurs devaient trouver le plus d'accueil et de sympathie ? — Ces doctrines présentaient sans doute un côté savant ; elles pouvaient bien avoir renouvelé les antiques spéculations manichéennes ; elles étaient défendues, élargies, complétées par des penseurs hardis, ingénieux, profonds ; tels que ce Tétricus, aussi habile dans la dialectique que dans l'exégèse (2), l'italien Jean de Lugio, enfin, dans le royaume de Léon, le provençal Arnaud ; mais ces croyances, sur lesquelles s'exerçait la méditation des savants de la secte, élevés souvent à l'université de Paris, semblaient aussi sortir du moule de l'imagination populaire (3). A une distance immense

M. de Portal, que les Albigeois n'étaient que des Vaudois sous un autre nom ; nous ne pouvons pas, comme le fait cet historien, reléguer les croyances dualistes dans la tourbe populaire. Il suffit de parcourir les archives de l'inquisition, dans la collection Doat, pour se convaincre de la vérité du contraire. N'étaient-ce pas les représentants de l'église cathare, qui s'étaient réfugiés à Montségur et y recevaient les adorations de toute l'antique noblesse méridionale ?
(1) Schmidt, *Hist. des Cathares*, tome 2.
(2) Schmidt, id.
(3) Bulœus, *Universitas parisiensis*.

du christianisme, tel que nous le concevons, elles n'étaient guère éloignées d'un catholicisme altéré par la superstition des foules ignorantes et troublées ; elles n'en étaient même qu'une dernière exagération. On sait le rôle immense que les hommes du moyen âge, au milieu de souffrances et de terreurs sans fin, donnaient à Satan. Satan est le centre de toute cette sombre mythologie qui, de Charlemagne à la renaissance, enveloppe toute la religion chrétienne. Un pas de plus, et Satan se lève, comme un Dieu rival, en face du Dieu, auteur de tout bien parfait.

Lorsque commence la série d'événements retracés par le poëme de la croisade, ce caractère populaire de la secte albigeoise a disparu ; parmi ceux qui en ont embrassé les croyances figurent soit de puissants chevaliers, soit de riches bourgeois (1) ; mais en ce moment même, celui qui promène ses regards sur ce fleuve débordé de l'hérésie, retrouve sans peine la trace des rives entre lesquelles il a d'abord coulé. C'est au milieu du peuple qu'il faut en chercher la source. Les hérétiques avaient fidèlement conservé le nom de tisserands (*textores*); ils se livraient aux travaux de cette profession. Dans la maison de Guillaume d'Elve de Cordes, vers 1225, ils avaient établi un atelier de tissage, et enseignaient ce métier à leurs adeptes (2). D'autres étaient de simples cultivateurs, comme ceux que Guillaume d'Albiac reçut sur ses domaines ; parmi les hérétiques par-

---

(1) Fauriel, p. 1 ; Mss., f° 1, p. 1.
(2) Doat, tome 23, f° 209-210.

faits, on ne compta jamais qu'un petit nombre de chevaliers. Les apôtres de la secte avaient des rapports fréquents avec des personnes de condition inférieure. — A Toulouse, l'hérétique Guillaume Salomon avait confié le secret de sa retraite à une femme du peuple (1). — Ces apôtres, ces prédicateurs allaient souvent trouver les ouvriers dans leurs ateliers : Guillaume de Caveroche y recevait souvent des Vaudois (2); Gralh de Vilamur vit deux hérétiques parfaits, Bertrand de La Motte et de Solier, dans la maison du cordonnier Bernard Fabre (3).

Ces mêmes hérétiques, vaudois ou albigeois, trouvaient appui, sympathie, protection dans le peuple des bourgs et des campagnes et dans les prêtres des paroisses rurales qui, sortis le plus souvent du milieu des vilains, quelquefois même du milieu des serfs (4), partageaient les sentiments de leurs fidèles. Une nuit, le chevalier Saïx de Montesquieu passait à Puylaurens; il trouva à la porte de ce château un grand nombre d'hommes réunis; le chevalier demanda le motif de ce rassemblement; on lui répondit qu'un Vaudois prêchait et que les hommes de Puylaurens l'écoutaient; Saïx de Montesquieu les blâma de leur imprudence; ses interlocuteurs lui répondirent en lui montrant le chapelain présent au milieu d'eux (5). Dans d'autres circon-

---

(1) Collection Doat, tome 24, f° 3.
(2) Id., tome 21, f° 216.
(3) Id., tome 23, f° 47.
(4) *Cartulaire de Bolbonne*, d'après Laferrière, *Hist. du droit français*, tome 5.
(5) Doat, tome 24, f° 133.

stances, les paysans dérobaient les hérétiques à leurs persécuteurs. Au château de Cazer, le secours des vilains arracha à l'abbé de Saint-Saturnin la plupart des hérétiques; dont un délateur, Arnaud Dominici, réservé à un cruel châtiment, lui avait dénoncé la présence (1). A Rochefort, toutes les femmes du village, armées de pierres et de bâtons, fondaient sur l'officier de l'abbé de Sorèze qui avait osé s'emparer de plusieurs hérétiques résidant au milieu d'elles, et rendaient ses captives à la liberté (2). — Dans la fameuse pièce du moine Isarn : *Digas me tu*, les parfaits hérétiques sont désignés comme des vilains.

> Mal'aventura'l vengua qui la costuma i mes
> Qu'entre mas de Pages baptisme se fezes (3).

« Malencontre à qui établit la coutume qu'entre mains de
» vilains le baptême se fit. »

La plupart de ces prédicateurs, en effet, étaient moins

---

(1) Percin, *Monumenta historiæ conventus Tholosani (sæculum primum)*, p. 48 bis.
(2) Doat, tome 21, f° 38.
(3) Raynouard, *Poésies origin. des troubadours*, tome 5, p. 232.
Je ne vois pas la nécessité de prêter à *Pages* le sens de laïque, sens que M. Raynouard semble avoir imaginé pour expliquer ces deux vers. Au lieu de changer la signification du mot *Pages*, demandons plutôt, à cette expression du moine Izarn, une preuve du caractère populaire des principaux prédicateurs de l'hérésie. Les vers qui suivent ceux que nous avons cités ne permettent pas, d'ailleurs, d'admettre cette interprétation de M. Raynouard.

> Que mov detras las fedas, que anc no saup que ses
> Lettra ni escriptura, ni anc no fos apres
> Mas d'arare et de foires;

des docteurs savants que des hommes habiles à se faire comprendre et aimer du peuple. En 1178, à Toulouse, les deux chefs hérétiques, Raymond de Baimiac et Bernard Raimondi, traduits devant le légat du pape, Pierre, cardinal prêtre du titre de Chrysogone (1), ne purent s'exprimer qu'en langue vulgaire, essayèrent de décliner la discussion, et furent vaincus presque sans combattre.

Telle semble avoir été l'issue de toutes les conférences soutenues entre catholiques et Albigeois : et dans les récits qu'ils nous en ont conservés, les écrivains orthodoxes n'ont peut-être pas calomnié les hérétiques. Ce n'était pas dans la profondeur de leur science, dans l'habileté de leur dialectique, qu'était le secret de leur force, de leur puissance; il était dans leur vie, dans ce christianisme populaire et pratique, toujours orthodoxe, même lorsqu'il repose sur des doctrines erronées ; ils étaient forts, parce que leur vie, leurs enseignements répondaient à un besoin que la grande Eglise féodale et catholique ne satisfaisait plus; ils étaient forts, parce qu'ils rendaient au christianisme son caractère le plus intime, le plus essentiel : son caractère humble, simple, populaire.

Il ne faut pas croire que l'hérésie fût une large aspiration vers la liberté religieuse : sans doute, l'esprit de critique, d'examen, de rationalisme n'était pas étranger à cette agitation des consciences : il se manifesta surtout à l'époque du déclin de la secte, lorsque les esprits, placés entre les

---

(1) Dom Vaissète, édition in-folio, tome 3, p. 50.

croyances albigeoises, qui se dissolvaient sous l'action pénétrante de la persécution, et les dogmes catholiques, auxquels on revenait avec peine, restèrent sans guide et sans appui : la spéculation individuelle ne craignit pas de se lancer dans le champ des questions théologiques. En 1275, on demandait à un accusé où il avait pris que Dieu dût, à la résurrection, rendre à l'homme un nouveau corps et de nouveaux membres (1). « Dans mes propres méditations, » répondit-il.

Dans les premiers temps, les doctrines hérétiques n'ont pas été ainsi livrées à la discussion : l'hérésie avait son clergé constitué, ses enseignements précis ; les paroles des parfaits étaient accueillies avec une foi qui était presque de la superstition, et leurs personnes traitées avec une vénération qui ressemblait à un culte. Une femme allait répétant partout une étrange fable, qui mettait en présence, comme interlocuteurs dans un singulier dialogue, Dieu et le diable ; celui qu'elle cherchait à convaincre lui demanda si elle croyait à une telle rêverie : « Des hommes plus sages » que vous et que moi l'ont cru, » se contenta-t-elle de dire (2). Réponse toute catholique ! L'autorité est seule invoquée.

Les pratiques des croyants de l'hérésie envers les parfaits dégénéraient en un vrai formalisme : Guillaume Matfred rencontra, en 1237, auprès de Puylaurens, le parfait Engel-

---

(1) Doat, tome 25, f° 204.
(2) Id., tome 22, f° 30.

bert et ses compagnons ; Guillaume Matfred était seul ; c'était pendant la nuit ; il descendit de son cheval et se tint longtemps debout avec les hérétiques ; il allait se retirer, lorsque les hérétiques lui assurèrent qu'ils ne faisaient guère cas de lui. Etonné, il demande la raison de ce dédain : on lui répond qu'il était mal enseigné, car il ne s'inclinait pas devant les bons hommes (1). Ce formalisme ne souleva que de rares et tardives protestations. En refusant de se prêter à de tels actes, Raymond de Vezolha déclarait, en 1284, que l'adoration était due à Dieu seul (2).

L'esprit catholique passait dans la secte albigeoise, dont l'église s'était d'ailleurs constituée sur le modèle de l'Eglise romaine. — Elle faisait une part petite à la liberté, très-grande à l'autorité. N'est-ce pas là le vrai caractère d'une hérésie qui s'appuyait surtout sur le peuple ? Le peuple ne revendiquait pas la liberté ; il demandait secours, appui, protection ; les prédicateurs albigeois lui tendaient une main secourable, soulageaient les maladies des âmes, et, au besoin, guérissaient celles du corps. Aussi, presque tous les écrivains sont unanimes pour montrer l'ascendant dont ils jouissaient sur les petits, les malheureux. « Ils gagnaient à leurs doctrines les simples et les faibles, » nous dit Mathieu Paris (3).

Le peuple ne fut pas ingrat. Ce fut surtout dans l'imagination populaire que le souvenir des hérétiques se conserva

---

(1) Collection Doat, tome 24, f° 109.
(2) Id., tome 26, f° 108.
(3) Mathieu Paris, p. 322.

vivant et embelli par la légende, lorsque la persécution les
força de quitter le pays. « La foudre, disait Bernard, no-
» taire à Soual, ne tombait pas aussi souvent du temps des
» bons hommes qu'elle tombe aujourd'hui ; depuis que nous
» vivons avec les Frères mineurs et prêcheurs, la violence
» des orages a redoublé » (1). Il parlait ainsi pendant que
le ciel se couvrait de nuages, et que les menaces de l'orage
qui approchait remplissaient d'effroi Bernard de Lavaur et
tous les assistants.

L'origine et la position sociale de la plupart des hommes,
qui composent la secte, expliquent une contradiction que
présente la première partie du poëme de la croisade ; indulgent pour presque tous les barons qui ont eu des rapports
avec les hérétiques, le troubadour est, pour les victimes et
les suppliciés du château de Minerve, d'une dureté qui nous
a déjà révoltés : ne serait-ce pas que ces malheureux n'avaient
pas, pour les protéger contre les insultes du poëte, l'éclat
de leur naissance ? C'étaient des plébéiens, et leur origine,
que le troubadour nous représente comme honteuse, n'était
peut-être que basse et obscure.

Pour se faire une idée plus nette du mouvement religieux,
resté célèbre dans l'histoire sous le nom d'hérésie albigeoise,
il suffit d'arrêter sa pensée sur les moyens employés à le
combattre. Eclairée par l'expérience, dont le génie d'Innocent III n'avait pas attendu les conseils, l'Eglise fit preuve
de cette habileté qui a toujours été un des traits les plus ca-

(1) Collection Doat, tome 25, p. 216.

ractéristiques de sa politique, et qui a été si bien mise en évidence par lord Macaulay. Elle sut faire tourner au service de l'orthodoxie ces besoins, ces aspirations, qui allaient chercher leur satisfaction auprès de l'hérésie. Trop exclu de l'Eglise depuis qu'elle était devenue féodale, l'élément démocratique y reprit une large place avec les ordres mendiants, les Frères prêcheurs, les Franciscains surtout. L'Eglise se fit peuple pour parler au peuple. Ces ordres nouveaux substituèrent des associations régulières et disciplinées à ces associations tumultueuses nées de l'excitation du sentiment religieux et démocratique dans la multitude. Les unes, en se modifiant, donnèrent naissance aux autres; la confrérie des Pauvres catholiques marqua la transition (1).

(1) Hurter, tome 2, p. 303 et seq.
Son chef et fondateur fut Durand de Huesca. Convaincu de ses erreurs à la conférence de Pamiers par l'évêque Diégo, il se déclara prêt à se réconcilier avec l'Eglise; mais il désirait, avec ses nombreux amis, ériger en règle monastique la vie austère qu'ils avaient menée jusqu'alors. Durand se rendit à Rome, avec quelques-uns de ses compagnons, pour soumettre au pape sa confession de foi. Le pape la jugea en harmonie avec la doctrine catholique. Ils devaient volontairement passer leur vie dans la pauvreté, la chasteté, le jeûne, n'avoir, en dehors de leurs vêtements, ni or, ni argent, ni aucune chose qui leur appartînt en propre, gagner leur nourriture par le travail de leurs mains; ils devaient vivre ensemble, consacrer chaque jour sept heures à la prière; pour ne pas éveiller les soupçons, ils sépareraient les deux sexes l'un de l'autre; ils se consacreraient au soin des malades et de tous ceux qui auraient besoin de secours; ils auraient pour le pape obéissance et respect; ils se sépareraient des Pauvres de Lyon, et se distingueraient d'eux par une forme particulière donnée à leurs chaussures. Le pape les prit sous sa protection, et leur accorda le privilége de n'être pas forcés à prêter serment ou à porter les armes contre les chrétiens. L'exemple de Durand de Huesca trouva plus d'un imitateur; et bien que le pape n'approuvât point la fondation de ces nouvelles maisons religieuses, et cette prédication de l'Evangile livrée aux libres inspirations de catholiques à peine convertis, il comprit l'action efficace que l'ordre des

Né dans le sein du peuple, ce mouvement religieux devait bientôt dépasser le milieu dans lequel il s'était d'abord produit. Les idées albigeoises et vaudoises étaient une réaction absolue contre les idées et les mœurs que la féodalité et l'influence féodale avaient répandues dans le midi; de là sans doute l'ascendant qu'elles acquirent rapidement même sur les chevaliers, les barons (1); elles étaient une nouveauté piquante pour ces imaginations qui commençaient à se fatiguer peut-être d'une vie trop mondaine, trop sensuelle, trop brutale. A toutes les époques, à tous les âges, chez tous les hommes, on voit reparaître cet *inexorable ennui*, qui fait le fond de la vie humaine ; les prédications des apôtres de l'hérésie devaient le secouer; elles ranimaient des consciences énervées par les raffinements d'une civilisation prématurée.

Toutes les fois que la corruption, dans une société, atteint à un certain niveau, elle provoque une vigoureuse réaction de la conscience outragée; au seizième siècle, la réforme proteste contre la dégradation des âmes, le relâ-

---

Pauvres catholiques pouvait exercer sur des esprits, dont il connaissait l'état moral et religieux; il les maintint, malgré toutes les accusations des évêques et des archevêques; et, tout en adressant de sévères avertissements à Durand de Huesca, il ne cessa pas de justifier et de protéger les Pauvres catholiques. Malgré le bien que fit cette association, malgré le succès dont elle jouit, elle ne survécut guère à son fondateur, même dans la Catalogne, où elle avait pris les plus grands accroissements ; et les disciples de Durand de Huesca se joignirent à ceux de saint Dominique et de saint François d'Assise, dont ils avaient préparé le règne.

(1) Ce furent d'abord des ouvriers, des tisserands, des travailleurs, des gens de métier, de bas étage, qui se sentirent entraînés par une doctrine qui flattait leur cupidité et leur haine contre le clergé : la noblesse inférieure ne tarda pas à grossir le nombre des adeptes de l'hérésie (Hurter, tome 2, p. 281).

chement des mœurs, la tiédeur indifférente du sentiment religieux ; au dix-huitième, l'Allemagne, pervertie par l'exemple de Versailles, imite, en les exagérant encore, les excès qui ont flétri à jamais devant l'histoire les noms de Louis XIV et de Louis XV (1). Aussitôt le mouvement piétiste éclate sur différents points du saint Empire germanique et les honnêtes et pieuses figures de Spener, de Francke, de Zinzendorf se détachent, avec une singulière noblesse, du milieu des orgies dont les petites cours de l'Allemagne sont le théâtre. La ville de Herrnhout s'élève avec une rapidité étonnante, non loin de Dresde, où les électeurs de Saxe, devenus rois de Pologne, ont donné l'exemple des plus grands débordements de mœurs ; les chœurs mystiques de la Sion germanique répondent aux chœurs profanes qui charment les sens des princes voluptueux de la Saxe. Les hérésies albigeoise et vaudoise furent pour la France du sud ce que la réforme fut pour l'Europe du seizième siècle et le piétisme pour l'Allemagne du dix-huitième.

Entre les hérétiques et les représentants du monde féodal, l'état social du midi avait ménagé un intermédiaire naturel : c'était la femme. Mobiles, sensibles, nerveuses, accessibles aux impressions diverses et contraires, les châtelaines accueillirent avec sympathie, avec enthousiasme, quelquefois avec fanatisme, cette morale simple, mâle et vigoureuse dont l'âpre saveur les réconfortait, après les chants languissants des troubadours ; ces prédicateurs albigeois ou vaudois,

(1) *Revue germanique.* Etude sur l'Allemagne, 1er mai, 16 août et 1er décembre 1862.

sous leurs vêtements grossiers et simples, avec leurs mœurs apostoliques, présentaient avec la société méridionale un contraste qui leur prêtait une grandeur singulière et une originale majesté. Leurs enseignements trouvaient auprès des femmes une foi vive et docile. Non-seulement elles les écoutaient, elles les recueillaient; mais, converties elles-mêmes, elles les répandaient à leur tour dans leur famille; quelquefois même leur mission apostolique s'exerçait dans une sphère plus étendue.

En laissant se détendre les liens de la famille, la société méridionale avec préparé les femmes au rôle que l'hérésie leur réservait. Elles abandonnaient le toit conjugal, menaient une vie monastique, sans retraite, sans solitude, sans isolement. Telle avait été, d'après l'aveu d'Adélaïde, veuve du chevalier Alzeu de Massabrac, la conduite de sa mère Formeria (1); elle se livra à l'hérésie, quitta son mari, et vint habiter longtemps à Avignonet. Les femmes s'attachaient à la secte avec fanatisme; les hérétiques parfaits n'en mettaient pas moins à les y retenir. Une jeune fille, Guillelma, s'était jointe aux adeptes de l'hérésie (2): son père, Bernard Fabre, pria Bertrand d'Alaman et Austorga, femme de Pierre de Rosengues, d'intercéder auprès de sa fille et de la ramener à la maison paternelle. Toutes leurs instances auprès de la jeune néophyte furent sans succès : elle leur déclara nettement que jamais elle ne se rendrait à leurs désirs;

---

(1) Doat, tome 24, f° 204.
(2) Id., tome 23, f° 65.

son obstination n'était que le reflet de celle des hérétiques. Bernard Fabre conduisit Bertrand d'Alaman dans une cabane qui touchait la maison de ce malheureux père ; Bertrand d'Alaman y trouva Guillaume Ricard et les autres hérétiques, hommes et femmes ; pressé par Bernard Fabre, il supplia les parfaits de donner à la jeune fille la liberté de rentrer sous le toit paternel ; les hérétiques refusèrent de l'entendre.

Le rôle des femmes dans l'hérésie, la propagande dont elles se chargeaient, le succès qu'elles obtenaient, sont indiqués dans le poëme de la croisade : il nous donne un grand exemple d'un fait qui est un des traits les plus originaux de la société et de l'hérésie méridionales. Dans sa violente invective contre le comte de Foix, Folquet lui reproche amèrement l'hérésie de sa sœur et les nombreuses conversions qu'elle a provoquées par son influence. « Sa sœur fut hérétique quand » mourut son mari ; et elle resta à Pamiers plus de trois ans » accomplis ; à sa mauvaise doctrine elle en a converti un » grand nombre » (1). Ainsi les femmes ouvraient à l'hérésie l'accès des grandes familles ; elles ne convertissaient pas aux idées nouvelles leurs maris et leurs fils ; elles les disposaient en faveur des croyances hétérodoxes et de ceux qui les prêchaient. Philippa, épouse du comte de Foix, Raymond Roger, s'était livrée à l'hérésie (2), avait quitté le palais

---

(1) Faurie., p. 232 ; Mss., f° 42, p. 83.
    Et sa sor fo eretja cant moric sos maritz
    Es estec poih a Pamias plus de iii. ans complitz,
    Ab sa mala doctrina ni a mans convertitz.
(2) Doat, tome 24, f° 241.

comtal, et vivait avec d'autres femmes hérétiques comme elle. C'est dans cette nouvelle demeure qu'elle recevait les visites du comte, et qu'elle lui donnait à manger des mets qu'elle avait bénis ; son fils, Roger Bernard, s'asseyait à table également avec des hérétiques.

Au château d'Aniort, les bons hommes étaient accueillis par la femme de Bernard Othon. Avec cette légèreté de mœurs qui devenait facilement brutale et cruelle, le châtelain d'Aniort voulait rompre son mariage avec Nova de Cabaret ; il s'adressa à l'archevêque de Narbonne, qui dénonça, plus tard, à l'inquisition cette coupable communication ; il lui déclara qu'il lui ferait prendre sa femme en compagnie de nombreux hérétiques, si cette faute l'autorisait à la répudier : l'archevêque lui demanda comment il pourrait y réussir. « Rien de plus facile, reprit Bernard d'Aniort :
» jour et nuit et à toutes les heures, des hérétiques habitent
» avec elle dans sa chambre » (1).

A côté de presque tous les chevaliers méridionaux, qui se sont distingués comme adversaires du catholicisme, nous trouvons une mère, une femme, une sœur hérétiques. La mère de Bernard Othon était hérétique parfaite (2) ; sa grand'mère Blanche, mère de cet Aimery de Montréal qui périt à Lavaur, en combattant pour la liberté politique et religieuse du midi, avait le même rang dans la secte (3) ; elle habitait publiquement à Laurac avec d'autres hérétiques,

---

(1) Doat, tome 21, f° 31.
(2) Id., f° 34.
(3) Id., tome 24, f° 83 et 84.

et ce fut auprès d'elle que Bernard Othon fut amené tout enfant ; il vécut avec son aïeule pendant quatre ou cinq ans, mangeant du pain et de tous les autres mets qu'elle avait bénis. Le fameux apôtre de la doctrine albigeoise, Bernard de Lamotte, avait été conduit par sa mère au prêche des hérétiques (1). Un des héros du siége de Toulouse fut dom Pelfort, le seigneur de Rabastens : sa mère, ses sœurs, sa femme avaient revêtu la robe des hérétiques et vivaient avec elles sous le même toit (2). — En 1230, une sentence, rendue par Guillaume Arnaud de l'ordre des Frères prêcheurs et par le franciscain Etienne, enveloppa dans une condamnation d'hérésie un grand nombre de femmes dont les fils et les maris devaient plus tard comparaître devant l'inquisition (3). Le zèle religieux de ces femmes, de ces châtelaines ne se bornait pas seulement à introduire l'hérésie dans leur famille, à quitter leur maison pour mener une existence dont l'austérité eût effrayé la nonne la plus sévère; plusieurs partent et s'en vont de lieu en lieu prêcher la parole de vie, adorées par le peuple, escortées par les chevaliers, respectées de tous. Il est de ces femmes, telles qu'Arnauda de Lamotte, dont la mission apostolique ne s'arrêta que dans les *murs* de l'inquisition (4).

Il serait facile de multiplier les exemples qui, tous, feraient ressortir l'importance du rôle joué par les femmes dans cette

---

(1) Doat, tome 21, f° 233.
(2) Id., tome 22, f° 30.
(3) Id., tome 21, f° 189.
(4) Id., tome 23, f° 14 et seq.

propagande de l'hérésie. Le fait indiqué par le poëme de la croisade n'est donc qu'un cas particulier d'un fait plus général. Gagnés, convertis en partie, quoique la plupart aient attendu l'heure suprême pour se faire donner la *consolation*, les chevaliers furent dès lors dévoués à l'hérésie ; ce fut surtout dans les rangs inférieurs de la féodalité que l'hérésie trouva des champions fervents. Le vicomte de Béziers expia l'hérésie de ses vavasseurs : le poëme de la croisade nous l'affirme ; mais ce martyre fut une rédemption inutile ; la chevalerie inférieure ne cessa pas de fournir des victimes à l'Eglise et à l'inquisition ; car elle ne cessa pas d'être dévouée à l'hérésie. C'était Raymond d'Alaman, qui, chassant dans un bois auprès de Saint-Germier, rencontrait des hérétiques, s'entretenait avec elles et les adorait avant de se retirer (1). C'étaient les seigneurs et chevaliers de Montségur, de Mirepoix, de Saint-Paul de Cadajaus, de Cabaret, de Puylaurens qui ouvraient aux apôtres de l'hérésie un asile dans leurs châteaux et les adoraient (2). Les seigneurs et chevaliers des environs venaient, comme en pèlerinage, écouter leurs prédications. Quelques-uns d'entre eux étaient animés d'un véritable besoin de vie religieuse, comme le chevalier Bernard d'Alègre, qui passa des assemblées hérétiques au cloître de Citeaux (3).

Les représentants supérieurs, les chefs de la féodalité, avaient un zèle moins ardent ; on eût dit qu'en s'éloignant

(1) Doat, tome 23, f° 63.
(2) Id., tome 22, f° 76, 80, 81 et 153.
(3) Id., tome 23, f° 13.

de sa source populaire, l'hérésie perdait de sa force. L'orthodoxie du comte de Foix n'était pas irréprochable; celle du vicomte de Comminges pouvait bien donner lieu à quelque soupçon ; néanmoins leur attitude à l'égard de l'hérésie et des hérétiques fut froide et réservée. Dans son apologie, qu'il prononça lui-même au concile de Latran, Raymond Roger était à égale distance de la sincérité et du mensonge, lorsqu'il s'écriait devant l'apostole : « Je puis bien protester
» et jurer sans mentir que jamais je n'aimai les hérétiques,
» ni homme mécréant; je ne veux pas leur compagnie et
» mon cœur les repousse » (1). Cette opposition d'idées entre la haute et moyenne féodalité provoqua quelquefois entre elles de véritables conflits. C'était après le traité de Meaux. Philippe de Carbonnelli de Mirepoix, habitant de Tarascon, avait reçu, un soir, Pierre Roger suivi de plusieurs hérétiques ; cette hospitalité valut l'exil à Philippe Carbonnelli; le comte de Foix le chassa de ses terres : Pierre Roger de Mirepoix le reçut dans son domaine, à la Roche d'Olmes, qu'il venait de recouvrer (2).

Le comte de Toulouse ne fut peut-être pas aussi hérétique que Pierre de Vaux-Cernay se plaît à le représenter. Le poëte de la première et celui de la seconde partie de la geste ne laissent planer aucun doute sur la pureté de sa foi. Le pape Innocent III le justifie devant tout le concile de

---

(1) Fauriel, p. 228 ; Mss., f° 41, p. 82.
   Canc non amei eretges ni nulh hom mescrezent
   Ni volh ja lor paria, ni mos cors nols cossent.
(2) Doat, tome 22, f° 200.

Latran. « L'apostole, qui est sage, montre, pièces à la main,
» et par des discours remplis de loyauté, qu'il ne trouve
» dans la conduite du comte de Toulouse aucun motif de lui
» enlever sa terre et de l'accuser de mécréance : il le tient
» pour catholique en paroles et en faits » (1). Le poëte parle
peut-être plus en son nom qu'au nom d'Innocent III, et son
admiration, son dévouement pour Raymond VI, ont peut-
être emporté son esprit au delà de la vérité : avec cette faiblesse de caractère, qui s'est toujours trahie dans l'indécision
de sa conduite, Raymond VI a bien pu céder à ce courant
d'idées hérétiques qui l'environnait de toute part ; d'un autre
côté, ne se sentait-il pas arrêté par les nécessités et les intérêts de sa politique? En présence de cette féodalité inquiète,
factieuse, turbulente, il eût été sage de s'associer à l'Eglise,
de lui prêter l'appui matériel dont elle croyait avoir besoin
et de lui emprunter l'autorité morale qu'elle pouvait seule
donner. En plein moyen âge, de tels échanges, inconcevables
aujourd'hui, étaient parfaitement possibles.

Les comtes de Toulouse n'avaient qu'à suivre l'exemple
donné par les rois de France. N'y avaient-ils jamais songé ?
Pour le croire, il faudrait oublier la lettre que Raymond V
adressait à l'ordre de Cîteaux, lorsqu'il réclamait contre les

---

(1) Fauriel, p. 226; Mss., f° 41, p. 81.
  Mas pero lApostolis ques savis é guiscos,
  Denant tota la cort e vezen dels baros,
  Monstra per escriptura e per leials sermos
  Quel comte de Tholoza no repren ocaizos
  Quel deia perdre terra ni que mals crezens fos,
  Ans la pres per catholic en faitz e en respos.

hérétiques et les fauteurs d'hérétiques l'intervention de la royauté et de l'Eglise. Cet appel était-il un simple accident dans la politique des Raymonds ? Ne nous révèle-t-il pas une ligne de conduite, tracée par les circonstances et suivie, autant qu'elle pouvait l'être, dans une époque livrée aux aveugles caprices de la force et de la passion ? Ne peut-on pas penser que cette résistance contre l'hérésie et ses champions était une tradition héréditaire chez les Raymonds, et que le fils de la reine Constance n'y dérogea pas aussi complétement qu'on le croit généralement ? Son impuissance à réprimer des vassaux toujours rebelles, pouvait passer pour de la connivence; mais cette impuissance a été sans doute calomniée par l'Eglise, impatiente et irritée. Il voulait bien extirper l'hérésie; mais il ne le pouvait, sans le consentement de ses ennemis (1). Les mêmes chevaliers et vavasseurs étaient les adversaires de son pouvoir et les ennemis de l'Eglise; de là, sans doute, une certaine tendance à contenir les hérétiques, à les réprimer, au lieu de partager leurs croyances et de favoriser leurs progrès. En 1204, sous les yeux et avec la connivence du comte, les hérétiques étaient poursuivis (2). — Les capitouls et Raymond VI n'entravaient pas cette poursuite : ils se contentaient de renfermer les accusations d'hérésie dans des limites tracées par l'équité, et que l'inquisition n'aurait jamais dû franchir.

En lançant contre Raymond VI cette bruyante excommu-

---

(1) Guillaume de Puylaurens, tome 19, p. 195.
(2) Catel, *Hist. des comtes de Toulouse*, p. 229.

nication, premier coup de tonnerre de l'orage qui allait fondre sur le midi (1), Innocent III incrimine bien plus vivement le chef féodal, bandit et pillard, que l'hérétique ou le protecteur d'hérétiques. Le poëme de la croisade nous a dit la sévère sollicitude que, de retour dans sa ville héréditaire, Raymond VI étendit sur tous les monastères et sur toutes les églises. Sans doute, le comte avait alors beaucoup souffert, et les rudes leçons de l'adversité pouvaient lui avoir mis au cœur une piété orthodoxe qui lui était étrangère avant sa proscription ; mais il devait aussi avoir un fond naturel de bienveillance et de respect à l'égard du catholicisme, pour protéger encore l'Eglise après tous les maux dont l'Eglise l'avait accablé.

Avec ces dispositions, qui, en partie, résultaient du sentiment même du rôle qu'il était appelé à jouer, Raymond VI dut éprouver de l'hésitation, de l'embarras, lorsqu'il vit la croisade apparaître dans la vallée supérieure du Rhône. En cédant à la terreur que lui inspirait l'approche de l'Eglise en armes, il put se faire illusion, se croire l'allié naturel de ceux qui venaient châtier les hérétiques et soumettre les barons qui les protégeaient. Son père Raymond V n'avait-il pas lui-même appelé une première croisade dans le midi ? Raymond VI ne devait-il pas au moins se joindre à celle que le pape et l'ordre de Cîteaux dirigeaient contre ses Etats ? Cette pensée était courte, étroite, mesquine ; mais elle se présentait naturellement à son esprit: Il aurait dû

---

(1) Baluze, *Lettres d'Innocent III*, tome 2, p. 36.

protéger l'Eglise et se protéger lui-même. Les rôles étaient changés : c'était l'Eglise qui se défendait elle-même. Le comte crut qu'elle le défendrait aussi. Grave erreur ! illusion coupable ! Raymond VI ne devait pas tarder à être détrompé.

Tandis que Raymond VI flottait ainsi entre le catholicisme et l'hérésie, entre l'Eglise et la féodalité méridionale, le rapprochement devenait de plus en plus intime entre le peuple et la chevalerie, sous l'influence des idées nouvelles. Elles faisaient naître entre eux des rapports fréquents ; ces hérétiques parfaits, dont quelques-uns seulement, tels que Giraud de Gordon, appartenaient aux hautes classes, étaient entourés, dans les châteaux féodaux, de respect et de vénération. Malgré les progrès rapides des idées hérétiques, réaction vivante contre les idées féodales, on ne voit pas qu'un grand changement se soit produit dans les mœurs de cette société. Dans l'image que nous en retrace le poëme de la croisade, elle est toujours brillante, mondaine, chevaleresque ; nous n'avons pourtant pas sous les yeux un tableau de fantaisie : on pourrait croire que le troubadour a égaré l'historien, que le poëte de la seconde partie de la geste a prêté aux héros de la résistance méridionale, ses propres sentiments, ses espérances, ses aspirations ; mais nous savons, au contraire, que l'historien a toujours conduit, dirigé, contenu le poëte.

Le poëme de la croisade nous permet d'apprécier l'empire que les idées et les mœurs de l'hérésie exerçaient sur les chevaliers. La plupart d'entre eux étaient croyants de la secte ; mais ce premier degré d'initiation n'imposait aucune des sévères obligations attachées à l'état de parfait ; les prédicateurs albigeois ne demandaient à ces puissants néophytes qu'appui, sympathie, protection ; ils comptaient être appelés au lit de mort du seigneur féodal ; ils lui donneraient alors le *consolamentum* ; le baron leur confierait au moins son âme, s'il ne pouvait pas leur donner son corps ; le plus souvent, il allait reposer dans le cimetière des hérétiques, comme le chevalier Raymond de Saint-Paul de Cadajaus (1), qui fut inhumé par les parfaits dans leur champ de repos, au milieu du concours de tous les habitants, chevaliers et autres du château de Cadajaus. La foi des barons et hommes d'armes était moins vive, et surtout moins exclusive, que celle de leurs femmes, de leurs mères, de leurs sœurs. Les agitations de la vie guerrière ne laissaient qu'une part assez faible à l'influence que pouvaient exercer sur eux les prédications albigeoises. Les prêches modifiaient leurs sentiments et leurs pensées ; mais ces impressions étaient combattues par d'autres impressions qu'ils recevaient sur les champs de bataille. Lorsque les lances brillaient, lorsque les étendards de soie frissonnaient dans l'ardente mêlée, lorsque le haubert faisait entendre ce bruit cadencé qui enivrait Bertrand de Born, les chevaliers oubliaient les sévères et austères leçons qu'ils avaient reçues des prédicateurs hérétiques. L'écho de ces voix mâles et graves s'affaiblissait dans ces cœurs dominés par les émo-

(1) Doat, tome 23, f° 76 et 77.

tions de la guerre ; toutes les passions féodales et chevaleresques en reprenaient victorieusement possession ; puis, le combat fini, la guerre terminée, on revenait écouter les bons hommes ; on les aimait, on les protégeait, on leur faisait part de ces largesses autrefois réservées aux troubadours et aux hommes d'armes. Tous ces sentiments opposés, contraires, se conciliaient et s'équilibraient dans la vie et la conscience de ces chevaliers, sous l'empire d'une liberté sans limites. — Entre les idées féodales et les idées religieuses qui leur étaient si opposées, leur âme oscillait comme entre deux pôles magnétiques.

Lorsque Raymond VII, sur le Rhône et Raymond VI, sur les bords de la Garonne vinrent faire appel à leurs barons, les sentiments religieux ne furent pas étrangers au grand mouvement qui se manifesta alors ; l'hérésie releva la tête ; en 1218, à Puy Germier, les parfaits P. Grimoard, Pons de Calvasaut et Bertrand de Lamotte disputaient ouvertement avec deux prêtres de cette ville (1). L'hérésie envoya ses chevaliers et ses champions au secours de Toulouse ; c'était Giraud de Gordon, c'était Bertrand de Saint-Martin ; néanmoins ce ne fut pas la passion religieuse qui, se communiquant de proche en proche, anima tous les cœurs ; ces étroits sentiments de sectaires n'étaient pas assez larges, assez généraux ; des hommes de tous les coins du midi, de toutes les conditions, de toutes les classes, barons catholiques, croyants des hérétiques, chevaliers faidits étaient accourus dans une

(1) Doat, tome 23, f° 4.

seule et même enceinte sous la bannière du comte; il fallait de même une sorte de terrain neutre où toutes les âmes, tous les cœurs pussent se réunir. C'était dans le domaine des sentiments chevaleresques que cette rencontre devait avoir lieu. La guerre, en refoulant au fond des cœurs les passions religieuses et en faisant monter à la surface les passions guerrières et féodales, donnait à toutes les âmes cette unité d'inspiration dont elles avaient besoin dans cette lutte suprême.

Si jamais l'enthousiasme chevaleresque devait éclater, n'était-ce pas d'ailleurs dans cette glorieuse protestation contre le despotisme de l'Eglise ? Puis toute une génération nouvelle de jeunes héros, le fils de Jeanne d'Angleterre, Roger Bernard de Foix, Bernard de Comminges déploient sur cette scène ensanglantée leur valeur impétueuse, sous les yeux d'une génération qui, grandie par l'épreuve et la souffrance, se relève et se ranime avant de disparaître; tous ces cœurs, pleins de jeunesse, d'ardeur, de fougue, d'impatience, s'ouvraient non aux sombres enseignements de l'hérésie, mais aux enivrantes séductions de la vie guerrière et chevaleresque. Ce qu'ils voulaient voir renaître, c'étaient les prouesses, les fêtes, les grandeurs, les hauts faits de la chevalerie. Les brillantes perspectives de ce monde enchanté, où se mouvaient les Arthus, les Lancelot, les Jauffre, les Perceval, exaltaient leur imagination : le midi rajeunissait ; la joie reparaissait *en graines et en fleurs* : l'étoile du matin étincelait dans le ciel et semblait annoncer une splendide aurore. Les teintes sombres de l'hérésie s'adoucissaient, se fondaient, s'effaçaient peu à peu dans ce tableau éclairé de moment en moment d'une lumière plus douce et plus vive. Le poëte, qui n'en a pas tenu compte, n'a pas, à vrai dire, commis un oubli ; il n'a fait que nous donner une image plus fidèle de l'état des esprits et des cœurs dans cette crise de la vie sociale et politique du midi. Le courant de l'hérésie n'est pas interrompu, mais comme certains fleuves qui disparaissent sous le sable et vont surgir plus loin, il se dérobe maintenant à nos yeux pour ne reparaître que quelques années plus tard.

CHAPITRE VIII.

La croisade appréciée et jugée par le troubadour de la seconde partie de la geste. — Ses vues partielles et incomplètes. — Il ne nous montre qu'un seul côté de cet événement, mais nous laisse pressentir l'autre; la croisade est, dans la pensée de ses chefs, une révolution sociale, politique et religieuse, et ne peut réussir qu'à la condition de réunir ce triple caractère et de poursuivre ce triple but; elle arme contre elle toutes les forces vives de la société méridionale. — Intentions équitables, justes et bienfaisantes de l'Eglise. — Perversité des moyens employés. — Condamnation de la croisade.

Sur le point de terminer la troisième partie de cette étude, il est bon de jeter un regard en arrière sur l'ensemble des opérations qui nous ont occupés pendant que nous nous efforcions de satisfaire aux conditions du programme que nous nous étions tracé. Nous avons parcouru et fouillé le poëme dans tous les sens, comme on parcourt et comme on fouille une mine; la plupart des indications que nous avons recueillies, étaient précieuses; mais comme l'or dans le minerai est souvent combiné avec des matières étrangères qui en altèrent la pureté et ne le laissent reconnaître qu'à l'œil exercé d'un mineur habile, ainsi, dans les passages du poëme les plus dignes de fixer l'attention, la vérité historique ne s'est montrée à nous qu'à l'état obscur et enveloppé. Sans l'intervention des réactifs puissants, l'or ne se dégagerait pas ; sans les faits que nous avons rapprochés des textes les plus marquants de la chanson de la croisade, la vérité n'en aurait point jailli nette et claire. — Commentant, éclairant tour à tour le poëme par les documents déjà connus, imprimés ou inédits, et ces documents par le poëme, nous avons travaillé à saisir quelques-uns des principaux traits de l'état du midi au commencement du treizième siècle. Nous avons essayé de distinguer, d'apprécier les éléments divers, qui, en se mêlant, en se pénétrant, en agissant les uns sur les autres, avaient produit la civilisation que la croisade trouva devant elle en entrant dans le midi.

Le poëme de la croisade a donné aux différentes parties de cette étude une base commune ; elles ont encore une unité plus intime ; elles l'empruntent aux faits mêmes qui ont été l'objet de notre analyse et qui ne sont tous que les traits les plus caractéristiques de la société du midi. Ces faits eux-mêmes convergent tous vers un même point, comme les rayons d'un même cercle, vers le centre ; ils ont tous une même direction ; tous vont aboutir à un même événement, à une même révolution qui est le dénouement de toute l'histoire sociale du midi pendant le moyen âge. Cet événement, cette révolution, c'est la croisade. Observons-nous les relations extérieures de la France du sud ? Sans doute, les problèmes qu'elles soulevaient devaient être plutôt tranchés que résolus par la force ; et la solution, fournie par la conquête, était la pire des solutions ; mais les instincts, les passions du moyen âge pouvaient bien nous faire prévoir que les armes décideraient de l'avenir du midi de la France, et que les chaînes de l'oppression seraient les liens qui riveraient les méridionaux vaincus au trône des Capets.

Portons-nous nos regards sur l'état intérieur de cette société ? Le courant qui entraîne cette civilisation vers le gouffre où elle doit s'abîmer, nous semble encore plus irrésistible. La féodalité du midi ne se compose pas des mêmes éléments que celle du nord ; elle se développe dans des conditions toutes différentes ; la persistance des lois romaines, la franchise des terres, maintenue sans interruption dans le sud de la France du cinquième au treizième siècle, ont exercé sur les coutumes et les lois féodales une influence qui les a singulièrement modifiées. La féodalité ne s'isole pas du reste de la société ; les libres transactions qui font passer, sans obstacle, les terres des nobles aux mains des riches bourgeois, établissent entre ces deux classes supérieures des rapports nombreux et fréquents. Les représentants de la féodalité inférieure, les chevaliers surtout, se groupent volontiers, soit dans les grands châteaux, soit dans les cités municipales ; ils y forment des communautés nobles, qui se constituent, s'organisent, se gouvernent comme les communautés bourgeoises et démocratiques, dont elles sont entourées. Le rapprochement entre les unes et les autres ne tarde pas à s'opérer, dans les châteaux qui prennent de plus en plus les institutions des grandes communes, dans ces communes mêmes où la bourgeoisie est riche et puissante. La conséquence immédiate de ce grand fait social, c'est la diffusion des mœurs, des idées, des sentiments féodaux et chevaleresques dans le sein de la société méridionale.

Ces idées, ces mœurs, ces sentiments sont autant d'obstacles au règne de l'Eglise, autant de barrières opposées à son empire ; de là un sourd antagonisme qui devient plus éclatant au fur et à mesure que les caractères de cette société municipale et chevaleresque s'accusent, et que ses tendances se prononcent plus nettement. Dépouillé de ses domaines qu'il dispute en vain aux barons avides et pillards, privé d'une autorité morale qu'il ne cherche pas à retenir, le clergé méridional s'efface, s'absorbe, s'anéantit dans le sein de la société féodale. Les prédicateurs vaudois ou albigeois prennent sa place restée vide ; l'hérésie, comme un grand arbre, couvre bientôt le midi tout entier ; elle est une réaction spontanée et populaire contre l'état moral et social de la France du sud. — Elle devance, elle hâte la réaction cléricale et catholique, la croisade. — La société méridionale est, par sa pente même, entraînée vers l'hérésie ; et l'hérésie, à son tour, provoque l'explosion du terrible orage qui est longtemps resté suspendu sur les sommets des Alpes.

La croisade fut un fait très-complexe ; mais à mesure qu'on s'éloigne de l'époque même de la guerre, on voit cet événement se simplifier, se réduire dans les récits des chroniqueurs. Dans l'histoire de Mathieu Paris, qui a écrit à la fin du treizième siècle, la croisade n'a plus qu'un but prochain, direct, immédiat, la destruction des hérétiques ; sur ce grave sujet, les vues de cet historien sont partielles. Son récit est incomplet, et, ce qui est fâcheux, il est incomplet et ne paraît pas l'être ; dans cette narration trop circonscrite, il n'y a pas de ces échappées de vues qui laissent deviner de mystérieuses profondeurs ; c'est un tableau sans arrière-plan.

Dans le poëme de la croisade, nous ne voyons aussi qu'un seul côté des événements ; mais nous sentons en même temps que ce qui frappe nos regards n'est qu'un aspect, une face des grandes choses qui s'accomplissent. En présence des faits racontés par le poëme, nous sommes, comme aux pieds d'une grande montagne ; nous savons qu'il y a un autre versant, que nos yeux ne peuvent voir ; seulement ici les accidents des deux revers ont une disposition symétrique ; ils se correspondent ; les uns peuvent faire deviner les autres : placés au point de vue du poëte de la seconde partie, qui seul a embrassé les événements d'un regard un peu étendu, nous voyons dans la croisade la lutte acharnée d'une Eglise violente et cruelle, que le troubadour ne confond pas avec la grande Eglise chrétienne, contre le *parage*, c'est-à-dire contre la noblesse et contre les idées et les sentiments que cette noblesse, populaire dans le midi, faisait rayonner autour d'elle. C'est le monde entier qui devient triste, ennuyeux, maussade, sombre et morose. — Ce sont les prouesses dont l'éclat est terni ; c'est, comme l'a remarqué M. Fauriel, un duel sans merci entre la barbarie et la civilisation, telle que la conçoivent les hommes du midi. — Ce qui frappe le poëte, ce sont les rigueurs de l'Eglise qui poursuit les chevaliers ; ce sont les humiliations de ces faidits, véritables *outlaws* placés sous le coup d'une proscription perpétuelle, errant dans les bois, sans cesse battus par les tempêtes et les orages, tour à tour tremblants et redoutés, persécutés, et se vengeant de la persécution par le brigandage (1).

Les idées, qui étaient comme le fonds même de cette civilisation, ne sont pas moins proscrites. Quel sujet de tristesse pour le troubadour ! Aussi quel tressaillement d'allégresse lorsque les Raymonds reviennent, lorsque le midi semble renaître à sa vie d'autrefois !

Le jugement du poëte sur ces événements est clair, simple, précis; d'un côté, une tyrannie qui s'inspire des plus âpres passions : l'orgueil, l'avarice, la cupidité, qui étouffe toute vie, toute lumière, qui répand sur le midi une teinte de deuil; de l'autre, un pays qui souffre, qui perd, sous les coups redoublés d'un brutal ennemi, tout ce qui fait son prestige, son éclat, son bonheur, et qui retrouve dans l'excès même de l'oppression assez de force pour se soulever contre d'odieux conquérants, telle est, en deux mots, pour le poëte l'histoire de cette grande et douloureuse époque. — Est-il nécessaire d'ajouter qu'il n'y a dans ce cadre trop étroit qu'une partie de la réalité? Ce cadre ne pouvait pas, ne

---

(1) Guillaume de Puylaurens, *Hist. de France*, tome 19, p. 210.
Le troubadour a assisté avec une douleur profonde à cette dégradation de la chevalerie méridionale; le danger auquel ces proscrits sont exposés n'a cessé que pour devenir une honte, une flétrissure. On était en 1214 : le cardinal Pierre de Bénévent venait d'arriver dans le midi; dans ce temps régnait une trêve, qui était comme le prélude de la paix : on accorda aux chevaliers faidits la permission de parcourir les campagnes, mais non d'entrer dans les villes et les lieux fermés ; ils ne devaient pas monter des coursiers rapides, mais des roussins; porter un seul éperon, et pas une arme.

devait pas être plus large; le tableau est incomplet, mutilé ; c'est comme le fragment d'une grande toile; mais ce fragment nous permet de rétablir par la pensée le tableau tout entier; c'est comme un de ces torses de statues antiques dont la vue suffit à l'antiquaire et à l'artiste pour se faire une idée de la statue entière.

Nous comprenons l'indignation généreuse du poëte en présence des humiliations de son pays; nous l'aurions éprouvée comme lui; mais si l'histoire doit s'associer aux souffrances, aux aspirations, aux colères des hommes dont elle retrace l'existence, elle doit avant tout être équitable. Pour bien apprécier les jugements du troubadour, il faut se rappeler l'état de la société méridionale, telle qu'elle nous apparaît dans le poëme de la croisade lui-même. Une fois les traits de ce tableau rassemblés dans notre esprit, nous sentirons que l'Eglise n'a pas été gratuitement oppressive et violente; nous n'excuserons pas ses excès, nous en comprendrons la cause.

Un des documents les plus curieux pour l'histoire de la croisade, c'est la correspondance des papes Innocent III et Honorius III avec leurs légats ou avec les principaux archevêques ou évêques du midi. La pensée des chefs de l'Eglise, pendant cette grande crise qu'ils croient diriger, et qui les déborde, s'y montre clairement; on voit se détacher nettement le but qu'ils poursuivent; ce n'est pas seulement la destruction des hérétiques; leurs vues furent plus larges; l'œuvre, qu'ils voulurent accomplir, fut plus grande : ils l'appellent dans leurs lettres *l'affaire de la paix et de la foi*:

(*negotium fidei et pacis*) (1). Cette réforme ne se renferme pas dans d'étroites limites : elle est à la fois morale, religieuse et sociale ; elle doit être une rénovation complète de la société méridionale. Il ne suffisait pas de poursuivre les hérétiques, si toutefois cette poursuite était possible, avec les conditions où l'Eglise se trouvait placée dans la France du sud : il fallait pénétrer jusqu'à la cause même de l'hérésie ; il fallait en détruire les principes, tous ou presque tous renfermés dans la nature, le caractère et les tendances de la société méridionale. L'hérésie n'était que le fruit d'un arbre que l'Eglise jugeait malsain. Une fois les fruits écrasés, foulés aux pieds, l'arbre restait encore debout, prêt à en produire de nouveaux. Dans des temps plus éclairés, on eût cherché à inoculer une séve nouvelle dans son tronc sauvage. Au treizième siècle, l'Eglise se contenta de le dépouiller de son orgueilleuse parure de feuilles et de ramures (*frondis honores*), de le tailler, de le rendre propre, régulier, laid, rangé comme un if de Versailles, et après l'avoir ainsi mutilé, elle porta la cognée à ses racines.

Tous les sentiments dont le troubadour s'est fait l'écho sont ceux que devait éprouver une société féodale, chevaleresque, mondaine, sous le coup d'une grande réaction cléricale. — Relever l'Eglise, la rétablir dans ses possessions territoriales et dans son influence morale, telle est la pensée des pontifes de Rome pendant ce grand événement. Il faut d'abord faire

---

(1) *Hist. de France*, tome 19, *Lettres d'Innocent III aux archevêques de Vienne et de Narbonne*.

régner la paix, mettre un terme aux luttes féodales. L'idée de réprimer par une croisade les excès et les violences des seigneurs avait bien, avant 1209, traversé l'esprit d'Innocent III. « Si nous et nos prédécesseurs, écrit le pontife au
» comte de Forcalquier, n'avions eu égard qu'aux iniquités
» qu'a commises ton bras, non-seulement nous aurions lancé
» l'anathème sur ta tête, mais nous aurions armé pour ta
» perte tous les peuples chrétiens » (1). — N'oublions pas ces mots, rappelons-nous-les lorsque nous verrons l'Eglise donner le signal de cette guerre ; ils pourront nous faire connaître un côté généralement peu étudié de ces graves événements, sur lequel le poëme de la croisade a lui-même répandu quelques lueurs. Dans ce poëme, nous avons appris que l'obligation de solder des arbitres chargés de maintenir la paix fut une des conditions imposées à Raymond et à ses vassaux.

Lors du concile de Montpellier, en 1214, la dictature ecclésiastique, sortie du triomphe de la croisade, était dans toute sa force ; elle profita de cette omnipotence pour établir sur des bases plus solides et plus larges *l'association de la paix*. Ce fut dès lors une sorte de confrérie envahissante qui enveloppa toute la société méridionale. Bon gré mal gré, chacun dut en faire partie ; un ordre vraiment monacal pénétra les relations féodales que réglaient seuls jadis la force, le courage et la vaillance (2).

---

(1) *Historiens de France*, tome 19, p. 371.
(2) Père Labbe, *Recueil des conciles*, tome 11, p. 113 et seq.
L'archevêque ou l'évêque du diocèse ont-ils requis un de leurs paroissiens de

Cette dure discipline, à laquelle la noblesse méridionale dut plier ses fiers et indociles instincts, ne fut pas sans doute un de ses griefs les moins vifs contre la domination de l'Eglise. N'est-ce pas une protestation contre cette toute puissante association qui inspire le sirvente de Pierre Cardinal (*Un sirventes fas en luec de jurar*, etc.). — « Je fais un sir-
» vente au lieu de jurer, et je chanterai avec douleur et
» tristesse de mauvaiseté que je vois prendre le dessus, tan-
» dis que décroissent valeur et courtoisie ; car je vois les faux
» hommes avertir les fidèles et les larrons prêcher aux
» loyaux ; et les dévoyés montrent aux justes la voie. » Guy de Cavaillon, le jeune Raymond VII, le poëte de la seconde partie de la geste, devaient-ils penser autrement? (1)

Tandis que d'une main l'Eglise arrête les querelles féodales,

---

jurer la paix? Quinze jours écoulés, et cette sommation restée sans effet, le seigneur récalcitrant est contraint, par la censure ecclésiastique, au serment qu'on lui demande ; il est en dehors de la paix ; ses hommes en sont également exclus, s'ils prennent son parti. Celui qui refuse de faire, devant le tribunal des Paciarii, droit aux griefs déposés contre lui, est excommunié par l'évêque, et sa terre est frappée d'interdit. Un membre de la paix a-t-il violé ses serments et s'est-il ensuite retiré dans un château, une cité ou une ville? Le seigneur ou les magistrats doivent mettre la main sur lui et le retenir jusqu'à ce qu'il ait réparé convenablement ses torts. Toutes ces transgressions doivent être punies par le glaive spirituel et par le glaive temporel. L'excommunication est fulminée, tous les dimanches, contre ceux qui s'en rendent coupables ; le soir, après vêpres, les cloches des cités, des villes et des châteaux, portent au loin l'anathème lancé contre le parjure. Les *paciarii* interviennent, comme juges, entre le seigneur et le vassal révolté, et, au besoin, appuient le seigneur de toutes les forces dont ils disposent. Cette association fortement liée, qui s'élevait sur les débris de toutes les confréries, condamnées par le concile de Montpellier lui-même, plaçait la féodalité sous une surveillance plus active, plus défiante, plus dure que n'eût pu l'être celle de la royauté établie à Toulouse.

(1) Raynouard, *Poésies origin. des troubadours*, tome 4, p. 337.

de l'autre, elle reprend possession de tout ce que l'avidité des barons lui a ravi. Le concile d'Arles ordonne de rétablir les clercs dans tous leurs droits. Les églises fortifiées sont rendues au culte; au besoin, les légats les arrachent aux châtelains qui les détiennent, et, leur montrant les populations des villes voisines soulevées à leur appel, les forcent, par la crainte qu'ils leur inspirent, à abandonner leurs usurpations (1). Les moines dispersés se réunissent dans leur monastère, comme ceux de Montolieu, après la prise de Carcassonne, en 1209 (2). L'Eglise revendique ses libertés; elle veut même en étendre le cercle. Elle extirpe des abus dont le progrès naturel des mœurs semblait avoir fait justice, mais que la violence inhérente à toute société féodale pouvait bien ramener de loin en loin. Lors de la réconciliation de Raymond avec l'Eglise (3) et de l'humiliante cérémonie de Saint-Gilles, le notaire Milon, parlant au nom du pape, adressait au comte de Toulouse les injonctions où respire tout l'esprit de Grégoire VII : « J'ordonne que tu maintiennes dans une pleine
» et entière liberté les églises et les maisons religieuses, que
» tu n'exiges d'aucune d'elles albergue ou droit d'avouerie ;
» que tu n'exerces sur elles aucune exaction, à la mort de
» leurs évêques ou de leurs autres préposés : tu ne les dé-
» pouilleras pas, tu ne t'immisceras pas dans leur adminis-
» tration, tu ne les prendras pas sous ta garde en invoquant,
» soit une ancienne coutume, soit tout autre prétexte. Tu

---

(1) Baluze, *Lettres d'Innocent III*, tome 2, p. 365.
(2) Mahul, *Cartulaire et archives*, tome 1er, p. 88.
(3) Baluze, *Lettres d'Innocent III*, tome 2, p. 347.

» n'interviendras ni par toi-même ni par aucun de tes agents
» dans l'élection d'un évêque ou de tout autre dignitaire; tu
» ne mettras aucun obstacle à la pleine et entière liberté des
» élections canoniques. ».

Jusqu'ici les prétentions de l'Eglise étaient justes, légitimes, surtout si l'on se place au point de vue du droit commun du moyen âge. Après les spoliations qu'elle avait subies, l'Eglise pouvait accroître ses défiances, exagérer ses précautions, peut-être même faire rentrer la société féodale dans des limites plus étroites que celles que traçaient la justice et le bon sens. La féodalité devait payer les frais de la guerre ; mais il était facile de passer de la défense à l'oppression ; la limite était aisée à franchir. L'Eglise restait encore en deçà, lorsqu'elle réclamait l'oblation des prémices et le paiement des dîmes. Elle la dépassait ouvertement, lorsqu'elle imposait à toute demeure de la terre soumise par le comte, l'obligation de payer chaque année à l'Eglise de Rome un tribut de trois deniers melgoriens pour perpétuer le souvenir du secours qu'elle avait prêté à Montfort et de la part qu'elle avait prise à la conquête (1). Dans la féodalité du midi, renouvelée par la croisade, elle veut trouver une féodalité soumise à ses ordres : les prétendants à la succession du comte de Toulouse, déclarée vacante, ne croient pouvoir mieux recommander leur candidature qu'en promettant une aveugle obéissance au saint-père. « Quels que soient les ordres de Votre Sainteté,
» dit le gendre de Raymond VI lui-même, Pierre Bernard

---

(1) Martène et Durand, *Thesaurus*, etc., tome 1er, p. 832.

» d'Anduze, nous sommes prêts toujours et en toutes ma-
» nières à les mettre à exécution. » Les relations que l'on a
pu avoir avec le comte de Montfort, les égards qu'on lui a
témoignés sont des titres précieux qu'on ne néglige pas de
faire valoir (1).

L'Eglise envahit, pénètre les mœurs méridionales; la vieille liberté féodale et mondaine doit se plier à une dévotion vexatoire. Les paroissiens sont tenus d'aller à l'église les dimanches et jours fériés, d'y écouter d'un bout à l'autre la messe et la prédication (2). Si le seigneur ou la dame d'une maison ne remplissent pas ces devoirs religieux sans avoir l'excuse de l'absence ou de la maladie, ou tout autre motif raisonnable, ils paieront six deniers de la monnaie de Tours ; une moitié de l'amende appartiendra au seigneur de la ville, l'autre au prêtre et à l'église. — Les coutumes de Pamiers, qui étaient comme la charte de la conquête, ne parlent pas des prétentions de l'Eglise de fermer les villes aux chevaliers, de séparer les uns des autres les bourgeois et les barons, de changer jusqu'aux coutumes, de régler même les repas des méridionaux et le nombre de mets dont ils devaient se composer; tyrannie minutieuse dont la menace rendait plus vexatoires encore les atteintes portées à une liberté qui souvent dégénérait en licence.

Pour que cette révolution dans les mœurs, la vie et les relations des hommes du midi pût s'accomplir sans obstacle,

---

(1) Baluze, *Lettres d'Innocent III*, tome 2, p. 716.
(2) Martène et Durand, *loco citato*.

il fallait avoir prise sur la féodalité ; pour la tenir dans une étroite dépendance, il fallait la désarmer ; de là la proscription des routiers, milice aussi invulnérable aux foudres pontificales que les Sarrasins, que Frédéric II allait appeler sous ses drapeaux ; il fallait aussi enlever le pouvoir aux Juifs qui élevaient entre l'Eglise et les seigneurs une double barrière d'indifférence et d'hostilité : les Juifs (1), auxquels les papes confiaient quelquefois des charges importantes dans leur propre palais, doivent être exclus de toute fonction administrative. Les canons du concile d'Arles prescrivent au comte de Toulouse de licencier tous les routiers et de chasser tous les Juifs de ses terres. Le grand concile de Latran, présidé par Innocent III, fermera encore plus étroitement aux Israélites l'accès de toutes les magistratures, de toutes les fonctions, de tous les offices : un concile provincial, qui se réunira désormais tous les ans, avertira d'abord le seigneur qui aura donné l'investiture à un Juif, et, si l'avertissement reste sans effet, frappera le coupable de la peine qu'il jugera à propos de lui infliger (2). Plus tard encore, le sort des Juifs s'aggravera, et l'humiliation d'un costume particulier distinguera ceux que la faveur des seigneurs et l'influence de leurs richesses élevaient au-dessus des chrétiens.

Avec tout ce concours de mesures, qui ne tendaient à rien moins qu'à renouveler la société méridionale tout entière, la persécution contre les hérétiques aurait pu être efficace,

---

(1) *Benjamini Tutelensis itinerarium*, p. 19.
(2) Père Labbe, tome 11, p. 221.

si toute persécution n'était d'avance vouée à la stérilité. La réforme que poursuivait l'Eglise ne pouvait pas être exclusivement religieuse, il fallait qu'elle fût aussi morale, politique et sociale. Elle ne pouvait obtenir de résultats qu'à la condition de s'étendre, de se porter sur un plus grand nombre de points, d'embrasser un champ plus vaste. Les chances de succès augmentaient pour elle en raison même des difficultés qu'elle abordait, des obstacles qu'elle cherchait à surmonter ; c'est ce que les papes avaient compris ; c'est ce qui n'avait pas échappé au génie perçant d'Innocent III. Les passions violentes des légats n'obscurcissaient pas leur esprit jusqu'à leur cacher la vérité sur ce point : ils pensaient comme le souverain pontife et n'avaient que le tort d'apporter trop d'âpreté dans l'application de cette pensée. Ainsi les conditions mêmes, qui seules rendaient possible et durable l'œuvre tentée par la réaction ecclésiastique, exigeaient du pontife et de ses lieutenants les plus pénibles et les plus laborieux efforts. Obligée, pour extirper l'hérésie, de heurter les mœurs des hommes du midi, de froisser leurs instincts, de leur imposer des institutions incompatibles avec l'esprit dont ils étaient animés, l'Eglise voyait se lever devant elle des résistances tous les jours nouvelles, tous les jours plus indomptables, qui, nées aux quatre points de l'horizon, se rejoignaient et entouraient ses champions d'un cercle de fer. Ce ne fut pas seulement l'hérésie qui eut à repousser les attaques de la croisade ; ce fut la société méridionale tout entière qui eut à défendre ses idées, ses traditions, ses libertés, les abus même de sa civilisation, et ce n'est pas toujours aux abus que les peuples tiennent le moins.

Le poëme de la croisade, dans sa seconde partie, nous a donné une fidèle image du grand mouvement qui souleva le midi tout entier. La guerre devint nationale; ce ne fut pas seulement par l'effet d'une haine de race, réelle sans doute, mais moins vive, moins profonde qu'on ne s'est plu à la représenter. M. Fauriel remarque avec raison que les antipathies du poëte, reflet de celles de ses compatriotes, s'adressent bien moins aux Français qu'aux soldats et aux compagnons de Montfort. Plusieurs des chevaliers, appelés au conseil du spoliateur des Raymonds, reçoivent les éloges du poëte. Dans le fameux sirvente de Guillaume de Figueiras, la haine des troubadours ne se trompe pas d'objet; le nom de Rome, placé en tête de chaque strophe, semble indiquer à chaque trait, lancé par la main frémissante du poëte, le but qu'il doit frapper. — Les Français ne sont à ses yeux que les instruments et les victimes de la politique romaine (1).

Si la lutte prit ainsi un caractère national, c'est Rome qui en fut en grande partie responsable; la nature et la direction de l'attaque, se portant sur toutes les forces vives de la société méridionale, décidèrent celles de la résistance. De là, la violence et l'acharnement réciproques des deux partis; il n'est pas surprenant que cette guerre ait bientôt offert l'image d'un duel à mort entre l'Eglise et la civilisation du midi, et qu'elle se soit présentée, sous cet aspect, au poëte de la seconde partie de la geste.

---

(1) Raynouard, *Poésies origin. des troubadours*, tome 4, p. 309.

Pour résister à un ennemi commun, la chevalerie et l'hérésie resserrèrent plus étroitement encore les liens qui les unissaient et tour à tour se montrèrent au premier rang. Lorsque la résistance était encore exaltée, héroïque, rassurée par le succès, confiante dans ses forces, lorsqu'elle croyait être une résurrection, pleine de splendeur et de vie, elle ne put se défendre d'être un peu mondaine.

Plus tard, la fatigue se fait sentir, les espérances s'évanouissent; une glorieuse génération vieillit promptement, comme épuisée par les efforts de son héroïsme prématuré; l'horizon du midi s'assombrit : alors l'hérésie, c'est-à-dire la religion des hommes de la France du sud, parle plus haut que la chevalerie; la voix des prédicateurs cathares couvre celle des troubadours, dont les derniers accents s'éteignent graduellement dans un vague lointain; cette seconde phase devait naturellement succéder à la première; et dans l'une comme dans l'autre, l'hérésie et la chevalerie confondent de plus en plus étroitement leurs destinées, en présence de l'Église catholique, aussi impitoyable pour l'une qu'oppressive pour l'autre.

L'histoire des derniers et des plus fervents fauteurs de l'hérésie est en même temps celle des représentants les plus énergiques de la féodalité méridionale ; ce sont les familles de Mirepoix, d'Aniort, de Pérelle, de Rauat, qui, derrière les murailles de leurs châteaux, protestent, jusqu'au dernier moment, contre la soumission politique et religieuse du midi ; c'est un Xatbert de Barbairan qui protége les hérétiques et les abrite dans son étable à bœufs, tandis qu'il

inspire aux officiers royaux les plus graves inquiétudes (1).
L'Eglise finit par triompher de ces résistances combinées
qu'elle avait elle-même soulevées ; attaquant de front l'hérésie, elle était forcée de soutenir sur les flancs le choc des
haines chevaleresques et des passions méridionales ; heureusement pour elle, la royauté se tenait prête, comme une réserve toute fraîche ; elle dégagea sa fidèle alliée ; la victoire
fut décidée ; mais le combat avait été long et terrible.

Il ne faut pas cependant apprécier, d'après la répulsion
qu'il inspire aux méridionaux, le programme des réformes
que l'Eglise se proposait de leur imposer. Plus d'une fut
sans doute inspirée par cet égoïsme collectif, qui se glisse
si souvent dans les puissantes corporations et qui est le pire
des égoïsmes ; car il n'a pas cette grandeur originale, quoique très-incomplète, attachée à l'épanouissement de ces
âmes fortes et vigoureuses, qui, toutes préoccupées de leur
développement, sont à elles-mêmes leur commencement et
leur fin. — Il y avait dans la pensée de l'Eglise, au moment
même où elle se préparait à remanier, à refondre la société
du midi, plus d'une inspiration large, bienfaisante, chrétienne, digne de la grande Eglise du moyen âge, de celle
qui avait plus d'une fois fait tomber les armes des mains
sanguinaires des barons, réprimé le désordre et institué la
trêve de Dieu. En rétablissant la paix, l'Eglise faisait bien
peut-être un égoïste retour sur elle-même ; mais ne pensait-elle pas aussi à ces pauvres victimes des violences féodales,

(1) Doat, tome 24, f° 180.

dont les terreurs et les angoisses, au moment de la bataille, excitaient la joie belliqueuse d'un Bertrand de Born et d'un Bernard de Montcuq ? Elle prenait également sous son patronage la liberté des communications. L'abolition de tous les nouveaux péages, inventés par la fiscalité féodale, est une des conditions imposées par le notaire Milon au comte Raymond VI. Le concile de Montpellier de 1214 insiste sur la sécurité des routes, qu'il se fait un devoir d'assurer aux voyageurs et aux marchands (1); les barons, qui battaient jadis les chemins pour piller et voler, en deviennent les gardiens; le péage n'est plus une exaction odieuse ajoutée à bien d'autres exactions; c'est un privilége qui se justifie par les obligations et les devoirs qu'il impose : tout baron, tout seigneur, qui lève un péage, doit faire garder les routes sur toute l'étendue de ses terres; il est responsable du dommage que souffrent, dans cette partie de la route, voyageurs et marchands; s'il ne peut réparer le dam, il perdra le droit de péage jusqu'à ce qu'il ait donné satisfaction.

Un esprit d'équité, bien supérieur à celui qui réglait d'ordinaire les relations féodales, pénètre, sous l'influence de l'Eglise, dans les coutumes de Pamiers (2). Nul baron, chevalier, bourgeois ou paysan, ne prendront à gage ou ne s'approprieront, par la violence, les biens d'autrui; celui qui aura été victime d'une injustice ne se vengera pas lui-même, mais ira porter plainte au seigneur de son agres-

---

(1) Père Labbe, *Recueil des conciles*, tome 11, p. 115-116.
(2) Martène et Durand, *Thesaurus*, etc., tome 1er, p. 832.

seur. — Des amendes sévères punissent la transgression de cette loi. Celui qui aura mis la main sur la propriété d'un autre, paiera, comme amende, au suzerain de sa victime, baron, vingt livres; chevalier, dix; s'il est bourgeois, son amende s'élèvera à cent sous; s'il est paysan, à vingt; et, en outre, sur la sommation du seigneur, il rendra au plaignant tout ce qu'il lui aura pris, et il fera pleine et entière satisfaction pour le tort qu'il lui aura causé. Une vengeance donnera lieu à une semblable réparation : on paiera une amende de quarante sous au seigneur de l'homme dont on s'est vengé, et cet homme lui-même recevra, avec tout ce qu'on lui aura enlevé, une indemnité pour le dommage qu'il aura souffert. Les coutumes de Pamiers protégent aussi le vilain contre les exactions de son seigneur ou de ses seigneurs, même lorsque ces vilains et ces seigneurs sont des hommes du midi (*indigenæ*); l'Eglise ne veut pas que les vassaux supportent de trop lourdes charges, par suite de l'excessive malice de leurs seigneurs (*propter nimiam malitiam dominorum suorum*).

Ces dispositions, prises évidemment sous l'inspiration de l'Eglise, ne la justifient sans doute pas de tout le mal qu'elle a causé au midi ; mais l'impartialité de l'histoire nous fait un devoir de recueillir ces vues et ces intentions, qui appartiennent à un ordre d'idées bien plus élevé, bien plus rapproché de la vraie civilisation que les brutales inspirations de la société féodale et chevaleresque du midi. Appréciées, jugées comme elles méritent de l'être, elles nous préserveront de ces vulgaires et banales déclamations, qui ne voient dans la croisade que le débordement furieux d'un fanatisme satanique. Le poëte, qui a chanté la grande et glorieuse lutte du midi contre l'Eglise et la France du nord, n'en a guère tenu compte ; un méridional, sincèrement dévoué à son pays, ne le pouvait pas. Elles n'ont peut-être pas pesé d'un grand poids dans l'opinion historique, qui a condamné à jamais la croisade comme une œuvre d'iniquité et de violence. Prétendons-nous faire appel contre cet arrêt ? Non ; nous ne protestons pas contre la conscience même de l'histoire. Si le but poursuivi par la croisade fut plus grand, plus élevé, plus noble qu'on ne l'a cru, les moyens employés pour l'atteindre furent détestables ; et toutes les fois que nous trouvons, dans l'histoire, la condamnation de ce machiavélisme qui a devancé Machiavel, nous l'acceptons comme une grande manifestation de ce sens moral et de cette équité impersonnelle, qui sont au fond de tous les vrais jugements historiques. D'ailleurs, la Providence même a condamné la croisade ; cette union du droit avec l'iniquité, de l'ordre avec la violence, est restée inféconde ; elle n'a pas inoculé aux hommes du midi une piété orthodoxe ; incompatible avec la nature de leur esprit, elle a détruit cet idéal chevaleresque qui contenait, purifiait les mœurs féodales, ou tout au moins en voilait les plus tristes aspects. Elle a lâché la bride aux plus âpres, aux plus violentes passions ; le midi est devenu triste, sombre, inquiet, impie, farouche, comme on l'est après une grande injustice que l'on n'a pu ni venger ni pardonner. L'état de cette société, sortant des mains de la croisade pour tomber dans celles de l'inquisition, est riche en grands enseignements ; jamais peut-être la moralité de l'histoire ne ressortit des événements avec une netteté plus éloquente. L'étude de cette situation morale, religieuse et sociale serait bonne, saine et fortifiante, autant que peut l'être le spectacle de haines et de souffrances s'aggravant les unes par les autres. Sans aborder ce sujet dans toute sa complexe étendue, nous serons peut-être amenés à le toucher, en cherchant à nous expliquer les destinées de ce poëme dans les années qui suivirent sa composition.

QUATRIÈME PARTIE.

Les destinées du poëme de la croisade dans les années qui suivirent sa composition.

CHAPITRE PREMIER.

Au milieu des causes générales du déclin de la poésie provençale, causes particulières qui expliquent le prompt oubli dans lequel est tombé le poëme de la croisade. — Courte durée du glorieux soulèvement du midi chanté par le troubadour. — Triste issue d'une lutte héroïque. — La fin de la vie de Raymond VII dément toutes les espérances qu'avait fait concevoir sa vaillante jeunesse.

Avant de clore l'étude à laquelle nous nous sommes livré, il est encore une question qu'il faut poser et résoudre. — Quelles furent les destinées de ce poëme dans les années qui suivirent sa composition? En abordant ce coin obscur de l'histoire littéraire et morale du midi, nous ne sortons pas du cadre que nous nous sommes tracé. Nous restons dans l'étude intérieure du poëme; le chapitre que nous essayons d'y ajouter, n'en est que le corollaire.

En déclarant que la geste de la croisade est une des plus remarquables productions de la littérature provençale, on n'en exagère pas la valeur; pourquoi donc le peu de retentissement de cette épopée? Pourquoi, dans les poésies des troubadours contemporains, aucune mention de ce poëme ? Pourquoi cette obscurité qui se fait de bonne heure autour d'un ouvrage, qui portait dans son sein tant de vie, de flamme et de lumière ? Pourquoi ces ténèbres qui se sont tous les jours épaissies et dont le poëme n'a été retiré que par les soins de M. Fauriel ? Comment est-il resté si longtemps inconnu de tous les historiens du midi, « hommes » instruits pour la plupart et curieux des antiquités de leur » pays? » M. Faurieltrouve les raisons de ce fait dans la rapide décadence de la littérature provençale, dans les violences qui hâtèrent ce déclin, enfin dans la nature même du poëme, qui rendait plus difficile la conservation d'une composition de longue haleine que celle des poésies lyriques des troubadours? Ces raisons sont réelles ; mais il en est d'autres encore qui semblent plus particulières au poëme de la croisade et qui expliquent le prompt oubli dans lequel il était tombé. Elles tiennent à l'événement lui-même chanté par le poëme, aux idées qu'exprime le troubadour, aux espérances qui l'animent, aux émotions dont il se fait l'interprète. Sans doute la croisade, et l'inquisition après elle, inoculèrent à toutes les créations de la pensée méridionale un mal contagieux; toutes furent plus ou moins frappées ; mais il en était qui devaient être plus particulièrement sensibles aux malignes atteintes de cette maladie mortelle.

Il est dans l'histoire des moments d'ennui, de langueur, de tristesse et de misère ; ils succèdent d'ordinaire aux grands déploiements de vertu, d'enthousiasme et d'héroïsme ; la vie, après avoir débordé dans les âmes comme un torrent fougueux, se retire brusquement ; ce n'est plus qu'un maigre filet qui conserve à peine la force nécessaire pour suivre sa pente ; on assiste à une douloureuse réaction de tous les petits instincts, de tous les sentiments bas, de toutes les passions mesquines et violentes ; ils rentrent avec impétuosité dans les cœurs qui croyaient s'en être délivrés ; il faut renoncer au plus beau spectacle qui puisse frapper nos regards : celui de grandes choses accomplies par de grandes âmes ; la taille des héros de la veille se rapetisse le lendemain ; leur horizon se resserre ; il les enferme bientôt comme un cercle de fer ; l'air qu'ils respirent n'est plus cet air chargé d'une électricité vivifiante ; il est plat, lourd, malsain, infecté de miasmes. Dans ce milieu, un poëme animé d'un souffle généreux et vraiment épique ne peut guère durer ; il n'est plus compris, plus étudié, plus recueilli par personne ; il disparaît dans un coin obscur, comme les sentiments qui l'ont inspiré se réfugient dans quelque repli mystérieux du cœur. Telle fut la destinée de l'épopée de la croisade.

Il n'est peut-être pas de moment où le midi se soit montré plus grand que dans ces douze ou treize années qui se sont écoulées depuis le retour des Raymonds jusqu'au traité de Meaux ; et dans cette suite d'événements glorieux, l'héroïque défense de Beaucaire et de Toulouse se distingue encore ; ces deux faits remplissent, avec le concile de Latran, toute la partie du poëme qui mérite véritablement ce nom. Le troubadour a recueilli tous les sentiments d'espérance, de joie qui animaient les défenseurs du midi ; ces champions de la cause des Raymonds ne doutaient pas que la délivrance

ne fût le prix de leur héroïsme ; on espérait voir renaître les beaux jours de la brillante chevalerie méridionale. Les Français allaient être chassés : encore quelques jours, la pierre fatale frappera Montfort, justice sera faite. Les Raymonds seront de nouveau affermis dans la possession des domaines qu'ils ont reconquis ; mais ces espérances s'évanouissent ; aux conciles de Montpellier et de Bourges, Raymond VII cherche vainement à se réconcilier avec l'Eglise ; l'Eglise amène enfin dans le midi cette royauté française qu'elle a eu tant de peine à ébranler ; la lassitude, le découragement s'emparent des chevaliers de Raymond VII ; les soumissions les plus empressées vont au-devant du roi ; ces protestations d'obéissance et de dévouement revêtent les expressions les plus humbles. « Nous apprenons, écrit
» Bernard Othon à Louis VIII, que le seigneur cardinal a
» livré à votre domination toute la terre du comte de Tou-
» louse ; nous nous en réjouissons jusqu'au fond de nos en-
» trailles, non-seulement parce que nous en espérons un
» résultat utile, mais parce que nous désirons vivre à l'om-
» bre de vos ailes et sous votre empire plein de modéra-
» tion » (1). On murmurait contre cette soumission ; on l'appelait une trahison et on l'imitait (2) ; nous ne pouvons pas nous défendre d'un pénible sentiment de surprise, en voyant un des héros du poëme de la croisade, Raymond de Roquefeuille (3), l'éloquent et fier défenseur du jeune

(1) Doat, tome 75, f° 137.
(2) Id., tome 21, f° 37.
(3) Id., tome 25, f° 251.

vicomte de Béziers, se livrer à la merci du cardinal Romain de Saint-Ange. Un mot, qui revient sans cesse dans les satires de Pierre Cardinal, exprime bien cette atonie morale : c'est le mot de *recrezen* (accablé, abattu). Les défaillances conduisent la royauté au cœur du midi. Un sénéchal du roi, Humbert de Beaujeu, commande à Carcassonne ; la lutte n'est plus possible avec ces armées toujours renouvelées, que l'Eglise réunit sans cesse contre une société qu'elle a condamnée. La résistance n'est pas étouffée dans des flots de sang ; elle s'éteint lentement ; les forces la trahissent ; dix années à peine se sont écoulées depuis le jour où des cris d'allégresse saluaient dans Toulouse la mort de Simon de Montfort ; mais ces dix années ont été presque une vie d'homme ; la société méridionale, renouvelée et rajeunie, a vieilli promptement ; les idées qui servaient à ses héros de signe de ralliement, n'ont plus de sens pour eux ; les sentiments qui faisaient battre leurs cœurs sont comme éteints : au traité de Meaux, le midi se livre lui-même à la royauté et à l'Eglise. Il est des temps où la marche de l'histoire prend une rapidité fiévreuse. Des époques entières se succèdent dans un laps de temps qui, en d'autres circonstances, serait à peine une faible partie d'une seule et même époque. En 1230, le poëme de la croisade est déjà d'un autre temps ; il est du passé, et ce passé est déjà lointain.

Les événements avaient eu une issue bien différente de celle dont pouvait se flatter le patriotisme et la fierté des méridionaux. Rien n'eût été perdu, si les hommes, s'élevant au-dessus de la brutale pression des faits, eussent conservé, au fond de leur âme, les mâles inspirations de leur héroïsme ; malheureusement, les anciens champions de la guerre étaient devenus méconnaissables ; la seconde partie du règne de Raymond VII fut le triste revers de la première ; c'était un autre homme, bien inférieur au premier. Il ne restait presque plus rien en lui du héros qu'avait chanté le troubadour. Il est de ces âmes qui, en tombant des sommets où elles se sont élevées par un effort extraordinaire, ne s'arrêtent pas à moitié de leur chute ; le sentiment de la réalité, qu'elles avaient un instant supprimé, les ressaisit violemment ; la conscience de leur faiblesse les énerve. Elles avaient dépassé le niveau commun ; elles retombent au-dessous. Leur force et leur énergie morale ne se distribuent pas également dans tout l'ensemble de leur conduite ; elles se concentrent dans quelques moments de leur existence ; en s'amassant ainsi, elles produisent de l'héroïsme, mais c'est aux dépens du reste de la vie de ces hommes, qui, dès lors, sans point d'appui, sans soutien, s'affaissent sur eux-mêmes.

On a toujours sous les yeux, lorsqu'on pense au traité de Meaux, l'humiliante cérémonie de Notre-Dame ; on voit toujours le comte entrant pieds nus et la corde au cou dans l'église métropolitaine de Paris. Raymond se dépouille en faveur de la royauté et de l'Eglise, qui se partagent ses Etats et son pouvoir (1). A sa mort, Toulouse et l'épiscopat de Toulouse appartiendront au frère du roi, qui épousera la fille du comte, et aux enfants nés de ce mariage. — Si la fille du comte

---

(1) Guillaume de Puylaurens, *Hist. de France*, tome 19, p. 220-221.

meurt sans laisser d'enfants mâles, les autres héritiers de Raymond, fils ou filles, n'ont aucun droit à réclamer sur cette succession. Le roi abandonne au comte l'épiscopat d'Agen et de Rodez, toute la partie de l'épiscopat d'Alby, qui est située au nord du Tarn, l'épiscopat de Cahors, moins la ville de Cahors. Ces biens pourront passer, il est vrai, aux héritiers de Raymond, mais l'on aura bien soin que Raymond VII ne contracte pas une seconde union. On laisse ces biens au comte de Toulouse, afin qu'à sa mort il puisse faire de pieuses aumônes, suivant l'usage et la coutume des autres barons de France.

Cette concession de l'Eglise et de la royauté, qui consentent à laisser à Raymond VII la jouissance d'une partie de son domaine héréditaire, devra être achetée par une honteuse obéissance ; il faudra que le comte poursuive les hérétiques ; il devra, par la cupidité, exciter le zèle de la délation ; pendant deux ans, il paiera deux marcs d'argent, et après ces deux ans, un marc seulement à quiconque découvrira un hérétique. Et parmi ces hérétiques, combien n'y avait-il pas de ces braves chevaliers qui avaient mis leur épée au service des Raymonds, qui les avaient défendus contre la croisade, qui les avaient ramenés dans leur capitale, qui avaient prodigué leur sang, exposé leurs biens, dépensé leur argent pour le neveu de Richard Cœur-de-Lion ? Et ce jeune comte allait épuiser ses finances, amoindries déjà, pour les faire rechercher, pour les livrer aux mains de l'ennemi, que la veille encore ils combattaient ensemble ! Le comte de Toulouse allait lui-même faire la guerre au comte de Foix, qui continuait encore la résistance ; Raymond VII pouvait retenir pour lui toutes les conquêtes qu'il ferait sur les terres de ce baron rebelle ; mais les châteaux et forteresses devaient être démantelés. Les murs de Toulouse, à peine relevés, rougis de tant de sang, témoins de tant d'exploits, devront être renversés ; les fossés, comblés : ainsi le veut le légat. De même, les fortifications de trente châteaux et de trente villes seront détruites. Si les possesseurs résistent, le comte leur fera une rude guerre. Ensuite, il partira pour la croisade, dans moins de deux ans, et restera plus de cinq ans outre-mer.

Les conditions imposées à Raymond VI par le concile d'Arles, n'étaient pas plus dures ; elles avaient poussé le comte hors des gonds ; elles avaient mis les armes aux mains des populations ; Raymond VII se soumettait. Qu'est donc devenu le valeureux cavalier qui promettait à Guy de Cavaillon de relever parage et de le remettre en splendeur, l'héroïque enfant qui aurait rougi de recevoir ses terres des mains de l'Eglise, et ne voulait les devoir qu'à la pointe de son épée ? Raymond VII dut se résigner à des mesures plus vexatoires encore. A la fin de la même année, le concile de Toulouse permettait de rechercher et de prendre les hérétiques sur la terre d'autrui (1) ; et le bailli du roi allait user de ce droit sur celle du comte.

Raymond VII ne s'arrêtait pas dans cette voie des concessions. « En l'an du Seigneur 1233, au nom de la sainte et

---

(1) Père Labbe, tome 11, p. 429.

» indivisible Trinité, pour exalter la foi chrétienne, extirper
» la perversité de l'hérésie, pour conserver la paix ainsi que
» l'heureux état du pays et pour l'accroître encore, Ray-
» mond, par la grâce de Dieu, comte de Toulouse, avec le
» conseil et l'assentiment des évêques et autres prélats, des
» comtes et des barons, chevaliers et plusieurs autres pru-
» d'hommes, arrêtait ses célèbres statuts » (1). Ces ordonnances ne font que reproduire, en les aggravant, les dispositions des précédents conciles : poursuite des hérétiques par les baillis, nomination de sénéchaux et de baillis, dont l'orthodoxie n'inspire pas de soupçons ; destruction des maisons dans lesquelles on aura trouvé un hérétique vivant ou enseveli, ou qui auront été témoins d'une de ses prédications ; confiscation des biens de tous ceux qui habitent cette maison, à moins qu'ils ne puissent prouver leur ignorance de la présence ou des prédications de cet hérétique. La police inquisitoriale, employant le comte comme un docile agent, enveloppe les hérétiques dans un réseau de prescriptions défiantes.

Le texte de ces prescriptions renferme, sinon la cause, du moins peut-être l'explication de toutes les humiliations, de tous les abaissements auxquels s'est prêté le comte de Toulouse, le secret de ce zèle emporté qu'il met dans la persécution de l'hérésie et de ses adeptes. Nous touchons ici aux plus vulgaires réalités de l'histoire ; il en est de l'histoire comme de la vie ; tantôt elle se déploie sur les sommets purs

(1) Père Labbe, tome 11, p. 449.

et élevés, où l'enthousiasme, les passions généreuses règnent sans mélange; tantôt elle se traîne lentement dans les bas-fonds; les actions humaines n'ont plus alors pour mobiles que les tristes suggestions de l'égoïsme. — Il faut savoir distinguer dans l'histoire ces deux moments, ces deux phases; elle n'est pas toujours poésie; elle n'est pas toujours prose; on n'est pas profond parce que, soumettant toutes les manifestations de l'activité humaine à une subtile analyse, on les explique toutes par une seule cause : l'intérêt; on n'est que systématique. Ce serait se tromper que de ne pas reconnaître un élan enthousiaste dans le mouvement qui fit accourir les chevaliers faidits sous les bannières des Raymonds; ce serait se tromper plus encore que de ne pas chercher dans les nécessités et les exigences d'une situation financière désastreuse, un des plus graves motifs des tristes concessions que Raymond VII faisait à l'Eglise aux dépens de ses sympathies et des sentiments les plus naturels et les plus légitimes; pénibles sacrifices qui abaissent celui qui s'y résigne.

Il était bien difficile que Raymond VII ne sortît pas ruiné d'une guerre qui durait pour le midi depuis plus de vingt ans, qui avait, à plusieurs reprises, étendu sur le pays tout entier d'épouvantables ravages et provoqué de la part de ses défenseurs des efforts inouïs. Tandis que Louis VIII dirigeait sa troisième croisade contre le comte de Toulouse, le fils de Simon de Montfort implorait l'assistance de la papauté (1); il ne

---

(1) *Hist. de France*, tome 19. *Lettres d'Honorius III*, p. 753.

pouvait payer ses dettes ; son oncle Guy était retenu comme otage à Amiens. Raymond VII n'avait sans doute pas réduit son adversaire à un tel dénûment, sans épuiser ses ressources; la persécution mettait dans ses mains les terres des hérétiques et versait dans son trésor le fruit de la vente de ses domaines. Les précautions nombreuses qui semblent avoir pour but d'empêcher l'hérétique d'échapper, étaient bien plutôt un filet tendu pour arrêter ses biens ; les statuts du comte de Toulouse, après avoir énuméré toutes ces interdictions où se peint un singulier esprit de méfiance, en donnent le vrai motif ; on craint que les fauteurs de l'hérésie n'éludent le fisc (1).

La foi du comte n'est pas intolérante ; son cœur n'est pas pusillanime ; mais le fisc est à sec, le fisc est altéré, le fisc est avide ! Le comte de Toulouse acceptait avec un empressement, qui témoignait de sa pénurie, tous les arrangements qui le dispensaient de payer une somme promise. En 1229, le roi et Raymond VII réclamaient l'un et l'autre la ville de Saint-Antonin et la cité de Cahors (2) ; le cardinal de Saint-Ange et le comte de Champagne proposèrent une combinaison qui fut aussitôt agréée : le comte devait payer au roi, tous les ans, quinze cents livres de Tours pour la garde des châteaux que le prince retenait sous sa main, pour sa sécurité et pour celle de l'Eglise ; les deux domaines contestés avaient sans doute une véritable importance ; mais, en les abandonnant,

---

(1) Père Labbe, tome 11, p. 450.
(2) Collection Doat, tome 75, f° 221.

le comte se délivrait d'une dette qui devait être pour lui, dans sa situation actuelle, un pénible fardeau ; il les abandonna. Raymond VII avait une dette bien plus pesante encore : il s'était engagé à payer à l'Eglise la somme de dix mille marcs d'argent, comme indemnité des maux qu'elle avait soufferts pendant la guerre. C'était une lourde aggravation aux charges qui pesaient sur ce malheureux comte ; débiteur de l'Eglise, il s'humiliait devant elle. « S'étant présentés » devant nous, écrivait Grégoire IX à son légat, les envoyés » du noble seigneur, Raymond, nous ont demandé avec » dévotion et prière de vouloir bien accorder un délai pour » le paiement des dix mille marcs qu'il doit à l'Eglise » (1). Le pape se rendit à la prière du comte de Toulouse.

Ainsi, dans cette persécution de l'hérésie, un double motif faisait agir Raymond VII ; il flattait l'Eglise, qui était pour lui un redoutable créancier ; il remplissait peu à peu son fisc évidé ; il se préparait les ressources nécessaires pour satisfaire à ses engagements ; l'Eglise avait sur lui une prise terrible ; acculé dans une impasse d'où il n'était sorti qu'en signant le traité de Meaux, le comte avait contracté des obligations qu'il entendait bien sans doute ne pas acquitter de si tôt ; mais l'Eglise pouvait, un jour ou l'autre, le rappeler rudement à l'exécution de ses promesses ; elle pouvait exiger, outre les dix mille marcs d'argent, l'accomplissement du vœu, qu'il avait fait, d'aller, pendant cinq ans, guerroyer en Palestine ; il fallait la fléchir, la ménager : de là, ces vio-

---

(1) Père Labbe, tome 11, p. 359.

lences sur les hérétiques, qui étaient comme les boucs émissaires des faiblesses, des misères, des malheurs du comte ! Quelle différence entre ces instants si sombres et ce jour plein de lumière qui vit Raymond VII et son père accueillis sous l'ormée par les chevaliers et les bourgeois d'Avignon ! Quel changement dans l'attitude du jeune comte, dans les préoccupations qui assiégeaient son esprit, dans les sentiments qu'il éprouvait, sans doute aussi dans les idées de ceux qui l'entouraient ! Quelle prose après tant de poésie ! Que de calculs, d'intrigues, de menées, de bassesse même après tant d'héroïsme ! Dans quel passé lointain et confus ne devaient pas apparaître les souvenirs de ce que Raymond VII avait fait, dit, pensé dans son âge héroïque ! Autres temps, autres soins : relu dans un pareil moment, le poëme de la croisade ressemblait sans doute à une amère ironie.

Ce n'était là cependant qu'une crise ; Raymond VII devait la traverser et en sortir ; l'avenir était fermé devant le dernier des Raymonds ; l'espérance n'existait guère pour lui ; néanmoins, sa situation présente s'améliora ; en 1234, sur sa prière, Louis IX adressait, à Raymond Béranger de Provence, l'ordre de restituer au comte de Toulouse, dans l'espace d'un an, tous les biens qu'il lui avait enlevés depuis le siège d'Avignon (1). La même année, Frédéric II lui rendait le Comtat venaissin et le rétablissait dans sa dignité de marquis de Provence (2). Déjà Marseille, qui avait uni

---

(1) Dom Vaissète, édition Du Mège, tome 5, p. 679.
(2) Id., p 382.

à ses pouvoirs municipaux les droits de ses anciens vicomtes, avait, en 1230, appelé Raymond VII contre le comte de Provence, Raymond Bérenger, auquel elle refusait toute obéissance. Le comte de Toulouse força celui de Provence à lever le siége qu'il avait mis devant la grande cité municipale ; Marseille céda à son libérateur, pour en jouir, sa vie durant, la ville basse, généralement appelée la ville vicomtale.

Non-seulement Raymond VII recouvrait ses anciennes possessions, non-seulement il en reculait les limites, mais au cœur même de ses domaines, son autorité, moins contestée, s'affermissait. La guerre de la croisade avait passé, comme un niveau de fer, au-dessus de cette société féodale ; des résistances audacieuses, indomptables, se continuaient bien encore ; mais elles étaient isolées, plus inquiétantes pour les Français et pour l'Eglise que pour Raymond VII ; partout ailleurs, les liens entre les vassaux et le comte se resserraient ; des hommages multipliés, rapportés par dom Vaissète, inscrits dans le cartulaire de Raymond VII, accusent les progrès de son autorité suzeraine. En 1236, c'est Raymond de Turenne qui fait hommage au comte de Toulouse pour le château de Brassac, qu'il possédait dans le Quercy (1). En 1239, c'est Pierre d'Adhémar, pour son château de Tournon et autres ; en 1240, c'est Pierre, vicomte de Lautrec, pour son château de Bruyère. Il est inutile d'ajouter ainsi, les uns à la suite des autres, les noms de

---

(1) Dom Vaissète, édition Du Mège, tome 5, p. 528-529.

tous les barons et chevaliers qui vinrent faire, auprès de Raymond VII, acte de vasselage.

La puissance du comte s'étendait sur des bases plus solides que les serments d'un baron ; un grand nombre de biens-fonds, fiefs, censives, se réunissaient à son domaine direct. Si la guerre avait été désastreuse pour le comte de Toulouse, elle ne l'avait pas moins été pour ses vassaux, qui s'étaient échappés de ce grand naufrage, nus, dépouillés, épuisés ; la plupart, sur des fiefs souvent dévastés, avaient de la peine à subsister, ou du moins étaient incapables de remplir les obligations attachées à la possession de ces terres ; ils les vendaient ou les donnaient au comte, afin de s'assurer un protecteur. En 1236, Raymond VII achète, aux tuteurs de Guillaume Unaud, tout ce que le père de cet enfant, Raymond Unaud, une des victimes posthumes de l'inquisition, possédait dans la forteresse de Lugan (1). Raymond Jean lui vend toutes ses possessions dans la ville de Cépet (2). En 1230, Giraud de Gordon donne au comte de Toulouse tout ce qu'il possède auprès de Sauveterre, de Montcuq et de Montaccis (3). Le pouvoir du dernier Raymond s'étend aussi aux dépens des libertés municipales. S'il doit accorder à Toulouse, à la cité et au bourg, la pleine et entière possession de leur consulat, il est dédommagé de ces concessions dans d'autres villes de ses domaines. Il semble qu'un sentiment général de lassitude se

(1) *Cartulaire de Raymond VII*, p. 178.
(2) Id., p. 162.
(3) Id., p. 102.

communique à toute la société méridionale, depuis le sommet le plus élevé jusqu'aux dernières assises; le comte abdique dans les mains de la royauté et de l'Eglise; les villes, dans celles du comte. En 1245, la commune de Moissac abandonne à Raymond VII ou à son bailli le droit d'élire les consuls et de recevoir les plaintes et accusations sur tous les délits et crimes (1). — La même année, les habitants de Castelsarrasin imitent ceux de Moissac (2). Raymond VII est plus maître dans ses domaines que ne l'ait été peut-être aucun de ses aïeux. Est-il aussi indépendant?

L'humiliation subie par le comte de Toulouse avait imprimé à son âme un pli fatal ; cette âme ne devait plus se redresser. Remis des suites de la guerre effroyable qu'il avait soutenue, disposant d'un pouvoir mieux concentré dans ses mains, il ne retrouva pas néanmoins cette fierté hautaine et juvénile qui faisait tressaillir le cœur des chevaliers et des troubadours du midi; soumis à la surveillance de l'Eglise, il se sentait paralysé par ce regard défiant qui s'attachait à tous ses mouvements, à tous ses pas, à tous ses gestes. — Sa conduite, à partir du traité de Meaux, manqua toujours de franchise et de netteté. Deux prises d'armes ne firent que l'enfoncer plus avant dans une situation dont il ne pouvait pas se dégager. En 1239, il est aux prises avec le comte de Provence, l'allié du roi de France (3). Pendant qu'il se bat sur les bords du Rhône, un mouve-

---

(1) *Cartul.*, p. 73.
(2) Id., p. 186.
(3) Guillaume de Puylaurens, *Hist. de France*, tome 19, p. 224.

ment féodal, religieux et national se produit sur ceux de l'Aude. Le comte de Toulouse revient vers ses Etats ; sommé par le sénéchal de seconder les armes royales contre les rebelles, il élude cette sommation ; et son intervention, avec celle du comte de Foix, assure la paix aux derniers champions du midi, qui peuvent, avec leurs armes et leurs montures, sortir du château de Montréal, où ils étaient assiégés.

En 1242, nouveau soulèvement du midi, qui se rattache à une coalition générale contre la France ; les comtes de Toulouse et de Foix s'allient avec le comte de la Marche et Henri III d'Angleterre ; le comte de Foix, séduit par les promesses de la France, se tourne contre Raymond VII : c'était une représaille de l'abandon où le comte de Toulouse, en 1229, avait laissé Roger Bernard. Raymond VII, découragé, n'eut d'autre ressource que d'implorer la clémence du roi et l'intervention de l'Eglise. Il alla lui-même chercher sa grâce à Lorris en Gâtinais, où l'évêque Raymond de Falgario le réconcilia avec Louis IX. Le voilà placé plus étroitement encore sous la dépendance de l'Eglise et de la royauté. Ce n'était pas pourtant de ce côté que l'entraînaient ses sympathies ; ouvertement, il témoigne aux prélats la plus grande déférence ; en secret, il tend la main aux hérétiques et aux faidits ; il excite le mécontentement des uns et trompe l'attente des autres. La force, qui lui est peu à peu revenue, ne lui a pas rendu assez de confiance pour lui permettre de conformer sa conduite à ses sentiments. En remontant peu à peu du bas-fond où il était tombé, lors du traité de

Meaux, il avait deux degrés à franchir ; en atteignant le premier, il trouvait assez de liberté d'esprit pour éprouver de nouveau des sentiments, que la conscience des embarras à vaincre, des difficultés à surmonter, la crainte, l'inquiétude, avaient un moment étouffés en lui, aux heures les plus sombres de la crise de 1230 ; en s'élevant au second, il ne se serait pas contenté d'ouvrir son âme aux sympathies, aux passions, qui jadis y avaient régné sans partage ; il les aurait hautement étalées ; il aurait atteint une seconde fois le niveau moral au-dessous duquel il était si fort tombé ; mais il ne dépassa guère le premier degré.

En 1235, révoltés par les scènes odieuses dont l'inquisition les rendait témoins, irrités des progrès envahissants de la juridiction et de la tyrannie des Frères prêcheurs, les consuls de Toulouse mettent les Dominicains à l'interdit, les bloquent dans leur couvent, et font, à son de trompe, publier dans Toulouse la défense de rien leur apporter, de rien leur donner, de rien leur vendre (1). Pendant trois semaines, des gardes veillèrent aux portes du couvent. Cette énergie, déployée par les pouvoirs municipaux, ne pénétra pas jusqu'à l'âme de Raymond ; de nouvelles exhumations excitent dans Toulouse une nouvelle indignation. Les capitouls s'efforcent de ranimer le comte, qui a jusqu'ici souffert, avec une étrange résignation, tous les excès des inquisiteurs ; le comte n'ose pas se mesurer avec cette redoutable puissance ; il supplie les Dominicains, il les prie de vouloir bien, par

---

(1) Percin, *Monumenta historiæ*, etc. (*sæculum primum*), p. 48 bis.

amour pour lui (*amore sui*), suspendre un instant leurs procédures ; les Dominicains écartent avec un dédain superbe « *ses frivoles raisons* ». — Il faudra que les excès de l'inquisition s'aggravent encore pour pousser Raymond à bout, et le faire passer de la prière à une résistance ouverte.

Les baillis et agents du comte, d'ailleurs, hommes énergiques, audacieux, dévoués à l'hérésie, comme Pons de Grimoard, l'ancien sénéchal du Quercy, sentent ses dispositions, comprennent à demi-mot, vont au-devant de ses ordres, devinent sa pensée, la dépassent, l'exagèrent. Si Othon de Barège ne fait qu'obéir à ses instructions, en défendant, en pleine église, à Moissac, de se soumettre aux pénitences imposées par les inquisiteurs (1), Raymond d'Alfaro consulte plutôt la haine secrète du comte que ses ordres formels (2). Bailli d'Avignonet, Raymond d'Alfaro mande Wilhem de Planha, et va l'attendre dans le bois d'Antioche, auprès de Mas Saintes-Puelles. Le bailli fait jurer au chevalier le secret le plus absolu, et alors il lui révèle la conspiration qui doit aboutir au meurtre des inquisiteurs : le comte de Toulouse, son seigneur, n'avait pu trouver, ni dans Pierre de Mazairoles, ni dans les chevaliers du Puy, des hommes décidés à frapper frère Guillaume Arnaud et ses compagnons ; Raymond d'Alfaro avait conçu la pensée de s'adresser à Pierre Roger de Mirepoix, à ses che-

---

(1) Doat, tome 22, f° 45.
(2) Id., f° 293-294.

valiers, à ses hommes d'armes, et Wilhem de Planha devait servir d'intermédiaire entre Avignonet et Montségur.

Toutes ces trames sont enveloppées d'une obscurité sinistre. La main du comte de Toulouse y est-elle restée étrangère ? Est-elle pure du sang versé à Avignonet ? Toute la responsabilité de ce meurtre doit-elle retomber sur Raymond d'Alfaro et sur Pierre Roger de Mirepoix ? La lumière de l'histoire ne pénètre qu'à peine ces recoins, tout remplis de ténèbres : le comte de Toulouse apprit sans doute en même temps la mort des inquisiteurs, et le complot dont elle avait été le but ; mais la pensée de cette conspiration, audacieusement conçue et exécutée par le bailli d'Avignonet, n'est-elle pas un fruit de cette haine sourde et ténébreuse qui germait en silence dans le cœur du comte de Toulouse ? Si l'attitude du comte avait été plus décidée, plus franche, un bailli ne se serait pas senti autorisé à faire égorger, sous ses yeux, des inquisiteurs ; l'officier de Raymond VII ne faisait que prendre une initiative, abandonnée par le comte ; et il agissait dans le sens où l'entraînaient ses violentes passions.

Le meurtre n'est pas seulement un crime ; il est une des plus grandes aberrations du fanatisme religieux ou politique ; frère Guillaume Arnaud et les autres inquisiteurs tués et dépouillés, Raymond VII ne fut pas plus libre. Cet assassinat, dont on fit remonter jusqu'à lui la responsabilité, devint l'occasion de nouvelles démarches humiliantes. L'Église est irritée ; le roi vengera chèrement les moines égorgés ; le comte de Toulouse implore humblement l'intercession de sa parente, la reine Blanche ; c'est elle qui doit obtenir du roi le pardon de Raymond VII.

Une épreuve suprême attend le comte de Toulouse ; l'hérésie, la liberté, la chevalerie méridionale se défendent encore derrière les remparts de Montségur ; c'est un dernier foyer de résistance ; il faut l'éteindre ; le comte a promis son concours ; les défenseurs de ce château ne comptent pas moins sur lui ; il joint ses troupes à celles des assiégeants ; il envoie des secours aux assiégés ; malgré ses nombreuses défections, Raymond était toujours regardé par les chevaliers de Montségur comme leur protecteur et leur champion ; leurs yeux étaient toujours tournés du côté de Toulouse ; toutes les espérances qui leur venaient de ce point de l'horizon, enflammaient leur courage. — Un jour, c'était Isarn de Fanjeaux, qui envoyait des hérétiques au château de Montségur (1), à Pierre Roger de Mirepoix ; ces messagers encourageaient les châtelains assiégés ; il fallait tenir jusqu'à Pâques ; le comte de Toulouse arrivait avec un grand secours fourni par l'Empereur. Cependant l'anxiété grandissait parmi ces derniers champions de la liberté méridionale. Où était le comte de Toulouse ? Que devenait-il ? Pierre Roger de Mirepoix interrogeait Isarn de Fanjeaux, et celui-ci répondit que le comte de Toulouse « faisait bien ses affaires » (*faciebat bene negocia sua*); il s'était marié : avant la Noël il serait sous les murs du château (2). Des signaux de feu sur

---

(1) Doat, tome 24, f° 168.
(2) Id., f° 170.

les montagnes avertissaient Pierre de Mirepoix et ses compagnons de la prétendue bonne fortune du comte et de la délivrance que semblait leur promettre son arrivée triomphante. Un instant même, ces espérances parurent prendre plus de consistance. — Un des ingénieurs célèbres de cette époque, Bertrand de Baccalière de Capdenac entra dans le château pendant la nuit ; il fit des machines pour battre celles du roi ; et un jour, dans une lice, il s'écria ouvertement devant tous : « Hommes, il ne faut point vous le céler :
» sachez que Sicard d'Alaman, Bertrand Rocca, baillis du
» comte, m'ont envoyé à votre secours, sur les injonctions
» du comte même, qui leur a écrit à cet effet. — Résistons
» à l'armée, tenons contre elle sept jours encore et nous
» sommes délivrés » (1). De ces promesses secrètes, de ces secours envoyés sous main, à une haute et éclatante intervention, il y avait un pas immense. Le comte de Toulouse ne devait jamais le franchir. Embarrassé du rôle qu'il jouerait pendant le siége de Montségur, il restait un an entier en dehors de ses Etats ; il n'y revenait que lentement, pas à pas, et n'y rentrait définitivement qu'en 1244 (2) ; il ne voulait pas être témoin de cette triste agonie de sa chevalerie ; à mesure que les dangers s'amassaient autour de l'inexpugnable forteresse, l'espoir du secours si souvent annoncé reculait, comme une fantastique chimère ; le château fut enfin enlevé ; les seigneurs et chevaliers de Montségur comparurent

---

(1) Id., f° 171.
(2) Dom Vaissète, édition Du Mège, tome 6, p. 58.

devant l'inquisition et leurs dépositions remplissent les longues pages in-folio d'une grande partie du tome 22 de la collection Doat. Avec le château de Montségur, qu'il avait abandonné, tombait le dernier prestige de Raymond VII. Quand on reporte ses regards vers les exploits du jeune comte, on se croit déjà à plus d'un siècle de cette grande et glorieuse époque de l'histoire du midi. Les événements se sont hâtés ; les hommes se sont vite usés ; toutes les espérances qui s'attachaient aux premiers faits d'armes du fils de Jeanne d'Angleterre ont été trompées ; le poëme qui s'en était inspiré a vieilli ; les hommes du midi devaient l'écarter, comme on écarte le souvenir d'une illusion détruite et d'un vœu trompé.

CHAPITRE II.

Les mœurs de la féodalité méridionale, après la guerre, ne sont plus les mœurs de la féodalité, dont le poëme de la croisade chante les exploits. — L'ancien idéal chevaleresque s'efface rapidement dans des âmes dominées par l'hérésie, emportées par le fanatisme, troublées par les révolutions dont elles ont été témoins, et livrées, au milieu de ce désordre moral, à tous leurs instincts avides et pillards. — Disparition des vertus chevaleresques. — Abaissement des caractères.

Expression d'une époque héroïque et enthousiaste, ce poëme ne fut bientôt plus senti, compris et goûté dans la société du midi, épuisée par les longues et sanglantes luttes de la croisade, exaspérée par l'inquisition. — Idées, sentiments, passions, tout y était trop large pour ces âmes resserrées et contractées. Le sentiment religieux, qui anime cette épopée, n'avait ni cette étroitesse exclusive qui est le partage d'une intolérante orthodoxie, ni l'âpreté fanatique qui est un des traits caractéristiques de l'esprit sectaire : — c'était un catholicisme large et libéral. Au moment où le concile de Toulouse enveloppait dans un réseau de prescriptions formalistes tous les actes de la vie religieuse, retirait aux fidèles les livres de l'Ancien et du Nouveau Testament, et ne laissait entre leurs mains que le Psautier, le Bréviaire et les *Heures* de la bienheureuse Marie (1), l'orthodoxie du poëte ne devait pas sembler moins hérétique que l'hérésie la plus manifeste. D'autre part, la modération que le troubadour conserve même dans l'expression des plus justes griefs de ses compatriotes et dans le récit des plus grandes iniquités de l'Eglise, n'est plus en harmonie avec les dispositions de ces cœurs gonflés de haines, chargés de ressentiments. Traquée, poursuivie, menacée, l'hérésie devient sombre et farouche ; le fanatisme répond au fanatisme, le meurtre à l'oppression. Après l'enquête inquisitoriale poursuivie au concile de Toulouse (1230), le soin qu'on eut de tenir secrets les noms des témoins ne put les soustraire au poignard. André Calvet, le sénéchal du roi, fut attaqué dans un bois et égorgé (2).

L'hérésie et la chevalerie, qui s'étaient déjà réunies pour ramener et défendre les Raymonds dans leur capitale, resserrèrent encore les nœuds de cette alliance ; mais dans ces temps sombres et tristes, ce ne furent pas les idées chevaleresques qui dominèrent : l'hérésie prit le premier pas, la chevalerie fut reléguée au second rang. Les troubadours ont fait place aux bons hommes. Les chevaliers escortent les apôtres de l'hérésie, les abritent derrière les murailles de leur château, les prennent pour juges et pour arbitres ; ces châteaux deviennent des centres de petites sociétés théocratiques (3).

---

(1) Père Labbe, tome 11, p. 430.
(2) *Hist. de France*, tome 19, p. 224.
(3) Doat, tome 24, f° 75.
Guilabert de Castres, l'évêque des hérétiques, manda à Raymond de Pérelle de

La croisade et l'inquisition n'avaient eu jusqu'alors qu'un seul résultat, celui de rendre l'empire de l'hérésie plus absolu ; de là, un changement profond dans les idées et les mœurs de la féodalité ; l'ancien idéal chevaleresque s'effaçait trait par trait dans ces imaginations assombries. Pouvait-on songer à ressusciter les anciennes splendeurs féodales? Des

---

venir au-devant de lui ; Raymond de Pérelle s'avança, avec plusieurs de ses chevaliers, jusqu'au pas de las Portes ; il y trouva Guilabert de Castres, suivi de plus de trente hérétiques ; les chevaliers Isarn de Fanjeaux, Raymond Sanche de Rauat, Pierre de Mazairolles et autres les y avaient amenés ; tous réunis, ils se rendirent à Massabrac ; les chevaliers firent entrer dans le château Guilabert, qui avait froid ; ils y restèrent jusqu'à l'aube. Au point du jour, Isarn de Fanjeaux, Raymond Sanche de Rauat, Pierre de Mazairolles prirent congé des hérétiques et se retirèrent ; Raymond de Pérelle et ceux qui l'avaient suivi conduisirent Guilabert et les autres hérétiques à Montségur, les introduisirent dans le château ; les hérétiques y restèrent, non comme des réfugiés, mais comme des maîtres, comme des juges. Une querelle s'était élevée entre Pierre Roger de Mirepoix et les hommes de la Roque d'Olmes ; le débat fut porté devant l'évêque hérétique, Bertrand Martin, et les deux parties s'en remirent à l'arbitrage du parfait ; elles se déclarèrent prêtes à accepter son jugement dans toute son étendue.*

Les hérétiques ne se contentaient pas de veiller sur les intérêts spirituels des chevaliers de Montségur ; ils ne cherchaient pas seulement à calmer les querelles, à faire cesser les différends ; lorsque la guerre venait battre les murs du château, lorsque le comte de Toulouse assiégeait Montségur, ils s'employaient activement à l'approvisionnement de cette forteresse ; * Pierre de Mirepoix, avec tous les chevaliers et sergents de Montségur, allait à travers les villes pour rassembler des vivres ; les hérétiques les suivaient, et lorsqu'ils trouvaient du blé, de la farine, des fèves, des légumes, ils les dirigeaient sur Montségur. La chute de ce château fut précédée de trois ans par celle de Montréal ; les chevaliers méridionaux, qui s'étaient levés à la voix de Trencavel, le fils du malheureux vicomte de Béziers, s'y étaient réfugiés ; le sénéchal du roi de France, Jean de Beaumont, les y assiégeait ; pendant ce siège, les hérétiques recevaient l'adoration des hommes d'armes ou chevaliers dont ils excitaient et soutenaient le courage.*

* Doat, tome 22, f° 121.
* Id., f° 273-274.
* Id., tome 23, f° 186 et séq.

paroles comme celles que Raymond VII et Guy de Cavaillon avaient échangées en marchant sur Avignon, pouvaient-elles être prononcées sur les remparts de Montréal ou de Montségur ? Les sentiments mondains, qui animent le poëme de la croisade, les espérances rayonnantes de jeunesse, de vie, qui brillent à travers ces récits épiques, ne sont plus que des rêves depuis longtemps évanouis. Si le mouvement hérétique fut en partie une réaction contre les mœurs chevaleresques, cette réaction atteignit son plus haut degré d'énergie pendant les années qui mesurent la seconde partie du règne de Raymond VII.

Il ne faut pas se faire néanmoins une fausse idée de l'influence que l'hérésie exerça sur les chevaliers qui en furent les derniers champions ; nous croyons, avec M. Schmidt, a la sincérité du sentiment religieux qui prosternait les barons et les hommes d'armes aux pieds des hérétiques parfaits. Tant d'illusions évanouies, tant d'échecs, tant de revers, tant de coups inattendus avaient donné aux hommes du midi un esprit plus grave, plus triste, plus sérieux. Isolés dans leurs châteaux, ils avaient devant eux la menaçante perspective de l'immuration ou du bûcher ; ils voyaient quelquefois, comme Raymond de Pérelle, leur fille, leur femme ou leur mère périr dans les flammes ; un grand vide se faisait dans les cœurs ; les paroles des ministres de l'hérésie pouvaient seules le combler. Néanmoins, l'attitude de ces chevaliers n'était pas celle d'une pieuse et inerte résignation. Ils s'attachaient à l'hérésie, non-seulement pour recevoir les consolations que ses apôtres donnaient à leur âme, mais aussi, et surtout, pour la protéger, la défendre et la venger; l'hérésie était comme le dernier lambeau de la liberté méridionale ! Ces barons, ces châtelains étaient des hommes d'armes, nés pour l'action, habitués au pillage et aux brutalités des guerres féodales; tous les sentiments qui s'éveillaient dans leur âme, participaient aussitôt à cette fougue violente et ne faisaient que l'exciter. Le respect de la vie leur était inconnu; un meurtre ne leur répugnait pas au besoin. Malheur à celui qui osait soupçonner la foi d'un de ces barons et pouvait devenir pour lui un dangereux dénonciateur. L'assassinat du sénéchal royal, André Calvet, n'eut pas d'autre cause (1). L'hérésie, qui implorait le secours de ces seigneurs et qu'ils couvraient de leur protection et de leur sympathie, venait à eux effarouchée, meurtrie, ensanglantée. Toulouse et plusieurs autres grandes villes avaient été terrifiées des excès de l'inquisition; les scènes les plus odieuses avaient eu lieu dans la cité des Raymonds (2). Ces spectacles, retracés aux chevaliers de Montségur par les pèlerins qui venaient, comme Raymond Roger de Toulouse (3), y adorer les parfaits de la secte, ne devaient-ils pas les enflammer de colère et leur laisser au cœur de sombres passions vindicatives. Les défiances de l'inquisition grandissaient avec ses excès; elle interdit le passage outre-mer (concile de Narbonne 1235) (4); elle craint que *la perfidie des hérétiques* ne les amène à violer

---

(1) Doat, tome 21, f° 35.
(2) Percin, *Monumenta*, etc., p. 49
(3) Doat, tome 22, p. 135.
(4) Père Labbe, tome 41, p. 489.

leur serment ; elle redoute leur réunion sur les plages lointaines de la Palestine ; elle aime mieux les disperser aux différents lieux de pèlerinage. Si les immurations sont moins nombreuses, ce n'est pas que les rigueurs de l'Eglise s'adoucissent (1) ; c'est qu'on n'a plus l'argent nécessaire pour faire bâtir les murs, c'est que les pierres et le ciment lui-même font défaut.

A ces rigueurs du catholicisme les champions de l'hérésie proscrite devaient répondre par de sanglantes représailles. N'étaient-ils pas solennellement provoqués du haut de la chaire ? En 1234, lors de la fête de saint Dominique, après un des plus tristes exploits de l'inquisition, Pons de Saint-Gilles, le prieur des Dominicains de Toulouse, prêcha devant le peuple, et se tournant vers l'orient et l'occident, l'aquilon et le midi, il jeta, d'une voix retentissante, successivement aux quatre coins de l'horizon ces paroles superbes : « De la part de Dieu et de saint Dominique, à partir de cette » heure, je défie les hérétiques, leurs croyants, leurs fau- » teurs » (2).

Ce n'était pas seulement leur croyance que les chevaliers devaient défendre, c'était leur personne même ; leur sécurité et leur dignité étaient en jeu. En 1230, le cardinal Romain de Saint-Ange dirigeait l'inquisition contre les hérétiques du midi ; la vieille féodalité méridionale fut, dans ses mœurs et ses croyances, l'objet d'une sévère enquête ; et Bernard

---

(1) Père Labbé, tome 41, p. 490.
(2) Percin, *Monumenta*, etc., p. 49.

Othon était placé en tête de la liste des barons suspects (1). La vengeance ne se fit pas attendre, ce fut une barbare protestation. Bernard de Comminges et quelques autres vassaux du comte de Toulouse avaient saisi aux pieds de l'autel un moine, sous-diacre au monastère de Conches, l'avaient blessé à mort, entraîné hors de l'Eglise et attaché au gibet, au grand opprobre de Jésus-Christ et de tout le clergé (2) ; un ermite l'avait détaché à moitié mort ; ses assassins l'avaient de nouveau pendu.

Voilà les passions que l'inquisition développe chez ceux qu'elle menace. La croisade fut, sans doute, une grande iniquité ; le sang coula à flots ; la tyrannie de Montfort fut intolérable ; comparée pourtant à l'inquisition, la croisade fut presque un bienfait pour les hommes du midi ; car elle provoqua chez eux le plus bel élan d'héroïsme, dont leur histoire ait gardé le souvenir ; le poëme de la croisade fut inspiré par ce souffle épique qui passa à travers les cœurs, et tomba lourdement, le jour où les terreurs de l'inquisition planèrent sur le midi. Les croisés étaient poussés par des passions basses, mais à ces passions se mêlait néanmoins un héroïsme dont Montfort, Foucauld de Brézy nous présentent les différents types. L'héroïsme combattit l'héroïsme ; la croisade, c'était au moins la guerre au grand jour, en plein soleil ; c'étaient de sanglantes batailles où les champions des deux causes opposées se voyaient, se rendaient justice, s'admi-

---

(1) Doat, tome 21, f° 37.
(2) Labbe, tome 11, p. 360.

raient même. C'étaient des faits d'armes dignes de Charlemagne, de Roland et des paladins. C'était une chanson de gestes en action ; et le poëte n'a eu qu'à reproduire fidèlement les événements dont il était témoin, pour mettre son récit au niveau de l'épopée. L'inquisition, c'était la guerre sourde, la guerre dans les ténèbres ; c'étaient des coups partant d'un tribunal enveloppé de mystères ; l'arme qu'employaient les assaillants servait aussi à repousser leurs coups ; ce fut un combat dans la nuit, à armes discourtoises ; d'un côté la condamnation inique, de l'autre l'assassinat ; d'un côté le bûcher, de l'autre le poignard. Les grandes épées de bataille se rouillèrent dans leurs fourreaux. On ne marchait pas à cette guerre, en répétant les chants qui exaltaient les hauts faits des héros épiques du siége de Toulouse ; ce n'étaient plus les mêmes sentiments, ce n'étaient plus les mêmes passions, ce n'était plus la même inspiration ; plus d'enthousiasme, mais de la vengeance ; plus de patriotisme, mais de la haine ; les cœurs n'étaient pas dépourvus de courage, mais ce courage était employé à des fins indignes.

Les ressentiments sinistres que l'hérésie opprimée, martyrisée inspirait à ses défenseurs, à ses champions hâtaient la décomposition de l'ancien idéal chevaleresque. Sous la chevalerie, on voyait reparaître, dans toute sa nudité, la féodalité brutale, avide, rapace. Tout le vernis, que la société méridionale avait répandu sur ses mœurs violentes, s'écaillait rapidement. Le midi n'avait pas pu supporter un tel orage sans être remué dans ses plus noires profondeurs. La fange montait à la surface, et cet aspect inspirait une amère

tristesse au plus grand poëte de cette époque, au satirique Pierre Cardinal, qui a saisi la véritable inspiration de ces temps désastreux, et qui a parfois quelques échos affaiblis et lointains de Juvénal. « Tout ainsi, s'écrie-t-il, qu'un grand
» vent d'aventure trouble la mer et fait sortir les poissons,
» ainsi est en ce siècle troublée la gent par un vent impé-
» tueux qui met à découvert les cœurs des faux menson-
» gers, déloyaux et traîtres » (1). D'ailleurs, plus d'opinion publique : la voix des troubadours se taisait ; la parole libre de ces poëtes du midi avait jusqu'ici contenu les excès des seigneurs, et leur avait fait garder dans leur conduite une sorte de bienséance extérieure au moins ; la chevalerie maintenait la féodalité dans de justes limites ; maintenant, cette barrière est brisée ; ce contrepoids des passions féodales n'existe plus, elles se déchaînent ; la vieille société méridionale recule brusquement jusqu'au onzième, jusqu'au dixième siècle. — Pierre Cardinal et tous les poëtes qui osent encore parler, accusent, avec des traits pleins d'amertume, ce retour vers la barbarie, et il y a trop d'accord, trop d'ensemble, trop d'unanimité dans leurs plaintes répétées et monotones, pour qu'elles ne soient que le vague développement d'un lieu commun qui ne s'appuierait pas sur la réalité.

Si les mœurs de toute cette société, en général, étaient ainsi dépravées, si partout des instincts violents, des appétits grossiers s'étalaient ainsi sans pudeur, ne devait-on pas, à plus forte raison, avoir à regretter de semblables écarts

---

(1) Raynouard, *Poésies origin. des troubadours*, tome 4, p. 358-359.

dans ces châteaux où s'étaient réfugiés les derniers et vaillants défenseurs de la liberté du midi ? Proscrits, condamnés, entourés d'un cercle de haines, ils étaient en guerre avec tout le pays avoisinant ; le pillage était presque rendu légitime pour eux par la situation extraordinaire où ils se trouvaient placés. Cette vie de bandits avait ses excuses, mais ce n'en était pas moins une vie de bandits ; et le fanatisme religieux ne faisait qu'ajouter un ferment aux vieilles passions féodales : Guillaume de Puylaurens, racontant les représailles qui suivirent la grande enquête inquisitoriale, n'en a peut-être pas calomnié tout à fait les auteurs, lorsqu'il prête à leur conduite des motifs tout autres que les emportements du zèle religieux : « Ils voulaient revenir aux vo-
» missements de la guerre, et faire renaître les maux pas-
» sés, afin de profiter du tumulte de cette paix rompue
» pour exercer leurs rapines en toute liberté » (1). Presque tous les châteaux où des chevaliers indigènes avaient abrité leur rebelle indépendance, étaient suspendus, comme une menace perpétuelle, au-dessus du pays soumis : *Receptacle d'hérétiques, de meurtriers et de larrons*, c'était ainsi que le sénéchal royal de Béziers, Pierre d'Auteuil, désignait le château de Quéribus, dans l'appel et la demande de secours qu'il adresse à l'archevêque de Narbonne (2). On sait la vie que menait Alaman de Roaix, devenu un véritable faidit. Lorsque Raymond d'Alfaro préparait la trame dans laquelle de-

---

(1) Guillaume de Puylaurens, *Hist. de France*, tome 19, p. 224.
(2) Père Labbe, tome 11, p. 753.

vaient périr les inquisiteurs, son messager (1) trouva occupés à piller, dans les environs du château de Bram, Pierre Raymond de Planha, et Guillaume de Planha, que le bailli du comte de Toulouse devait employer comme intermédiaire. La femme de Guillaume de Planha avait reçu en dépôt, de Pierre Roger de Mirepoix, cinq cents deniers qui étaient le fruit de ses rapines (2).

Le triste exploit de cette lutte sans grandeur entre la féodalité méridionale et l'inquisition, fut le meurtre des Frères prêcheurs, à Avignonet. Etudiée de près, cette sanglante représaille se rapetisse singulièrement et permet d'apprécier le niveau moral de la société méridionale à cette époque ; des instincts de pillage se mêlent à celui de la vengeance, et la férocité des paroles des chefs du complot égale la férocité de leurs actes. — Cette page funeste de l'histoire du midi se trouve tout au long dans les archives de l'inquisition ; la déposition d'Imbert de Sales, un des acteurs de ce drame lugubre, nous fait assister aux différentes scènes de ce meurtre ; l'image est fidèle ; il n'y a pas jusqu'au style plat et terne du notaire inquisitorial qui ne soit en parfaite harmonie avec les sentiments et les passions des hommes, qui prêtèrent à ce crime le concours de leurs bras. Il faut suivre cette bande d'assassins depuis son départ de Montségur jusqu'à Avignonet ; il faut assister à l'assassinat ; il faut vaincre la répugnance qu'inspirent de tels spectacles, même

---

(1) Doat, tome 22, f° 287.
(2) Id., f° 296.

entrevus dans le lointain de l'histoire ; il faut entrer dans la chambre où gisent pêle-mêle, dans une épouvantable confusion, les inquisiteurs égorgés, leurs coffres enfoncés, leurs livres et tous leurs bagages livrés au pillage ; il faut se mêler à ce tumulte, voir les barbares parodies des meurtriers, entendre les paroles de Pierre Roger de Mirepoix, si l'on veut mesurer le degré d'abaissement auquel était tombée cette société (1).

Nous connaissons le prologue de cette tragédie de bas étage. Raymond d'Alfaro a mandé Guillaume de Planha, et Guillaume de Planha a porté à Montségur les propositions du bailli et les lettres qu'il lui a remises pour Pierre Roger de Mirepoix. A cette nouvelle, le châtelain rassemble tous les chevaliers et sergents de Montségur : « Voici, leur dit-il, » une occasion de faire un ample butin ; suivez-moi. » Aussitôt tous s'ébranlent ; la déposition nomme l'un après l'autre tous les hommes d'armes qui vont prendre part à ce coup de main ; inutile de rappeler ici tous ces noms souillés ; nous comprenons leur emportement, nous l'excusons presque ; nous ne saurions l'amnistier : ils partent ; ils se rendent à la forêt de Gaian. Bernard de Saint-Martin avait eu soin de leur préparer à manger dans cette forêt ; cependant la troupe, partie de Montségur, reçoit un nouveau renfort. Pierre Roger de Mirepoix est chargé de veiller sur la campagne, aux environs d'Avignonet ; il va se poster dans le château de Guillaume de Mons ; Giraud de Rauat, Bernard

---

(1) Doat, tome 24, f° 160 et seq.

de Saint-Martin, Imbert de Sales et les autres chevaliers et sergents se rendent sur une hauteur voisine ; on choisit douze sergents, armés de haches bien affilées, on s'avance vers une maison peu éloignée d'Avignonet. On épiait le moment favorable. Guillaume Golairan allait de cette maison au château et du château à cette maison. Après plusieurs allées et venues, il revint ; il annonça que les frères allaient se coucher ; c'était le moment qu'on attendait ; Balaguier, Jordan de Mans, Guillaume de Planha, Pierre Vidal et tous les autres vinrent à la porte du château ; une fois dans l'enceinte, ils trouvèrent Raymond d'Alfaro et un écuyer de la suite des inquisiteurs, qui avait eu soin de leur verser d'abondantes rasades ; quinze hommes d'Avignonet, armés de haches et de bâtons, se tenaient aux ordres de Raymond d'Alfaro. On s'avance vers la salle où dormaient les inquisiteurs ; on enfonce les portes. Raymond d'Alfaro, revêtu d'un pourpoint blanc, une massue de bois à la main, excite les meurtriers, se glorifie de porter les premiers coups, et s'écrie : Bien ! bien ! Le meurtre est commis ; les victimes sont immolées ; il faut courir maintenant à la curée. Imbert de Sales était resté en dehors de l'endroit qui était témoin du crime. « Imbert, lui dit Arnaud Roger, pourquoi n'allez-vous pas » là où sont les autres ? sans doute ils feront quelque bonne » prise ? Seigneur, répondit Imbert, où aller ? je ne sais où » aller. » Deux hommes d'Avignonet s'offrent alors de le conduire ; ils arrivent au sommet du château ; une fois arrivés, ils voient les frères inquisiteurs, leurs compagnons, leurs serviteurs égorgés. — Ce n'était plus qu'un immense pillage; Imbert de Sales insiste et donne de longs détails. Ce sont des Bibles, des livres précieux, dont un seul se vend quarante sous toulousains; ce sont des habits, des chaussures; tout ici nous donne bien moins l'idée d'une vengeance politique et religieuse que d'un acte de banditisme.

Le fanatisme politique et religieux veillait, avec Roger de Mirepoix, sur la campagne aux environs d'Avignonet, et attendait impatiemment l'issue du crime. L'attente ne devait pas être bien longue. Les chevaliers et sergents sortirent triomphants. Raymond d'Alfaro marchait en tête. Guillaume Golairan, d'Avignonet, répétait que de sa vie il n'avait eu si grande joie. Ils ne tardent pas à rejoindre Arnaud Roger et Giraud de Rauat, et les autres chevaliers qui stationnaient sur la route. « Tout s'est-il heureusement passé? » demandèrent-ils à Raymond d'Alfaro. « Je vous souhaite autant de bonheur pour votre retour », répliqua le bailli; et aussitôt Giraud de Rauat, Arnaud Roger et les autres se retirèrent; et, comme si la comédie devait se mêler au drame, Raymond d'Alfaro et les siens, pour cacher leur complicité, criaient aux armes. — Cependant Pierre Roger de Mirepoix ignorait encore le résultat du complot. Il était resté au château d'Antioche, qui appartenait à Guillaume de Mons. La mort des inquisiteurs sembla ne pas assouvir sa vengeance. « Traître, » dit-il à Guillaume Adémar, traître, pourquoi ne m'as-tu » pas apporté le crâne de Guillaume Arnaud; je voulais y » boire le vin, comme dans une coupe. » La vieille légèreté méridionale, reparaissant au milieu de ces scènes lugubres, faisait l'effet d'un rire satanique. Quelques sergents avaient

revêtu les scapulaires des Frères prêcheurs et s'écriaient en arrivant à Montségur : « Dites à Pierre Roger et à Ray-
» mond de Pérelle de venir écouter le sermon de frère
» Arnaud » (1).

Voilà où en était venue la chevalerie méridionale ; voilà les mobiles qui la faisaient agir ; voilà les sentiments et les passions dont elle était animée : un mélange d'avidité et de fanatisme, un esprit de rapine et de férocité. Ces tristes pages renferment de grands enseignements ; cette décadence morale est l'œuvre de l'oppression religieuse ; ces passions sanguinaires, ces instincts féroces, développés dans les cœurs, sont la condamnation la plus éclatante de l'inquisition. Reprochons-lui moins sévèrement les corps brûlés sur ses bûchers, que les âmes flétries, abaissées, dégradées par les terreurs qu'elle a inspirées, les haines qu'elle a fait naître. C'est là un sujet de graves et de profondes méditations ; — il nous est permis de l'indiquer ; pourquoi ne pas recueillir au passage une vérité féconde en leçons morales ? Nous ne devons pas insister. — Constatons seulement la chute rapide de la société méridionale ? Y avait-il place pour les généreuses inspirations, dont s'inspire le poëme de la croisade, dans ces âmes toutes remplies de haines sombres, de passions violentes, de fanatisme, de cupidité et de terreur ? Existait-il quelques rapports entre les idées et les sentiments des héros qui combattaient autour de Raymond VII pour la délivrance de Toulouse et les chevaliers et sergents qui

---

(1) Doat, tome 22 ; f° 258.

allaient, sous les ordres de Raymond d'Alfaro, égorger et dévaliser des moines? Entre ces deux époques, entre ces deux générations il y a un abîme.

Dans cet abîme, agrandi tous les jours par l'inquisition, sombraient l'une après l'autre les anciennes vertus chevaleresques, qui avaient semblé se relever avec une splendeur nouvelle, lors du retour des Raymonds; depuis le traité de Meaux, elles se sont dégradées sans cesse. — Un trait de mœurs, que renferment les archives de l'inquisition, est la triste contre-partie de l'enthousiasme chevaleresque qui revit dans le poëme de la croisade. Pierre Raymond, ses parents et ses frères étaient en querelle avec Pons de Villèle; et Pons de Villèle avait également pour ennemi Sicard de la Salade. — Ces deux ennemis s'entendirent : « Voulez-vous, » dit Sicard à Pierre Raymond, enlever à Pons de Villèle » tout ce qu'il possède? Sur la réponse affirmative de son » interlocuteur, Sicard lui soumit son projet. J'ai entendu » dire que Pons de Villèle a commis le crime de l'hérésie; » si cette accusation était prouvée, Pons de Villèle pourrait » bien être dépouillé de tout ce qu'il possède. Sans doute, » répliqua Pierre Raymond. Je donnerais de mon bien, » ajouta Sicard, pour lui faire perdre tout le sien ; et il de-» manda à Pierre Raymond s'il ne ferait, pour ruiner son » ennemi, le sacrifice de vingt, de trente ou de quarante » sous; Pierre Raymond y consentit » (1). — C'étaient deux haines qui s'associaient; le chevalier Sicard ne s'arrêta pas à

---

(1) Doat, tome 25, f° 213.

moitié chemin : il dénonça Pons de Villèle ; Pierre Raymond eut encore assez de probité et d'honneur pour révéler au tribunal inquisitorial le pacte qui les liait tous les deux et pour montrer dans les délations empressées de Sicard moins le zèle de la foi que les inspirations de l'inimitié.

Comment les vertus chevaleresques auraient-elles pu subsister, lorsque les caractères s'abaissaient honteusement sous le niveau de l'inquisition? Comment le chevalier aurait-il conservé son héroïque fierté, lorsque l'homme ne pouvait même pas protéger sa dignité? Il fallait parfois se plier à de honteux ménagements. Un hérétique se convertissait : il passait à l'Eglise catholique ; quel dénonciateur implacable on allait trouver dans cet ancien confident de vos plus secrètes pensées! Il fallait le flatter, il fallait rechercher l'amitié d'un homme auquel on ne pouvait pas accorder son estime. La déposition de l'ancien hérétique Guillaume de Solier, devenu chanoine de Toulouse, jette un singulier jour sur ces misères morales. Bernard Othon fut assez habile pour ne pas s'exposer à ses délations ; il eut l'art de faire de cet ancien prédicateur de la secte un défenseur, un avocat. Il ne refusa point de le connaître, comme les autres croyants de l'hérésie ; il lui offrit de le conduire sous bonne garde partout où il le désirerait; il le traiterait avec honneur. Il écoutait volontiers les réflexions de Guillaume de Solier sur la secte, et il semblait en approuver les conclusions (1).

Cette société méridionale fut élevée sur la croix ; mais

(1) Doat, tome 21, f° 43.

dans ce martyre elle manqua de grandeur ; elle ne mourut pas noblement ; de là le sentiment de tristesse qui vous saisit, lorsqu'on assiste à ces derniers moments de l'ancienne chevalerie du midi. La loyauté ne fut plus qu'un vain mot ; on s'habitua à se jouer du serment, jeu terrible qui pervertit bientôt tous les sentiments de probité et de dignité. Placés entre leurs convictions qui leur imposaient certains devoirs et leur serment qui leur en imposait de contraires, les officiers du comte de Toulouse sacrifiaient sans scrupule leur serment à leur foi. Sénéchal de Raymond VII dans le diocèse de Cahors, après la paix signée entre le comte et l'Eglise, Pons Grimoard était tenu par les devoirs de sa charge et par le serment qu'il avait prêté, à l'époque de la paix, de poursuivre les hérétiques ; il vit les parfaits Guillaume de Causade et son compagnon, et ne les prit point (1). L'entrevue du sénéchal et des hérétiques est étrange et peint cette époque. Pons Grimoard était couché et dormait dans la maison de Pierre Pelfort. Pierre Pelfort vint à lui et lui montra les hérétiques. — Pons Grimoard oublia qu'il était sénéchal ; il fut plus fidèle à l'humanité qu'à son serment ; mais il n'était pas moins fâcheux d'être contraint de manquer à une parole donnée (2). Ces concessions, même lorsqu'elles semblent justifiées et légitimes, abaissent et flétrissent le caractère ; l'âme ne vit à l'aise que dans la vérité et la sincérité.

Plus tard, Pons Grimoard parut comme témoin devant

---

(1) Doat, tome 22, f° 42.
(2) Id., f° 31.

l'inquisition. C'était un des plus vieux champions, un des plus fidèles adeptes de l'hérésie (1). En 1204, il avait pour la première fois embrassé les croyances des bons hommes ; il leur était resté attaché pendant près de trente-deux ans ; en 1236, il avait une première fois fait sa confession aux inquisiteurs ; et depuis ce moment il n'avait plus fréquenté les hérétiques. Quelle ne devait pas être l'impression produite sur les croyants de la secte, lorsqu'ils voyaient un des plus anciens, un des plus respectés d'entre eux, abandonner sa foi et dénoncer ceux qui l'avaient longtemps partagée avec lui ! — Pons Grimoard ne passa pas sous silence les rumeurs accusatrices qui circulaient sur le compte d'Etienne Sanche, de Hugues de Cavalsant, de Raymond de Bressols ; il les confirma de toute l'autorité de ses assertions ; il n'avait point assisté à leur réception dans la secte, mais il en avait entendu parler et croyait ces bruits fondés (2). Le médecin hérétique lui-même, qui lui avait donné ses soins, ne put pas échapper à cette délation empressée. Pons Grimoard revint sur sa dénonciation pour y ajouter un dernier paragraphe qui pouvait faire une victime de plus (3). Lorsque les instincts égoïstes de la sécurité et de la conservation personnelle prenaient un tel empire, ne comprimaient-ils pas les âmes, ne les rendaient-ils pas incapables de comprendre et d'admirer les élans chevaleresques des héros du poëme de la croisade ? S'enfonçant de jour en jour dans des cercles de plus en plus

(1) Doat, tome 22, f° 20-21.
(2) Id., f° 38.
(3) Id., f° 40.

sombres, les hommes du midi avaient perdu le besoin de la lumière ; ils ne tournaient plus leurs yeux vers elle ; elle les offusquait, comme elle effrayait les mânes de l'enfer antique (*trepidentque immisso lumine Manes*).

CHAPITRE III.

Transformation morale rapidement opérée dans le sein du peuple au lendemain de la croisade. — Les sentiments et les passions développés par l'oppression religieuse et les terreurs de l'inquisition l'éloignent des sentiments et des passions exprimés dans le poëme de la croisade.

C'est d'ordinaire au sein du peuple que se réfugie le culte des choses du passé, pour y devenir souvent une touchante superstition ; les idées qui n'ont plus cours ailleurs circulent encore dans les bas-fonds de la société ; les sentiments qui, sous une réaction de l'égoïsme, sous l'influence énervante de l'intérêt, s'éteignent presque partout, sont encore vivants dans ces cœurs simples, droits et surtout peu mobiles. Une foi, morte dans les classes élevées, subsiste souvent encore dans la conscience populaire. Au commencement du quatorzième siècle, l'hérésie était chassée de tous les châteaux ; elle voyait se fermer devant elle les portes de ces asiles où elle avait longtemps, pendant la première moitié du treizième siècle, combattu côte à côte avec la chevalerie méridionale. Tout le livre des sentences de l'inquisition de Toulouse ne cite pas un seul nom qui appartienne à la noblesse, ou même à la haute bourgeoisie ; presque toutes les victimes des condamnations inquisitoriales sont des plébéiens ; l'hérésie puise dans les sentiments et les aspirations religieuses fermentant au sein du peuple, la force et l'énergie qui lui restent. Rien de plus attachant que les scènes de la vie religieuse des populations méridionales à cette époque. Sur le point de disparaître à l'horizon, l'hérésie projette encore quelques rayons d'une lumière pâle et douce (1). L'existence errante et apostolique des prédicateurs proscrits d'une croyance frappée d'anathème, la joie avec laquelle ils sont accueillis sous les humbles toits des vilains, le prix attaché aux paroles qu'ils laissent tomber dans ces âmes simples, avides de nourriture spirituelle (*audisset tot bona verba quod toto tempore vitæ suæ plus valeret*), les sentiments d'affection que ces apôtres sèment sur leurs pas, tous ces traits réunis donnent à l'histoire de l'hérésie un caractère simple, humain, chrétien, qui la rend plus intéressante qu'elle ne l'ait jamais été au jour de sa plus grande splendeur.

Le refuge que le peuple offrit aux doctrines et aux enseignements de l'hérésie était malheureusement fermé aux idées, aux sentiments, qui sont au fond du poëme de la croisade. Ce poëme n'est pas, malgré la rudesse et l'imperfection relatives du langage, une épopée populaire ; ce sont surtout les barons, les chevaliers, les puissants bourgeois, les légistes savants qui jouent un grand rôle dans ce drame ; n'oublions pourtant pas que nous sommes dans le midi ; le peuple n'est pas séparé des classes supérieures par une distance infranchissable ; la guerre acharnée qu'il a fallu

(1) Limborch, *Liber sententiarum*, p. 23.

soutenir, le progrès et la diffusion des institutions munipales qui pénètrent de plus en plus dans les villes inférieures, dans les bourgs et les châteaux, augmentent et rendent plus intimes les rapports entre les différents degrés de la hiérarchie sociale ; les hommes se confondent ; les idées se mêlent. D'ailleurs les grandes chansons de gestes avaient presque toutes le même caractère féodal ; elles étaient cependant racontées au peuple qui s'intéressait aux exploits de Charlemagne, de Roland, de Fierabras, aux infortunes et aux péripéties de la destinée de Gérard de Roussillon. Le nom du roi Arthus est resté dans la mémoire des paysans des Landes. — Le peuple enfin, celui des villes surtout, peut se reconnaître dans le récit du poëte ; il figure dans ce drame, non pas comme une foule inerte, comme les comparses d'une tragédie classique ; c'est la multitude animée, vivante et passionnée du théâtre de Shakspeare. N'est-ce pas le peuple qui s'avance vers le comte de Toulouse, rentrant dans sa ville héréditaire, et le salue de ses acclamations enthousiastes ? N'est-ce pas le peuple qui, transformé en armée, s'élance à l'assaut de Pujol sur les traces du comte, des chevaliers et des bourgeois de Toulouse ? Le poëte a-t-il laissé dans l'ombre l'utile concours que les hommes de métier, nautonniers, charpentiers, ingénieurs, ont prêté aux hommes d'armes ?

Le caractère féodal et chevaleresque de ce poëme ne peut pas être un obstacle à sa longue popularité ; mais dans le peuple comme dans les classes supérieures, une transformation rapide et profonde s'était opérée ; l'influence de l'inquisition s'était fait aussi sentir dans les régions inférieures de la société. Là aussi les cœurs avaient été envenimés ; là aussi des passions furieuses, sans grandeur, sans enthousiasme, s'étaient développées.

C'était peut-être même sur le peuple que la main de l'inquisition s'était le plus lourdement appesantie. La plus grande inégalité règne dans les sentences de ce tribunal. Les hérétiques convertis sont divisés en deux classes : les uns sont des hommes puissants ; ils peuvent être de précieux auxiliaires pour les Frères prêcheurs ; naguère adversaires de l'inquisition, ils en deviendront les satellites (1) ; humiliés, battus de verges tous les dimanches et jours de fêtes, ils se tiendront aux ordres de la croix et de l'Eglise pour les servir à leurs frais, soit de leurs personnes, soit par des hommes plus capables de ce service, pendant un certain nombre d'années, de mois, de jours, contre les Sarrasins, contre les hérétiques ou contre les fauteurs d'hérétiques. Les autres sont les pauvres : on ne peut tirer aucun parti de leur concours ; ils sont emprisonnés : pour eux, point de merci ; on bâtira des prisons, mais l'on aura soin de ne pas imposer aux prélats l'obligation de pourvoir à l'entretien de cette multitude famélique. Aucune excuse tirée de l'âge ou des motifs de famille ne peut protéger contre l'immuration (2). Une épouse, même toute jeune, ne dispensera pas son mari de la prison ; une femme n'en sera pas exemptée, à cause de son mari, ni un père, à cause de ses enfants ; personne, en un mot, ne

(1) Père Labbe, tome 11, p. 489.
(2) Id., p. 493.

pourra alléguer les devoirs qu'il doit rendre à ses parents, sa santé, son âge, ou toute autre raison de cet ordre ; il faut une indulgence toute spéciale du siége apostolique.

Ces rigueurs étaient peu inquiétantes pour les châtelains, les seigneurs, les chevaliers, qui, derrière les murailles de leur château fort, peuvent braver les arrêts des conciles ; elles ne retombent que sur la tête des pauvres et du peuple. Un des supplices qui fit le plus d'impression dans Toulouse, fut celui d'un plébéien que les mémoires de Guillaume Pelisse ne désignent que sous le nom de *Jean le Tisserand* (1). Frères Pierre Célani et Guillaume Arnaud recueillirent contre lui des témoignages accusateurs et le condamnèrent publiquement dans le cloître des Dominicains ; il protesta contre cette condamnation, se déclara bon chrétien et fut conduit, par le viguier, dans les prisons de l'évêque. A partir de ce moment jusqu'à celui où il monta sur le bûcher, cet homme du peuple ne faiblit pas un instant. Dans les prisons de l'évêché il fut en contact avec quelques hérétiques que Guillaume de Mons, le bailli du comte de Toulouse, dans la terre de Lavaur, avait amenés et livrés à Raymond de Falgario. — Ces hérétiques le reçurent, l'élevèrent au rang de parfait et lui donnèrent le *consolamentum*. Dès lors, ardent néophyte, il veut partager le sort des hérétiques, comme il partage leurs croyances; il confesse hautement sa foi, refuse de se rétracter et meurt dans les flammes (2).

---

(1) Percin, *Monumenta hist. conventus*, etc. *(sœculum primum)*, p. 48.
(2) Percin, f° 199. — *Opuscula.* — *Opusculum de inquisitoribus eorumque sociis Avignoneti occisis.*

Les inquisiteurs ne se contentaient pas de frapper ; ils attiraient dans des piéges, artificieusement tendus, les esprits simples et dépourvus de culture. Ils employaient à troubler des intelligences peu exercées, toutes les grossières subtilités de leur cruelle dialectique. La bienséance ne permet guère de reproduire ici les brutales facéties de l'inquisition jouant avec sa proie. Une seule peut être citée ; odieuse et perfide, elle rappelle toutes les arguties de la scolastique. Les inquisiteurs demandaient à l'accusé si l'hostie que consacre le prêtre était Dieu tout entier ou simplement une partie de Dieu. Le laïque avait-il répondu qu'elle était Dieu, l'inquisiteur reprenait : « Réponds-moi : s'il y a quatre prê » tres dans une église, si chacun consacre son hostie comme » il le doit faire, crois-tu que chacune d'elles renfermera » Dieu tout entier. Oui, répliquait le laïque, entraîné sur » cette pente glissante de la logique. Tu penses donc qu'il y » a quatre Dieux ? » (1) Tremblant, déconcerté, ne sachant pas se dégager de ces rêts qui l'enveloppaient, le malheureux accusé se hâtait de répondre immédiatement le contraire. — Horrible plaisanterie ! C'était un sophisme, et ce sophisme étouffait comme l'énigme du sphinx. L'inquisition planait au-dessus du peuple, et l'enveloppait de toutes parts, comme une puissance occulte, terrible, mystérieuse. C'était la police moderne doublée de tout le fanatisme du moyen âge. Avec une habileté infernale, les inquisiteurs avaient

---

(1) Mesnard, *Hist. de Nîmes*, preuves, tome 1er, p. 74. — Lettres des consuls de Narbonne aux consuls de Nîmes.

remarqué l'accueil que les femmes faisaient aux hérétiques parfaits, et la confiance que ces hérétiques leur témoignaient ; ces relations, promptement reconnues, leur suggérèrent la pensée d'un piége qui devait infailliblement réussir ; des femmes leur servirent d'espionnes. — Marquesia alla visiter des hérétiques, qui étaient dans le moulin d'Izarn de Fanjeaux ; elle se prosterna devant eux ; elle les adora ; elle leur donna des poissons ; tout cet empressement n'était qu'une odieuse trahison ; Marquesia sondait le terrain pour l'inquisiteur maître Raoul ; maître Raoul avait lui-même acheté les poissons ; sur les avis de Marquesia, il se hâta d'accourir ; il mit la main sur l'un des hérétiques, les autres prirent la fuite (1).

Non-seulement l'inquisition était plus redoutable pour le peuple que pour les barons retranchés dans leur forteresse ; non-seulement ce peuple était plus exposé à ses coups ; non-seulement il avait moins de défense, mais encore, et dans les grands centres surtout, il avait plus souvent, plus directement sous les yeux ces scènes, dont la seule pensée trouble l'imagination. Les passions provoquées par ces excès s'irritaient, s'envenimaient par ce frottement des âmes qui se produit toujours au sein des grandes multitudes ; c'était sous les regards de ces plébéiens des grandes villes, que s'accomplissaient ces humiliantes pénitences sous lesquelles l'inquisition se plaisait à courber la fierté, à humilier la dignité des hérétiques convertis. Ils voyaient ceux que

---

(1) Doat, tome 23, f° 98.

leurs aveux avaient sauvés de l'immuration, se rendre, tous les dimanches, aux portes de l'église, un paquet de verges à la main, dépouillés, suivant la saison, d'une partie de leurs vêtements, se présenter au prêtre officiant, entre l'épître et l'évangile, recevoir la discipline et se soumettre au même opprobre, à chaque procession solennelle (1). Ils assistaient aux exécutions, aux auto-da-fé ; ils entendaient les cris, les protestations des victimes ; leur haine se ranimait, se renouvelait dans ces grandes émotions populaires, qui aboutissaient parfois à des excès déplorables. A l'irritation provoquée par l'oppression religieuse, se joignait parfois le sentiment de la fierté municipale outragée. Un jour, c'était Arnaud Sancerre Fabre de la croix Baragnon, que le viguier Durand conduisait au bûcher. « Voyez, s'écriait-il » pendant tout le fatal trajet, voyez quelle injure on fait à » moi et à la ville : je suis un bon chrétien, je crois à la foi » romaine. » (2). Ces protestations, aux pieds du bûcher, avaient une éloquence sinistre ; un sourd frémissement de colère parcourait les rangs de la foule. « Bien des gens, nous » dit l'historien ou plutôt le chroniqueur monacal, bien des » gens parmi le peuple furent émus et irrités contre les » Frères prêcheurs et contre le viguier. » Une autre fois, c'était un spectacle plus odieux encore ; c'était un funèbre cortége qui conduisait au supplice une femme portée au bû-

---

(1) Père Labbe, tome 11, p. 489.
(2) Percin, p. 205. — *Opuscula.* — *Opusculum de inquisitoribus Avignonetl occisis.*

cher sur le lit où elle était agonisante (1). — La maison où était mort Galban, l'un des principaux Vaudois, était, un autre jour, sur les ordres de frère Roland, détruite de fond en comble, et l'emplacement couvert d'ordures (2). Une des violences qui soulevaient toujours la conscience du peuple, c'était la violation des tombes. Il est facile de se représenter l'impression que devaient éprouver les hommes de Toulouse, à la vue de ces cadavres arrachés au tombeau, traînés sur la claie, tandis que le crieur public jette à la foule rassemblée ces menaçantes paroles : Qui fera ainsi, périra ainsi (3).

De telles émotions souvent répétées, ces condamnations, ces supplices, les violences de ces Frères prêcheurs, dont les longues mains pouvaient, d'un instant à l'autre, saisir, au milieu de la foule, l'homme qui se croyait le plus en sûreté, n'avaient pas moins troublé les consciences du peuple que celles des chevaliers ; des passions non moins âpres s'étaient développées dans ces cœurs plébéiens ; il n'est peut-être pas pour l'homme d'influence plus pernicieuse que la terreur ; c'est un miasme délétère qui énerve tous les généreux sentiments de l'âme, et donne à tous les mauvais instincts une excitation fébrile. L'indignation elle-même, qui provoque l'un des plus beaux élans de notre nature, se corrompt sous cette influence malfaisante, et ne devient plus qu'une brutale fureur sans modération comme sans courage.

---

(1) Percin, *Monumenta hist. conventus*, etc. *(sœculum primum)*, p. 49.
(2) Id., p. 199. — *Opuscula, loco citato*.
(3) Id., *Monumenta hist. conventus*, etc., p. 51.

Or, à Toulouse, et dans les autres grandes cités du midi, la terreur était grande. — Le prieur des Dominicains, Pierre d'Alet, avait déclaré dans un sermon que les hérétiques restaient dans la ville, qu'ils y tenaient leurs conciliabules, et y semaient leurs doctrines (1). Cette déclaration émut et troubla vivement les hommes de la ville. C'étaient autant d'accusations suspendues au-dessus des têtes des assistants, comme des épées de Damoclès ; elles semblaient encore chercher leurs victimes ; ces paroles, tombant du haut de la chaire, annonçaient une nouvelle série de procédures, de condamnations, de supplices ; la chaire se transformait tout à coup en tribunal ; et dans le lointain, on voyait déjà se dresser le mur ou le bûcher. L'irritation de ce peuple effarouché eût sans doute éclaté en une émeute sanglante ; les consuls intervinrent, s'interposèrent entre le peuple et les Frères prêcheurs ; fidèles à leur mandat, jaloux de la dignité de la vieille cité gallo-romaine, protecteurs naturels de ceux qui les avaient élus, ils opposèrent aux emportements des inquisiteurs une résistance ferme, énergique, mais légale, qui épargna à Toulouse le spectacle des désordres populaires. Frère d'Alet fut mandé à la maison commune, et reçut la défense de prononcer jamais de semblables paroles. Les capitouls arrêtaient l'émeute, contenaient l'indignation populaire, mais ne la supprimaient pas, et s'en faisaient une arme qu'ils maniaient avec une habile dextérité. Après le supplice de cette femme mourante, après l'auda-

---

(1) Percin, p. 199. — *Opuscula, loco citato.*

cieux défi jeté par Pons de Saint-Gilles du haut de la chaire, les Dominicains pouvaient trouver devant eux le peuple soulevé ; ils trouvèrent les consuls.

Les magistrats municipaux ne prirent pas partout la même attitude et la même initiative. Le peuple lui-même se fit justice, et les représailles populaires devancèrent celles de la féodalité. C'est, avec le meurtre des Frères prêcheurs, égorgés à Cordes et jetés dans un puits (1233), que commence, dans les annales de Percin, la liste des violences de l'inquisition et des crimes qui répondirent à ces violences (1). Alby fut témoin du plus grand éclat de la colère populaire. Chassé de Toulouse, Guillaume Arnaud s'était retiré à Alby ; il faillit y être mis en pièces (2) ; il avait ordonné d'exhumer un hérétique du nom de Beisseire. Le bailli de l'évêque n'osait exécuter cet ordre. Arnaud saisit le hoyau, donne les premiers coups, laisse aux appariteurs de l'évêque le soin d'achever cette besogne hideuse, et rentre dans l'église. Mais bientôt il voit revenir à lui ces officiers ; ils ont été interrompus et chassés honteusement. Arnaud prend avec lui quelques prêtres et beaucoup d'autres personnes, arrive sur le lieu de cette déplorable scène, et est accueilli par des huées et des menaces. Des menaces « *ces* » *hommes, dont le nom est effacé sur le livre de vie,* » passent bientôt aux effets. « Hors de la ville le traître ! » s'écrie Guillaume du Piteg, et il porte sur lui ses mains violentes.

---

(1) Percin, *Monumenta historiæ conventus Tholosani*, p. 48.
(2) Martène et Durand, *Thesaurus*, etc., tome 1er, p. 985.

Le signal est donné ; tous les complices de Guillaume de Piteg se jettent sur l'inquisiteur, l'accablent de coups, le traînent par le capuchon. On voulait le pousser au fond d'une boutique et l'y égorger. Avec cette intrépidité sereine que les moines mêlaient à leurs plus grands excès, frère Guillaume, les mains levées au ciel, s'écriait, d'une voix haute : Béni soit notre Seigneur Jésus-Christ. Je te rends grâces, Seigneur Jésus. S'adressant à ceux qui le traînaient : « Que Dieu vous pardonne, disait-il ! » Une grande multitude le suivait criant : « Tue-le ! tue-le ! un tel homme n'a pas le droit de vivre ! » Cependant, on entrait dans le quartier de la ville qui regarde le Tarn. Quelques hommes survenant arrachèrent Guillaume Arnaud des mains de ses assassins. A peine échappé, il regagne Sainte-Cécile, en passant par le cimetière. Le chapelain Izarn l'avait suivi, et avait été victime de traitements non moins violents. En les voyant repasser l'un et l'autre, le peuple criait : « Mort aux
» traîtres ? Pourquoi ne leur coupe-t-on pas la tête ? Pour-
» quoi ne la met-on pas dans un sac ? Pourquoi ne la jette-
» t-on pas dans le Tarn ? » A peine rentré dans la cathédrale, frère Arnaud excommunie aussitôt la ville ; mais ce mouvement populaire n'était qu'un de ces accès de fureur qui, en se retirant, laissent plus faibles et plus abattus ceux qu'il a mis ainsi hors d'eux-mêmes. Les Albigeois supplient frère Arnaud de leur pardonner : l'inquisiteur leur fait grâce pour son injure personnelle, mais il ne peut pas leur remettre et ne leur remet pas de même l'injure du pape et celle de l'Eglise universelle.

A ces imaginations, toutes remplies de ces odieux tableaux, les amples récits de l'épopée ne convenaient plus ; sans doute, le poëme de la croisade est l'image d'un grand et généreux mouvement de colère et d'indignation patriotiques ; mais cette colère, cette indignation, se transformaient sous l'influence bienfaisante du succès espéré et déjà obtenu ; la joie de voir l'étranger humilié, déjà en fuite, atténuait l'amer ressentiment de l'oppression ; l'espérance encourageait tous les efforts, tous les dévouements, tous les sacrifices. La croisade se termine, le traité de Meaux est signé ; une nouvelle et triste époque commence pour le midi : n'eut-elle pas ses poëtes et sa poésie ? Sans doute, elle en eut encore ; mais la poésie de ces temps ne fut pas le poëme épique et chevaleresque ; ce fut la satire, ce furent de courts, mais violents éclats de colère ; ce fut une verve concentrée, pleine d'amertume, chargée de fiel. Ses poëtes furent Pierre Cardinal, le troubadour des nobles ; Guillaume de Figueiras, de Toulouse, le troubadour du peuple. Plus passionné que Pierre Cardinal, irrité par la seule vue d'un homme puissant, Guillaume de Figueiras fut véritablement le poëte de la plèbe, et ses chants, échos des passions de la multitude, restèrent longtemps populaires. En 1274, Vidal de Varanhe déclarait, devant l'inquisition, qu'il avait entendu une chanson ou des couplets attribués, disait-il, à un jongleur du nom de Guillaume de Figueiras, et il récitait la première strophe du fameux sirvente (*sirventes vuel far*) (1).

(1) Collection Doat, tome 25, f° 158-159.

Ces strophes, toutes gonflées de haines, renfermaient pour le peuple la tradition des grands événements de la croisade, et cette tradition n'était qu'une longue invective contre Rome. Même dépourvu du sonore accompagnement de la langue romane, ce sirvente a encore une vigoureuse énergie ; il peut fournir d'ailleurs une page remarquable à l'histoire morale du midi ; il nous montre l'idée que le peuple se faisait, le souvenir qu'il conservait de la croisade, et les jugements qu'il portait sur cette grande révolution (1).

« Je veux faire un sirvente sur un chant qui me plaît ; et
» je sais, sans douter, que j'en aurai malveillance ; car je fais
» sirvente des hommes faux, pleins de tromperie, de Rome
» qui est chef de la déchéance, où déchoit tout bien.

» Je ne m'étonne plus, Rome, si le monde erre ; car le
» siècle avez mis en travail et en guerre ; car prouesse et
» merci par vous meurent et sont enterrées ; Rome perfide, qui êtes de tout mal, guide, sommet et racine ! Le
» bon roi d'Angleterre fut par vous trahi.

» Rome tricheuse, cupidité vous trompe ; à vos brebis
» vous tondez trop la laine ; mais que le Saint-Esprit, qui
» reçut chair humaine, entende ma prière et brise ton bec.
» Rome ; car vous êtes fausse et perfide envers nous et envers les Grecs.

(1) Raynouard, *Poésies origin. des troubadours*, tome 4, p. 309.

« Rome, aux hommes sots vous rongez la chair et les os,
» et guidez les aveugles avec vous dans la fosse ; trop vous
» outre-passez les commandements de Dieu, tant est grande
» votre convoitise ; car pour deniers, vous pardonnez les
» péchés ; de trop mauvais fardeau, Rome, vous vous
» chargez !

» Rome, sachez bien que votre lâche conduite et votre
» folie firent perdre Damiette ; malement vous régnez, Rome.
» Dieu vous abatte en déchéance, car faussement vous ré-
» gnez pour argent. Rome, tu es de méchante race, avec
» faux accord !

» Rome, vraiment nous savons, sans douter, qu'avec
» tromperie de faux pardon, vous livrez à tourment le ba-
» ronnage de France et la gent de Paris ; et le bon roi Louis
» par vous fut occis ; — car avec fausse prédication, vous
» l'avez jeté hors du pays.

» Rome, aux Sarrasins faites petit dommage ; mais Grecs
» et Latins, vous les portez au charnier ; dans le feu de
» l'abîme, en la perdition, Rome, vous avez votre demeure ;
» que jamais Dieu ne me donne de ce pardon et de ce pè-
» lerinage que vous fîtes à Avignon.

» Rome, sans raison avez mainte gent tuée, et je ne m'en
» sais pas bien ; car vous tenez voie torte ; au salut, Rome,
» vous fermez la porte ; c'est pourquoi a mauvaise gou-

» verne, été et hiver, celui qui suit cette trace : le diable
» l'emporte dans le feu d'enfer !

» Rome, en vous discerne le mal plus que je ne puis
» dire ; car vous faites, par dérision, martyre de chrétiens ;
» mais en quel livre trouvez-vous qu'on doive, Rome, oc-
» cire les chrétiens ? Vrai Dieu, vrai pain quotidien me
» donne ce que je désire voir de Rome !

» Rome, bien est vrai que vous êtes trop préoccupée des
» prédications perfides, que vous faites sur Toulouse ; lai-
» dement vous rongez les mains, comme une vipère fu-
» rieuse, aux petits et aux grands ; mais si le comte pré-
» sent vit encore deux ans, France se ressentira de vos
» perfidies.

» Rome, tant est grande votre forfaiture, que Dieu et ses
» saints vous rejetez dans l'oubli, tant vous êtes mal ré-
» gnante, Rome fausse et perfide ; c'est pourquoi en vous se
» cache, se ruine et se confond la tromperie de ce monde ;
» tant avez fait grande iniquité au comte Raymond !

» Rome, Dieu donne secours, pouvoir et force au comte
» qui tond les Français et les écorche, les pend et en fait
» pont, quand avec lui ils luttent ; et il me plaît fort que
» Dieu récompense vos grands torts, s'il lui plaît que le
» comte échappe à vous et à la mort.

» Rome, bien me réconforte la pensée que, sans guère

» tarder, vous viendrez à mauvais port, si l'empereur
» droiturier redresse son sort et fait ce qu'il doit faire ;
» Rome, je vous dis vrai : votre pouvoir vous verrez dé-
» choir ; et Dieu, mon sauveur, puisse-t-il me laisser voir
» cette ruine !

» Rome, pour avoir, vous faites mainte félonie, mainte
» chose déplaisante, mainte vilainie ; tant vous voulez avoir
» la seigneurie du monde que rien ne craignez, ni Dieu ni
» ses défenses ; mais je vois que vous feriez, pour un rien,
» du mal plus que je ne puis dire.

» Rome, tant vous tenez étroitement serré votre grappin,
» que tout ce que vous pouvez tenir difficilement vous
» échappe. Si bientôt vous ne perdez le pouvoir, dans une
» mauvaise trappe le monde est tombé mort et vaincu.
» Rome, votre pape fait de tels miracles !

» Rome, que celui qui est lumière du monde et vraie vie
» et vrai salut vous donne mauvaise destinée ; vous faites
» tant de choses mauvaises dont tout le monde crie ; Rome
» déloyale, racine de tout mal, dans le feu infernal brûle-
» rez sans manquer, si vous ne changez de pensée !

» Rome, à vos cardinaux on peut bien reprendre, pour
» les criminels péchés qu'ils font entendre ; et ils ne pensent
» pas à autre chose, sinon comme ils pourront revendre
» Dieu et ses saints. Rome, grand dégoût est d'ouïr et d'en-
» tendre votre prédication.

» Rome, je suis inquiet ; car votre pouvoir monte, et
» tout grand désastre avec vous nous menace ; car vous
» êtes protectrice et chef de grande honte et de déshon-
» neur, et vos pasteurs sont faux et traîtres, Rome ; et qui
» les suit fait trop grande folie !

» Rome, mauvais travail fait le pape, quand il lutte
» avec l'empereur et lui met en contestation le droit de
» la couronne ; quand il donne des pardons à ses guer-
» riers ; et tel pardon qui est sans raison, Rome, n'est pas
» bon, et qui en veut voir le vrai le trouve trop honteux.

» Rome, que le Dieu plein de gloire, qui souffrit mort
» et peine en la croix pour nous, vous donne la mau-
» vaise étrenne ; car en toute saison vous portez la bourse
» pleine, Rome de lâche conduite ; car tout votre cœur
» avez en trésor : et cupidité vous mène au feu qui ne
» meurt pas !

» Rome, du mauvais cœur, que vous portez en la gueule,
» naît le venin, dont le monde meurt et s'étouffe ; c'est
» pourquoi le sage tremble. Rome, il vous coule du cœur
» ce venin, dont les poitrines sont pleines.

» Rome, jadis j'ai entendu dire que vous aviez semence
» en la tête ; c'est pourquoi vous la faisiez souvent raser ;
» aussi, je crois que besoin serait de vous l'arracher du
» cerveau ; car de mauvaise tête vous êtes, vous et l'ordre

» de Cîteaux ; à Béziers, vous avez fait faire très-étrange
» carnage !

» Rome, avec faux semblant, vous tendez votre filet et
» dévorez force morceaux, dès qu'on l'endure ; car avec le
» candide regard d'un agneau, vous portez en vous loup
» affamé, serpent couronné, engendré de vipère ; aussi le
» diable vous appelle comme son bien privé ! »

Lorsque ce sirvente, emporté, furieux, amer comme une satire, criard comme un pamphlet, devenait la base de la tradition populaire, l'histoire épique et chevaleresque de la croisade, exempte de déclamations, ne pouvait pas être en harmonie avec les sentiments de l'époque ; elle appartenait au passé, comme les événements mêmes qu'elle retraçait. La chevalerie n'était plus chevaleresque : le peuple, exaspéré, ne voulait plus des épopées, mais des sirventes.

CONCLUSION.

L'oubli dans lequel semble être tombé rapidement le poëme de la croisade, n'accuse pas le peu de mérite de cette épopée historique. Il s'explique par les causes que nous avons essayé de rappeler. L'étrange destinée de cette chanson de gestes, inconnue, dans son ensemble du moins, de la plupart des historiens du midi, négligée par les autres, nous a semblé un nouveau motif d'en recommencer l'étude, sous les auspices du savant illustre auquel nous devons la publication de ce précieux document.

Tout d'abord, notre attention s'arrête sur le poëme lui-même. La lecture la plus superficielle suffit pour nous faire distinguer, dans cette histoire poétique de la croisade, deux parties bien différentes. Sont-elles l'œuvre de deux troubadours ou bien celle d'un seul et même poëte? M. Fauriel s'est prononcé pour cette dernière opinion. Les arguments qu'il invoque, empruntent à la pénétrante finesse du savant critique un caractère singulièrement spécieux; néanmoins, ils ne semblent pas décisifs en présence des objections qui se tirent du fond même du poëme. Jusqu'à quel point peut-on concevoir cette conversion radicale, ce changement absolu, qui atteignent non-seulement les idées et les vues politiques du poëte, mais ses sentiments religieux, son âme dans toutes ses profondeurs, sa vie morale tout entière, son talent, son inspiration, les qualités de son esprit, les dons de son imagination? Peut-on admettre une conversion que rien ne fait pressentir dans la première partie du poëme et qui éclate soudain au commencement de la seconde ? Par quel miracle cette âme prudente, timide, réservée, froide, sèche, sans passion, sans fanatisme, courbée respectueusement devant toutes les grandes puissances du temps, qu'elle vénère autant par calcul que par conviction, s'est-elle redressée soudain fière, libre, indépendante, sensible aux plus grandes, aux plus nobles, aux plus généreuses émotions qui puissent faire battre le cœur de l'homme ? Rien n'annonce cette merveilleuse conversion avant qu'elle s'accomplisse : une fois accomplie, elle ne laisse pas dans l'esprit, qu'elle a pourtant renouvelé tout entier, l'agitation et le trouble, qui accompagnent d'ordinaire ces grandes révolutions morales ?

Ce n'est pas seulement l'homme, qui a été renouvelé, c'est le poëte. Le récit vague, trop général, terne dans la première partie, malgré quelques lueurs qui éclatent de loin en loin, s'étend, se développe, se colore, s'anime, se vivifie dans la seconde. Un instinct dramatique, que nous serions presque tenté d'appeler du *génie dramatique*, donne la vie aux personnages qui apparaissent sur cette scène ensanglantée. Les sentiments et les passions de la foule sont exprimés avec un bonheur et un talent qui nous frappent plus vivement encore, lorsque le poëte fait mouvoir devant nous les principaux acteurs de ce drame sinistre et surtout le plus grand ou du moins le plus extraordinaire d'eux tous, Simon de Montfort. L'art est encore grossier; mais l'inspiration est vraie, sincère, profonde.

Des différences de style, dans les deux parties de la geste, correspondent à des différences d'inspiration, qu'elles rendent plus sensibles encore. Dans la première moitié, le style sage, timide, incolore, sans images, sans éclat, sans originalité, ne semble qu'une pâle imitation du style des grandes chansons de gestes de la langue d'Oïl. — On est surtout frappé des ressemblances extérieures que l'on découvre entre cette première partie du poëme de la croisade et le roman de Graindor de Douay, publié de nos jours sous le nom de *Chanson d'Antioche*. Cette reproduction servile des formes des récits épiques du nord disparaît dans la seconde moitié, qui nous offre le type original d'une chanson de gestes, éclose du génie méridional. Des images pittoresques, hardies, étranges donnent à ce style sa couleur propre. On sent dans ces vers heurtés et rudes quelquefois, ce souffle lyrique, qui manque trop souvent aux *cansos* des troubadours, mais que l'on admire dans les sirventes et les chants de guerre de Bertrand de Born.

Des considérations secondaires, des indications biographiques confirment les conclusions auxquelles l'étude comparée de la première et de la seconde partie de la geste conduit le lecteur attentif. Il doit reconnaître dans ce poëme deux ouvrages distincts : une chronique et une épopée. Il est impossible que le même homme ait été à la fois le chroniqueur et le poëte. L'auteur de la chronique peut bien être ce Wilhelm de Tudela, dont la biographie ne renferme pas autant de détails contradictoires que paraît le croire M. Fauriel. Le poëme est l'œuvre d'un troubadour anonyme, qui a mis son audacieuse inspiration sous la protection de la prudente orthodoxie du clerc de Tudela.

A côté du monument littéraire, il y a le monument historique, qu'il n'est pas permis de négliger. En étudiant dans cette chanson de gestes les événements et les hommes de cette *guerre inexpiable*, on s'aperçoit que ce poëme, dont les beautés littéraires nous émeuvent si vivement, renferment des détails historiques tout aussi précieux. Les caractères ne sont pas seulement vrais aux yeux du moraliste : ils sont vrais aussi pour l'historien qui, surpris d'abord de l'attitude donnée à quelques personnages, surtout au pape Innocent III dans le concile de Latran, ne tarde pas à la comprendre, et, après un premier moment de surprise, étend à la pénétrante exactitude de l'observateur l'admiration qu'il éprouvait déjà pour le talent du poëte.

Ce n'est pas seulement la vérité sur les événements et sur les hommes que l'histoire peut demander au poëme de la croisade. Elle peut y chercher aussi de précieux renseignements sur l'état social du midi, au commencement du treizième siècle.

Des textes, épars dans cette chanson de gestes, nous donnent une idée exacte et précise des relations de la France du sud avec les pays voisins. — L'Italie lui envoie ses légistes et l'initie aux secrets de la liberté et de la grandeur municipales. L'Espagne, qu'elle a plus d'une fois assistée dans ses luttes séculaires, étend sur elle l'influence de ce sombre génie catholique, dont les inspirations se sont toujours mêlées aux destinées de cette héroïque nation. — Mais les rapports, qui unissent le midi de la France à l'Italie septentrionale et à l'Espagne aragonaise, ne peuvent pas prévaloir sur l'irrésistible attraction, qui l'entraîne vers la France du nord. — Les liens naturels, qui doivent rattacher l'une à l'autre ces deux moitiés d'un seul et même royaume, sont déjà formés au commencement du treizième siècle, lorsque éclate soudain cette terrible guerre contre les Albigeois.

On peut donc répondre d'ores et déjà à la question, qui se pose ici d'elle-même : « Faut-il faire à cette sanglante croisade l'honneur d'avoir uni la France des Raymonds à celle des Capets et rendu possible un rapprochement que le cours naturel des choses ne pouvait pas opérer ? — Déjà plus d'une charte, plus d'un texte empruntés aux vieux historiens du midi démentent l'opinion vulgaire, trop accréditée, qui, sans justifier les crimes de Montfort et d'Arnauld de Cîteaux, les considère comme un mal passager, appelé à produire un bien durable : l'unité de la France. C'est surtout le poëme de la croisade, qui, jetant une lueur nouvelle sur des textes trop oubliés, nous montre la France du midi s'avançant d'elle-même au-devant de celle du nord. Des intérêts communs, des communications fréquentes, l'échange des denrées et des idées par cette grande voie fluviale du Rhône et de la Saône, un même fonds de traditions inspirant des poëmes également compris et chantés en deçà comme au delà de la Loire, des ressemblances singulières entre le roman du midi et le roman du nord, qui sont plutôt deux dialectes que deux langues différentes, et se pénètrent mutuellement, atténuent de jour en jour, entre les Français et les Provençaux, une antipathie que l'on a singulièrement exagérée. Mais les croisés arrivent dans les Etats des Raymonds ; ils dépouillent, pillent, tuent les vassaux des comtes de Toulouse, et leurs excès provoquent dans l'âme de leurs victimes une haine fanatique. Nous suivons, dans le poëme de la croisade, toutes les phases de cette révolution morale. Les méridionaux se rejettent vers l'Espagne ; ils reculent irrités devant ces Français du nord, dans lesquels ils ne reconnaissent plus que des spoliateurs et des tyrans. En même temps, le poëte nous montre, s'éveillant d'un bout à l'autre du midi, un sentiment qui a tous les caractères du patriotisme, et semble, un moment, faire une seule nation de cette société divisée, que la croisade avait trouvée devant elle en arrivant sur les bords du Rhône.

C'est surtout sur l'histoire intérieure du midi que le poëme de la croisade répand un jour inattendu. La diffusion des idées féodales et des sentiments chevaleresques, l'empire qu'ils exercent sur la classe bourgeoise elle-même, la popularité dont ils jouissent, l'action étonnante qu'ils possèdent sur la société tout entière, nous sont particulièrement révélés par cette épopée historique. Elle met sous nos yeux une expression concrète et vivante de ce grand fait social, dont les causes sont dans les lois qui ont présidé à la naissance et au développement de la féodalité dans le midi. Inquiète, turbulente, ardente et passionnée, la noblesse ne s'isole pas du reste de la société ; elle ne ferme pas ses rangs, elle ne forme pas une caste impénétrable. La liberté, qui règne dans les transactions relatives aux fiefs, ouvre aux riches bourgeois l'accès du monde féodal. On leur confère la chevalerie, qui n'est pas dans le midi le privilége exclusif de la naissance : ils prennent et reçoivent le titre de *barons*. Dans les châteaux, les bourgeois, qui hier encore n'étaient peut-être que des vilains, vivent à côté des chevaliers. La même enceinte protége leurs demeures, pressées les unes contre les autres. Souvent ils partagent entre eux l'administration de leur château, qui se constitue sur le modèle des grandes communes. Cette union des classes féodale et bourgeoise est encore plus frappante dans les puissants municipes du midi. En suivant le poëme de la croisade, on peut étudier, dans les villes du Rhône et de la Garonne, à Avignon, à Toulouse surtout, la fusion de ces deux ordres, qui donne à l'histoire de la France méridionale son caractère le plus original.

Ce fait a d'heureuses conséquences pour la puissance et la grandeur du midi : le poëme de la croisade les met en évidence : mais il en est aussi de fâcheuses : le poëte nous laisse le soin de les pressentir nous-mêmes. — Cette civilisation manque d'équilibre. Ce développement anormal de la vie féodale et chevaleresque compromet l'empire temporel et spirituel de l'Eglise : elle est inquiétée dans l'exercice de ses droits et de ses pouvoirs ; elle perd sa force, son prestige, sa dignité : elle est absorbée par la féodalité. Ses représentants ne résistent pas plus aux séductions de ce monde corrompu qu'ils ne protestent contre la tyrannie ou la turbulence des seigneurs laïques.

Un allié s'offre à elle, si elle a encore assez de dévouement pour lui tendre la main : c'est le peuple, qui souffre aussi sous la pression de la féodalité et a le sentiment de ses souffrances. Le troubadour de la première partie de la geste, même celui de la seconde, ne jettent que de loin en loin un regard distrait et dédaigneux sur cette plèbe, dont les poëtes satiriques, dans leur humeur chagrine, nous ont dénoncé les misères. Ce malaise, cette agitation fébrile se transforment en aspirations religieuses plus ardentes ; elles poussent le peuple vers l'hérésie : l'hérésie tend les bras à ces humbles, à ces petits, et leur distribue ce pain, que dans l'Eglise féodale, personne ne voulait leur rompre. — De degré en degré, elle envahit la société tout entière. Les femmes, nobles et plébéiennes, jouent un grand rôle dans ce mouvement religieux, qui offre tous les caractères d'une réaction populaire et spontanée contre les désordres oppressifs de la vie féodale et chevaleresque, et devance, prépare, accélère la réaction de l'Eglise, la croisade, ce dénouement fatal de l'histoire de la France du sud.

C'est dans notre poëme qu'il faut étudier les caractères de cette grande lutte. L'Eglise prétendit renouveler la société méridionale tout entière, et ses coups portèrent surtout sur la chevalerie et sur les idées que cette chevalerie avait si longtemps fait prédominer dans le midi.

Tels sont les faits que le poëme de la croisade nous révèle

ou qu'il nous aide à retrouver dans des textes empruntés à d'autres sources. Cette chanson de gestes répand la vie sur tout ce passé, que nous nous efforçons laborieusement de reconstituer. Elle a conservé cette divine étincelle sous l'amas de ruines, qui l'a si longtemps dérobée à l'admiration du littérateur et à l'étude de l'historien. — Au treizième siècle, elle dut de bonne heure cesser d'être populaire : les événements donnèrent un trop cruel démenti aux espérances dont elle était animée : les sentiments chevaleresques qui l'inspirent, ne furent bientôt plus en harmonie avec les passions, que la haine et la terreur répandaient dans le midi. Elle offre aujourd'hui un profond intérêt à l'historien, à celui surtout qui ne s'arrête pas aux faits extérieurs, mais cherche jusque dans la conscience populaire ces forces intimes, secrètes, toutes morales qui sont l'âme de l'histoire. En abordant ce côté tout spiritualiste des études historiques, on trouve souvent dans les œuvres des poëtes, consultées avec soin, de précieuses révélations ; nul poëme n'en contint jamais un plus grand nombre que celui de la croisade. Le héros n'est pas un homme ; ce n'est pas Montfort, ce n'est pas le comte de Toulouse, ce n'est pas le comte de Foix, ce n'est pas Raymond VII, ce n'est pas Roger Bernard ; le héros est un héros collectif, si l'on peut ainsi parler, c'est un peuple tout entier, c'est la société du midi ; ce sont ses généreux efforts pour secouer le joug de l'étranger qui sont chantés, célébrés, exaltés par le poëte. C'est cette société qui souffre, c'est elle qui est vaincue, c'est elle qui est humiliée, qui aspire à sa délivrance, et déploie, pour reconquérir sa liberté, la plus admirable constance. Elle nous apparaît avec ses instincts, ses idées, ses usages, ses institutions, ses mœurs; nous apprenons à la connaître, comme, après la lecture d'une épopée, nous en connaissons le héros. Ce qui distingue ce poëme de toutes les chansons de gestes du moyen âge, c'est son caractère national; l'histoire de la croisade est l'épopée nationale de la France du midi au treizième siècle !

FIN.

Vu et lu,

A Paris, en Sorbonne, le 8 juin 1863,

Par le doyen de la Faculté des lettres de Paris,

J.-VICT. LE CLERC.

Permis d'imprimer.

Le Vice-Recteur,

A. MOURIER.

TABLE DES MATIÈRES.

INTRODUCTION. — Plan général. 1

PREMIÈRE PARTIE

Etude critique et littéraire du poëme.

CHAPITRE PREMIER. — Composition du poëme : la première et la seconde partie. — Doivent-elles être attribuées à un seul et même poëte? — Opinion de M. Fauriel. — Conversion politique du troubadour. 5

CHAPITRE II. — Les tendances et les idées religieuses du poëte modifiées comme ses tendances et ses idées politiques. — Foi large et tolérante dans la deuxième partie. — Brutale condamnation des hérétiques dans la première. 10

CHAPITRE III. — Sentiment de fanatisme peu développé dans le poëte de la première partie de la *Geste*. — Esprit d'autorité poussé jusqu'à la superstition. — Sagesse étroite. — Prudence égoïste. 22

CHAPITRE IV. — Deuxième partie. — Esprit de liberté. — Noble indépendance de la conscience du poëte. — L'impression produite sur les catholiques du midi par les violences et les désordres de la croisade, ne suffit pas à expliquer un changement qui atteint l'âme du troubadour dans toutes ses profondeurs. — Des sentiments inconnus à l'auteur de la première moitié de la geste deviennent une source féconde d'inspiration pour celui de la seconde. — Rien dans le premier de ces deux poëtes ne fait pressentir l'autre. 42

CHAPITRE V. — La liberté d'esprit ne distingue pas moins que l'esprit de liberté le poëte de la seconde partie. — Contraste frappant avec les réticences et les timides réserves du poëte de la première. — Le calme et la sérénité du troubadour de la seconde partie de la geste inexplicables après la conversion absolue, dont ses idées, ses convictions, ses sentiments nouveaux seraient le fruit. 74

Chapitre VI. — Différences au point de vue littéraire et poétique entre la première et la seconde partie ; composition du récit. — Enchaînement des faits... 84

Chapitre VII. — Du récit. — Ses mérites dans la première et la seconde partie. — Comparaisons avec Pierre de Vaux-Cernay et la chronique provençale en prose. — L'exposition, quelquefois sèche et trop générale dans la première moitié de la geste, dramatique et passionnée dans la seconde. — Manière dont les principaux personnages sont mis en scène dans l'une et dans l'autre.. 96

Chapitre VIII. — Le style de la première et le style de la seconde partie du poëme. — Uniformité de la langue. — Prouve-t-elle l'unité de composition ?.. 155

Chapitre IX. — Encore quelques objections contre l'unité de composition du poëme de la croisade. — Manière dont les deux parties du poëme sont reliées l'une à l'autre. — Epoque probable de la composition de la première partie. — Indications biographiques sur le troubadour ou les troubadours de l'épopée de la croisade. — Sont-ils tous deux anonymes ? — Que faut-il penser du nom de Wilhem de Tudela ? — Conclusion.. 164

DEUXIÈME PARTIE.

Le poëme de la croisade au point de vue historique. — Les événements et les hommes de la guerre albigeoise dans le poëme de la croisade.

Chapitre Premier. — Renseignements fournis par le poëme sur les principales phases de la croisade. — Vérité historique des appréciations et des récits de ce poëme.................................. 197

Chapitre II. — Fidélité des portraits dessinés par le poëte........ 204

TROISIÈME PARTIE.

Le poëme de la croisade au point de vue historique. La société méridionale d'après les indications de ce poëme.

Chapitre Premier. — Relations extérieures du midi avec l'Italie, l'Espagne et la France du nord. L'union de ces deux moitiés de la France est-elle l'œuvre de la guerre des Albigeois ?................ 239

Chapitre II. — L'esprit national dans le midi, avant, pendant et après la croisade 302

Chapitre III. — La féodalité méridionale. — Rôle qu'elle joue dans le poëme de la croisade. — Son origine plus romaine que germanique. — Les conditions dans lesquelles elle s'est développée ; les éléments dont elle se compose expliquent l'état des relations féodales attesté par le poëme. — Les alleux. — Leur influence sur les fiefs. — L'organisation féodale moins forte dans le midi que dans le nord. — La féodalité moins séparée du reste de la société. — Divisions et subdivisions des fiefs. — Accroissement de la population féodale. — Les chevaliers dans les villes et dans les bourgs. — Texte précieux du poëme, commentaires. — Les châteaux du midi. — La plupart tendent à se constituer sur le modèle des grandes communes. 331

Chapitre IV. — Les grandes communes du midi de la France ; comparaisons avec les cités lombardes ; — union, au sein de ces antiques municipes, des classes féodale et bourgeoise. — Avignon. — Population et gouvernement municipal de Toulouse. 365

Chapitre V. — Nature des idées, des tendances et des passions chevaleresques dans le midi. — La chevalerie méridionale n'est que la féodalité arrivée à un certain degré de civilisation ; elle en conserve tous les instincts et résiste à l'influence de l'Eglise. — Inductions tirées des chants lyriques des troubadours et confirmées par le poëme de la croisade. . . 431

Chapitre VI. — L'Eglise ; sa situation, ses relations avec la féodalité. . . 463

Chapitre VII. — Etat économique, moral, politique et religieux du peuple. — Mouvements et agitations au sein de la plèbe des villes et des campagnes. — L'hérésie tend la main au peuple ; elle est, dans son origine et son principe, toute démocratique, et gagne peu à peu les classes supérieures. — Rôle et mission apostoliques des femmes ; les doctrines et les enseignements de l'hérésie sont une réaction contre les mœurs et les sentiments chevaleresques. — La seconde partie du poëme de la croisade n'accuse pourtant pas l'influence de l'hérésie sur la chevalerie du midi. — Comment faut-il expliquer ce silence ou cette omission ? 482

Chapitre VIII. — La croisade appréciée et jugée par le troubadour de la seconde partie de la geste. — Ses vues partielles et incomplètes. — Il ne nous montre qu'un seul côté de cet événement, mais nous laisse pressentir l'autre ; la croisade est, dans la pensée de ses chefs, une révolution sociale, politique et religieuse, et ne peut réussir qu'à la condition de réunir ce triple caractère et de poursuivre ce triple but ; elle arme contre elle toutes les forces vives de la société méridionale. — Intentions équitables, justes et bienfaisantes de l'Eglise. — Perversité des moyens employés. — Condamnation de la croisade. 518

QUATRIÈME PARTIE.

Les destinées du poëme de la croisade dans les années qui suivirent sa composition.

CHAPITRE PREMIER. — Au milieu des causes générales du déclin de la poésie provençale, causes particulières qui expliquent le prompt oubli dans lequel est tombé le poëme de la croisade. — Courte durée du glorieux soulèvement du midi chanté par le troubadour. — Triste issue d'une lutte héroïque. — La fin de la vie de Raymond VII dément toutes les espérances qu'avait fait concevoir sa vaillante jeunesse. 541

CHAPITRE II. — Les mœurs de la féodalité méridionale, après la guerre, ne sont plus les mœurs de la féodalité, dont le poëme de la croisade chante les exploits. — L'ancien idéal chevaleresque s'efface rapidement dans des âmes dominées par l'hérésie, emportées par le fanatisme, troublées par les révolutions dont elles ont été témoins, et livrées, au milieu de ce désordre moral, à tous leurs instincts avides et pillards. — Disparition des vertus chevaleresques. — Abaissement des caractères. 564

CHAPITRE III. — Transformation morale rapidement opérée dans le sein du peuple au lendemain de la croisade. — Les sentiments et les passions développés par l'oppression religieuse, et les terreurs de l'inquisition l'éloignent des sentiments et des passions exprimés dans le poëme de la croisade. 584

ERRATA.

Page	ligne	au lieu de :	lisez :
20	20	qui se bagle,	qui beugle.
48	11	Amaury de Montfort,	Amaury de Crion.
61	17	s'est empreigné,	s'est imprégné.
83	25	ces indignations,	ces émotions.
89	23	au mur et à mesure,	au fur et à mesure.
98	3	plus vite,	au plus vite.
159	6	sont,	soient.
231	15	les grands intérêts,	la gravité des intérêts.
233	6	Latran,	Lavaur.
261	20	toute cette croisade,	toute croisade.
273	16	le vicomte de Trencavel,	Raymond Trencavel.
280	16	870,	890.
»	17	Charles-le-Chauve,	Charles-le-Simple.
383	25	cohortalès,	cohortales.
391	14	une meilleure,	merveilleuse.
426	24	aura fait voir,	aura fait valoir.
437	10	la dous,	lo dous.
461	19	Gui Falcodius,	Gui Fulcodius.
474	18	ces dignités,	des cignités.
521	28	ce qui est fâcheux,	ce qui est plus fâcheux.
528	16	les injonctions,	des injonctions,
594	13	un hérétique,	une hérétique.
605	7	des différences d'inspiration,	ces différences d'inspiration.

www.ingramcontent.com/pod-product-compliance
Lightning Source LLC
Chambersburg PA
CBHW060404230426
43663CB00008B/1382